도의 신학 II

도의 신학 II

2012년 3월 19일 초판 1쇄 인쇄
2012년 3월 27일 초판 1쇄 발행

지은이 | 김흡영
펴낸이 | 김영호
펴낸곳 | 도서출판 동연
등   록 | 제1-1383호(1992. 6. 12)
주   소 | 서울시 마포구 망원2동 472-11 2층
전   화 | (02)335-2630
전   송 | (02)335-2640
이메일 | ymedia@paran.com

ISBN 978-89-6447-175-3 93200

道의 신학 II

김흡영 지음

동연

존경하는 아버님 김운한 장군님과
사랑하는 동생들 영신, 기영, 영대, 영배
그리고 친애하는 일가친척들에게

『도의 신학』이란 저서가 출판되어 세상에 빛을 본 지도 어언간 10년이 넘었다. 이곳저곳에서 써온 글들을 모아 "도의 신학"이라는 제목을 붙여 문득 화두처럼 내밀었다. 이러한 무례함에도 불구하고 독자들은 예상보다 훨씬 관대하고 현명하게 받아들여주었다. 어떤 이들은 심지어 미숙한 '도의 신학'을 '한국 신학' 또는 '아시아 신학'의 한 장르로 등극시켜주기조차 했다. '도의 신학'이라는 명칭이 비그리스도인들에게도 신기하게 들렸던 모양이다. 어떤 불교 단체는 그들의 홈페이지에다가 아예 그 책의 내용 전체를 입력해서 띄워놓는 과감한(?) 서비스를 제공하고 있을 정도이다. 어쨌든 늦게나마 독자들에게 그동안 보여준 깊은 관심과 격려와 사랑에 심심한 감사를 드린다.

『도의 신학』 이후 내 신학의 귀추를 궁금해 하는 독자들도 있는 것 같고 해서, 그 후에 집필했던 논문들을 다시 모아 한 권으로 묶어보았다. 이번에도 많은 부분이 요청에 의해서 해외에서 영어로 먼저 출판되었던 논문들을 다시 우리말로 번역한 것들이다. 그러다보니 대부분이 세계 신학의 맥락에서 한국 및 아시아 신학의 설 자리를 찾아내고 동아시아 신학의 필요성을 역설하고 그 자리매김을 하려고 노력한 글들이다. 그렇게 강조하다보니 수사학적인 표현들이 상당수 포함되었다. 당초에는 영어로 된 논문들도 같이 게재하여 한글·영어 공용으로 편집하려 했으나, 양이 너무 많아 영어 논문들은 별책으로 출판하기로 했다. 더욱이 세계교회협의회 WCC의 선교국장인 금주섭 박사가 2013년에 부산에서 개최되는 WCC

총회를 기화로 '도의 신학Theology of the Tao'에 대한 영어 단행본을 출판해보라는 고마운 주문을 해주었다.

지금 보면 미흡하고 이미 때가 지난 글들도 있지만, 가능한 대로 원문을 그대로 살리려고 노력했다. 글을 쓸 당시 나의 신학적 사고의 있는 그대로 모습들을 보여줘서 잘못되고 부족한 것들을 다른 이들이 채워주기 바라는 마음에서 부끄러움을 무릅썼다. 신학을 하면서 계속 깨닫는 것은 완벽한 신학이란 누구에게도 있을 수 없으며, 신학은 항상 부족할 수밖에 없는 것이고 궁극적으로 신앙공동체의 공동 작업이어야 한다는 것이다.

나의 일관된 주장은, 부족하더라도 더 이상 남의 신학이 아닌 '나의 신학', '우리의 신학'을 해야 한다는 것이다. 서구 신학에 비해 신학의 역사가 짧은 우리는 아직 신학적 내공이 부족해서 미흡한 점이 많을 수밖에 없다. 그렇다고 창피나 망신을 당하는 것이 두려워, 남의 신학을 모방하고 흉내나 내는 학습이나 표피적 성형수술을 하는 수준에 머물러서는 안 된다는 것이다. 신학적 사대주의와 식민주의적 근성을 극복해야 한국 신학이 그래서 한국 교회가 바로 설 수가 있다. 마틴 루터가 말한 대로 '하느님 앞에서(coram Deo)' 자기의 실존을 분명하게 발견하는 데부터 신학은 시작된다. 하느님 앞에서 발가벗은 우리의 모습으로 우리 자리를 찾고, 그곳에서 우뚝 바로 서야 하는 것이다. 곧 하느님 앞에서 나의 나됨을 고백하는 바로 그것이 신학의 출발점이다. 하느님 앞에서 나의 나됨으로의 독립이요, 그에 따른 나의 입장을 갖는 것이다. 다석 류영모 선생님은 이것을

'가온찍기'(하늘과 땅 사이의 내 자리, 나의 중심점을 찍는 것)라고 표현했다. 우리도 이제 하느님 앞에서 나의 자리를 찾고 그곳에 중심을 잡고 하느님과 대화하며 신학을 정비해나가야 한다.

　서구 신학은 그들의 자리에서 최선을 다해 노력했던 그들의 신학, 곧 남의 신학이지 결코 우리의 자리에서 우리가 하는 우리의 신학이 아니다. 처음에는 창피하고 어설퍼도, 어린아이가 걸음마를 배울 때 수없이 많이 넘어지듯, 한국 신학도 많은 시행착오를 각오하고 바로 서서 걸어가기를 연습해야 한다. 독립하지 못한 신학은 곧 교리와 이념의 성 안에 갇혀 말씀과 복음의 역동성을 상실하고 화석화되어 굳어지고 만다. 내가 스스로 서서 걸어가는 것이 아니라 남에게 의지하여 끌려가는 것이다. 서구 신학자들뿐만 아니라 서구 신학으로 습관화되고 먹물이 밴 우리 신학자들도 이 글들을 볼 때에 객관적이라 하기보다는 수사적이고, 학술적 정교성이 부족하다고 생각을 할 수 있을 것이다. 그러나 이 글들은 하느님 앞에서 한국인 또는 동아시아 신학자로서 나의 있는 그대로의 모습으로 자기 자리를 찾고, 그곳에서 자기 입장을 정리하고, 나아가 그곳에서 기도와 명상을 통하여 하느님으로부터 받은 메시지를 전달하려 노력한 산물들이다. 이미 남들에 의해 결론이 내려진 남들의 것에 주석을 붙여 내 것인 양하는 것이 아니라, 하느님 앞에서 솔직하게 나의 그리고 우리의 이야기를 하고자 하는 것이다. 그렇기 때문에 그것들은 결코 최종적인 결론이라 할 수 없고, 모두 하느님의 도를 묵상하며 추구하는 도상에 있는 것들이다. 곧 도상에 있는 도의 신학이다.

목차를 크게 세 부분으로 나누고 각 부에 각각 네 개의 글을 수록했다. 제1부는 '도의 신학의 배경', 제2부는 '도의 신학 서설', 그리고 제3부는 '도의 신학과 자연과학'이라는 제목을 부쳤다. 이것은 나의 신학 편력의 단계와도 상응하는 순서이므로 그대로 읽어 가면 나의 신학 여정을 일괄할 수 있을 것이다. 그러나 도의 신학의 내용이 궁금한 독자들은 제2부를 먼저 읽는 것도 좋은 방법일 것이다. 여러 곳에 발표한 글들을 엮은 것이므로 내용이 중복된 부분들이 있다. 이 점 미리 독자들에게 양해를 구한다.

여기서 잠깐 독자들의 이해를 돕기 위해 개인적 배경을 말해두고자 한다. 우리 집안의 고향은 '선비의 고장'으로 알려진 경상북도 영주시의 문수면 수도리에 있는, 지금은 유교 전통 마을의 하나로 꽤 알려진 '무섬'이다. 장남인 나는 어려서부터 오랜 유교 전통의 집안에서 한 장자로서의 교육을 받고 성장했다. 그러나 결혼한 후 미국에 체류하는 동안 강렬하고 신비한 종교 체험을 통하여 그리스도인으로 귀화하게 되었고 신학자로 부름을 받게 되었다(부록 「나는 왜 신학자가 되었는가?」 참조). 이것은 한국 상품 수출이 본격적으로 시작되던 1970년대 중엽 한 종합상사의 뉴욕주재원으로 맹렬하게 활동하던 내가 그동안 계획하던 인생의 항로를 완전히 접고 신학자로 변신하게 만든 '완전' 혁명적인 사건이었다. 이러한 나의 극적인 그리스도에게로의 귀의는 친척들에게는 가문의 전통에 대한 배신으로 받아들여졌고, 그것은 신학자가 된 나에게 문화적 원죄로 남아 끝까지 풀어야 할 숙제로 던져졌다. 그래서 지금도 나는 고향 부근에 있는 소수서원 근처 소백산 자락 길가에 글방을 마련하고 시간이 있을 때마다 들러서 소백산과 소수서원을 거닐며 그 숙제의 해답을 묵상하고 있다. 그런 배경을 가진 나에게 실존적으로 가장 먼저 해결해야 할 신학적 과제는 유교와 그리스도교의 만남과 그에 따른 서로 배타적으로만 인식되었던 유교 전통과 그리스도교 신앙 그리고 역으로 그리스도 전통과 유교 문화 간의 관계와 정체성을 규명하는 것이었다.

제1부는 그러한 유교와 그리스도교의 연구에 관련된 글들을 모아놓은 부분이다. 제1장에는 서론으로서 독자들의 이해를 위해『도의 신학』의 첫 장을「우리의 신학을 찾아서」라는 제목으로 변경하여 재수록했다. 제2장에서는 유교의 효사상에 견주어 그리스도교에서 효사상을 조명한다. 유교와 그리스도교는 효사상에서 서로 공명하며, 특히 예수 그리스도를 유교의 부자유친을 성취한 최고의 효자로 요약할 수 있다는 점에서 더욱 그렇다. 제3장에서는 20세기의 주요 신학자 칼 바르트Karl Barth와 주희朱熹와 더불어 신유교의 양대산맥을 이루는 왕양명王陽明을 중심으로 전개했던 그리스도교와 유교의 대화를 재조명한다. 제4장에서는 지난 20세기 50년 동안 한국 개신교의 조직신학 사상의 흐름을 교회교의학, 정치신학, 문화신학 그리고 구성신학의 네 가지 모형으로 구분하여 조망하면서 '도의 신학'의 필요성을 살펴본다.

제2부는 '도의 신학'을 한국 및 아시아 신학 패러다임으로 좀 더 체계적

으로 구성하는 단계, 즉 '도의 신학'의 서설prolegomena에 해당되는 부분의 글들이다. 제5장에서는 현대 신학을 로고스 신학과 프락시스 신학으로 구분하고, 그 이원론을 극복하는 새로운 대안적 패러다임으로 '도의 신학'을 소개한다. '도의 신학'의 서론과 같은 부분으로『도의 신학』의 마지막 장을「도의 신학 서설」이라는 제목으로 변경하여 재수록하였다. 제6장에서는 '도의 신학'의 그리스도론 서설을 전개한다. 이 글은 이미 영어로 여러 곳에서 출판되어 새로운 아시아적 그리스도론으로 알려져 있는 논문이다. 제7장에서는 20세기에 들어 새롭게 각광을 받게 된 소위 "삼위일체론의 르네상스"의 흐름을 평가하면서 동아시아적 시각에서 새로운 삼위일체론의 패러다임을 제안한다. 제8장에서는 오늘날 중요한 신학적 주제인 생태계의 위기와 생명에 대하여 '도의 신학'의 입장에서 고찰한다.

제3부는 오늘날 가장 첨예한 주제의 하나인 자연과학이 주는 도전을 '도의 신학'의 입장에서 살펴본 부분이다. 내 학창 시절의 꿈은 한국인 최초로 우주 공간을 질주하는 과학자 우주인이 되는 것이었다. 그 꿈을 이루고자 대학에서 우주항공학을 전공했으나, 결국 물리적이 아닌 영적으로 하늘나라로 인도하는 신학자 우주인이 되어버렸다. 아직도 하늘을 보면 내 마음은 설렌다. 제9장에서는 이기적 유전자와 통섭론 등 진화론적 환원주의를 주장하는 사회생물학이 주는 도전과 함의를 평가한다. 제10장에서는 인터넷, 가상현실 등 사이버 공간과 디지털 문화의 출현에 대해 신학적으로 평가해본다. 제11장에서는 한동안 한국과 세계를 요란

스럽게 했던 황우석 박사 사건으로 유명해진 인간 배아줄기세포 연구를 중심으로 생명과학의 발전이 주는 충격에 대해 신학적으로 검토해본다. 결론적으로, 제12장에서는 미래의 신학을 위한 동양 종교와 신학 간의 대화를 기반으로 나아가 자연과학과의 대화, 곧 그리스도교 신학과 동양 종교 그리고 자연과학 간의 삼중적 대화를 제안한다.

또한 부록에 4개의 에세이를 첨가했다. 첫 번째는 앞에서 언급한「나는 왜 신학자가 되었는가?」라는 제목의 글이다. 두 번째는 에드워드 윌슨의 제자로 한국에서 바람을 일으킨 최재천 교수의 통섭론을 비판한 글이다. 세 번째는 도올 김용옥 박사가 MBC 강의를 통해 기독교를 비판할 때 국민일보에서 요청을 받아 특별기고했던 글이다. 당시 신문사가 다소 무리하게 편집하여 게재하였기에, 여기에는 본래의 전체 내용을 실었다. 마지막으로, 과학과 종교 연구 분야의 원로 김용준 교수의 저서『과학과 종교 사이에서』에 대한 서평을 첨부했다.

에큐메니칼하고 열린 자세를 유지하려고 가능한 한 그에 합당한 용어를 사용하도록 노력하였다. 인용 외에는 하나님을 하느님으로 기독교는 그리스도교로 통일하여 표기했다. 개신교 독자들에게는 이 점에 대해 미리 양해를 구한다. 이 저서는 강남대학교 교내연구비 지원을 받아 연구된 것이다. 마지막으로 이 출판에 대해 여러모로 아낌없는 도움을 주신 동연 출판사의 김영호 사장님께 감사를 드린다. 또한 바쁘신 중에도 책 표지의 디자인을 도와주신 강남대학교 산업디자인학과 허욱 교수님께도 감사를 드린다. 마지막으로 이 책을 존경하는 아버님 김운한 장군님과 사랑하는 동생들, 영신, 기영, 영대, 영배 그리고 친애하는 일가친척들에게 바친다. 아직도 나는 그들의 사랑에 빚진 자이다. 이 책이 그동안 나의 행위에 대한 설명에 보탬이 됐으면 한다.

2012년 2월 소백산 자락 한스빌에서
하늘새

| 목 차 |

머리말 / 6

제1부 도의 신학의 배경
─유교 문화와 그리스도교 신학의 만남

제1장 | 우리 신학을 찾아서
1. 우리 신학의 정체성을 찾아서 / 21
2. 한국 개신교 신학에 대한 비판적 대안 / 27
3. 우리 신학을 향하여 / 40

제2장 | 그리스도교의 효(孝)사상
1. 들어가는 글 / 42
2. 구약성경의 효사상 / 45
3. 신약성경의 효사상 / 53
4. 부모의 자녀에 대한 사랑 / 59
5. 삼위일체 하느님과 부자유친 / 61

제3장 | 양명학을 통해 본 신학:
왕양명과 칼 바르트의 유교와 그리스도교 간의 대화
1. 근본적 상이성 안에서의 두터운 유사성(異中同) / 66
2. 공동적 인간성의 도(道)에 대한 추구 / 71

3. 인간성의 도(道)로서의 예수 그리스도: 유교적 그리스도론을 향하여 / 75

4. 새로운 우주적 인간성의 도(道) / 84

5. 맺는 말 / 89

제4장 | 한국 신학 50년과 도의 신학: 한국 조직신학 사상사

1. 들어가는 말 / 93

2. 한국 신학의 광맥: 박형룡, 김재준, 정경옥, 류영모 / 100

3. 교회교의학 모형: 교회의 분열 / 109

4. 정치신학 모형: 민중신학의 출현 / 89

5. 문화신학 모형: 토착화 논쟁 / 119

6. 구성신학 모형: 도의 신학 / 132

7. 맺는 말 / 137

제2부 도의 신학 서설
　─한국적 신학 패러다임의 모색

제5장 | 도(道)의 신학 서설

1. 현대 신학의 3대 모형 / 147

2. 우리 신학의 구성: 도(道)의 신학 / 153

제6장 | 도(道) 그리스도론(Christotao) 서설

1. 현대 그리스도론의 화두 / 173

2. 도(道): 예수 그리스도에 대한 새로운 근본 은유 / 180

3. 도-그리스도론에 대한 한국적 전거들 / 184

4. 신-인간-우주적 도(道)로서의 예수 그리스도 / 190

제7장 | 도(道) 삼위일체론 서설

1. 서론: 삼위일체론의 동양화(Easternization) / 196

2. 유교와 도교의 통찰들 / 199

3. 동아시아적 삼위일체론: 유교-도교적 관점에서 재조명 / 206

4. 검토와 결론 / 213

제8장 | 생명 · 생태계의 위기와 도의 신학

1. 들어가는 말 / 221
2. 하늘땅사람: 신-우주-인간적 비전 / 226
3. 하늘땅사람의 참길(신-우주-인간적 묘합): 도의 신학 / 234
4. 아! 숨님의 솟구침: 억눌린 생명의 기사회우주전기 / 243
5. 맺는 말 / 250
6. 후기 / 253

제3부 도의 신학과 자연과학
—신학 · 동양 종교 · 자연과학의 삼중적 대화

제9장 | 종교와 자연과학 간의 대화를 통해 본 인간:
사회생물학의 도전과 종교적 대응

1. 들어가는 말 / 257
2. 자연과학과 종교 간의 관계 / 259
3. 사회생물학의 도전 / 272
4. 사회생물학에 대한 종교적 대응 / 287
5. 맺는 말 / 297

제10장 | 사이버 공간의 본질과 영성, 그 종교적 대안

1. 사이버 공간(cyberspace)의 출현 / 300
2. 사이버 공간과 장자의 꿈: 이 시대의 화두 / 306
3. 사이버 공간의 본질: "탐구의 성배" / 312
4. 사이버 공간: 또 하나의 바벨탑? / 317
5. 사이버 공간에서의 종교의 역할: 틈의 성화론 / 320

제11장 | 생명의 존엄성:
인간 배아줄기세포 논쟁과 경(敬)의 신학

1. 생명의 정치해석학: 오늘날의 화두 / 327
2. 배아는 생명인가? / 331
3. 인간의 존엄성이란? / 333
4. 인간이란? / 336

5. 존경이란? / 339

6. 나가는 말: 경(敬)의 신학을 향하여 / 341

제12장 | 도의 신학과 자연과학:
    자연과학, 동양 종교, 그리스도교 신학 간의 삼중적 대화

1. 상황(Context): 아시아 그리스도교(Asian Christianity) / 347

2. 방법론: 겸허의 삼중적 대화(Trilogue of Humility) / 355

3. 내용(Contents): 몇 가지 예비적인 제안들 / 362

부록

1. 나는 왜 신학자가 되었는가? - 신학자가 된 우주항공학도의 고백 / 369

2. 통섭론을 반대한다 - 한국 윌스니언의 오류들 / 376

3. 도올 김용옥의 그리스도교 비판에 대한 소고 / 391

4. 김용준, 『과학과 종교 사이에서』 서평 / 395

참고문헌 / 400

찾아보기 / 413

제1부

도의 신학의 배경

—유교 문화와 그리스도교 신학의 만남

제1장

우리 신학을
찾아서[1]

1. 우리 신학의 정체성을 찾아서

　1998년 여름 나는 경상북도 안동시 임동면에 있는 지례예술촌이라는 곳에서 한 달을 보냈다. 안동 사람들은 자기네들이 한국 문화의 마지막 보루를 지킨다는 특별한 자존심을 갖고 있다. 이 태도에는 과장된 면이 없지 않지만, 안동은 선비의 자취를 볼 수 있는 얼마 남지 않은 마지막 고장 중의 하나임에는 틀림이 없다. 지례예술촌은 안동시에서도 한 시간 가량 더 꼬불꼬불하고 험한 산골 비포장도로를 타고 들어가야 하는 아주 외딴 곳에 자리하고 있었다. 그곳 촌장은 '고요한 아침의 나라'였던 한국이

----

1) 서론에 해당하는 부분으로, 독자들을 위해『도의 신학』의 제1장을 재수록했다. 신승환 외, 『우리학문과 학문방법론』(파주: 지식산업사, 2008), 403-428에도 수록되었다.

지금은 세계에서 가장 시끄러운 나라가 되어버렸는데, 그곳만이 그 옛날의 고요함을 그대로 지니고 있는, 한국에서 가장 조용한 곳이라고 주장했다. 그의 말대로 그곳은 정말 조용한 곳이었다. 낮에도 소쩍새가 우는 소리를 들을 수 있었고, 지네랑, 모기랑, 나방이랑, 땅벌이랑, 제비랑, 백로랑, 다른 산새들이랑 함께 어울리어 밤낮을 지낼 수 있는 그러한 곳이었다.

예술촌은 의성 김씨 문중의 한 종택과 서당과 제청으로 구성되어 있었다. 본래 산 아래 강변의 좀 넓은 곳에 자리하고 있었던 것인데 임하댐 건설로 말미암아 그 마을이 수몰되는 바람에 산 위의 지금 자리에다 모아 옮겨놓은 것이다. 원시에 가까운 수림을 유지하고 있는 산들에 병풍처럼 둘러싸여 있고, 바로 앞에는 임하댐 호수가 펼쳐져 있어서 이 기와집 무리는 한 폭의 멋진 동양화를 연상하게 하는 아름다운 풍치를 가지고 있다.

이곳이 이와 같이 개화되기 전 옛 모습을 갖추게 될 수 있었던 것은 아이러니컬하게도 임하댐 공사라는 근대적 지역개발이 있었기 때문이었다. 이곳을 찾는 사람들은 대부분 근대화에 의해 망가져버린 한국의 모습을 가슴아파하며, 잃어버린 한국의 원형을 찾고자 하는 주로 문인이나 음악인, 예술인 같은 창작에 종사하는 사람들이었다. 근대화에 염증을 느끼고 탈근대를 각성한 사람들이라고나 할까. 이 근대적 기술에 의하여 재구성된 전근대적 한국의 원형은 근대화의 홍수 속에 숨이 막혀 있는 한국인에게 탈근대적 영감을 표출해주고 있었다. 한국 문화의 현주소를 상징적으로 묘사하듯 전근대성, 근대성 그리고 탈근대성이 서로 함께 아우러져 합류를 이루는 묘한 광경을 연출하고 있었다.

그러한 초역사적 분위기는 이 종택의 배치 속에 이미 예측되어 있었던 것처럼 보였다. 이 종택의 가운데에 여자들과 아이들이 거처했던 안채가 있고, 안채를 둘러싸서 보호하며 거처하던 남자들의 사랑채가 있고, 그리고 좀 떨어진 곳에 작고한 조상들의 신주를 모신 사당이 있었다. 안채는 어머니들이 자녀 생산과 교육을 통해 미래를 닦았고, 사랑방에서는 현재의 일들을 처리하고 있었고, 사당은 과거를 살아 있게 하였다. 이 구조가 암시하듯 우리의 조상들은 미래를 가운데 품고, 과거를 살리면서, 현재를 맞이했던 것이다. 이와 같이 우리 가족공동체의 구성원들은 항상 과거(조상)의 기억과 미래(자손)에 대한 준비가 현실(일상)과 분리되지 않는 전시간적 삶을 살아왔다. 이 공동체는 결코 현재적이거나 미래적인 것만을 추구하지 않았다. 항상 과거와도 함께 살아왔던 것이다. 과거와 분리된 현재와 미래는 있을 수 없었다. 이 종가집의 종손이며 시인인 김원길 씨의 「세월보기」라는 시를 보자.

> 예전엔 인생 70이 드물다 하고
> 요즘엔 섭생하면 170도 산다지만
>
> 사람은 당대에 증조부 늙는 것도 보며 자라고
> 증손자 크는 것도 보며 늙으니
> 자기 대를 합쳐서 7대를 보며 산다.
>
> 한 대 평균 30잡아 210년 보고 가니
> 다 살아보진 못해도 7대 210년을 걸쳐 산다.
>
> 헌데 오늘 내 새아기 백일 날 아침 내 조부께서
> 당신의 증손자 수형이 안고
> "수형이 이마는 내 증조부 닮았다."
>
> 어딘가 아득히 먼데 눈을 하시고

무언가 그윽이 미소를 띠우시고…….

조부님 어리실 적 당신 증조부께서
"이 아이 이마는 내 증조부 닮았다."
기억해 더듬기나 하시는 듯이.

먼 훗날 새아기의 증손이 제 증손더러
이 말씀 옮길지 누가 알까
누가 인생 70을 드물다 했나
400년 한 세월이 눈앞에 보이는데

　새아기의 백일 날은 단지 아기의 미래를 축하하기 위하여 모인 단순한 자리가 아니다. 이 시가 표현하듯이 적어도 400년의 세월이 한눈에 보이는, 과거와 현재와 미래가 하나가 되는 초월의 순간을 경험하는 자리이다. 한 개인이 잘 하면 아래위로 7대(약 210년)를 볼 수 있다. 그러나 시인의 눈은 증손자의 이마에서 증조부에 대한 기억을 회상하는 할아버지의 모습에서 이 기간이 2배로 연장되는 것을 발견한다. 그러나 이와 같다면 이 기간은 기하급수적으로 늘어나게 될 것이다. 이것이 바로 유가적인 의미에서 영생이요, 시간과 공간에 의한 실존적 분리를 초월하여 다시 하나를 이루는 공동체의 구원일 것이다.

　이러한 삶의 양식에서 조상을 추도하는 기제사와 추석이나 설날에 드리는 차례는 매우 중요한 의례적 의미를 지녔다. 이곳저곳에 흩어져서 여러 가지 형태의 서로 다른 삶을 살아가는 다양한 가족들이 오래간만에 함께 모여 동일한 조상에 대한 기억을 회상한다. 이러한 공동의 기억을 회복하는 의례를 통하여 시간과 공간에 의한 현실의 분리를 극복하고 영원의 순간을 창출하며 서로 하나라는 공동체 의식과 가족 간의 의리를 재확인했다. 마치 그리스도인들이 매주 교회에 나가서 예수 그리스도라는 공동의 기억을 회상하는 예배를 통하여 서로 하나가 되어 신앙공동체를 형성하고 신뢰를 확장해 나가듯이⋯⋯.

이제 한국 그리스도교는 정치적으로나 기존의 종교문화 전통들에 의하여 핍박받는 지하 종교나 소수 종교가 결코 아니다. 오히려 한국 그리스도교는 인구의 1/4을 차지하고 있는 영향력을 가장 크게 행사하는 군림하는 종교로 보아야 할 것이다. 그리스도인들은 한국의 정치, 경제, 사회, 문화, 종교, 체육 등 모든 분야의 중심적인 위치에서 사실상 한국을 이끌어나가고 있다고 해도 과언이 아닐 것이다. 그러나 '한국 땅에서 그리스도교는 완전히 뿌리를 내렸는가?' 또는 '한국 그리스도교는 한국화되었는가?' 하고 질문하였을 때 우리는 그에 대한 긍정적인 대답을 하기가 어려울 것이다. 그것에 대한 극단적이 예가 바로 지금까지 설명하고자 하는 한국 종교문화의 마지막 변경이라고 할 수 있는 예술촌의 이야기인 것이다. 단적으로 이 예술촌이 품어내는 해석학적 함의들을 한국 그리스도교가 소화할 수 있어야 그리스도교의 한국화가 이루어졌다고 말할 수 있다. 달리 보면, 이 한국화가 이루어져야 한국 그리스도교는 진실로 생명력 있는 정체성을 갖게 될 것이다.

또 다른 하나의 중요한 체험은 그곳의 적막함과 고요함 속에서 나는 마치 영혼의 고향에 온 듯한 깊은 안식을 느낄 수 있었다는 것이다. 나는 그동안 영성 훈련에 깊은 관심을 가지고 꽤나 열심히 여러 곳을 찾아다닌 편이다. 순복음교회류의 기도원으로부터 토머스 머튼류의 가톨릭 수도원에 이르기까지 두루 섭렵해보았다. 그러나 솔직히 말해서 그 모두가 나의 영혼의 깊은 자유보다는 무언가 어색하고 어떤 억압이 항상 게재되어 있는 듯한 느낌을 버릴 수가 없었다. 그러나 아무에게도 제약받지 않은 그 산림의 고요 속에서 나는 무위자연으로 돌아가 신과 자연과 내가 일체가 되는 아늑함과 황홀을 찾을 수 있었다. 이 근방에서 살았던 퇴계 이황 선생의 시흥이 절로 느껴졌다.

> 우리 집은 맑은 낙동강 위에 있어
> 한가한 마을에 태평을 즐기나니
> 이웃들은 봄 농사에 나가고
> 닭과 개는 울타리를 지켜 주네.
> 책을 쌓아 둔 고요한 책상머리
> 봄 안개는 강과 들을 감도느나.

왜 그럴까? 그리스도인이지만 내가 학자이고 아직 너무도 선비의 후예이기 때문일까? 그렇다고 할지라도 선비의 후예라는 과거와 그리스도인이라는 현재가 내 안에서 하나의 정체성을 이루어야 나는 진정한 그리스도인이라고 할 수 있지 않을까? 아직도 내 영성의 심층에서는 전통 종교문화가 오히려 모국어처럼 익숙하고, 그리스도교 문화는 아직도 영어와 같이 낯선 외국어로 존재하고 있는 것이 아닐까?

이 글에서 나는 한국 그리스도교의 현재에 대한 객관적인 진단과 평가를 내리고자 하지 않는다. 나는 이 글에서 감히 한국 그리스도교의 현재에 대한 모든 것을 말하려 하지 않는다. 그래서 이 글은 한국 그리스도교에 대한 전반적이고 양적인 데이터들은 다루지 않는다. 오히려 나는 한 그리스도인으로서 실존적으로 느끼는 앞에 언급한 것들과 같은 질문들을 해보고, 그에 대한 대답을 생각해보고자 한다. 다시 말하면 우리에게 이미 주어진 교리에 묶여, 그를 옹호하는 호교론자의 입장보다는 지금 우리가 일반적으로 그리스도교 신앙에 대해 이해하고 논의하고 있는 내용들이 과연 정확하고 적합한 것들인가를 묻고 싶다. 따라서 이 글은 또 하나의 거대 담론을 주장하는 신학 논문이라기보다는 신학의 작은 부분들을 모아본 신학 에세이에 불과하다. 이 글에서 나는 안동 예술촌과 같은 곳에서 아직 남아 있는 한국 문화의 원형에 대한 체험과 함께 그동안 조직신학을 강의하면서 재고되어야 한다고 느꼈던 몇 가지 주제들에 대하여 살펴보고자 한다. 이것들은 앞으로 그리스도교가 한국에서 뿌리를 내리고 한국 종교가 되기 위해서 수정되고 보완되어야 할 신학적 발상 전환에 관한 것들이라고 해도 좋을 것이다.

2. 한국 개신교 신학에 대한 비판적 대안

1) 한국 개신교의 구원론은 재고되어야 한다

그리스도의 구원은 통시적이고 종합적인 것이지, 일시적이고 제한적인 것이 아니다. 구원이란 인간이 가진 시간과 공간의 제약을 극복하고 영원한 순간과 궁극적 존재와의 합일을 내포한다. 그러한 구원이 한 개인의 초월 경험에 의해 축소 이해되고 그 기준에 따라 다른 개인이나 공동체에게 희생을 강요한다면, 그것은 십자가의 희생적 사랑을 전제로 하는 그리스도의 복음이 아니고, 복음을 개인주의적 이념으로 환원시키는 구원론적 이기주의가 된다. 일반적으로 한국 교회가 가르치는 구원론은 지나치게 개인적인 경향이 있다. 극단적으로 말하면, 조상과 가족들은 지옥에 가더라도 나만 예수를 믿고 구원을 받아야 한다고 가르친다. 그런 제한적 구원론은 참다운 그리스도의 가르침이라고 할 수 없고, 오히려 개인주의와 이기주의를 구원의 이름으로 가증스럽게 우상화시키는 우를 범하게 된다. 이 땅에 그리스도의 구원이 참다운 복음으로 완성되려면 과거의 한국인들이 향유했던, 앞에 인용한 예술촌장의 시가 시사하는 공동체의 초역사적 경험을 충분히 포함시킬 수 있어야 한다. 구원의 확신이라는 한 개인의 심리학적 인식론을 만족시키기 위하여 전통적 공동체 의식과 조화를 깨트려버린다면 그것은 오히려 죄를 저지르는 것이다.

그리스도의 구원은 전 시간적인 것이지 현재와 미래에만 제한된 것이 아니다. 과거가 결여된 구원은 불완전한 것이다. 현대 과학이 밝혀주듯이 과거와 현재와 미래라는 구분은 가상적인 것이다. 우리는 사실 과거와 현재와 미래의 연결된 총체적 순간순간을 살아가고 있을 뿐이다. 아우구스티누스의『참회록』이 지닌 위대성은 바로 과거에 대한 철저한 자기반성, 곧 참회를 통하지 않고는 참된 구원을 이룰 수 없다는 점을 각성을 한 데 있다. 그러나『참회록』은 과거를 개인중심적 차원에서 이해했다는 한계가 있다. 이것이 서양 그리스도교를 개인주의적 종교로 만든 동기가 되었다고 비판을 받는다. 한국 그리스도교는 이러한 개인주의적 전통을 극복해야 한다.

모더니티가 비판받는 오늘날의 포스트-모던적 정황에서 동양 사상이 훌륭하다고 재조명되는 이유는 그것이 근대 사상처럼 개인을 고립된 자아와 같이 물체론적으로 파악하지 않고, 공동체적 그물망의 중심과 같이 관계론적으로 이해한다는 점에 있다. 관계성의 그물망에서 분리된 개인의 구원은 완전한 구원이 될 수 없다. 한국에서 그리스도교는 지하 종교가 아니고 오히려 한국 문화 위에 군림하고 있다. 더 이상 교회가 신도들에게, 과거의 공동체와 분리되는 결단을 영웅시하며 그것을 구원의 전제로 강요해서는 안 된다. 바로 그러한 개인주의적이고 기억상실증적 구원론이 그리스도교의 한국화를 어렵게 만들고 있는 것이다. 한국 그리스도교가 이 땅에 뿌리를 내리고 한국 종교의 하나가 되기 위해서는 한국 역사에 대해 관심을 갖고 그 구원의 문제를 선결해야 한다. '우리 조상들은 구원받

앉는가?' 또는 '그리스도교가 한국에 들어오기 전에 살던 사람들에 대한 구원 문제는 어떻게 이해해야 하는가?' 이러한 당연히 물어야 하는 질문들을 더 이상 방치해둘 수 없다. 그리스도교를 몰랐던 조상들은 지옥에 갔고, 그리스도교가 들어오기 이전의 한국은 마귀의 나라였다고 하는 대답은 부적절하고 무책임한 것이다. 어떤 역사이든지 그 역사의 궁극적 주재자는 하느님이지 마귀가 아니다. 그런 대답은 신학이 아니라 '마귀학'에 가깝다. 또한 이런 질문에 대한 대답을 칼뱅과 같은 서양 신학자들의 신학에서 찾는 경우가 많은데 이것은 한마디로 난센스다. 왜냐하면 획일적 그리스도교적 문화의 바탕 위에서 구성된 그들의 신학에서는 이러한 비그리스도교적 과거에 대한 구원의 문제가 그리 중요하지 않기 때문이다. 그것은 우리에게 던져진 우리가 해결해야 할 우리의 신학적 문제이다. 이제 한국 그리스도교는 이 과거의 문제를 신학적으로 풀어야 할 뿐 아니라, 성례로서 의례화해야 할 필요가 있다.

2) 한국 개신교의 원죄론은 재고되어야 한다

개인주의적 구원론이 그리스도교를 한국 역사(과거)와 단절시킴으로써 한국화를 저해하는 요인으로 작용하고 있다면, 원죄론은 불행하게도 우리의 전통적 공동체 윤리를 근본적으로 해체케 하는 독소 작용을 하고 있다. 아우구스티누스가 원죄론을 선포하게 된 동기는 그가 한동안 매료되었던 마니교에 대한 경험과 펠라기우스의 도전에 위협을 느꼈기 때문이다. 그 교의의 핵심은 사실 죄악의 존재에 관한 문제, 정확하게 말하면 신정론theodicy에 있다. 유일신 종교인 그리스도교는 신에 의한 우주의 선한 창조를 움직일 수 없는 강령으로 채택하고 있다. 그런데 우리는 매일 매일의 삶 속에서 끊임없이 만연되어 있는 죄악을 체험하게 된다. 그래서 그 죄악의 근원에 대한 질문을 할 수밖에 없게 된다. 마니교는 이에 대해 매우 알기 쉬운 대답을 제공한다. 선한 신과 악한 신이 있어서 이 세상에서 서로 투쟁하고 있다는 것이다. 하지만 이 대답은 그리스도교의 유일신 사상과 선한 창조론에 위배된다. 반면에 모든 것을 신이 창조하였다면 죄악도 신이 창조했다고 할 수밖에 없게 되고, 그러면 '죄악을 허용하여 이토록 모진 고통을 인류에게 주는 신은 과연 의로운가?' 하는 신정론神正論의 문제에 이르게 된다.

아우구스티누스의 원죄론은 그 문제를 해결하기 위해 고안한 교의였다. 이 세상에 죄악이 만연하게 된 것은 신의 잘못이 아니고 인간의 잘못이라는 것이다. 창세기 3장의 실낙원 설화를 근거로 인간이 신과 같이 되려고 했던 교만 때문에 원죄를 짓게 되었고, 그것이 결국 이 세상에 죄악이 만연하게 된 계기가 되었다고 해석한 것이다. 신의 의로움을 고수해야 하는 그리스도교의 입장에서는 이 해석을 정통으로 채택할 수밖에 없었다. 그러나 이 교의는 아우구스티누스 생전에 이미 신랄한 비판을 받았다. 펠라기우스는 원죄론이 신의 형상에 따라 창조된 인간의 존엄성을 파괴할 뿐만 아니라 윤리적 책임성을 상실케 하는 독소조항을 가지고 있다고 맹렬하게 비판했다. 이 비판을 극복하기 위하여 아우구스티누스는 원죄론을 수사학적으로 필요 이상 과장하게 되었고, 그 전통이 오늘에까지 이른 것이다. 그러나 교회는 사실 이 문제에 대해서 이중적인 입장을 취해 왔다. 형식적으로 아우구스티누스의 원죄론을 정통으로 내세웠지만, 실제적으로 펠라기우스가 주장한 윤리성(원의론)을 배제하지 않았다. 이 쟁점은 종교개혁자들에 의하여 다시 한번 부각되었고, 믿음이냐 행위냐 하는 유명한 논쟁으로 발전하게 되었다. 종교개혁자들이 오직 믿음(sola fide)이라는 강령을 채택함에 따라 개신교에서 원죄론의 입지는 한층 더 강화되었다.

그러나 창세기 3장이나 아우구스티누스의 본래 의도는 결코 남을 정죄하기 위한 형이상학적 교의에 있지 않았다. 그것은 이 세상의 죄악을 신의 책임으로 전가하지 않고, 우리 자신이 저지른 죄의 탓으로 돌리는 데 있었다. 그리스도교 신앙의 높은 차원에서 행한 신앙고백이었던 것이다. 그 목적은 타자들을 정죄하는 독선적 태도에 있는 것이 아니고, 자기를 향한 반성과 회개의 자세에 있었다. 그러므로 원죄론의 본래 목적은 자기를 향한 것이지 이웃을 비신자라고 해서 무시하고 증오하는 특권을 주는 데 있지 않았다. 그러므로 한국 교회에서 만연하고 있는 정죄적 원죄론은 재고되어야 한다. 원죄론에 대한 과도한 맹신은 우리의 전통적 가치인 의리 사상을 붕괴시키고 한국 사회의 건전한 발전에 큰 지장을 초래하고 있다.

가족의 구성원 중 그리스도인이 생겼을 때, 원죄론이 그 가족공동체를 분해하는 역할을 하고 있는 경우를 많이 볼 수 있다. 한 가족 구성원이 신자가 된 후 비신자인 부모와 형제와 자매, 심지어 반려자까지 모두 죄인으로 몰아버리고, 자기만 구원받은 의인으로 행세하며 다른 가족들을 일방적으로 가르치려고 하는 꼴을 종종 목도한다. 맹목적인 교의 적용에 의해 가족의 화평이 깨어지고 가정의 존재 가치가 무너져가고 있다. 몰지각한 원죄론은 한국 사회에 복음보다는 저주를 선포하고 있다.

더군다나 그리스도교가 들어오기 이전에 한국 사회를 유지해왔던 기본적 태도는 의리義理와 신뢰信賴였다. 이 태도는 인간은 본래 선하다는 유교의 성선설性善說에 기초하고 있다. 그래서 우리는 가문의 이름과 친구와의 의리를 위해서는 목숨조차도 바칠 수 있다고 믿어왔다. 그러나 몰지각한 원죄론은 그러한 이웃에 대한 믿음과 의리 정신을 붕괴해버린다. 이웃은 물론 부모나 형제자매도 죄인이기 때문에 믿을 수 없다는 것이다. 유교의 의리 정신과 인간에 대한 근본적 신뢰는 적어도 우리를 끈끈한 인정이 넘치는 사회에 살게 해주었다. 그러나 그리스도교의 원죄론은 이러한 인정에 찬물을 끼얹고 유교적 신뢰 사회를 붕괴시켜버렸다. 그렇다면 유교가 물러난 후 공백의 자리에 한국 그리스도교는 어떤 정신과 윤리관을 심어주었는가? 혹시 물질만능주의의 복음이 아니었던가? 더구나 오늘날 우리 사회에서 만연하고 있는 극단적인 불신주의에 원죄론이 일조해온 점이 없지 않다. 앞으로 한국 그리스도인들은 원죄론의 본뜻을 제대로 이해하고 더 이상 이러한 과오를 저지르지 않도록 해야 할 것이다.

3) 한국 개신교의 말씀의 신학은 재고되어야 한다

한국 개신교에 종교개혁 신학 전통은 중요하나, 그것을 맹목적으로 따르는 것에는 문제가 있다. 그리스도교 신학은 주어진 상황에 따라 끊임없이 모형 전환paradigm shift하며 발전되어왔다.2) 그러므로 어떤 신학이든 그 신학이 나오게 된 신학적 맥락이 있다는 점을 간과해서는 안 된다. 종교개혁 신학은 중세의 가톨릭 신학이 희랍 문화와 융합하고 교회가 면죄부를 파는 등 성례전적으로 타락하게 됨에 따라 그 잘못을 수정하기 위하여 시작된 것이다. 따라서 종교개혁적 신학 전통은 가톨릭의 성례전적인 과장을 때려 부수기 위해 전투적인 면이 있고 논쟁적인 수사학을 많이 사용하고 있다. 개혁 전통은 이미 군림하고 있는 그리스도교의 잘못된 점들을 수정하고 개혁하고자 하는 것이다. 개혁신학 전통을 이해하는 데 있어서는 이 배경을 고려해야 한다. 이런 이유로 개혁 전통은 성례전을 과장되게 축소해석하는 경향이 있다는 점을 인지해야 한다.

그러나 문제는 외국 선교사들과 이들의 신학을 추종하는 한국 개신교가 이러한 맥락을 고려하지 않고 맹목적으로 종교개혁 전통을 보수, 정통,

---

2) Hans Küng, tr. by John Bowden, *Christianity: Essence, History, and Future* (New York: Continuum, 1995) 참조.

진짜 정통, 순 진짜 정통 등등 마치 원조 곰탕집 싸움처럼 하면서 개혁 전통의 교의들을 한국 교회에 무조건적으로 심어버렸다는 점에 있다. 다시 말하면, 창의적인 재해석 과정 없이 훈고학적 오류에 빠져버리고 말았다. 한국의 개신교가 직면하고 있는 상황은 개신교가 종교개혁을 일으켰던 때와는 맥락이 전혀 다르다. 개신교가 들어오기 이전 한국에는 서구의 가톨릭교와 같이 강력하고 문제가 있어, 개신교가 저항Protest해야 할 대상이 없었다. 그러므로 마땅히 개신교를 정착시키는 과정에서 이 개신교의 저항적이고 저돌적인 수사학과 전투성을 적당히 배제해야 했을 것이다. 그러나 불행하게도 한국 개신교는 이미 무력해져서 오히려 간수해야 했을 기존의 종교문화 전통들을 그 전투 대상으로 삼고 최신예 무기를 들고 무자비하게 폭격을 가하듯 거의 초토화시켜버리고 말았다. 한국 개신교는 그 전투성을 살려 한국의 종교문화 전통을 말살하는 데 가장 큰 기여를 하게 된 것이다. 이것은 비극이다. 그리고 앞으로 이 비극적 실수는 한국 개신교의 원죄로 치부될 것이다.

그러므로 한국 개신교는 한국의 종교문화 전통 앞에서 회개해야 할 것이다. 하느님이 그 놀라우신 창조의 손길로 미래의 신학을 위해 몰래 한국 전통 속에 비축해놓았을지도 모르는 종교 자원들을 무지막지하게 파괴해버린 죄를 회개해야 할 것이다. 하느님께 영광을 돌리기 위한 숨겨놓은 성례전적 보배들일 수도 있는 것들을 몰지각하게 파괴해버린 것이다. 교회사적으로 볼 때 개신교의 말씀의 신학은 성례전적 신학을 전제로 한다. 경건의 비밀스러운 행위가 전제되지 않은 말씀의 신학은 기독교 신앙을 번지르르한 말장난으로 끝나게 한다. 한국 개신교의 말씀의 신학은 이러한 성례전적인 신학의 배경이 없이 이루어졌다. 그래서 오늘날 한국인들은 개신교도보다는 불자들이나 가톨릭 신자들을 이웃으로 삼기를 선호하는 것이 아닐까? 우리는 말씀의 신학을 더 이상 무비판적으로

고집해서는 안 된다. 늦었지만 지금이라도 한국 종교문화 전통 속에 잠재되어 있는 풍부한 성례전적인 자원들을 발굴해서 예배의 의례로 발전시켜나가야 할 것이다.

4) 종교다원주의 논쟁은 재고되어야 한다

종교다원주의 논쟁은 19세기 중엽 서양 신학자들이 그리스도교가 아닌 다른 세계 종교들이 존재한다는 사실을 인식함으로써 발생했다. 다시 말하면 종교다원주의는 그리스도교만이 유일한 종교라고 믿었던 획일적 그리스도교 문화권의 신학자들이 다른 종교들의 심오한 세계를 발견하고 그 인식론적 충격에서 나온 대안적 개념이다. 종교다원주의를 주장하는 대부분의 서양 신학자들은 동양인들처럼 다원적 종교 경험을 실존적으로 느끼며 살아본 적이 없다. 그러므로 종교다원주의는 형이상학적인 추론이며, 그 속에는 패권주의적 망상이 숨겨져 있다. 쉽게 말해서, 우리 것이 참 종교이지만, 너희 것들도 포함시켜주겠다고 겉으로 선심을 쓰는 듯한 자세이다. 이것은 구원을 교회론적으로 해석함으로써 서양 교회가 헤게모니를 잡겠다는 신학적 음모에서는 발전되었지만, 아직도 모든 인식은 서양 중심적이 되어야 한다는 인식론적 오만이 그 속에 숨겨져 있다.

그리스도교가 들어오기 훨씬 이전부터 다양한 종교들이 존재하고 있었던 한국에서 종교다원주의와 같은 서양 중심적 시각에서의 인식론적 논쟁을 계속한다는 것은 우스꽝스러운 일이다. 우리의 역사 속에서 살아 숨쉬면서 많은 영향을 주었던 유교, 도교, 불교, 무교 등 우리의 전통 종교들은 우리가 떼어놓을 수 없는 우리 존재의 일부이다. 종교적 DNA와도 같이 우리 속에 내재하는 우리의 존재론적 실재이다. 그들은 타 종교가 아니고 우리의 종교이며, 서양 신학자들처럼 주객도식 안에 나누어놓고 객관적으로 분석할 수 있는 해석학적 거리와 여유가 우리에게는 없다.

오히려 한국 그리스도교 신학의 임무는 '어떻게 그러한 다원적인 종교문화 속에서 그리스도교의 정체성을 규명할 것인가' 하는 질문에 답하는데 있다. 그러므로 우리에게 한국 종교는 교회론적이거나 인식론적인 문제가 아니고 해석학적인 문제이다.

몇 년 전 한 개신교도에 의해 저질러진 불교 사찰의 훼불 사건은 많은 점들을 시사한다. 그런 불미스럽고 배타적 태도를 가지고서는 그리스도교가 한국 종교의 하나가 될 수 없다. 그리고 한국 종교가 아닌 그리스도교는 한국에서 필요가 없다. 한국 그리스도교는 한국 종교의 하나로서 우리 조상들이 오랫동안 숭상해온 종교문화 전통들을 존중할 줄 알아야 한다. 다른 종교들을 가르치려 하기보다는 종교적 막내로서 그들로부터 배우고자 하는 겸손한 자세를 취해야 할 것이다.

5) 한국 개신교의 번역신학은 탈피되어야 한다

한국 신학의 상황을 단적으로 '신학 오퍼상들의 난립'이라고 꼬집는 이도 있다. 아직 한국 신학은 서양 신학의 식민지가 아닌가 할 정도로 너무도 서양적이다. 한국 신학자들이 가진 서양 신학에 대한 사대주의는 지나치다. 앞 장에서 살펴본 것 같이 한국 신학의 논쟁사를 살펴보면, 청일전쟁, 노일전쟁, 한국전쟁에서처럼 서양 특히 미국 신학의 대리전을 치러온 양상이 뚜렷하다. 조선 유교는 중화사상에 대한 사대주의를 벗어나지 못해 생명력을 상실해버렸다. 한국 신학이 조선 유학처럼 서양 신학에 대한 맹목적 사대주의를 답습할 경우 한국 그리스도교의 생명도 그리 길지 못할 것이다. 한국 신학은 하루 빨리 서양 신학의 올무에서 벗어나 주체성을 회복해야 한다. 한국 신학자들은 서양 신학을 번역해서 팔아먹는 신학 오퍼상의 역할로부터 시급히 탈피해야 한다.

번역신학 또는 번안신학은 자료로서의 가치는 있지만 아직 한국 신학이 될 수 없다. 한국 신학이 되려면 적어도 한국적 맥락에서 그리스도교를 어떻게 이해할 것인가 하는 비판적이고 창의적인 해석의 과정이 필요하다. 그런 이유에서 나는 대칭적 방법론을 제안해왔다. 신학의 역사가 짧기 때문에 우리는 어쩔 수 없이 서양 신학들을 자원으로 사용할 수밖에 없다. 그러나 그들은 우리에게 자료들에 불과할 뿐이고, 그들을 한국 신학의 내용으로 천착하기 위해서는 번역 외에 대칭적 해석학의 준비단계가 더 필요하다. 우선 우리의 문화적 전이해를 규명해야 한다. 서양 신학의 텍스트들과 우리의 토착적 전이해를 구성하고 있는 우리 문화의 텍스트들을 비교하는 간텍스트적 해석의 과정intertextual hermeneutics이 수반되어야 한다. 서양 신학과 우리 문화의 두 해석학적 지평 간의 지평융합을 실험해 보는 시뮬레이션simulation 과정이 또한 필요하다. 이러한 준비단계를 거친 뒤에야 한국 신학의 구성이 가능하다. 그래서 그런 준비과정으로서 나는 칼 바르트Karl Barth의 신학과 왕양명王陽明의 유학 간의 대화를 발전시켰으며, 요한 칼뱅John Calvin의 신학과 퇴계退溪 이황李滉의 유학을 비교했다.3)

이 대칭적 해석학은 조직신학에만 해당되는 것이 아니라, 한국 신학의 모든 분야에 적용되어야 한다고 생각한다. 특히 실천신학에 관한 서양 자료들은 이 해석학적 과정을 엄격하게 거친 후에 적용되어야 한다. 실천신학에 있어서 현장의 종교문화적 맥락에 대한 이해는 필수적이다. 그러나 한국 실천신학의 상황에 우려를 금할 수 없다. 무비판적 번역신학들과 상업적인 신학 오퍼상들이 활개를 치고 있는 듯하다. 현장의 문화적 현주

---

3) Heup Young Kim, *Wang Yang-ming and Karl Barth: A Confucian-Christian Dialogue* (Durham: University of Press of America, 1996); 김흡영, 금장태,「존 칼빈과 이 퇴계의 인간론에 관한 비교연구」,『도의 신학』, 231-291, 또는『한국조직신학논총』제4권 (1999), 80-128; 또한 Heup Young Kim, "Imago Dei and T'ien-ming: John Calvin and Yi T'oegye on Humanity," *Ching Feng* 41: 3-4 (1998), 275-308 참조.

소도 모르면서 실천신학을 가르친다는 것은 그야말로 '연자 맷돌을 메고 지옥 불에 들어가는' 죄를 짓는 격이다. 또한 한국의 성서신학자들에게도 우리의 전통적 텍스트들을 비교 연구할 수 있는 능력이 시급히 요청되고 있다. 원문을 해독할 수 있고 서양 외국어를 구사할 수 있는 오늘날의 한국 성서학자들이 과연 그러한 언어적 능력을 갖추지 못했던 초기의 성경 번역자들보다 우수한 성경 번역을 할 수 있겠는가? 그 대답은 그렇게 단순한 것 같지 않다. 그들은 성경 원문과 성경 해석사는 잘 알지 못했지만 사서오경과 같은 우리의 고유한 문화적 텍스트들과 어휘들에 관해서는 오히려 지금의 성서학자들보다 훨씬 뛰어난 능력을 소유하고 있었다. 그래서 그들이 번역한 성경이 오히려 오늘까지도 더 많은 사람들에게 호소력을 갖고 감동을 주는 것이 아닐까? 성서학자들이 진정한 한국의 성서학자가 되기 위해서는 서양의 텍스트들과 동등하게 우리의 텍스트들을 다룰 수 있는 능력을 갖추어야 할 것이다.

6) 한국 개신교 신학의 이원화는 극복되어야 한다

대략 현대 신학은 로고스 중심적 전통 신학과 프락시스 중심적 진보 신학으로 나누어볼 수 있다. 진보적인 아시아 신학과 한국 신학도 이 점에서는 예외가 아니다. 아시아 신학은 로고스 중심적이라고 할 수 있는 종교 신학과 프락시스 중심적이라고 할 수 있는 해방신학으로 구분된다. 한국 신학 또한 토착화(문화)신학과 민중신학으로 구분된다. 이것은 이론과 실천을 분리하는 희랍적 이원론이 아직도 신학 안에 깊이 자리 잡고 있다는 것을 말해준다. 그러나 사실 성서적 영성과 동양적 영성의 특징은 이 이원론을 극복하는 데 있다. 한국 신학이 세계 신학에 기여할 수 있는 자리는 바로 서구 신학에 의해 극단적으로 이원화된 기독교의 영성을 통전적으로 회복시키는 일이다. 이것을 위해서는 이원론도 아니고 단순한 일원론도 아닌 새로운 관계론적 성찰이 필요하다. 이러한 새로운 패러다임을 나는 도道의 패러다임이라고 지칭한다.

한국 신학은 로고스 패러다임과 프락시스 패러다임의 이원화를 극복하고 새로운 도道 패러다임을 구성해내야 한다. 한국 신학은 부흥회적 거품적 영성과 영성적 세속화를 동시에 지양할 수 있는 신앙 틀을 제고해주어야 한다. 사실상 도道 패러다임은 가장 성서적이고 오래된 기독교의 형태였다. 예수는 당신을 로고스나 프락시스라고 한 적이 없고, 단지 하느님께 나아가는 진리와 생명의 길(道)이라고 선언했다. 그리스도교라는 말이 생기기 이전에 사도행전에서 그리스도교는 오히려 도道라는 말의 뜻과 흡사한 희랍어 호도스*hodos*로 명명되었다. 뿐만 아니라 세계 교회사에서도 유례를 찾기 힘든 자생적 한국 교회를 창설한 최초의 한국 신학자 광암曠庵 이벽李檗은 기독교를 인도人道와 천도天道가 합일하는 정도正道로 보았다. 그러므로 도道 패러다임은 다른 두 패러다임보다 훨씬 성서적이고, 오래되었으며, 한국적이라고 할 수 있다.

7) 한국 개신교는 교회론적, 인식론적 단계에서, 사회적, 해석학적 단계로 성숙해야 한다

리처드 니버Richard Niebuhr라는 신학자는 20세기 중반에 그리스도와 문화의 관계에 대해 역사적인 형태들을 5가지 유형으로 분류한 적이 있다.[4] 이 분류는 그리스도교와 문화에 관한 고전적인 유형론으로 지금까지 받아들여 왔다. 우선 그는 '문화에 대항하는 그리스도Christ against Culture'와 '문화와 융합된 그리스도Christ of Culture'로 크게 구분한다. 그리고 이 양극단 사이를 '문화 위에 군림하는 그리스도Christ above the

---

4) Richard Niebuhr, *Christ and Culture* (New York: Harper & Row, 1951) 참조.

Culture,' '문화와 변증법적인 관계에 있는 그리스도Christ and Culture in Paradox,' 그리고 '문화의 변혁자로서 그리스도Christ as the Transformer of the Culture'의 3가지 유형으로 세분한다. 니버는 마지막 유형인 문화의 변혁자로서 그리스도 유형을 최상의 것으로 추천한다. 니버의 유형론에 따른다면 한국 그리스도교의 문화에 대한 태도는 이 중에서 어느 유형에 속할까? 우선 한국 그리스도교라는 용어 자체가 매우 막연하다. 이미 한국에는 여러 종류의 다양한 그리스도교가 존재한다. 더구나 이 니버의 유형론은 그리스도교 문화가 정착된 서양에서 과거의 교회사를 회고하면서 이루어진 것이다. 이 니버의 유형론에는 숨어 있는 맥락적 전제가 있다. 그것은 서양과 같이 이미 문화에 융합된 그리스도가 오랜 기간 동안 존속되어온 축적된 체험이 있는, 즉 다원적 종교문화의 상황이 아니라, 단일한 그리스도교 문화권이라는 것이다. 그리고 니버가 이 유형론을 주장할 때는 그리스도교 문화의 세속화 바람이 무섭게 불기 시작할 때이다. 니버는 이러한 그리스도교 문화의 세속화를 염려하면서 그리스도의 개혁성을 내세워 그리스도교의 정체성을 유지하려고 했던 것이다. 그러므로 아직 그리스도교가 한국 문화에 완전히 뿌리를 내리지 못한 시점에 있는 한국 그리스도교에 있어서 이 유형론의 적용은 그리 적당한 것이 아니다.

그럼에도 불구하고 이 유형론에 따라 개신교회에 일반 신자들의 태도를 살펴보면 그 입장이 대체적으로 '문화에 대립하는 그리스도'와 '문화 위에 군림하는 그리스도' 사이에 자리 잡고 있다고 말해도 과언이 아닐 것이다. 이것은 결국 그리스도교는 한국 땅에 뿌리를 내리지 않고 너와 나의 담을 쌓고 따로 놀겠다는 독선과 아집의 태도를 반영한다고 볼 수 있다. 그리스도교의 생명은 예수 그리스도가 인간으로 성육신된 사건에 있다. 예수 그리스도가 유대 땅에서 유대인으로 성육신하신 것처럼 한국 그리스도교는 한국 땅에서 뿌리를 내리고 거듭나서 한국 땅에 성육신하신 그리스도의 복음을 전하는 한국 종교가 되어야 한다. 우리는 한국인과 그리스도교인이 동시에 될 수 있어야 한다. 참된 그리스도교인 된다는 것은 참된 한국인이 되는 것이어야 하고, 참된 한국인이 된다는 것은 참된 그리스도교인이 된다는 것이어야 할 것이다.

3. 우리 신학을 향하여

텔레비전이 처음 발명되고 대중화된 후 미국에서 TV 광고는 엄청난 위력을 과시했다. 특히 화장품 광고는 대단한 효과를 보여주었다. 여자 화장품 광고 모델은 물론 8등신의 갈색 머리의 백인 여성이었다. 화장품 회사는 백인 여성을 모델로 동원하여 아름다운 여자의 상징으로 삼고 여자들로 하여금 그 상징을 닮기 위한 노력을 자기네들의 화장품을 사용해서 하게끔 암시하고 유도했던 것이다. 그러나 이 백인 미인의 상징성은 화장품 광고를 보는 흑인 여자들을 슬프게 하였다. 아무리 화장품을 많이 사용해도 흑인들의 살결을 희게 할 수는 없었기 때문이다. 이 상징은 결국 미인은 백인이어야 하고 흑인 미인은 아무리 잘났다 하더라도 어디까지나 항상 이류일 뿐이라는 메시지를 함축하고 있게 된 것이다. 그러므로 계속되는 화장품 회사들의 백인 미인 광고는 흑인 여성들로 하여금 자기 비하를 받아들이고 반복해서 열등감과 소외감을 수용해야 한다고 설교하는 것과 마찬가지가 되었던 것이다.

화장품 광고에 흑인 미인이 나오기 시작한 것은 흑인운동이 열매를 맺기 시작한 뒤의 일이다. 이것은 혁명적이고 파격적인 사건이다. 여기에는 흑인해방운동가 말콤 엑스Malcom X가 한 선언이 결정적인 역할을 하였다. 그는 "흑인은 아름답다Black is beautiful"라는 유명한 선언을 한 것이다.

그 선언이 미인은 꼭 백인이어야 한다는 지금까지의 광고 등식을 깨는 혁명적인 의식화를 불러일으켰다. 그리고 그는 그리스도인이든 무슬림이든, 어떤 사상을 가졌든 어떤 종교나 이상보다도 흑인은 먼저 흑인이었다는 사실을 강조했다. 사실 종교나 이념은 백인이 지금까지 흑인을 갈라놓고 통치하기 위해 사용한 수법 중에 가장 악랄한 것이었다는 자각이 수반된 것이다. 이러한 말콤의 의식화는 흑인이 대동단결하여 인권해방운동을 승리로 이끌 수 있는 기틀을 마련해주었다.

종교의 중요성은 상징을 통하여 삶에 궁극적인 의미를 부여하는 데 있다. 그래서 종교가 상징을 구사해온 역사는 매스컴보다도 훨씬 길다. 그렇다면 과연 한국 그리스도교는 한국인들에게 그리스도교의 상징을 통해 무슨 암시를 해왔던가? 초기 화장품 회사들의 광고처럼 우리를 자기 비하적 분위기로 이끌어가서 우리로 하여금 기존 사회를 파괴하게 하고 열등감과 소외감만 더 축적되게 하지는 않았던가? 그렇지 않다면 이미 하느님이 창조해주신 우리의 있는 그대로를 존귀와 감사로 받아들일 수 있는 자리를 만들어주었던가? 앞에 인용한 시의 할아버지에게 증손자의 얼굴을 바라보며 당신의 증조부를 회상하며 감회에 젖을 수 있는 자유와 여유를 주었던가? 아니면, 그러한 자유를 정죄하고 자신의 개인적인 구원론적 이익을 위하여 그 모든 것들과의 단절을 강요해왔던가?

한국인이 자유롭게 자기의 있는 그대로가 아름답다고 주장할 수 있는 그리스도교가 되어야 한국 그리스도교가 될 수 있다. 그리고 유교, 도교, 불교, 그리스도교 등 그 모든 종교들이 들어오기 이전에 우리는 한국인이었다는 사실을 인정할 수 있는 그리스도교가 되어야 한국 그리스도교는 진정한 복음을 선포하는 한국 종교의 하나가 될 수 있을 것이다. 그러므로 그리스도교의 한국화를 위해서는 상징의 해석을 담당한 신학의 역할이 매우 중요한 것이다.

제2장

그리스도교의
효孝사상1)

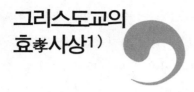

1. 들어가는 말

그리스도교의 핵심을 예수 그리스도는 두 가지 사랑으로 요약한다. 첫째, "네 마음을 다하고 목숨을 다하고 뜻을 다하고 힘을 다하여 주 너의 하나님을 사랑하라"는 하느님에 대한 사랑이요(막 12:30). 둘째 "네 이웃을 네 몸과 같이 사랑하라"는 이웃에 대한 사랑이다(12:31). 전자는 사람이 마땅히 갖추어야 할 수직적인 관계, 곧 하느님에 대한 신앙(敬天)을 말하며, 후자는 수평적 관계, 곧 이웃 인간에 대한 사랑(愛人)을 말한다.

구약성경의 창세기는 인간을 하느님의 형상(Imago Dei)에 의해 창조되

1) 이 글은 2000년 경기도 주최「효 심포지움」에서 발표했던 글이다.『대학과 선교』4 (2002), 218-240에 게재되었다.

었다고 말한다(1:27a). 이 대목은 천명이 인간의 본성이라고 정의한『중용中庸』의 첫 구절 "천명지위성天命之謂性"을 그대로 연상하게 한다. 창세기의 그 다음 구절은 하느님이 인간을 하느님의 형상에 따라 한 사람이 아닌 남자와 여자 두 사람으로 동시에 창조하였다고 말한다(1:27b). 이것은 인간이 본래 홀로 사는 존재가 아니고 더불어 사는 공존共存적 존재임을 밝히는 것으로 인간은 존재론적으로 두 사람(人+二)이라는 유교의 인仁사상과 크게 공명한다. 그러므로 그리스도교는 사람을 그 개체보다는 '사람 사이(人間)'라고 관계론적으로 통찰한 동양의 지혜에 동의하고 있다. 이러한 관계론적 통찰은 그리스도교의 신관인 삼위일체三位一體론에서 존재론적으로 확정된다. 만물의 궁극적 근원인 하느님도 세 분의 서로 다른 인격성이 모여 하나의 통일을 이루는 관계론적 존재인 것이다. 인간이 하느님의 형상에 의해 창조되었다고 함은 바로 이러한 공존적이고 관계적 존재가 인간의 본성이라는 것을 의미한다. 그러므로 인간을 더불어 사는 공존적 존재 또는 관계적 존재로 보는 입장, 특별히 인간론의 수평적 측면에 있어서 그리스도교와 유교는 서로 수렴하는 동일성을 보여주고 있다.[2] 이 수평적 동일성이 불과 2세기만에 그리스도교가 한국인의 4분지 1을 점하는 폭발적 성장을 이루게 한 요인의 하나로 작용했을 것이다.

유교와 마찬가지로 그리스도교는 이러한 공존적인 본성을 인간관계의 그물망을 통하여 보편적인 목표를 향해 구체적으로 실천하는 데 목표를 두고 있다. 그러나 유교는 인간의 존재론적 능력(仁)에 비중을 두는 반면, 그리스도교는 그 실천(愛)에 중점을 두는 경향이 있다. 그리스도교는 인

---

2) 그리스도교와 유교의 인간론에 관해서는 김흡영,『道의 신학』(서울: 다산글방, 2000), 특히 제5장「양지(良知)와 휴매니타스 크리스티」, 제6장「인(仁)과 아가페: 유교적 그리스도론의 탐구」, 143-228; 또한 영문 저서 Heup Young Kim, *Wang Yang-ming and Karl Barth: A Confucian- Christian Dialogue* (Durham: University Press of America, 1996) 참조.

간관계를 보통 세 가지로 분류한다: (1) 남성과 여성 간의 관계, (2) 부모와 자식 간의 관계, 그리고 (3) 이웃 간의 관계.3) 부모와 자식 간의 관계는 이 중에서 두 번째에 해당하고, 그리스도교의 인간관계론의 핵심을 이룬다. 일반적으로 인간은 누구나 남자와 여자로 구성된 한 부부의 자식이며, 그 또한 남녀 중 하나가 된다. 남녀가 부부관계를 이루는 데 있어서는 선택이 가능하다(人倫). 그러나 자식의 입장에서는 부모와 자식 간의 관계는 선택이 불가능하고, 그가 이 세상에 태어날 때 이미 주어진 것이다(天倫). 자식과 부모와의 관계는 이와 같이 본인이 취사선택을 할 수 없는 것이므로 선택이 가능한 부부관계보다 더욱 근본적인 것이라고 할 수 있다. 그러므로 유교에서는 부자유친父子有親을 우선으로 내세우고 부부유별夫婦有別을 차선으로 강조한다.

부모와 자식 간의 관계에는 두 가지 측면이 있다. 하나는 부모의 입장으로부터 보는 측면이고, 다른 하나는 자식의 입장으로부터 보는 측면이다. 인간은 누구나 한 부모의 자녀이며, 동시에 자녀들의 부모가 되기도 한다. 유교와 마찬가지로 그리스도교는 부모들에게는 자녀들을 사랑(愛 또는 親)하라고 가르치고, 자녀들에게는 부모들을 공경(敬 또는 孝)하라고 가르치고 있다. 그러나 '부모 됨'은 선택이 가능하나 '자녀 됨'은 선택이 불가능하다. 그러므로 부모와 자식 간의 관계에 있어서도 자식 입장에서의 효도가 부모 입장에서의 사랑보다 근본적이라고 할 수 있다. 이 글에서는 부모자식 간의 관계를 성경에 나타나는 효사상을 중심으로 고찰하려고 한다.

---

3) Karl Barth, *Church Dogmatics III/4: The Doctrine of Creation*, tr. by A. T. Mackay, et. al. (Edinburgh: T. & T. Clark, 1961), 240-85 참고.

2. 구약성경의 효사상

'책의 종교'라고도 칭해지는 그리스도교에서 성경은 그 사상(신학)의 근저를 이루고 있다. 성경은 유대인들이 집대성한 구약성경Hebrew Bible 과 예수 그리스도의 복음이 담긴 신약성경Christian Bible으로 나누어져 있다. 보통 전자를 율법이라고 하고 후자를 복음이라고 한다. 그런데 구약 성경의 율법은 다음 열 가지 계명, 곧 십계명에 압축되어 있다.

제일은, 너는 나 외에는 다른 신들을 네게 있지 말지니라.
제이는, 너를 위하여 새긴 우상을 만들지 말고, 또 위로 하늘에 있는 것이
　　　나, 아래로 땅에 있는 것이나, 땅 아래 물속에 있는 것의 아무 형상
　　　이든지 만들지 말며, 그것들에게 절하지 말며, 그것들을 섬기지
　　　말라.
제삼은, 너는 너의 하느님 여호와[야훼]의 이름을 망령되이 일컫지 말라.
　　　나 여호와는 나의 이름을 망령되이 일컫는 자를 죄 없다 하지 아니
　　　하리라.
제사는, 안식일을 기억하여 거룩히 지키라.
제오는, 네 부모를 공경하라. 그리하면 너의 하느님 나 여호와가 네게 준
　　　땅에서 네 생명이 길리라.
제육은, 살인하지 말지니라.
제칠은, 간음하지 말지니라.
제팔은, 도적질하지 말지니라.
제구는, 네 이웃에 대하여 거짓 증거하지 말지니라.
제십은, 네 이웃의 집을 탐내지 말지니라. 네 이웃의 아내나, 그의 남종이
　　　나 그의 여종이나, 그의 소나 그의 나귀나, 무릇 네 이웃의 소유를

탐내지 말지니라(출 20:3-17; 신 5:7-21).

이 십계명은 두 부분, 곧 앞에 인용한 예수 그리스도가 명한 두 가지 큰 계명으로 이루어져 있음을 알 수 있다. 첫 부분의 네 계명은 인간이 하느님을 섬기는(敬天) 방법에 관한 내용이고, 나머지 부분의 여섯 계명은 이웃 사람들을 위하여(愛人) 인간이 마땅히 지켜야 할 율법을 명령하고 있다. 여기서 우리가 주목해야 할 것은 인간에 관한 여섯 가지 계명 중에서 첫 계명인 제5계명이 바로 "부모를 공경하라"고 하는 효사상을 담고 있다는 점이다(출 20:12; 신 5:16). 나머지 다섯 계명은 "하지 말라"는 부정적 명령법이 적용되고 있지만 이 계명만은 긍정적 명령법을 사용하고 있다. 신약에서도 바울은 이것을 "약속 있는 첫 계명"이라 하였다(엡 6:2). 그러므로 십계명은 효를 인간관계에 가장 중요한 덕목으로 간주하고 있다고 할 수 있을 것이다. 구약성경에서 효사상이 가장 두드러지게 나타나 있는 곳은 잠언이다. 한마디로 잠언은 그리스도교의 효사상을 집대성한 구약의 효경孝經이라고 해도 과언이 아닐 것이다.

내 아들아 네 아비의 훈계를 들으며 네 어미의 법을 떠나지 말라. 이는 네 머리의 아름다운 관이요 네 목의 금사슬이니라(잠 1:8-9).
지혜로운 아들은 아비를 즐겁게 하여도 미련한 자는 어미를 업신여기느니라(잠 15:20, 10:1, 17:25).
너 낳은 아비에게 청종하고 네 늙은 어미를 경히 여기지 말지니라. … 의인의 아비는 크게 즐거울 것이요 지혜로운 자식을 낳은 자는 그를 인하여 즐거울 것이니라. 네 부모를 즐겁게 하며 너 낳은 어미를 기쁘게 하라(잠 23:22-25).
아비를 조롱하며 어미 순종하기를 싫어하는 자의 눈은 골짜기의 까마귀에게 쪼이고 독수리 새끼에게 먹히리라(잠 30:17).

또한 구약성경은 불효에 대해서 강력하게 경고한다.

그 부모를 경홀히 여기는 자는 저주를 받을 것이라 할 것이요 모든 백성은
아멘 할지니라(신 27:16).
자기 아비나 어미를 치는 자는 반드시 죽일지니라(출 21:15).
그 아비나 어미를 저주하는 자는 반드시 죽일지니라(출 21:17).

효도에 대한 극적인 예화가 구약성경에 여러 군데 나타난다. 대표적인
몇 가지 예를 들면 다음과 같다.

1) 이삭, 아들의 효심

창세기 22장에는 믿음의 조상 아브라함과 그의 외아들 이삭 부자간에
벌어진 순종의 예화가 포함되어 있다. 노년에 기적적으로 얻은 독자 이삭
을 제물로 바치라는 하느님의 명령에 아브라함은 아무 말 없이 순종하며
지시한 곳을 찾아 나선다. 번제를 드릴 산에 이르러 아브라함은 사환과
나귀를 산 아래 남겨두고 이삭에게 번제로 쓸 나무를 지게 한 후 자기는
불과 칼을 손에 들고 나아간다. 상황이 심상치 않음을 눈치 챈 아들 이삭은
아버지 아브라함에게 묻는다.

이삭	내 아버지여.
아브라함	내 아들아, 내가 여기 있노라.
이삭	불과 나무는 있거니와 번제할 어린 양은 어디 있나이까?
아브라함	아들아 번제할 어린 양은 하나님이 자기를 위하여 친히 준

비하시리라(창 22:7-8).

이삭은 그의 아버지가 번제 드릴 제물도 없이 산에 오르는 것을 의아해한다. 그리고 자기의 물음에 제대로 대답하지 못하는 아브라함을 바라보며 자신이 곧 번제 제물이 되리라는 가능성도 인식한다. 그럼에도 불구하고 아들은 하느님의 명령에 따르고자 하는 아버지의 태도에 순종한다. 이것은 자신의 생명을 바쳐서라도 하느님에게 순종하고 부모에게 효도해야 한다는 교훈을 보여주는 구약성경의 대표적인 예화이다.

2) 입다의 딸, 딸의 효심

사사기 11장은 사사 입다와 그의 딸 부녀간에 일어난 비극적인 이야기가 들려진다. 암몬 족속의 공격 위험에 직면한 입다는 이스라엘을 위하여 하느님께 서원을 한다. 암몬과 싸워 이기게 해주면, 전쟁에서 승리하여 집으로 돌아올 때에 "누구든지 내 집 문에서 나와서 나를 영접하는 그는 여호와께 돌릴 것이니 내가 그를 번제로 드리겠나이다"라고 맹세한다. 그리고 입다는 암몬의 항복을 받고 전쟁에서 승리하여 집에 돌아오게 된다. 그러나 문제는 자신의 무남독녀 외딸이 전쟁에서 돌아온 자신을 집 앞에 나와 춤추며 영접하게 됨으로 비롯된다. 이삭을 보는 아브라함과 같은 심정으로 입다는 그의 딸과 대화를 하게 된다.

입다	슬프다 내 딸이여 너는 나로 참담케 하는 자요 너는 나를 괴롭게 하는 자 중의 하나이로다. 내가 여호와를 향하여 입을 열었으니 능히 돌이키지 못하리로다.
딸	나의 아버지여 아버지께서 여호와를 향하여 입을 여셨으니 아버지 입에서 낸 말씀대로 내게 행하소서. 이는 여호와께

서 아버지를 위하여 아버지의 대적 암몬 자손에게 원수를 갚으셨음이니이다(사 11:35-6).

입다의 잘못된 맹세로 인하여 생명을 잃게 된 입다의 딸은 오히려 자기 옷을 찢으며 괴로워하는 아버지를 위로한다. 아버지의 약속을 이행하기 위해 스스로 목숨을 아낌없이 바치는, 이름이 알려지지 않은 입다의 딸이 보여준 효심은 아버지를 위해 바다에 몸을 던지는 심청이의 효성에 익숙한 한국인들에게 친근감을 주며 심금을 울린다.

3) 룻, 며느리의 효심

앞의 두 이야기는 가부장적인 모습을 띠고 있으나, 룻기 1장은 시어머니에 대한 며느리의 효도에 관한 고부간의 예화를 말해준다. 나오미라는 한 여인에게 두 아들이 있었는데, 두 아들이 결혼한 지 얼마 안 되어서 죽게 되니 두 며느리는 청상과부가 되고 만다. 그러자 나오미는 자부들을 생각해서 친정으로 떠나보내려 한다. 큰 며느리인 오르바는 떠났으나 작은 며느리 룻은 끝내 시어머니를 떠나지 않았다는 열녀의 미담이다.

나오미   네 동서는 그 백성과 그 신에게로 돌아가나니 너도 동서를 따라 돌아가라.

룻   나로 어머니를 떠나며 어머니를 따르지 말고 돌아가라 강권하지 마옵소서. 어머니께서 가시는 곳에 나도 가고, 어머니께서 유숙하시는 곳에서 나도 유숙하겠나이다. 어머니의 백성이 나의 백성이 되고, 어머니의 하나님이 나의 하나님이 되시리니, 어머니께서 죽으시는 곳에서 나도 죽어 거기 장사될 것이라. 만일 내가 죽는 일 외에 어머니와 떠나면 여호와께서 내게 벌을 내리시고 더 내리시기를 원하나이다 (룻 1:15-17).

이와 같이 구약성경은 자식들의 부모에 대한 효도에 대해 우리의 효사상과 매우 유사하게 가르치고 있다. 물론 성경에서 부모에 대한 자식의 효도의 극치는 예수 그리스도의 십자가의 사건에서 이루어진다. 앞에서 말한 이삭과 입다의 딸의 예화들은 이 십자가의 사건에 대한 구약의 예언적 전거들이라고 할 수 있다. 예수는 하느님 아버지의 명령을 죽기까지 순종하는 살신성인殺身成仁의 효를 통하여 인류의 구원을 이룩한 구세주 그리스도가 된다. 나중에 다시 살펴보겠지만, 성경은 예수 그리스도를 효의 원형으로 제시하며, 효를 실천한 신앙이 인류를 구원하였다고 증거한다.

그러나 여기에서 우리는 성경이 말하는 효사상을 좀 더 깊이 살펴볼 필요가 있다. 그러기 위해서 제5계명을 다시 살펴야 한다: "네 부모를 공경하라 그리하면 너의 하느님 나 여호와가 네게 준 땅에서 네 생명이 길리라"(출 20:12). 이 구절에서 "부모를 공경하라" 할 때에 공경의 히브리 원어는 '카바드kabad'인데, 이 단어는 '무겁다to be heavy', 또는 '비중을 가졌다to have weight and gravity'라는 뜻을 가진 불완전 타동사이다.[4] 또한 부모라고 할 때 '부모'의 히브리어 '압(ab)'과 '엠('em)'은 선생teacher 또는 조언자counsellor의 뜻을 내포하고 있다. 따라서 부모를 공경하라는 말을 원어로 풀어보면, 그들을 선생과 조언자로서의 합당한 비중을 두어 예를 갖추어 대접하라는 의미를 띠게 된다. 이는 임금과 선생과 아버지를 한 몸으로

---

4) 같은 책, 243.

여기는 우리의 군사부일체軍師父一體 사상과 공명한다.

　제5계명의 하반부에 나오는 "너의 하나님이 네게 준 땅에서 네 생명이 길리라" 한 약속은 이런 맥락하에서 바르게 이해할 수 있다. 부모는 하느님이 주신 이 땅에 자식들보다 먼저 태어났고, 삶에 대해 필요한 지식과 삶을 영위할 수 있게 하는 지혜를 그들의 선생이요 조언자인 그들의 부모로부터 전수받게 된다. 자식은 또한 이어서 그러한 삶을 영위하기 위하여 필수적인 지혜를 그들 부모로부터 전수받아야 한다. 부모는 자식에게 삶의 지혜를 가르쳐주고 조언하여주는 선생과 조언자의 역할을 함으로써 그 고유 가치를 인정받게 된다. 이러한 전문가인 부모로부터 삶의 지혜를 전수받고 조언을 받아야만 자식의 삶과 생명이 형통할 수 있게 되는 것이다.

　그리스도교는 이 생명과 삶의 지혜가 바로 하느님의 말씀인 성경에 기록되어 있다고 믿는다. 부모와 자식 간의 관계에 있어서 그리스도교의 중요한 핵심은 삶의 지혜로써 하느님께서 부모에게 전수한 것, 즉 하느님의 말씀에 있는 것이다. 구약성경은 자식이 부모에게 종속되어 이 삶의 지혜를 전수받을 것을 권면한다. 자식에게 부모는 신적神的인 요소를 내포한다. 왜냐하면 부모가 신이 인간에게 준 삶과 생명의 지혜인 하느님의 말씀을 전달해주는 전도자요 대리인이기 때문이다. 부모의 자식에 대한 우월성과 자식의 부모에 의한 종속성이 필요한 이유는 부모가 자식에게 하느님 대리인으로서의 역할을 하기 때문이다. 자식이 부모를 두려워하고 공경하게 되는 것은 부모의 삶과 교훈 속에 하느님의 말씀, 곧 진리가 있기 때문이다. 다시 말하면, 그 속에 하느님의 말씀이 운동하고 있고 진리의 은총이 함께하고 있기 때문이다.

　모든 부모는 불완전한 인간이므로 실수를 할 수 있다. 그럼에도 불구하고 자식이 부모를 존중해야 하는 것은 하느님께서 그들을 하느님을 대신

하여 양육하는 대리인으로 지정했기 때문이다. 그러나 궁극적으로 말하자면, 인간에게 참된 아버지는 오직 하느님뿐이다. 어떤 부모도 그 자식의 창조자가 될 수 없으며 그의 인생을 결정하고 그를 죄악과 죽음으로부터 구원할 수 없다. 육친의 부모는 결코 영원한 생명의 근원이 될 수가 없으며, 그것은 오로지 참 아버지이신 하느님의 자비에 의하여만 가능하다.

이사야　　　주는 우리 아버지시라 아브라함은 우리를 모르고 이스라엘은 우리를 인정치 아니할지라도 여호와여 주는 우리 아버지시라 상고上古부터 주의 이름을 우리의 구속자라 하셨거늘(사 63:16).

예수　　　　땅에 있는 자를 아비라 하지 말라 너희 아버지는 하나이시니 곧 하늘에 계신 자시니라(마 23:9).

육친의 부성父性은 비교가 불가능한 하느님의 부성과는 구별되어 파악하여야 하며 육친의 부모는 오직 이 비유의 빛에서 이해하여야 한다. 자식이 부모에게 효도해야 하는 이유는, 육친의 부모가 이렇게 하느님 아버지의 자혜로운 은총에 상응하여 세상 속에서 대리인의 역할을 담당하고 있기 때문이다.

하느님 한 분만이 참된 지혜이며 참된 선생이며 참된 인도자이다(눅 18:19). 그러나 이 하느님께서 세상의 부모들에게 그러한 지혜와 지식과 경험을 연장자들의 자격으로서 자식들에게 전수해줄 능력과 책임을 위임하셨다. 그들은 예수 그리스도를 통하여 보여준 하느님의 사랑을 성실하게 자식들에게 교훈시켜 하느님께 영광을 돌리는 부모로서의 소명을 부여받은 것이다. 따라서 부모를 공경하라는 제5계명은 제1계명과 신의 완전성에 의하여 상대화는 되어야 하지만 결코 폐지될 수는 없다. 자식들은 하느님으로부터 이러한 역할을 위임받은 부모들을 공경하며 전심으로 효도할 것을 명령받고 있다. 이러한 관계는 신약성경에서 더욱 확실하게 볼 수 있다.

3. 신약성경의 효사상

누가복음 2장에 나오는 유월절에 성전을 방문한 어린 예수에 대한 에피소드는 보다 더 분명하게 이에 대한 설명을 예시하고 있다(눅 2:41-51). 예수의 부모 요셉과 마리아는 유대교의 전례에 따라 12살 된 예수를 데리고 예루살렘을 방문한다. 그러나 일을 마치고 돌아가던 중에 부모는 비로소 예수가 실종되었음을 발견한다. 그래서 예루살렘에 다시 돌아가 이곳저곳을 헤매며 찾다가 사흘 뒤에야 그가 성전에서 선생들과 대화하고 있음을 발견하고 놀라게 된다. 그리고 예수와 마리아는 다음과 같은 대화를 하게 된다.

마리아	아이야 어찌하여 우리에게 이렇게 하였느냐? 보라 네 아버지와 내가 근심하여 너를 찾았노라.
예수	어찌하여 나를 찾으셨나이까? 내가 내 아버지 집에 있어야 될 줄을 알지 못하셨나이까?

이 수수께끼 같은 이야기는 예수가 마치 부모의 뜻을 거스르고 불효하는 말썽꾸러기 아이로 비칠 수 있다. 그러나 사실 이 예화는 그리스도교의 효성에 대한 깊은 뜻이 담겨져 있다. 이 예화에서 예수는 부모를 거역하여 뜻을 어긴 것이 아니다. 그는 오히려 하느님의 아들로서 수행해야 할 참된

의미의 효도를 실행했다고 할 수 있다. 성전에서 하느님의 말씀에 대한 공부를 하는 것이 하느님의 대리인으로서 부모가 위임받은 역할을 더욱 완숙하게 만드는 더 한층 깊은 의미에서의 효성이기 때문이다. 이에 대하여 그의 양친 요셉은 이해하지 못했으나(50절), 모친 마리아는 어느 정도 눈치를 챘다고 기록하고 있다(51절).

성경은 분명히 자식에게 부모의 뜻에 순종할 것을 명령하고 있다. 하지만 하느님에게 "더욱더" 순종할 것을 요구한다. "사람보다 하나님을 순종하는 것이 마땅하니라"(행 5:29). 자식은 하느님의 영광을 위하여 세상에 있는 부모를 공경하라는 신의 명령을 받은 것이다. 자식에 대해 부모는 세상에 있는 하느님을 상징적으로 대신한다는 신적인 측면을 가지고 있다. 그러나 그것은 후기 유교가 행한 것처럼, 자식이 그 부모를 신성화하고 하느님을 배후에 내몰아쳐도 된다는 말은 아니다. 자식도 부모와 동등하게 신을 알고 직접적인 관계를 맺을 특권이 있다. 궁극적으로 하느님과의 관계가 부모와의 관계보다 더욱 중요한 것이다. 이러한 그리스도교의 효사상은 사실상 『효경』의 「성치장聖治章」에 나오는 "효도에는 아버지를 존경하는 것보다 큰 것은 없으며, 아버지를 존경하는 것 중에서 아버지를 하늘과 함께 제사지내는 것(配天)보다 큰 것이 없다"라는 말씀과 일맥상통하는 점이 있다.5)

부모의 권위는 하느님께서 그것을 부모에게 양위해주셨기 때문에 실행할 수 있는 가능성을 갖게 된 것이다. 그러므로 하느님의 존재가 희석될 때에 오히려 그 권위는 위험한 것이 된다.

자녀들아 모든 일에 부모에게 순종하라 이는 주 안에서 기쁘게 하는 것이

---

5) "人之行莫大於孝, 孝莫大於嚴父, 嚴父莫大於配天".

니라(골 3:20).

자녀들아 너희 부모를 주 안에서 순종하라 이것이 옳으니라(엡 6:1).

먼저 자기 집에서 효를 행하여 부모에게 보답하기를 배우게 하라(딤전 5:4).

위의 구절들은 자녀들로 하여금 부모에게 순종할 것을 명령한다. 그것이 주를 즐겁게 하며 올바르기 때문이라고 한다. 그리고 마지막 구절은 효(*euthebein*)라는 단어까지 사용하고 있다. 이 효도 역시 하느님에게 순종하는 자유가 온전히 명백하게 성립되었을 때만 가능한 것이다. 그럼에도 불구하고 부모가 실책을 범하고 신의 대리인의 역할을 온전히 하지 않는다고 해서, 자식은 그 부모를 버리거나 경시해서는 안 된다. 왜냐하면 자식이 보기에는 부모가 잘못되었다 할지라도, 그들은 아직도 자녀들에게 보내신 하느님의 대리인들이기 때문이다. 그러므로 자녀들은 부모를 향해서 끝까지 공경해야 하고 항상 겸손하게 무슨 일이 있더라도 인내하며 자식 된 자리와 도리를 지켜야 한다. 이에 대해서는 예수가 그 당시 유행하는 '고르반'이라는 제도에 대하여 위선적이라고 책망하는 데서 찾아볼 수 있다. 고르반은 자식이 부모에게 공양하기가 어려운 실정에 있을 때, 하느님에게 물질을 바침으로 그 의무를 대신할 수 있다는 제도였는데, 그것이 남용되어 본래의 효도의 의무를 회피하는 방편으로 사용되었던 것이다(막 7:10-3).

예수 그리스도는 효의 계명을 완전하게 성취하신 분이다. 예수는 우리 인간을 의롭게 만들기 위하여 효의 율법을 완성하신 그리스도이다. 예수 그리스도는 하늘에 계신 참 아버지(聖父)의 뜻을 이룩한 하느님의 아들(聖子)일 뿐만 아니라 육친의 부모에 순종한 사람의 아들(人子)이다. 그러므로 신약성경은 이 세상에서 우리는 부모와 자식 간의 갈등과 고뇌와 아픔을 경험하게 되지만, 이 문제들을 모두 해결할 선한 준비가 모두 되어 있어서 염려할 필요가 없다고 주장한다. 예수 그리스도께서 율법을 완성하였기 때문에 하느님의 나라가 그와 함께 세상에 이미 임하였다. 하느님의 나라의 도래는 상극적인 관계에 있었던 과거의 모든 인간관계가 종말을 고하고 새로운 질서가 형성됨을 의미한다. 비록 현재까지는 달성하지 못하였지만 예수 그리스도가 그 일을 완성할 것을 믿음으로 우리는 "새로운 피조물"으로서 그 일을 성취할 수 있다는 소망을 지니게 된다. 그리스도에게 순종함으로써 지금까지의 부모와 자식 간에 가지고 있던 고정관념을 뛰어넘어 새로운 소명을 인식하게 된다. 그러나 이것은 부모에 대한 효도의 의무를 무시하라는 것이 아니다. 오히려 자식들에게는 그리스도가 이룩한 효의 모범에 비춰 자신의 태도와 행위를 검증할 의무가 부여된다. 그리고 그리스도를 믿음으로써 그 의무를 이행할 수 있다는 확신을 가지게 된다. 그러므로 그들은 부모와 자식 간의 그동안의 고정관념에서 자유로워진다. 결국 그리스도교의 효사상은 그리스도론에 이르게 된다.

그리스도교의 독신주의celibacy는 이러한 "새로운 피조물"의 맥락에서 이해되어야 한다. "그런즉 누구든지 그리스도 안에 있으면 새로운 피조물이라 이전 것은 지나갔으니 보라 새것이 되었도다"(고후 5:17). 마가복음 3장은 모친과 가족들이 그를 찾는 것을 무리가 전할 때 예수가 아리송한 대답을 했다고 전한다.

| 무리들 | 보소서.
당신의 모친과 동생들과 누이들이 밖에서 찾나이다. |
| 예수 | 누가 내 모친이며 동생들이냐?
(둘러앉은 자들을 둘러보시며) 누구든지 하나님의 뜻대로 하는 자는 내 형제요 내 자매요 모친이니라(막 3:32-5). |

예수는 정상적인 가족관계에 정면으로 대항하는 말들을 선포한다.

> 내가 세상에 화평을 주러 온 줄로 생각지 말라. 화평이 아니요 검을 주러
> 왔노라. 내가 온 것은 사람이 그 아비와 딸이 그 어미와 며느리가 시어머니
> 와 불화하게 하려 함이니 사람의 원수가 자기 집안 식구이리라. 아비나
> 어미를 나보다 더 사랑하는 자는 내게 합당치 아니하고 아들이나 딸을 나
> 보다 더 사랑하는 자도 내게 합당치 아니하고 또 자기 십자가를 지고 나를
> 좇지 않는 자도 내게 합당치 아니하니라. 자기 목숨을 얻는 자는 잃을 것이
> 요 나를 위하여 자기 목숨을 잃는 자는 얻으리라(마 10:34-39).

> 무릇 내게 오는 자가 자기 부모와 처자와 형제와 자매와 및 자기 목숨까
> 지 미워하지 아니하면 능히 나의 제자가 되지 못하고, 누구든지 자기 십자
> 가를 지고 나를 좇지 않는 자도 능히 나의 제자가 되지 못하리라(눅 14:
> 26-27).

또한 예수는 "나를 따르라"는 명령을 듣고도 부친의 장사를 먼저 지내
게 해달라 또는 가족들에게 작별인사를 하게 해달라는 매우 정당한 요청
에 엄중한 명령을 내린다.

> 죽은 자들로 자기의 죽은 자들을 장사하게 하고 너는 가서 하나님의 나라
> 를 전파하라(눅 9:60).
> 손에 쟁기를 잡고 뒤를 돌아보는 자는 하느님의 나라에 합당치 아니하니라
> (눅 9:62).

그러나 이러한 구절들이 그리스도의 보편적 명령에 해당하는 것은 아

니다. 이들은 하느님의 나라가 도래할 때 하느님 나라 또는 세상의 나라 그중 어느 편에 설 것인가 하는 궁극적 결단에 관한 명령들인 것이다. 종말과 같이 특별한 경우에는, 이와 같은 무조건적인 결단과 준비가 필요하다는 걸 강조하는 것이다. 이것은 우리가 가진 일상의 관계성과 그에 따른 도리들을 무차별적으로 부정하는 것이 결코 아니다. 사실 예수가 이 땅에 온 이유가 이미 잘못된 인간의 역사와 관계들을 고착시키는 평화에 있는 것이 아니다. 오히려 잘못된 관계와 제도들을 '검'으로 도려내고 '불'로 태워 새롭게 혁신하기 위해 온 것이다. 그럼에도 불구하고 예수는 현실의 평화나 인간관계를 결코 붕괴시키지 않았다. 그는 예비적인 성격을 가진 이 세상을 존속시키기 위하여 필요한 평화와 질서를 인정하였다. 앞에 열거한 과격한 말들은 현실적 평화와 질서가 필요하지만 궁극적인 게 아니고 '예비적provisional'이라는 걸 분명히 표현한 것이다.6) 천지는 곧 뒤바뀌어 신천지가 도래할 것인데, 그것이 궁극적인 것이다. 그러나 아직 그때에 이르지 않았으니 지금 우리는 현실적으로 부여된 가족관계의 일상적 평화와 질서를 유지할 의무가 있다는 것이다.

그러므로 효는 신약성경에 있어서도 인간관계에 관한 핵심적인 사상이라고 말할 수 있다. 그러나 이미 언급한 대로 신약성경의 효사상은 일반적이고 관습적인 이해의 수준을 넘어서는 차원을 가지고 있다. 성경은 인간이 스스로 교만하여 죄를 끌어들임으로써 이 세상을 원래적인 구조적 모순 속에 있게 만들었다고 증언한다. 구조적 모순 속에 있는 이 세상을 위한 효는 어쩔 수 없이 불완전하고 예비적인 것이다. 완전한 부모와 자식 간의 관계와 효를 이루기 위해서는 잘못된 구조부터 바꾸어야 한다. 궁극적으로 효의 대상은 하느님 아버지인 것이다. 때에 따라 그리스도로부터

---

6) 같은 책, III/4, 263.

이러한 궁극적 구조개혁을 행하라고 위임받은 자녀들이 있다. 그들은 그리스도로부터 "나를 따르라"는 제자의 부름을 받은 자들이다. 이 그리스도의 제자들은 때에 따라서는 가출과 같은 일상적인 효의 범주에서 벗어난 결단과 행동을 취해야 할 때가 있다. 성경은 이러한 태도와 행위는 보편적인 건 아니지만 궁극적으로 필요할 때가 있다는 걸 설명하고 있는 것이다.

4. 부모의 자녀에 대한 사랑

지금까지는 부모와 자식 관계를 자식의 입장에서 살펴보았으나, 성경은 또한 부모의 입장에서 자식에게 취하여야 할 태도를 가르치고 있다. 또한 자식은 모두 부모가 될 수가 있으며, 남녀가 한 가정을 이루면 자식을 가질 수 있게 된다. 부모가 된다는 것은 인생에서 가장 행복하고 기쁜 일이며 관습적으로는 가정의 목표이기도 한다.[7] 부모가 되었다는 것은 그들 인생에서 돌이킬 수 없는 사건이 벌어졌음을 의미한다. 한 부부에게 더 이상 분리될 수 없는 제3의 인물, 즉 자식이 출현하게 된 것이다. "이 관계는 명예와 동시에 의무를 부여한다."[8] 명예란 잠정적인 세상이지만 이 땅에 그의 혈육을 잇는 새 인물이 탄생하는 경이로운 일이 발생하였다는 것이다. 의무란 이 탄생에 부모는 책임이 있으며, 그 자식이 살아 있는 동안에는 그 책임을 끝까지 져야 한다는 것이다.

....

7) 그러나 구약에서는 가부장적 관습에 따라 아들을 낳아 조상으로부터 혈통을 계승하게 하는 것이 부모이자 동시에 부모의 자식으로서 최고의 의무라고 보는 경향이 있지만, 신약에서는 세상은 어디까지나 잠정적이고 예비적인 것이어서 어떤 사람들에게는 특별한 사명을 감당하게 하기 위하여 무자(無子)함을 허락할 수 있다고 본다.
8) Barth, 앞의 책, 277.

성경에 따르면, 부모는 이 땅에서 하느님을 대신해서 그 하느님의 자녀들과 더불어 살면서 그들을 올바르게 양육하고 교육할 사명을 하느님으로부터 위임받은 것이다. 그러므로 자식이 부모를 가장 가까운 신神의 대리인으로서 공경해야 하는 것처럼, 부모 또한 자식에게 그 대리인의 역할을 충실하게 감당해야 한다. 궁극적으로 하느님 앞에서는 부모도, 나이가 좀 더 들었지만, 자식에 불과한 것이다. 그리고 예수는 부모에게도 한 형제이지만 그들의 자식들에게도 한 형제인 것이다.

수직적이고 종속적인 가부장적 부자관계에 익숙한 한국인들이 그리스도교의 이 부분에 대하여 오해하는 경우가 가끔 있다. 그러나 이 부분은 하느님 앞에서 모든 사람들이 같은 '하느님의 형상'으로서 또한 같은 하느님의 자녀로서 평등하다는 그리스도교의 철저한 평등주의를 표명하는 것이다. 부모와 자식 간의 관계는 잠정적이고 예비적인 것으로써 세상에서는 수직적이고 종속적인 것으로 나타날 수 있으나, 궁극적으로는 수평적이고 평등한 것이다. 더욱이 성경은 현실 속에서도 부모는 자식을 마치 형제자매 같이 대하여야 한다고 가르친다. 왜냐하면 참 아버지이신 하느님 자신이 이 땅에 내려와서 독생자인 아들 예수와 함께하셨고, 그리하여 우리의 형제가 되셨다는 성육신 사건은 복음이 주는 그리스도교 평등사상의 혁명적인 메시지이기 때문이다.

성경은 부모와 자식 간의 관계는 철저히 하느님 중심이 되어야 한다고 교훈한다. 부모가 자식을 위하여 산다고 하지만, 자식이 부모의 우상이 되어서는 안 되며 부모는 어디까지나 하느님의 대리인으로서 영광과 책무의 한계 내에서 자식을 돌봐야 한다. 또한 부모가 자식에게 권위를 행사할 수 있다고 하지만 그것도 절대적인 것이 아니며 부모가 하느님의 대리인으로서 자식에 대한 의무를 이행할 때 필요한 것이다. 부모가 자녀를 양육한다 하지만 실제로 양육하는 분은 하느님이시다. 그러므로 자식과의 관계에 있어서 부모에게 부여되는 핵심적인 과제는 그들이 과연 하느님을 중심으로 하는 가족관계에 대해 교양과 훈련이 얼마나 되어 있나 하는 것이다. 성경은 부모들에게 자식들을 훈계하되 결코 분노케 하지 말라고 당부한다.

> 아비들아 너희 자녀를 격노케 말지니 낙심할까 함이라(골 3:21).
> 또 아비들아 너희 자녀를 노엽게 하지 말고 오직 주의 교양과 훈계로 양육하라(엡 6:4).

부모의 책임은 자녀로 하여금 하느님이 참 아버지임을 알게 하고, 그를 사랑하고 두려워하게 교육하는 데 있다. 부모의 과제는 자녀들에게 그렇게 하느님을 아는 기회를 제공하는 데 있다. 결국 하느님의 자비로운 은총 안에서만 부모와 자식 간의 원만한 관계가 가능하며, 이 하느님과의 관계가 분명히 이루어졌을 때 부모와 자식 간의 관계는 신성神聖할 수가 있는 것이다.

5. 삼위일체 하느님과 부자유친

그리스도교 신학에서 부모와 자식 관계의 궁극적인 모형은 삼위일체 신관으로 표출된다. 보통 그리스도교를 유일신론monotheism으로 알고 있으나, 사실 그리스도교의 하느님 사상은 단순한 유일신론이 아니고 설명하기가 어려운 삼위일체Trinity론이다. 그리스도교의 하느님은 창조자 Creator이신 성부, 그의 독생자이신 구세주Redeemer 예수 그리스도, 그리고 인간을 감화시켜서 성화聖化에 이르게 하는 성화주Sanctifier 성령의 삼위로 이루어진다. 하느님은 하나이시되 성부와 성자와 성령의 세 인격을 가지고 계시는 것이다. 이 독특한 삼위일체 신관은 일원론monism과 이원론dualism에 익숙한 서양인들에게는 이해하기 매우 난처한 것이었으나, 우리에게는 전혀 낯선 것이 아니다. 왜냐하면 우리의 하느님 사상이 본래 단군신화에 나오는 한인과 한웅과 한검으로 이루어진 한올님 사상으로부터 연유했다고 볼 수 있기 때문이다. 하느님의 신론 자체가 삼위일체론적 내용을 가지고 있다. 그래서 감리교 신학자 윤성범은 우리의 하느님 사상처럼 그리스도교의 삼위일체론에 근접한 신론이 이 세상에는 없다고 하였다. 이 신론적 유사성이 한국에서 그리스도교가 폭발적으로 성장할 수 있었던 동인의 하나로 작용했을 것이다.

특별히 주목해야 할 것은 삼위일체 하느님이 근본적으로 부자관계를 이루고 있다는 것이다. 신약성경에서 펼쳐지는 삼위일체의 드라마는 그야말로 부자유친(父子有親)의 극적인 에피소드이다. 성부 하느님께서는 인간들을 극히 사랑하셔서 그의 독생자 예수 그리스도를 세상에 보내신다(요 3:16). 성육신한 성자 예수는 모진 매와 온갖 수난을 당하면서도 인류를 구원하라는 성부의 명령에 끝까지 순종한다. 마침내 아들 예수는 십자가에 못 박히시고 "다 이루었다" 하시며 죽음으로써 아버지 하느님의 명령을 완수한다(요 19:30). 그러므로 예수 그리스도의 십자가는 아버지를 성실히 공경하고 죽기까지 그 명령에 순종한 효의 극치를 상징한다. 예수 그리스도는 "하늘 아버지에 대한 유일한 효자"인 것이다. 예수는 그의 전 생애를 통하여 "한 번도 아버지와의 관계에서 떠난 적이" 없으며 "그야말로 진정한 의미에 부자유친, 즉 효의 [완]성자"이다.9) 그런 의미에서 예수는 독생자이요, 길이요, 진리요, 생명인 것이다(요 14:6). 이 효도에 대한

---

9) 윤성범, 『孝: 서양윤리, 기독교윤리, 유교윤리의 비교연구』(서울: 서울문화사, 1973), 32.

보상으로 성부 하느님은 예수를 죽음에서 일으켜 부활하게 하신다. 그러므로 예수 그리스도의 부활은 아들과 아버지가 효도와 사랑을 통하여 하나가 되는, 곧 부자유친의 극치를 상징한다. 이 부자유친의 사랑을 이루게 하는 것이 곧 성령의 역할이고, 성령은 부자 사이에 항상 머물며 부자를 하나되게 한다.

더욱이 삼위일체의 드라마는 단순히 성부와 성자 간의 성령을 통한 부자유친의 이야기로 끝나지 않는다. 하느님께서 예수 그리스도의 죽음을 이기고 부활하신 능력 안에 우리 인류를 함께 포함시키신 것이다. 다시 말하면 모든 인간들이 예수 그리스도 안에서 하느님의 참된 자녀들이 되는, 하느님을 참 '아바' 아버지로 모시며 부자유친의 관계를 이루는 영광을 갖게 된 것이다. 그러므로 그리스도교의 복음은 "성부, 성자, 성령 사이의 위대한 사랑 이야기이며, 그 속에 천지와 더불어 우리가 참여하는 신의 사랑 이야기이다."[10] 이와 같이 예수 그리스도의 성육신은 하느님 아버지의 인류에 대한 사랑의 극치를 상징한다. 그러므로 이제 우리가 해야 할 것은 하늘 아버지의 그 지고한 사랑과 은총에 대한 감사와 보답으로써, 인간이 할 수 있는 최상의 효도는 신앙을 갖는 일이다.[11] 그리하면 성령이 우리를 감화시키시고 필요한 능력으로 채워주셔서 성자와 함께 성부와 하나가 되는 부자유친에 이르게 하는 것이다. 그리고 지금 당장 우리가

---

10) Elizabeth Moltmann-Wendel and Jürgen Moltmann, *Humanity in God* (New York: Pilgrim Press, 1983), 88.
11) 이 부분에서 윤성범은 다음과 같은 흥미로운 주장을 한다. "아들의 아버지에 대한 신뢰, 이것을 신학적으로 '믿음'이라고 한다. 그리고 이것을 동양에서는 孝라고 한다. 양자의 관계는 유비 관계에 있다. 아들의 영광은 하느님 아버지의 영광이요, 하느님 나라의 영광이다. … 우리도 이러한 父子有親의 관계를 본따고, 그대로 따르는 것이 신앙이자 행위인 것이다. 이러한 의미에서 그리스도는 우리의 스승(師表)이 된다고 하겠다(요한복음 3:2). 신앙은 바로 이러한 부자유친의 올바른 관계가 스승 그리스도에 의하여 밝혀졌다고 본다"(『효』, 61).

해야 할 것은 그 참 아버지가 우리에게 보내주신 이 세상에 있는 그의 유일한 상징이자 대리인이신 부모를 공경하며 효도하는 일인 것이다. 윤성범은 이 관계를 다음과 같이 설명했다.[12]

왜냐하면 육체의 부모의 효도는 결국 하늘 아버지에게 끝나기 때문이다 (配天之禮). 결국 하늘 아버지의 뜻이 이루어지지 않는다면 효는 무의미한 것이 되고 만다. 흔히 효를 부모를 잘 대접하는 것으로 알기 쉽지만 그것보다는 부모의 뜻을 잘 알아 그 뜻대로 순종하는 것이 효의 본질이라 할 수 있다. 그리고 이보다 더 높은 효는 하늘 아버지의 뜻을 섬기는 것으로 최고 최대의 효라고 할 수 있다.[13] … 즉 하늘 아버지에 대한 효는 육신 아버지에 대한 효의 존재 근거(*ratio essendi*)라면, 육신의 아버지에 대한 효는 하늘 아버지에 대한 효의 인식 근거(*ratio cognoscendi*)라고 할 수도 있다. 우리는 어떤 사람이 자기 부모에게 대한 태도는 알 수 있지만, 하나님께 대한 태도는 알 수가 없다. 오직 부모에 대한 것으로 그의 하나님께 대한 신앙을 추론할 [수]밖에 없는 것이다.

공자는 "무릇 효도는 덕德의 근본이다. 모든 가르침이 여기에서 시작되는 것이니라" 했고, "부자의 도리는 하늘의 성품이다"라고 했다.[14] 효경은 이러한 공자의 말을 인용하면서, 효도가 천명인 참된 인간성의 발현이며, 모든 인간의 선한 행위에 근본이 됨을 강조하고 있다. 신약성경도 "분명한 하나님의 형상"은 다름이 아닌 십자가에 목숨까지도 바치면서 아버

---

12) 윤성범, 『효』, 32-3.
13) 윤성범은 하느님께 영광을 돌리는 것이 효의 최종 목표인 "이름을 후세에 떨쳐서 부모를 드러내는(以顯父母)" 것이라고 주장한다(『효』, 54): 立身行道, 揚名於後世, 以顯父母, 孝之終也 (開宗明義章).
14) "父孝, 德之本也, 教之所由生"; "父子之道, 天性" (孝敬, 開宗明義章; 父母生績章).

지에게 충실히 순종한 하느님의 아들, 바로 효자 예수 그리스도라고 말한다. 그리스도교 신학은 인간성의 참된 모형을 하늘에 계신 아버지에 대한 아들의 효행을 담은 삼위일체적 이야기로 표출한다. 개혁교회의 창시자 요한 칼뱅은 효도를 "[하느님의] 형상의 주관적 근거"라고 말한다.15) 효도는 유교에서만 아니라 그리스도교에서도 인간을 인간답게 만드는 가장 근본적인 덕목이 되는 것이다. 그러므로 그리스도교에서 우리의 훌륭한 전통인 효사상을 계승하는 데는 신학적으로 큰 문제가 될 것이 없다. 다만 복음 안에서 새롭게 재해석해서 발전시킬 필요가 있다(특별히 궁극적인 경우). 그렇게 될 때 한국 그리스도교는 개인주의와 상업주의에 함락되어 가정의 중요성을 상실해가고 있는 오늘날의 세계를 바로잡는 촉매의 역할을 할 수 있을 것이다.

---

15) T. F. Torrance, *Calvin's Doctrine of Man* (London: Lutterworth Press, 1949), 77. 요한 칼뱅과 유교와의 비교는 김흡영·금장태, 「존 칼빈과 이퇴계의 인간론에 관한 비교연구」, 『도의 신학』, 231-291 참조.

제3장

양명학을 통해 본 신학[1]
– 왕양명과 칼 바르트의
유교와 그리스도교 간의 대화 –

I. 근본적 상이성 안에서의 두터운 유사성(異中同)

필자는 왕양명王陽明(1472-1529)과 20세기 최고의 개신교 신학자라고 할 수 있는 칼 바르트Karl Barth(1886-1968)를 파트너로 선정해서 유교-그리스도교 간의 대화를 시도했다.[2] 이 대화를 통하여 유학의 핵심 사상인 수신修身과 그리스도교 신학의 주요사상인 성화聖化(sanctification)는 완전한 인간이 되는 방법 또는 참된 사람이 되는 길, 곧 철저한 인간화radical humanization의 도道를 추구하는 공동의 기제이며, 그 두 사상 사이에는

---

1) 이 글은 2009년 한국양명학회에서 발표한 논문이다.『양명학』 22 (2009), 99-131에 게재되었다.
2) Kim Heup Young, *Wang Yang-ming and Karl Barth: a Confucian-Christian Dialogue* (Lanham: University of Press, 1996; 또한 김흡영,『도의 신학』(서울: 다산글방, 2000), 143-228 참조.

두터운 유사성thick resemblances이 있다고 주장했다. 이 글에서는 이 양명과 바르트의 유교-그리스도교 간 대화를 기반으로 해서 한 단계 더 나아가 양명학을 통해 본 신학적 가능성을 검토해보고자 한다. 왕양명에 따르면 수신의 목표는 근원적으로 인간 본성 속에 내재되어 있는 잠재적인 참 자기(良知)를 실현하는 것이다. 마찬가지로 바르트에 따르면 성화의 목표는 본래 창조된 대로 인간의 참된 본성(Imago Dei, 하느님의 형상)을 실현하는 것이다. 그러므로 수신과 성화는 온전한 또는 진정한 인간이 되는 방법(道)이라는 공동의 기제와 관련된다. 철저한 인간화의 도라는 점에서 유교의 수신론과 그리스도교의 성화론은 서로 수렴되기 때문에 이 공동의 기제를 유교와 그리스도교 간의 대화를 위한 출발점으로 사용했다.

유교와 그리스도교는 근본적으로 서로 분명히 다른 사상적 패러다임들이다. 두 전통은 역사·문화·사회·언어적으로 서로 매우 상이한 문화·언어적 바탕을 갖고 있다. 보통 양자의 특징을 대비할 때, 유교를 인간 중심적, 주관적, 자력적이라고 하는 반면, 그리스도교는 신 중심적, 객관적, 타력적이라고 구분한다. 이러한 차이점은 수신修身에 관한 왕양명의 유학과 성화聖化에 관한 바르트의 신학 간의 대화 속에서도 극명하게 나타난다. 두 패러다임은 서로 관점이 상이하므로, 담론의 강조점과 초점도 다르다. 유학은 내재성을 강조하는 경향이 있고, 신학은 역사성을 강조한다. 성격상 유교(왕양명)가 인간 마음(心)에 초점을 맞춘 지혜적 전통이라면, 그리스도교(바르트)는 하느님의 말씀과 계시에 초점을 맞춘 예언적 전통이다. 이러한 양명 유학과 바르트 신학의 차이점은 그들의 핵심 사상인 양지良知론과 그리스도의 인성(humanitas Christi)론에서 분명하게 노출된다. 양지는 내재적 초월성으로 표출되는 반면, 그리스도의 인성은 역사적 초월성으로 규정된다. 이러한 핵심 사상의 차별성은 더욱 광범위한 맥락에서 상이한 비전으로 확대된다. 즉 천인합일天人合一의 유교적 비전은 인간-우주적인 포괄적 인간론inclusive humanism으로 확대되는 반면, 그리스도의 사건에서 정점에 이른 그리스도교에 의한 구원의 역사는 '신神-역사적 비전theo-historical vision'으로 확대된다.3)

특징적으로는 유학의 수신론은 보다 존재론적이고 우주적인 반면, 신학의 성화론은 보다 실존적이고 역사적이다. 이러한 구분은 악惡에 대한 분석에서 여실히 드러난다. 유학은 근원적 합일과 존재론적 선을 재확인하는 데 초점을 두는 반면, 신학은 실존적 인간 조건의 죄의 구조를 철저히 분석한다. 이러한 뉘앙스의 차이는 인간성에 대한 이해에서도 표출된다. 유학은 그것을 우주적 공존성, 곧 인仁으로 해석하는 반면, 신학은 오히려 역사적 공존성Mitmenschlichkeit, 곧 하느님의 형상(Imago Dei)으로 표현한다. 이러한 차이점은 철저한 인간화의 운동에 있어서 출발점과 우선권이 다른 것으로 나타난다. 즉 수신이 먼저 인간의 내적 자기inner self에 초점을 맞추고 나서 외적으로 옮겨가는 치양지致良知를 강조하는 반면, 성화는 역사적 사건과 더불어 시작해서 주체성subjectivity에 이르게 하는 성령의 인도하심에 주목한다. 인간에 대한 유학적 모형이 군자君子, 곧 인간-우주적 비전에 따른 성실한(誠) 탐구자라면, 신학적 모형은 교란된 죄인, 곧 신-역사적인 비전에 따라 하느님의 계명을 청취하고 사랑(agape)을 실천하는 사람이다.

결국 이러한 상이성들은 유교와 그리스도교가 각각 인간-우주적 비전과 신-역사적 비전이라는 근본적으로 다른 두 통찰에 기반을 두고 있다는 사실에서 기인한다. 이것은 그들의 강조점이 내재성과 역사성으로 현저하게 대비되는 이유를 설명해준다. 그러므로 유교와 그리스도교의 근본

---

3) 필자는 유교의 인간-우주적 비전(anthropo-cosmic vision)에 대비하여 그리스도교의 구원사적 비전을 신-역사적 비전(theo-historical vision)이라고 칭한다.

적인 차이점은 두 가지 다른 사유 패러다임, 즉 인간-우주적 패러다임과 신-역사적 패러다임으로 요약될 수 있다.

그러나 좀 더 중요한 것은 유교와 그리스도교가 이와 같이 근본적으로 서로 다른 비전과 사유 패러다임을 가졌음에도 불구하고, 양명 유학의 수신론과 바르트 신학의 성화론에 이르러서는 매우 괄목할 만한 유사성을 보여주고 있다는 점이다. 첫째, 양명과 바르트는 각자 소속된 전통에 대한 결정적인 패러다임 전환을 결행하며 자신들의 기획에 착수한다. 양명과 바르트는 그 패러다임 전환에서 흥미롭게도 유사한 특성을 보여준다. 1) 그들의 패러다임 전환(양명: 性卽理 → 心卽理, 바르트: 율법과 복음 → 복음과 율법)은 두 가지의 일치된 목표를 보유하고 있다. (1) 양자는 그들 전통의 지배 담론(朱子, 루터)에 배여 있는 기조적 이원론(理와 心, 율법과 복음)을 저지하고 극복하기 위하여, 합일성(心卽理, 하느님의 말씀)에 기초를 둔다. (2) 양자는, 또한 그들의 선배들과는 달리 그 기조(心, 율법)가 모호하지 않다고 주장함으로써, 인간화(수신, 성화)의 실현 과정에서 인간이 참여할 수 있는 역동적 가능성을 개방한다. 2) 양자는 그들 기획(유학, 신학)의 출발점이 형이상학 또는 종교철학이 아닌, 궁극적인 결단(立志, 신앙)이 되어야 한다고 주장한다. 3) 양자는 철저하게 이론과 실천, 앎과 행위, 존재와 행위, 존재론적 지식과 윤리적 실천의 일치를 주장한다(知行合一, 신학과 윤리의 합일). 이것은 심오한 사회-정치적 함의를 부여하며, 역사적으로는 그들의 적극적인 사회 참여로 나타난다.

둘째, 양명과 바르트는 철저한 인간화를 유사한 방법으로 명시한다. 1) 양자는 궁극적 인간성, 즉 참 인간성의 근본 패러다임 또는 최고의 구체-보편성을 궁극적인 존재론적 실재로서 구축했다. 이것을 각자의 전통적 범주인 양지와 그리스도의 인성으로 표현했다. 2) 양자는 철저한 인간화를 모호한 인간의 실존적 상황의 구조를 극복하며 존재론적 실재를 실현하는 초월적 과정으로 규정했다. 즉 양명의 경우는 마음(心) 안에 있는 존재론적 실재와 주체성의 합일로, 바르트의 경우는 예수 그리스도 와의 존재론적 연계의 자기실현(또는 주체화)으로 규정한다. 3) 양자는 궁 극적 인간성이 영적인 능력을 부여하여 영적으로 구체적인 방향성을 제 시하며 인도(道, *Weisung*)한다고 믿었다.

셋째, 양명과 바르트는 악은 모호한 실존적 상황에서 이러한 존재론적 실재에 대한 거부와 역기능에 의하여 일어난다고 이해하는 점에서 일치 한다. 양자는 인간성의 근본-패러다임(良知, *humanistas Christi*)이 악을 조명 하여줄 뿐만 아니라 제거하는 내재적 힘을 갖고 있다고 믿는다.

넷째, 양명과 바르트는 인간이란 무엇이며 어떤 존재가 되어야 하는가 에 대해 유사한 정의와 패러다임을 제시하고 있다. 1) 인仁과 하느님의 형상이라는 그들의 전통적 범주 안에서, 양자는 인간은 공존적 존재를 의미한다는 점에 동의하고 있다. 이것을 양명은 창의적인 공동적 인간성 (萬物一體)으로, 바르트는 환희에 찬 공동적 인간성(*Mitmenschlichk*)으로 표 출한다. 2) 양자는 모두 인간 존재(인격)를 개체가 아닌 관계성의 공동적 중심으로서 이해한다. 이것은 자기를 개별적 자아로 이해하는 현대적인 이해와는 상반되며, 양자 모두에게 있어 철저한 인간화는 공동적 행위로 서의 자기 변화를 포함한다. 3) 그리고 그들은 이구동성으로 계속 확장되 는 관계성의 원 또는 연계 순서에 따라 구체-보편적 방법(修身齊家治國平 天下)으로 당위적 인간성을 실현해야 한다고 주장한다. 이러한 실현은 존 재론적 지식(being)과 윤리적 실천(becoming)의 합일성(知行合一)에 근거 를 둔 윤리종교적 실현이어야 한다고 강조하는 데 일치한다.

이와 같이 양명의 수신론과 바르트의 성화론은 인간화에 대해 유사한 구체-보편적 방법들을 주창하고 있다. 비록 근본적으로 패러다임이 전혀 다른 두 전통에서 나왔음에도 불구하고, 양명학과 바르트 신학은 매우 두터운 유사성을 노출하고 있다. 이와 같이 유교의 수신론과 그리스도교의 성화론은 '어떻게 참된 인간이 될 수 있는가', 다시 말하면 유교와 그리스도교는 인간화 또는 공동성 인간성의 도道에 대한 추구라는 공동의 기제에서 서로 두텁게 만나고 있다.

2. 공동적 인간성의 도道에 대한 추구

이러한 양명과 바르트의 유교-그리스도교 대화가 가진 함의에 대해서 좀 더 논의할 필요가 있다. 첫째, 이것은 신유교와 개신교 개혁 전통 Reformed Protestantism 사이에 존재하는 두터운 유사성이 소위 20세기 그리스도교 선교의 기적이라고 칭해지는 한국 장로교회가 세계 최대의 개혁 교회로 성장할 수 있게 한 배경이자 논리적 동인이었다는 필자의 가설을 지지한다. 또한 이것은 두 전통의 만남에 대한 보다 주의 깊은 개념적 검증과 비판적 비교 연구가 필요하다는 것을 예시해주고 있다. 왜냐하면 그렇지 않을 경우 그 두터운 유사성들은 유교와 그리스도교 간에 단편적이고, 유해한 형태의 종교 혼합을 도출할 위험성을 갖고 있으며, 이 그릇된 혼합은 양 전통들 모두에게 그들의 고유한 가치를 훼손할 가능성이 크기 때문이다. 한국 교회 안에서 종종 사회적 물의를 빚으며 재현되고 있는 조선 말기의 부패한 유교적 습성과 유사한 모습들이 이것을 뒷받침해준다.

둘째, 비록 유교를 하나의 믿음으로 규정하는 것이 문제가 있더라도, 유교-그리스도교 대화를 형이상학적인 논리보다는 실천적인 믿음과 믿음 간의 대화로 간주하는 것은 대화를 보다 구체적이고 실천적으로 주제화할 수 있는 효과적인 방법이다.[4] 유교와 그리스도교가 서로 만나는 현장은 실제로 철저한 인간화의 혁신적 프락시스transformative praxis, 곧 道도에 있다.5) 종교철학과 비교신학 등과 같은 비교 연구의 가치를 충분히 인정하지만, 동아시아적 구성신학constructive theology의 과제는 그러한 추상적인 형이상학적 영역을 넘어선다. 유교와 그리스도교라는 인간화에 대한 강력한 두 이야기가 역사적으로 만나 합류하는 과정에 있는 삶의 현장에서는 그러한 선험적인 것(*a priori*)보다 심화된 후험적 주제화(*a posteriori* thematization)라는 단계를 요구한다. 신학과 유학이란 이러한 두 이야기를 보다 의사소통이 가능한 문화 · 언어적 매트릭스 안에서 두터운 서술로 해명(thick descriptive explication)하고자 하는 노력들이다. 이 대화의 과정에서 과학으로 무장한 현대 조직신학들이 범할 수 있는 범주적 착오 또는 침해로부터 유학을 보호하기 위한 적절한 대안을 구축하기 위해 조직유학confuciology이라는 용어를 사용하였다. 이렇게 구성된 조직유학과 조직신학의 상관관계를 통하여6) 두 해석학적 지평의 충돌과 융합이 그들의 구조적 성실성과 내적 역동성, 또는 단순하게 그들의 내적 경전성intratextuality을 상실하지 않은 채 적절하게 음미될 수 있다.

셋째, 유교-그리스도교 대화를 시작하게 하는 화두, '어떻게 참된 인간이 될 수 있는가' 또는 '철저한 인간화'의 문제는 오늘날 글로벌한 세계적

---

4) 신앙 간의 대화(interfaith dialogue)에 관해서는 David Lochhead, *The Dialogical Imperative: A Christian Reflection on Interfaith Encounter* (Maryknoll, N. Y.: Orbis Books, 1988), 특히 89-97; 또한 R. Panikkar, *The Intrareligious Dialogue* (New York: Paulist Press, 1978) 참조.

5) 폴 니터도 "대화의 프락시스(the praxis of dialogue)"에 대해 언급했다. Paul, Knitter, *No Other Name? A Critical Survey of Christian Attitudes Toward the World Religions* (Maryknoll, N.Y.: Orbis Books, 1985), 206 참조.

6) 유학과 신학의 상관관계는 단순히 개념들에 대한 비교가 아니라, 상동관계(homology)로 파악될 수 있다. 이에 대해 파니카는 "개념들은 동등한 역할을 하는데, 그것들은 각자의 관련된 시스템 내에서 상동적인… 곧 일종의 실존-기능적으로 유비적인 자리를 점유하고 있다"라고 말했다. Panikkar, *The Intraregious Dialogue*, 33 참조.

상황에서 매우 중요한 것이다. 첨단기술과 인간을 무자비하게 사용하는 테러와 전쟁들, 엄청난 생태학적 재앙의 전조들, 그리고 마냥 비인간화되어가는 종말론적 양상들은 인류와 지구의 미래를 매우 어둡게 하고 있다. 이러한 현시대적 맥락은 다시 한번 인간 본성의 선함에 대한 신뢰와 확신을 회복하고 철저한 인간화에 종사할 것을 요청하고 있다. 더욱이 21세기 우주 시대는 본래 창의적이고 환희적이던 공동적 인간성을 사회적인 범주뿐만 아니고 우주적 차원까지 확대해서 회복해줄 것을 요청하고 있다. 유교적 '성실한 탐구자'와 그리스도교적 '순종적 청취자'는 이제 교리적으로 서로 다투기보다는 도덕적으로 결속하여 우리 시대의 여러 도전들에 함께 대처해나가야 한다. 그것이 곧 우리 시대의 천명天命이요, 카이로스(*kairos*)라고 할 것이다.

넷째, 유교-그리스도교 대화는 본래 유학적 개념들이지만 적절하게 신학적이 될 수 있는 인仁, 성誠 그리고 도道라는 세 가지 중요한 사유 양식을 보장한다. 이 사유 양식들은 현대 신학의 딜레마를 극복하고 발전하는 데 크게 기여할 수 있다.

하나, 양명과 바르트의 대화는 유교와 그리스도교가 인仁의 사유 양식, 곧 "관계적이고 공동체적 사유"[7]에서 서로 수렴한다는 것을 확증한다. 이러한 사유 양식은 현대인의 개인주의에 대한 적절한 교정책이 된다. 유교는 관계적이고 공동체적인 사유 양식이 우주적 공존에까지 이르는 인간성의 목표를 실현하기 위해 광의적인 최대 범위로 확장될 것을 요구한다. 그것은 인종·성性·계급·문화가 다른 사람들과 연계뿐만 아니라, 자연과 생태계와의 결속을 포함한다. 이러한 '인'의 사유 양식은 여성신학

---

7) Jürgen Moltmann, trans. Margaret Kohl, *The Trinity and the Kingdom of God: Doctrine of God* (San Francisco: Harper & Row, 1981), 19.

과 친밀성이 있으며, 따라서 여성신학과도 진정한 대화를 나눌 수 있을 것이다.8)

둘, 그 대화는 양명과 바르트가 공동으로 철저한 인간화를 위한 자기 변화에 대한 구체-보편적 양식(수신, 성화)이 존재론적 지식과 윤리적 실천의 일치(知行合一)에 뿌리를 둔 공동체적 행위라고 제안하고 있음을 확실하게 보여준다. 이러한 성誠의 사유 양식은 극도로 분화된 우리 세계를 위해 매우 중요하다. 왜냐하면 오늘날 첨예하게 대립하고 있는 난제들, 예컨대 종교 또는 문화적 특수성과 보편성, 다양성과 통일성, 이론과 실천, 그리고 정론正論과 정행正行과 같은 양극성을 '성誠'의 통전적 사유 양식이 극복하게 해줄 수 있기 때문이다.

셋, 그 대화는 양명과 바르트가 도道의 사유 양식, 곧 공동체적 관계성 안에서 정행(禮, 제자도)을 강조하는 점에서 합치한다는 것을 확인시켜준다. 그들은 철저한 인간화는 우선적으로 도(변화하는 삶의 길)를 의미한다고 주장한다. 변화하는 삶의 길the way of life in transformation로서의 도(禮, 정행)는 혁신적 프락시스transformative praxis에 대한 유교적 표현이라고 할 수 있다. 유교적 의미에서 혁신적 프락시스는 바로 '도道'이다. 혁신적 프락시스를 강조하는 '도'의 사유 양식은 또한 20세기에 세계 신학의 흐름을 바꾸어놓았던 해방신학과 많은 생산적인 대화를 나눌 수 있을 것이다.

결과적으로, 이 모든 사유 양식들은 대화의 진정한 의미가 공동적 인간성의 '도'를 추구하는 것에 더불어 진지하게 참여하는 데 있다는 것을 드러낸다. 다시 말하면, 유교-그리스도교의 대화는 "새로운 휴머니즘을 위한 공동의 탐구"에 대한 진정한 "대화적 참여"인 것이다.9)

---

8) Carter Heyward, *The Redemption of God: A Theology of Mutual Relation* (Washington, D.C.: University Press of America, 1980) 등; 또한 한국여성신학회 엮음, 『다문화와 여성신학』 (서울: 대한기독교서회, 2008) 참조.

3. 인간성의 도道로서의 예수 그리스도: 유교적 그리스도론을 향하여

동아시아 그리스도인에게 공동적 인간의 도에 대한 추구, 곧 '어떻게 참된 인간이 될 수 있는가?'라는 공동의 기제는 불가피하게 그리스도론에 도달하게 된다. 그리스도인에게 있어서 예수 그리스도가 다름 아닌 진정으로 인간다운 인간이며 "참되고 선한 최상의 인간 존재"이기 때문이다.10) 바르트는 그리스도의 인성은 참된 인간성의 궁극적인 현시이고, 철저한 인간화의 근본-패러다임이기 때문에 그리스도론은 모든 신학적 인간학의 기초가 되어야 한다고 주장한다. 20세기 최고의 가톨릭 신학자라고 할 수 있는 칼 라너Karl Rahner 또한 "그리스도론은 자기초월적 인간학으로, 인간학은 불충분한 그리스도론으로 연구되어야 한다"고 했다.11)

결국 우리는 유교와 그리스도교가 실제로 만나고 있는 동아시아에 있는 그리스도인들에게 가장 중요한 신학적 주제에 도달하게 된다. 그것은 곧 "너희는 나를 누구라고 하느냐?"(막 8:29)라는 물음에 대답해야 하는 그리스도론에 이르게 된다. 예수가 그의 제자들에게 이 물음을 한 이래로 지금까지, 그것은 그리스도교 신앙을 위한 가장 진지하고 오래된 질문이다. 동아시아적 맥락에서 이 질문은 **"유교 전통 속에 있는 동아시아인인 우리는 과연 그리스도를 누구라고 말해야 하는가?"**라는 것으로 재구성될 수 있다.

---

9) M. M. Thomas, *Risking Christ For Christ's Sake: Towards an Ecumenical Theology of Pluralism* (Geneva: WCC Publications, 1987), 특히 제3장 "Common Quest for a New Humanism: Towards Dialogical Participation" 참조.

10) Jürgen Moltmann, *Der Weg Jesu Christi: Christologie in Messianishen Dimensionen* (Munich: Christian Kaiser Verlag, 1989), trans. Margaret Kohl, *The Way of Jesus Christ: Christology in Messianic Dimensions* (San Francisco: Harper San Francisco, 1990), 57.

11) Karl Rahner, *Theological Investigations* I, trans. C. Ernst, (Baltimore: Helicon Press; London: Darton, Longman & Todd, 1961), 164 n.1.

이제 우리는 이러한 그리스도인에게 가장 중요한 질문에 대한 우리 자신의 맥락에서 적절한 대답을 마련하기 위한 좀 더 나은 입장에 서게 되었다. 양명과 바르트 간의 대화는 동아시아 그리스도인들이 그리스도에 대한 신앙을 추구함에 있어서 보다 적절한 해석을 개발하는 데에 중요한 몇 가지 기초들을 제공하고 있다. 이제 우리는 대화의 첫째 단계, 곧 서술-비교적 단계descriptive-comparative stage를 통과하여 통합의 둘째 단계, 곧 규범-구성적 단계normative-constructive stage로 넘어갈 수 있게 되었다.

둘째 규범-구성적 단계에서, 우리는 유교와 그리스도교라는 두 영성적 전통이 역사적으로 조우하는 현장에 있는 그리스도인들 개인과 공동체(교회)들에게 초점을 맞추게 된다. 이것은 동아시아뿐만 아니라 그 지리적 영역밖에 있는 동아시아인들(East Asians in diaspora)과 그들의 공동체들을 포함한다. 이들은 그들에게 주어진 문화·언어적 바탕(유교) 안에서 그들이 신앙하는 그리스도교에 대한 통전적 이해가 필요하다. 다시 말해서, 유교 문화에 대한 전이해가 없는 서구적 그리스도교 신학은 이들에게 충분하지 않다는 것이다.

이것은 우리를 선험적(*a priori*) 단계를 넘어서 동아시아적 신학을 구성하게 하는 계기를 마련해준다. 다시 말하면 양명학과 바르트 신학에 관한 비교해석학적 순간을 넘어서서, 존 캅John Cobb이 언급한 "대화를 넘어서는" 순간이 된 것이다.12) 이 구성적 순간의 주된 과제는 그 두 해석학적 지평, 곧 철저한 인간화에 대한 강력한 이야기들이 역사적으로 조우하고 융합하는 역사적 현장에 있는 공동체들을 위한 그리스도교 신앙의 규범

---

12) J. B. Cobb, Jr., *Beyond Dialogue: Towards a Mutual Transformation and Buddhism* (Philadelphia: Fortress Press, 1982) 참조.

을 후험적(*a posteriori*)으로 표출하는 데에 있다. 이러한 규범-구성적 작업
은 사변적인 비교의 임의적 집행을 의미하지 않고, 우선적으로 이러한
그리스도인 공동체들이 그들의 신앙을 통전적으로 이해하기 위해 부득이
수행해야 하는 소당연적 주제화를 뜻한다. 그러나 이 작업은 결코 순진한
'종교혼합syncretism'을 의미하지 않는다.13) 오히려 그것은 니버H. Richard
Niebuhr가 언급한 '고백적 방법a confessional method'과14) 파니카R. Panikkar
가 칭했던 '종교 내적 대화intra-religious dialogue'와 더 큰 관련이 있다.15)

이 단계에서 양명의 조직유학과 바르트의 조직신학 사이의 두터운 유
사성은 유교적 지평 위에 있는 동아시아인들을 위한 그리스도론을 주제
화하는 데에 좋은 출발점을 제공한다. '인'과 '하느님의 형상'이라는 각자
의 전통적 용어로 표현된 인간성에 관한 그들의 이해는 서로 상동할 뿐만
아니라 실질적으로 일치하고 있다. 즉 그것은 공동적 인간성, 공존적 존
재, 또는 타자를 위한 존재를 의미한다. 동아시아 그리스도인들은 예수
그리스도를 인仁과 하느님의 형상 모두를 완전히 내재화한 인간성의 패러
다임으로 이해하는 데는 아무런 어려움이 없다. 또한 예수 그리스도 안에
서 그들은 철저한 인간화에 대한 두 가지 근본-패러다임인 성誠과 아가페
가 완전히 일치하는 것을 발견한다. 그러므로 양명과 바르트의 대화에

---

13) M. M. Thomas, "Christ-Centered Syncretism", Religion and Society, XXVI:
1(1979), 26-35; 또한, Jerald Gort, ed., *Dialogue and Syncretism : An Interdisciplinary
Approach* (Grand Rapids: Eerdmans, 1989) 참조.
14) H. Richard Niebuhr, *The Meaning of Revelation* (New York: Macmillan, 1962), 41.
15) 이 작업은 파니카가 "종교 내적 대화"라고 묘사한 것과 유사성이 있다. 그는 그것을 "나
자신과의 내적 대화, 그리고 매우 친밀한 단계에 대한 또 다른 종교적 경험을 만났을 때,
나의 인격적 종교성의 깊이 안에서의 조우"라고 정의하고 있다. Panikkar, *The Interreligious
Dialogue*, 40 참조. 그러나 파니카와 필자는 다음과 같은 차이점이 있다. 즉 대화를 통하여
필자가 "또 다른 종교적 경험"을 만난 것이 아니라, 오히려 유교와 그리스도교 양자 모두
필자에게는 이미 주어진 인격적 종교성이다. 또한 파니카의 관심사는 보다 개인적인 반면,
필자의 관심사는 신앙공동체와 더욱 관련이 깊다.

의해서 발견된 유교와 그리스도교 간의 두터운 유사성과 구조적 상동성은 그리스도론의 형태로 실체화될 수 있다. 만약 동아시아 그리스도인이 예수 그리스도를 인간에게 내재한 자기초월적 가능성에 대한 유교적 믿음을 한꺼번에 모두를 위해 확증시킨 궁극적으로 성실한 사람, 즉 성인聖人의 궁극적 패러다임이라고 고백한다면, 인간화에 대한 유교의 이야기는 예수 그리스도의 실제와 의미를 훨씬 깊고 풍부하게 만들어주는 심오한 자료가 될 수 있을 것이다. 유교-그리스도교적 경험에서 나온 동아시아 그리스도인들의 그리스도에 대한 이해는 그리스도론의 역사에 여러 심오한 통찰들과 새로운 차원들을 보강해주게 될 것이다.

비록 이 글의 범위를 넘어서는 것이지만, 필자는 실례로 이 대화로부터 개발할 수 있는 다섯 가지 모형의 그리스도론을 제안코자 한다. 물론 이것들은 앞으로 후속 작업을 통하여 더욱 발전시켜야 할 모형들이다. 곧 그것들은 (1) 철저한 인간화의 도道로서의 그리스도, (2) 성인聖人으로서의 그리스도, (3) 성誠의 극치로서 그리스도, (4) 인仁과 아가페의 합일을 이룬 인간성 패러다임으로서의 그리스도, 그리고 (5) 양지良知의 궁극적 체현으로서의 예수 그리스도이다.

1) 도道로서의 예수 그리스도

사실 예수 그리스도의 도(Christo-tao)라고 하는 것이 그리스도를 로고스로 간주하는 그리스도론(Christo-logos)보다 더 정확한 명칭이다. 예수 자신은 자신을 로고스나 프락시스라고 칭한 적이 없고, 오히려 "길"(한자어 성경에서는 도)이라고 하였다(요 14:6). 사도행전에서 나오는 최초의 그리스도교에 대한 명칭은 길, 통로, 진로, 여정, 행진 등의 의미를 가진 희랍어 호도스(*hodos*)였다(행 9:2; 19:9; 22:4; 24:14, 22). 독일의 저명한 현대 신학자 몰트만Jürgen Moltmann도 그리스도론에 관한 그의 저서에서 그리스도론이라는 용어 대신 『예수 그리스도의 도』라는 제목을 붙였다. 몰트만은 도-메타포the way-metaphor가 "과정적 측면을 구체화하며", "모든 인간적 그리스도론은 역사적으로 조건화되고 제한된다는 것을 인식하게 하고", "그리스도적 프락시스christopraxis"를 추종하도록 "안내한다"고 설명했다.[16]

도에 관한 유교적 통찰은 그리스도에 대한 이해를 풍부하게 해줄 수 있다. 휭가레트의 표현을 빌리면, 도道로서의 예수 그리스도는 "인생의 바른 길, 올바른 통치 양식, 인간 실존의 이상적 방법, 우주의 길, 존재의 발생 및 규범적 길(양식, 통로, 과정) 같은 것"이라 할 것이다.[17] 그렇다면 예수의 행태는 몰트만이 그리스도적 프락시스라고 표현한 도의 자기인도적 정행self-directing orthopraxis, 곧 예禮의 절정을 의미한다고 볼 수 있다.

도와 성령의 인도(Weisung)라는 바르트의 개념 사이의 유사성은 자기인도적 도道의 지혜적 성격을 한층 더 밝혀주고 있다. 여기서 그리스도교적 제자도와 유교적 제자도는 서로 수렴한다. 성령의 내뿜는 능력에 의해 그리스도적 프락시스를 행함으로써 그리스도교적 제자도가 향유할 수 있는 자유는 도의 자기인도적 능력에 의해 예를 보존함으로써 유교적 제자도가 누릴 수 있는 치양지적 자유와 서로 일치한다. 양자 모두에게 있어서 자유는 여러 가지 대안 중 한 선택을 의미하는 것이 아니라, 철저한 인간화의 정행orthopraxis(곧 道)에 자유롭게 참여하는 능력을 의미한다.

2) 궁극적 성인聖人으로서의 예수 그리스도

그리스도는 도의 완전한 자유 안에서 완전한 인성을 드러내주었다. 그리스도의 인성은 마음(心)의 집중과 정화가 최고도의 지각 능력에 도달

---

16) Moltmann, *The Way*, xiv.
17) Herbert Fingarettee, *Confucius - the Secular as Sacred* (New York: Harper & Row, 1972), 19.

해 한꺼번에 일회적으로 성취한 인간의 궁극적 현존이다. 참 하느님이시며 참 사람이신 예수 그리스도는 하느님과 완벽한 일치(天人合一)를 이룬 인간의 궁극적 현존을 실현하고 명시했다. 도의 자유를 취득하기 위한 조건으로 유교는 경건(敬)과 성실(誠)을 주창한다. 예수 그리스도는 바로 이런 경건과 성실을 완성한 분이었다. 그의 사역은 의도적이고 인위적인 것이 아닌, 도의 당위성에 따른 자연발생적이고 무위적인 것이었다. 예수는 자기갱신과 자기실현적 주체성이라는 사람다움의 정의를 그대로 현시한 완전하게 성실한 사람, 곧 참된 성인이다. 성화의 토대인 예수는 또한 인간성의 정상화를 완성하고, 본래적 선함을 완전히 회복시키고, 수신의 목표를 완성한 왕적 인간이다. 그러므로 그는 오랜 유교의 염원인 내성외왕內聖外王을 이룩한 성왕聖王이라고 할 수 있다.

3) 성誠의 극치, 최고의 구체-보편성으로서 예수 그리스도

성인聖人 그리스도 안에서 도에 대한 구체-보편적 방법은 최대의 지평으로 확대된다. 어진(仁) 인간성을 말하는 유교의 이야기가 은총적 하느님을 말하는 그리스도교의 이야기와 조우하고 충돌하고 합류하고 융합된다. 유교의 인간-우주적 드라마는 그리스도교의 신-역사적 드라마와 조우한다. 그리고 그것은 신-인간-우주적 극장에서 합류되어 한층 더 실체화된 이야기로 재편성되어 상영된다.[18] 예수 그리스도는 인간-우주적 비전 안에서 완전한 인간성을 구체-보편적으로 확증한 분인 동시에 인간 역사 안에서 삼위일체적 하느님을 구체-보편적으로 체현한 분이다(*vere*

---

18) "신-인간-우주적(theanthropocosmic)"는 theos-anthropos-cosmos의 합성어로 파니카가 만든 용어이다. R. Panikkar, *The cosmothenandric Experience: Emerging Religious Consciousness* (Maryknoll, N.Y.: Orbis Books, 1993) 참조. 파니카는 이것보다 동일한 뜻을 가진 'cosmotheandrism'이라는 용어를 선호한다. 그는 "신, 인간, 지구는 실재를 구성하는 축소될 수 없는 세 영역"이라고 말했다(같은 책, 60).

homo, vere deus). 그리스도의 인성은 인류를 향한 하느님의 은총적 선택의 구체-보편적 행위이다. 삼위일체 하느님이 특정한 인물 예수로 육화하심은 인류를 향한 하느님의 구속적 사랑의 역사적인, 따라서 가장 구체적인 현시이다. 그리스도교 신앙에 있어서 최고의 구체성은 십자가에 못 박히신 분에 대한 위험한 기억dangerous memory인 반면, 최고의 보편성은 부활하신 그리스도에 대한 모든 것을 다 개방한 환희의 기억이다.

그리스도교 신학과 윤리의 근본으로서 성인 예수의 행태는 존재론적 앎과 윤리적 행위의 일치(知行合一)를 철저하게 입증했다. 그것은 "말씀에 대한 청종자로서 인간 존재"의 원-패러다임proto-paradigm으로서 행위와 일치된 말씀의 역사이다. 그의 행태에 있어서는 로고스*logos*와 에토스*ethos* 또는 말과 행동 사이에 구분이 없다. 말씀과 행위의 일치는 한자어 성誠의 어원적 의미를 방불케 한다.[19] 성왕 예수의 행태 안에서 유교적 그리스도인은 성의 극치를 이루는 역사적 현시를 감지한다.[20] 유교적 그리스도인은 그리스도가 일으킨 기적들에서 우주적 역사 속에 나타난

---

19) 한자 '誠'은 말을 뜻하는 言과 (행위의) 완성을 뜻하는 成이 합해서 된 것이다. 어원적으로 볼 때, 그것은 어떤 사람의 말이 성실히 행동화되는 것을 의미한다. 그러므로 필자는 誠의 역동적인 행동의 측면을 강조하기 위해서, 그것을 영어로 "sincering"이라고 번역하기도 했다.

20) 성(誠) 그리스도론은 한국 신학사에서 매우 중요하다. 한국 가톨릭교회 대부로 불리기도 하는 이벽은 근본적으로 그리스도를 천도(天道)와 인도(人道)를 완성한 성(誠)적인 인간 존재로 이해했다. 이성배, 『유교와 그리스도교: 이벽의 한국적 신학원리』(왜관: 분도출판사, 1979), 또는 *Confucius et Jesus Christ: La Premiere Theologie Chretienne en Coree D'apres L'oeuvre de Yi Piek lettre Confuceen 1754-1786* (Paris: Editions Beauchesne, 1979) 참조. 또한 한국 개신교의 토착화신학 논쟁의 효시를 이룬 윤성범은 이율곡의 성(誠)에 대한 가르침과 바르트 신학 간에 기능적인 평형이 존재한다는 생각에 기반을 두고, 한국 그리스도론을 구성했다. 그는 특히 역사적 예수와 케리그마적 그리스도에 대한 서구 신학의 논쟁에서 나타나는 이원론을 극복하기 위해, 성의 개념을 활용했다. 그는 역사적 예수를 성의 출발점으로, 케리그마적 그리스도를 성의 목표로, 그리고 예수 그리스도를 성의 완성으로 보았다. 윤성범, 『한국적 신학: 성(誠)의 해석학』(서울: 선명문화사, 1972) 참조.

신-인간적 성실성, 곧 신-인간-우주적 성誠의 과정과 실례들을 발견한다. 그분의 십자가와 부활의 사건에서 세계와 함께하시는 삼위일체 하느님의 역사 속에 발생한 신-인간-우주적 성誠의 구체-보편적 드라마의 극치를 발견한다. 그리하여 유교-그리스도교적 입장에서 성은 이제 예수 그리스도에 대한 신앙을 의미하게 된다.

4) 하느님 형상과 인仁의 합일을 이루는 인간성 패러다임으로서 예수 그리스도

예수 그리스도는 타자들과 함께하는, 그리고 타자들을 위한 인간 존재이다. 그의 행태는 공동적 인간성, 공존적 존재, 조우적 존재, 동반자적 삶과 역사를 의미하는 하느님의 형상의 완전한 현시이다. 유교적 그리스도인은 하느님의 형상과 인仁 개념 사이의 괄목할 만한 유사성에 매료당하고 만다. 그리고 하느님의 형상의 완성인 그리스도의 인성에서 인간성의 근본 모형인 인仁의 완성을 또한 발견하게 된다.

한편으로 유교적 인간의 모형인 인仁은 그리스도가 십자가에서 극치를 보여주며 완성한 철저하게 자기희생적이며 긍정적인 사랑, 아가페에 의해 도전을 받게 된다(긍정적 황금률: "네 자신처럼 남을 사랑하라"). 다른 한편으로 그리스도교적 인간의 모형인 아가페적 사랑은 자기비판적인 호혜성(self-critical reciprocity, 恕)에 대한 유교적 태도에 의하여 도전을 받게 된다(부정적 황금률, "네 자신이 싫어하는 것을 남에게 강요하지 말라"). 지나친 유교적 자기비판은 소극적이 되어 긍정적인 사랑을 저해하는 반면, 적절한 자기성찰과 겸손이 결여된 그리스도교적 사랑의 지나친 태도는 "인식론적 교만"과 "윤리적 오만(hubris)"을 초래할 수 있다.[21] 이것들이 바로 19세기

---

21) Robert E. Allison, "The Ethics of Confucianism and Christianity: the Delicate Balance," *Ching Feng* 33:3 (1990), 168 참조.

서양 선교사들이 아시아 선교 현장에서 범했던 제국주의적 오류들의 근본 원인이었던 것이다.

5) 양지良知의 궁극적 체현으로서 예수 그리스도

마지막으로 유교적 그리스도인은 신-인간적 성실성의 극치인 예수 그리스도는 인간의 마음속에 있는 내재적 초월성의 역사적, 인격적 육화라고 파악하게 된다. 칸트Immanuel Kant는 이미 예수를 "선한 원리의 인격화된 이상"이라고 간파하였다.[22] 인과 아가페가 합일을 이룬 현시요 확증으로서 예수 그리스도는 양지良知의 궁극적 체현이라고 통찰하게 된다. 예수 그리스도는 양지, 곧 선과 악을 스스로 판별하고, 죄악의 특성들을 철저하게 폭로하고, 인간의 조건을 적나라하게 드러내는 순수하고 선한 앎을 완전하게 계시한다.

또한 유교적 그리스도인은 철저한 인간화에 대한 근본-패러다임인 예수 그리스도는 치양지致良知의 역사적 극치, 또는 양지 확대의 '오메가 포인트'로 인지한다. 참 하느님이시고 참 사람이신 예수 그리스도 안에서, 천지만물 간에 신-인간-우주적 연결이 완전히 재확립되었고, 그리고 인간 주체성이 존재론적 실재인 천리天理와 완벽하게 일치되었다.

유교적 그리스도론에서, 좀 더 정확하게 '예수 그리스도의 도' 또는 '도-그리스도론Christo-tao'에서 철저한 인간화에 대한 두 구체-보편적 이야기는 완전히 만나게 된다. 그리하여 동아시아적 현장에서 그리스도교 신앙은 이 조우된, 철저한 인간화의 도에 대한 유교와 그리스도교의 거대한 두 이야기가 대화의 단계를 넘어서 참된 인간에 대한 통전적인 이야기로

---

22) I. Kant, *Religion within the Limits of Reason Alone* (New York: Harper, 1960), Bk 2, Sec. I:A, 54-55.

변화되어 새롭게 거듭날 것을 요청한다. 그것은 새로운 시대, 곧 종말론적 신-인간-우주적 비전의 맥락에서, 포괄적 인간성, 개방적 인간 존재, 심원한 인간 주체성, 그리고 래디컬 휴머니티의 참신한 새로운 패러다임을 빚어내는 데 중요한 촉매 역할을 하게 될 것이다. 그것은 또한 동아시아적 그리스도교 신학의 범위를 넘어, 포스트 휴머니즘에 의해 도전을 받고 있는 지구촌적 상황은 물론이고 나아가서 다가오는 우주 시대의 호모사피엔스에게 필요한 새로운 휴머니즘을 제시해줄 것이다.

4. 새로운 우주적 인간성의 도道

이러한 그리스도론적 모형들은 전통적으로 유교적 맥락 속에 있는 그리스도인들에게 전수받은 서구적 신학과 교회의 경계를 넘어서서 주체적이고 자립적인 신학을 개발할 수 있는 자유를 부여한다. 유교적 그리스도론은 이 포스트-모던적인 지구촌 시대에서 예수 그리스도에 대한 이해에 심오한 공헌을 할 수 있다. 그들은 오히려 전통적인 서양의 것들보다 오히려 더 적절한 패러다임들이 될 수 있다. 니케아와 칼케돈 신조에 정립되어 있는 양성 그리스도론과 같은 전통적 그리스도론은 비서구적 사회에서 살았던 사람들에게는 부적합할 뿐만 아니라, 오늘날 글로벌 시대의 현대인들에게는 "너무도 편협"하다.[23] 서구 신학자들도 현시대에 전통적 그리스도론들은 너무나 많은 문제들을 갖고 있고, 곤경에 처해 있다는 점을 시인한다.[24]

----

23) Moltmann, *The Way*, 69.
24) 양성 그리스도론의 곤경에 대해서는 Moltmann, *The Trinity*, 51-55 참조. 그는 이러한 유형을 "고대 우주론적 그리스도론"이라 불렀다.

더욱이 이러한 새로운 유교적 패러다임들은 세 가지 사유양식, 즉 그리스도론의 도道-모형, 인仁-모형, 신神-인간-우주적 모형과 부응하며, 그들은 세 가지 중요한 포스트 모던적 특성들을 지니고 있다. 첫째, 그것은 도道-모형의 그리스도론이다. 예수 그리스도의 도는 그리스도론보다 더 적절한 용어이고, 그것이 도상에 있는 그리스도론임을 명백히 드러낸다. 몰트만은 "나는 더 이상 그리스도를 두 본성(양성)을 가진 한 인간 혹은 역사적 인격성과 같은 정체적 방법으로 생각하려는 시도를 하지 않는다. 나는 그를 세계와 함께하시는 하느님 역사의 전진 운동의 맥락에서 역동적으로 파악하려고 시도한다"고 말했다. 또한 그는 "그리스도에 대한 모든 고백은 그 길로 인도하며, 그 길 도상에 있게 하지만, 그 길 자체로서는 아직 (최종의) 목표가 될 수 없다"라고 하였다.[25]

예수 그리스도의 '도'로서의 유교적 그리스도론은 또한 제3세계의 인구 과잉과 빈곤, 전 지구촌을 위협하고 있는 핵무기 열광주의, 그리고 생태학적 재앙 등 현대 과학기술 문명이 초래한 모순과 역기능들을 극복하는 패러다임을 제공할 수 있는 큰 잠재력을 갖고 있다.[26] 균형(中)과 조화(和)를 우선적으로 추구하는 패러다임인 그것은 지배domination와 확장expansion 중심의 제국주의적 잔재를 청산하지 못한 현대적 패러다임들의 좋은 수정안이 될 수 있다('인'과 아가페의 합일로서 예수 그리스도).

도-모형의 그리스도론은 결코 비역사적인 신비주의가 아니라 오히려 해방적이고 급진적이다. 왜냐하면 그것은 예수 그리스도를 철저한 인간화의 도, 말하자면 공동적이고 우주적인 관계성 안에 있는 인간 주체성에 대한 근본-패러다임, 정행orthopraxis, 그리고 혁신적인 프락시스로 이해하기 때문이다. 도-그리스도론은 그리스도적 프락시스와 제자도를 강조

---

25) Moltmann, *The Way*, xv; 33.
26) 같은 책, 63-69 참조.

하며, 메시아적 도전을 긍정적으로 받아들인다. 그러므로 그것은 정치신학과 해방신학의 그리스도론들과의 상호 효과적인 대화를 발전시킬 수 있다.

둘째, 이 새로운 패러다임은 본질적으로 대화적인 인仁-모형의 그리스도론이다. 그것은 유교와 대화하는 그리스도론이고, 인(파자하면 두 사람)이란 개념 자체가 강한 대화의 관계성을 내포한다. 대화적 본질은 그리스도론의 역사에서 결코 낯설지 않다. 사실 그리스도론은 항상 대화를 통해서 발전되어왔다. "그리스도론은 언제나 종결된 적이 없고, 항상 대화의 도중에 있다."27)

유교는 포괄적인 휴머니즘이기 때문에 유교적 그리스도론은 근대에 출현했던 인간학적 신학과 유사성이 있다. 칸트와 그 영향을 받은 칼 라너 Karl Rahner는 그리스도를 "참된 인간성의 원형" 또는 "일반적 인간 본성의 실현에 대한 유일한 최상의 실례"라고 표현한다.28) 그러나 "인간학에로의 전환"(마틴 부버Martin Buber) 또는 "근대인의 주체성에로의 항거"(마틴 하이데거Martin Heidegger)로 불리는 근대적 맥락에서 출발한 이러한 인간학적 그리스도론은 단점이 있었다. 이 전환은 그리스도의 실재와 의미를 예수학Jesusology으로 축소시켰고, 그것을 "인간의 마음" 그리고 개별적 자아에 대한 실존적 경험으로 국지화시켰다. 그리고 그것은 다른 사회,

---

27) Robert F. Berkeley and Sarah A. Edwards, *Christology in Dialogue* (Cleveland: Pilgrim Press, 1993), 24-25. 버클리는 다음과 같이 말했다. "대화가 핵심어이며, 그것은 그리스도론은 대화가 고착되면 그 생명력을 상실한다는 것에 대한 확신을 분명히 한다. 1세기, 칼케돈 신조, 또는 계몽주의 등 그것이 어떤 의복을 입었다 할지라도, 그리스도론 신조는 항상 최종적인 해답을 주지 못했다. … 그리스도론은 언제나 결코 끝이 아니라, 항상 대화의 도중에 있다. 즉 초대 교회와 더불어, 유대와 희랍 세계의 종교적, 신화적 전제들과 결단들과 더불어, 그리고 아마도 가장 중요한, 우리 시대의 세계관과 더불어 … 고대이건 현대이건 그리스도론들은 항상 우선적으로 대화에 의해서 환기된다."
28) Moltmann, *The Way*, 59, 61.

제3세계, 그리고 자연에 대한 외적인 사회경제적 상황을 망각하였다.[29]

그러나 인-모형의 그리스도론은 이러한 단점들을 극복한다. 왜냐하면 그것은 인간을 고립된 자아로 보는 근대적 인간학에 기초한 것이 아니라, 인간을 관계성의 중심으로 이해하는 유교적 인간학에 기반을 두고 있기 때문이다. 그것은 자아의 원형에 대한 형이상학적 이해를 표출하는 하나의 '이론(logy)'이 아니라, 한 인간이 참된 인간(仁), 공동적 인간, 공존적 존재, 조우적 존재, 이타적 존재, 그리고 동반자적 삶을 살아가는 혁신적 프락시스로서 도를 추구한다(인간성의 패러다임으로서의 예수 그리스도). 그것은 그야말로 관계성과 공동성의 사유 양식에 기반을 두고 있다. 서구 신학들은 역사에 대한 인간 중심적 해석에 치중하는 버릇을 아직 벗어던지지 못하고 있다. 인-그리스도론은 인식론적 겸손과 윤리적 겸허를 되찾을 수 있다. 그리고 그것은 유교-그리스도교의 신-인간-우주적 비전에 대한 생태학적이고, 우주적인 차원을 활용함으로써, 이른바 "역사의 위기"를 극복할 수 있게 된다.[30] 인간성에 대한 근본-패러다임(仁)인 그리스도를 우주적이고 화해되어진 공존적 존재로 성찰함으로써, 그것은 호혜성과 상호성의 유교적 원리를 신-인간-우주적 차원으로 확장하고 확충시켜간다. 그러므로 그것은 인간과 자연을 현시대의 지배와 착취의 원리로부터 해방시키는 적절한 대안으로 일조를 할 수 있을 것이다.[31]

셋째, 이 새로운 패러다임은 신神-인간-우주적 모형의 그리스도론을 수반한다. 아시아의 한 종교신학으로서 신-인간-우주적 그리스도론은 물론 생태학적이다. 이러한 그리스도론 안에서 유교의 인간-우주적 비전

---

29) 근대 인간학적 그리스도론에 대한 평가와 비판에 관해서는, 같은 책, 55-63 참조.

30) 그것에 대한 간결한 분석에 관해서는 파니카의 *Cosmotheandric*, 특히 108-19 참조.

31) Tu Wei-ming, *Centrality and Commonality: An Essay on Confucian Religiousness*, rev. ed (Albany, N.Y.: State University of New York press, 1989), 102-107 참조.

과 그리스도교의 신-역사적 비전은 서로 완전히 조우하고 충돌하고 융합한다. 이제 두 비전은 대화를 넘어서서 신-인간-우주적 비전으로 상호적으로 새롭게 변화되어 거듭난다. 그것은 예수 그리스도를 신-인간-우주적 성실성(誠)의 궁극적 역사로서 인지한다. 그러므로 그것은 또한 앎과 행함, 신학과 윤리, 로고스와 에토스, 정론과 정행 등 모든 이원론을 초월하는 성誠-모형의 그리스도론에 해당한다. 이러한 성-모형의 그리스도론은 나아가 예수 그리스도를 십자가에 못 박히시고 부활하신 우주적 성인으로 이해하게 한다. 그분은 종말론적인 신-인간-우주적 균형과 조화를 위한 메시아적 도를 완전히 실현하셨다. 십자가에 못 박히고 부활하신 성인은 또한 창조적 지혜(良知)이다. 즉 그는 전통적으로 새 하늘과 새 땅, 새 인간이라는 개념으로 표현되어온, 바로 그 새로운 신-인간-우주적 교제의 해석학적 원칙이다. 다시 말하자면 그것은 예수 그리스도를 새로운 우주적 인간성의 도라고 고백한다.

이러한 도道, 인仁, 신-인간-우주적 모형과 같이 새로운 우주적 인간성의 도로서 예수 그리스도를 표현하는 것은 아직도 진행 중이고 대화의 과정 중에 있는 포스트-모던 신학의 구성적 패러다임과 공명한다.32) 몰트만이 간명하게 비판했듯이, 대화의 과정을 통해 발전해온 고대 우주론적, 근대 인간학적, 그리고 현대 과학-기술적 그리스도론, 곧 모든 종류의 서구적 그리스도론들은 21세기의 호연한 우주 시대를 담기에는 지나치

---

32) 하지슨은 포스트모던 구성신학이 갖추어야 할 맥락적 성격을 (1) 대화적, (2) 해방적, (3) 생태학적이라는 세 가지로 규정했다. Peter C. Hodgson, *Winds of the Spirit: A Constructive Christian Theology* (Louisville, K.Y.: Westminster/John Knox Press, 1994), 53-118 참조. 유교적 그리스도론은 이러한 맥락적 성격들을 모두 갖추고 있다. 간단한 예를 들면, '인(仁)-그리스도론'은 문자 그대로 대화적이고, '도(道)-그리스도론'은 해방적 차원을 지니고 있으며, 또한 '신-인간-우주적 그리스도론'은 우선적으로 생태학적이다.

게 편협하고 문제가 많다.[33] 새로운 우주적 인간성의 도로서 예수 그리스도를 인식하는 유교적 그리스도론은 3천년대를 위한 가장 적절한 새로운 패러다임의 하나가 될 것이다.

결론적으로, '어떻게 참된 인간이 될 수 있는가'라는 유교-그리스도교 대화의 공동적이고 카이로스적인 논제는 '우리가 예수 그리스도는 누구라고 말해야 하느냐'라는 질문에 도달한다. 이제 유교적 그리스도인들은 '예수 그리스도는 철저한 인간화의 도'라고 말해도 될 것이다. 그분은 완전한 인간성의 패러다임인 인仁이시다. 그분은 유교의 인간-우주적 수신과 그리스도교의 신-역사적 성화 모두를 넘어선, 신-인간-우주적 성誠이시다. 그분은 십자가에 못 박히시고 부활하신 성인이시다. 그분은 창조적 지혜(sophia, 良知)이시며, 신-인간-우주적 친교의 해석학적 원칙이시다 (참조: 눅 7:35; 11:49).[34] 결론적으로 예수 그리스도는 새로운 우주적 인간의 도道, 곧 모든 인간이 추종해야 할 신-인간-우주적인 혁신적 프락시스라고 할 수 있을 것이다.[35]

5. 맺는 말

필자가 양명학에 큰 관심을 가지고 있는 것은 사실이지만 전공 영역이

---

33) Moltmann, *The Way*, 46-72 참조.
34) 흥미롭게도, 도마복음서에서는 지혜의 스승으로서의 예수 그리스도를 강조한다. Marcus J. Borg, *Anchor Bible Dictionary*, III. 803-812; John Dominic Crossan, *Jesus : A Revolutionary Biography* (San Francisco: Harper San Francisco, 1989); Leo G. Perdue, "The Wisdom Saying of Jesus," *Forum* 2:3 (1986), 3-35 참조.
35) John Berverley Butcher ed., *The Tao of Jesus* (San Francisco: Harper San Francisco, 1994) 참조.

라고 하기에는 여러 모로 부족해서 그동안 발표를 망설여 왔다. 그러나 이제는 한국 그리스도교가 어느 정도 성숙해졌고, 이러한 유학과 신학 사이의 학제 간 연구의 필요성에 대한 학계의 인식도 조성되고 있는 것 같아 그동안 연구했던 것들을 국내 학계에 보고한다는 심정으로 이 글을 제출했다. 이러한 학제 간 비교 연구 및 종교 간의 대화에서 일반적으로 나타나는 관련된 두 영역의 학자들로부터 비판과 질문이 예상되어, 비록 사족이 되겠지만, 몇 가지 첨언하고자 한다.

　보통 제일 먼저 제기되는 공통적인 질문은 비교 대상자들에 대한 전문성과 적절성에 관한 것이다. 양명학자들의 입장에서는 여기서 논증한 것이 양명학(proper)에 대한 것이냐 아니면 유교 일반에 해당하는 것이냐 하는 논문의 전문성에 대한 문제를 제기하는 것은 극히 당연할 것이다. 양명학으로서는 유교 전통 내에서 한 전공 영역으로 그 정체성과 차별성을 입증하는 것이 가장 중요한 문제이기 때문이다. 그러나 이러한 학제 간의 연구나 서로 상이한 사상전통 간 대화의 경우에 주의해야 할 점은 그 맥락과 목적이 전혀 달라진다는 것이다. 유교 속에 양명학이라는 차별적 담론을 정초하는 것보다는 유교라는 거대 담론을 대표하는 비교와 대화의 파트너로서 양명학이 바르트에 의해 대변되는 그리스도교 신학 전통이라는 다른 거대 담론과 상대를 해주는 것이 더욱 중요하기 때문이다. 더욱이 유학에서는 일반적인 사상이라고 할 수 있을지 모르지만 신학이라는 다른 영역과 비교할 때 그것들 모두 유학자인 양명의 사상과 관련이 있는 것은 사실이다. 예컨대 "신-인간-우주적 모형의 새로운 패러다임"이 양명학을 통해 본 신학적 가능성이라고 보기에는 너무 일반적이지 않느냐는 비판을 할 수 있다. 그러나 필자의 논지는 유학과 신학의 만남이라는 큰 테두리에서 본다면, 양명 유학의 근본 비전인 인간-우주적(天人合一) 모형이 칼 바르트 신학의 근본 비전인 신神-역사적 모형과 조우하여 유교와 그리스도교라는 두 전통의 합류 또는 해석학적 지평융합을 통하여 신神-인간-우주적 모형의 새로운 패러다임으로 발전될 가능성이 있다는 것을 서술적descriptive으로 기술하려는 데 있다. 이러한 필자의 주장은 독창적인 것이고, 그것이 양명 유학과 바르트 신학의 대화를 통해 도출된 것은 틀림없는 사실이다.

또한 신학자와 종교철학자들로부터 제기될 수 있는 질문은 왜 하필이면, 일반적으로 타 종교에 대해 배타적으로 알려져 있는 칼 바르트를 파트너로 선택했느냐 하는 것이다. 줄리아 칭Julia Ching도 이 연구에 대해 말했을 때 필자에게 왜 바르트냐고 하면서 폴 틸리히Paul Tillich를 제안한 적이 있다. 비교 연구의 목적으로 볼 때에는 틸리히 같은 신학자가 바르트보다는 훨씬 용이할 것이다. 그러나 조직신학자로서 필자는 이러한 임의적인 형이상학적 비교보다는 한국 그리스도교, 특히 개혁 전통(장로교회)이라는 역사적 현장의 실천적인 측면을 우선적으로 고려하며 접근하고 있는 것이다. 틸리히는 사상적 비교를 위해서는 탁월한 가능성을 가지고 있지만 교회 현장에서는 실질적으로 아무런 영향을 주지 못하고 있다(知行分離). 그러나 바르트의 신학은 좋든 싫든 간에 한국 교회, 특히 개혁 전통 교회에 결정적으로 큰 영향을 주고 있다(知行合一). 더욱이 이 연구는 일반적인 표면적 비교 연구 수준을 넘어 두 인물의 심층적 사상 속에서 동질성을 탐구하고 있다. 퇴계 이황李滉이 이미 오래전에 언표한 상이함 속의 같음(異中同), 같음 속의 상이함(同中異)의 방법론을 추구하고 있는 것이다.

요약하면, 이 연구의 목적은 유교와 그리스도교 전통 속의 양명 유학이나 바르트 신학의 독특성을 추구하는 것보다는 그들을 가교로 사용해서, 유교와 그리스도교 간의 대화를 일반적으로 이루어지는 임의적인 비교의 수준을 넘어서 역사적 텍스트를 근거로 해서 본격적으로 전개하려는 것이다. 그리고 그 대화를 통하여 유교-그리스도교의 사상적 매트릭스 및 사유 풀을 구성하고, 그 토대 위에서 두 전통의 해석학적 지평융합을 시뮬레이션해보고, 한 걸음 더 나아가 동아시아인에게 좀 더 적절한 신학 패러다임을 구상해보려 했던 것이다. 학제 간의 비교 연구나 종교 간의 대화에서 보통 이루어지는 추상적인 비교와 추론의 단계를 넘어 그 구체적인 대화를 전개하기 위해 역사적 현장과 무관하지 않으면서 각 전통에 중요한 텍스트들을 제공한 두 역사적 인물로서 유학 전통에서는 왕양명 그리고 신학 전통에서는 칼 바르트를 선택했던 것이다. 이제 두렵고 떨리는 마음으로, 한국 양명학계 및 유학계에 이 글을 제출한다. 앞으로 이 연구의 발전을 위한 많은 비판적 제안들을 기대한다.

제4장

한국 신학 50년과
도의 신학[1]

– 한국 조직신학 사상사 –

1. 들어가는 말

한국의 개신교 조직신학은 지금 어떤 모습을 하고 있을까? 1980년대 말기에 박봉랑은 해방 후 40년 동안의 한국 개신교 신학의 흐름을 회상하면서, 그 당시의 모습을 "마치 제법 어른 행세를 하려고 덤벼드는 더벅머리 총각"으로 표현했다.[2] 그는 "고아처럼" 전통을 찾아다니던 해방 후 제1세대 신학자들의 고충을 다음과 같이 술회하고 있다.

1) 이화여자대학교 한국문화연구원 편, 『한국신학연구 50년』(서울: 도서출판 혜안, 2003), 139-188에 수록된 논문이다. 이 글은 한국 개신교 조직신학에 한정하여 다루고 있고, 2001년에 시행한 연구이므로 그 이후 발전 과정에 대해서는 보완이 필요하다는 점을 미리 밝혀둔다.
2) 박봉랑, 『신학의 해방』(서울: 대한기독교출판사, 1991), 27.

우리는 신학의 유산을 많이 받지도 못하고, 말하자면 선배 없이 고아처럼 신학의 연구를 찾아 헤매었고 그 대가로서 우리는 가족을 희생시키고, 또는 사랑하는 우리의 국토를 떠나서 연구의 자리를 찾아 동서양의 타향을 두루 헤매야 했던 것이다. 또한 세계의 신학의 상황, 특히 20세기 후반의 지난 30여 년 동안의 신학의 과정은 우리를 신학의 회오리바람 속에 몰아 넣었다. 우리는 한 곳에 자리를 잡고 안주할 수가 없었다. 오늘은 이것을 말하고 내일은 저것을 말했다. 새로운 신학의 사조를 만날 때마다 우리는 그 정체를 찾아내야 했다. 사람들은 '지조없는 신학자들'이라고 하기도 했지만 이런 말을 우리는 피할 수가 없었다. 또 핑계를 댈 수도 없었다. 우리의 신학의 전통이 없기에 우리는 칼 바르트에서 폴 틸리히로, 니버, 불트만으로 그리고 본회퍼, 몰트만으로, 구라파, 남미, 세계의 신학이 움직이는 곳에 우리도 있어야 했다. 지난 40년 동안 한국 교회에서 우리의 신학은 사람이 가보지 못한 숲 속을 헤쳐 간 개척자적 나그네와도 같았다.[3]

이 '개척자적 나그네'들을 아직 신학 식민주의적 사고에서 벗어나지 못한 '지조 없는 신학자들'이라고 가볍게 폄하할 수는 없을 것이다. 그들은 적어도 종교개혁 이후 400년의 서양 그리스도교의 신학사를 해방 후 40년 동안에 '압축'할 수 있는 열정과 능력을 가지고 있었다. 그 후 이 '더벅머리 총각'의 후예들은, 천오백여 년 전 중국과 인도 등의 불교 성지들을 찾아 헤매던 그 옛날 신라시대의 한국의 불제자들과도 같이, 열심히 전 세계를 누비며 신학 전통의 순례를 계속했다. 지난 20년 동안 한국 신학생들은 미국 및 유럽 각지에 있는 명문 신학교들의 고급학위 과정에 그야말로 가득 차 있었다. 각 신학교들의 조직신학 교수들은 그 학맥에 따라

---

3) 같은 책, 26-28.

최고의 교육과정을 수료한 이들로 정예화되어 있으며, 이제 고급인력의 수가 넘쳐나서 연구소 등 이들을 위한 대책 마련이 시급한 실정이다.[4] 오늘날 한국의 조직신학자들은 더 이상 '더벅머리 총각'이 아니며, 세계 어디에 내놓아도 부끄럽지 않게 말끔히 단장을 한 신사/숙녀들이다.[5] 한국 조직신학자들은 이제 그들의 활동 범위를 모국으로 제한하지 않는다. 그들은 세계의 유수한 신학 교육기관에 단지 '학생'의 신분으로서가 아니고 당당한 '선생'들로 자리를 잡아가고 있다.[6] 이러한 한국 신학자들의 세계화 추세는 특히 세계에 흩어져 있는 재외교포 한민족 2-3세들의 신학 인구 증대에 따라 더욱 가속화되고 있다. 이 '디아스포라 한국 신학자들'의 등장은 한국 신학계가 앞으로 주목해야 할 중요한 사항이며, 한국 신학의 지형적 범위에 대한 재고를 요청하고 있다.

이 글의 목적은 해방 후 50년간 한국 개신교 조직신학 분야의 학문 성과를 평가하는 일이다. 본론에 앞서 이 작업에 관한 (1) 필자의 한계 및 입장, (2) 조직신학의 정의, 그리고 (3) 이 글의 연구 범위에 관하여

----

4) 1964년 설립된 한국조직신학회가 1997년에 작성한 회원명부를 보면 박사 학위 취득자가 이미 100명을 넘어서고 있다(한국조직신학회 편, 「한국조직신학회의 역사」, 한국기독교학회 편, 『한국기독교학회 30년사』(서울: 대한기독교서회, 2001), 235. 2000년 8월에 작성된 한국조직신학회 회원 명부에 의하면 총 회원 수 129명 중에 교수 요원만 120여 명에 이르고 있다(은퇴 교수 포함).

5) 2001년 가을 20세기 독일의 마지막 개신교 조직신학자라고 할 수 있는 판넨베르크(W. Pannenberg)가 한국을 방문하였을 때, 그가 한국에 와서 가장 인상적이었던 것은 이미 세계적 수준에 이른 많은 조직신학자들이 활발하게 일하고 있는 모습이고, 그에 비해 계속 쇠퇴해가기만 하는 독일 신학의 현실과 장래가 걱정된다고 내게 고백한 적이 있다.

6) Drew University의 고 이정용, Princeton Theological Seminary의 이상현, Claremont Graduate School의 민경석, St. Paul School of Theology의 전용호, United Theological Seminary의 박승호, Union Theological의 정현경 등 소위 "디아스포라 신학자"들이 그 대표적인 예이다. 그리고 세계 최대의 규모를 자랑하는 미국종교학회(American Academy of Religion)에 참석하는 한국 학자들의 수는 지난 10년간 급속도로 증가하고 있으며, 이미 소수 민족들 중에는 참석자의 수가 최대에 달했을 가능성이 크다.

언급하고자 한다.

1) 필자의 한계 및 입장

나는 한국에서 신학 교육을 받은 적이 없고, 한국 교회의 주도적 인맥이나 한국 신학계를 주름잡아온 소위 '패거리' 신학의 계보와 무관하다. 그러므로 나의 자료 수집 능력에는 한계가 있다. 그러나 반면 나는 어떤 학파에도 소속되지 않았기 때문에, 누구에게나 '해석학적 거리'를 유지할 수 있어 비교적 객관적일 수 있다. 나는 미국에서 보수와 진보가 두루 망라된 여러 학교에서 에큐매니칼하게 신학 교육을 받았다.[7] 오랜 전통과 학문적 성취를 자랑하는 서구 신학의 심장 한복판에서 공부하면서 나는 수시로 '경계적 상황boundary condition'을 절감하였으며 동양인 신학도로서의 신학적 정체성에 대한 실존적 고뇌를 줄곧 할 수밖에 없었다. 그 결과 나는 서구 신학의 시각에서 한국 신학을 관망하며 동시에 한국 신학의 시각에서 서구 신학을 평가하는 간문화적 시각cross-cultural perspective 그리고 이 두 문화 사이를 넘나들면서 담론을 벌이는 신학적으로 이중언어적bi-lingual인 소양을 습득할 수 있었다.[8] 이러한 배경을 바탕으로 얻어진 간문화적 시각에서 나는 진솔하게 한국 조직신학의 지난 50년을 평가해보고자 한다. 다시 말하면, 내가 가진 한계를 인정하면서도 가능한 만큼 넓은 세계 신학의 지평에서 한국 신학이 걸어온 궤적을 점검해보겠다는 것이다. 한국 개신교 신학사상사에 대한 기본적인 연구는 이미 이루어져 있다.[9] 이들이 잘 정리해준 내용들을 반복하는 것보다, 나의 입장에서

---

7) Southern Baptist Theological Seminary; Princeton Theological Seminary, M.Div, Th.M; Graduate Theological Union, Ph.D; Harvard University Center for the Study of World Religions (senior fellow).
8) '간문화적'(cross-cultural)을 또한 '교차문화적'이라고도 표현할 수 있다.
9) 유동식, 『한국신학의 광맥: 한국신학사상사 서설』(서울: 전망사, 1982); 주재용, 『한국 그리

내가 보고 느낀 대로 솔직하게 털어놓는 것이, 지금은 무례하게 보이겠지만, 종당에는 서로에게 도움이 되는 최선의 방법일 것이다.

2) 조직신학의 정의

그리스도교는 오랫동안 끊임없는 모형 전환paradigm shift을 거듭하며 발전해왔으며, 다양한 신학 전통들이 축적되어 이루어진 복합체이다.[10] 이 전통들을 대변하는 조직신학도 다양해서, 그 정의를 내리기가 쉽지 않다. 그러나 대략적으로 조직신학을 세 유형으로 나눌 수 있다. 첫째 유형은 전통적인 교의학Dogmatics이고, 둘째는 계몽주의 혁명과 근대성modernity에 대응하고자 발생한 조직신학Systematic Theology이고, 셋째는 탈근대적postmodern 성찰과 함께 부각된 구성신학Constructive Theology이다. 교의학은 성경 해석에 의거한 명제적 교의 진술이 시공을 초월하여 객관성과 보편성을 갖는다고 전제하며, 전통의 보존과 교의에 대한 변증을 그 목적으로 한다. 조직신학의 방법론은 상황(콘텍스트)이 제기하는 질문을 분석하고, 이에 대한 대답을 그리스도교의 텍스트(성서와 전통)에서 탐구하는, 이른바 질문과 대답 간의 상관관계의 해석학이다(P. Tillich). 조직신학은 교의의 명제적 보편성은 부인하지만 신학 진술의 합리적 객관성을 강조하고, 텍스트가 우선적인 것으로 신학 내용을 결정하고, 콘텍스트는 단지 수동적인 해석학적 조건에 불과하다. 구성신학은 주어진 환경과 맥락 안에서 그리스도교 신앙을 올바르게 이해하는 것을 그 목표로

스도교 신학사』(서울: 대한기독교서회, 1998). 그 외의 단행본으로는 송길섭의 『한국신학사상사』(서울: 대한기독교출판사, 1987)가 있지만 해방 전까지 시대가 한정되어 있다.

10) 그리스도교 신학의 모형 전환에 관하여서는 Hans Küng, "Paradigm Change in Theology and Science," in *Theology for the Third Millennium: An Ecumenical View*, tr. by Peter Heinegg (New York: Doubleday, 1988), 122-170; 또는 *idem, Christianity: Essence, History, and Future*, tr. by John Bowden (New York: Continuum, 1995) 참조.

한다. 신학은 어디까지나 인간이 구성한 작품이며, 그 신학이 처한 종교문
화적, 사회경제적 맥락 안에서 이해되어야 한다. 그러므로 신학을 구성하
는 상징들과 비유체계들에 대해 의심의 해석학hermeneutics of suspicion을
통한 철저한 분석과 비판이 요구된다. 조직신학은 텍스트에게 일방적인
우선권을 주지만(텍스트→콘텍스트), 구성신학에서 텍스트와 콘텍스트는
서로 상호적인 관계에 있다(텍스트↔콘텍스트). 세계 신학의 흐름에서 볼
때, 조직신학(광의)은 교의학에서 조직신학(협의)을 거쳐 구성신학으로 모
형 전환 되어가고 있다고 할 수 있다. 나는 이 세 모형 중에서는 콘텍스트
의 종교문화적 매트릭스도 신학적 자원으로 간주하는 구성신학 모델이
한국 신학의 모형으로 가장 적절하다고 평가한다.11)

　한국 조직신학사에서도 이 세 유형이 비교적 선명하게 드러난다. 교의
학은 박형룡에 의해 확립되었고, 조직신학은 대체로 정치신학(김재준)과
문화신학(정경옥)으로 나누어져 전개되어왔으며, 구성신학(류영모)은 숨
겨져 있는 편이지만 그 흔적을 찾기는 그리 어렵지 않다. 일반적으로 한국
신학 논쟁사를 보수와 진보 간의 갈등으로 해석하지만, 보다 심층적인
이유는 서로 견지하는 신학적 유형이 근본적으로 다르고 그에 따라 신학
적 방법론이 상이하기 때문이다. 성서영감 논쟁(1952), 토착화 논쟁(1963),
그리고 종교다원주의 논쟁(1977)은 본질적으로 교의학(오직 텍스트만)과
조직신학(콘텍스트와 더불어) 그리고 구성신학(콘텍스트도 텍스트처럼) 사이에
놓여진 상이한 방법론에서 기인하는 유형론적 갈등이다. 이런 점에서 한
국의 조직신학도 세계적 신학사조와 같이 교의학에서 조직신학을 거쳐
구성신학으로 서서히 모형 전환 되어가고 있다고 할 수 있다.

----

11) 구성신학에 대한 더 자세한 평가는 김흡영, 「최근 미국 포스트-모던 구성신학의 한국신학
　　적 평가」, 『도의 신학』(서울: 다산글방, 2000), 59-103 참조.

(3) 이 글의 범위

첫째, 이글이 취급하는 분야는 조직신학으로 한정되어 있다. 조직신학과 깊은 연관이 있지만, 민중신학, 여성신학, 교회사, 또한 그리스도교 윤리는 각기 독립 분야로 취급된다. 그러므로 이 분야들에서 취급될 인물들과 주제들은 중복을 피하기 위하여 가능한 대로 생략하기로 했다. 둘째, 이 짧은 글에 모든 조직신학자들을 다 망라할 수가 없어서, 한국 신학으로서의 독창성과 관련성을 우선적으로 고려하여 이 글의 성격상 언급할 필요가 있다고 여겨지는 인물들에 한정했다. 그러므로 인물 선정은 성취한 업적의 중요성보다도 필자의 관심 정도에 의한 것이다. 셋째, 이글에서 전개할 유형론도 결코 완벽한 것이 아니고, 모든 유형론이 그렇듯이 그것도 한국 신학이 발전해온 궤적을 발굴하기 위한 자기발견적heuristic 목적을 가진 것이다. 몇몇 신학자들에게는 이 유형론이 적합하지 않음에도 불구하고, 맞춰보려고 지나치게 무리한 경향이 없지 않다. 넷째, 지면 관계상 꼭 명시할 필요가 있다고 여겨지는 참고문헌들만 수록했다. 자세한 목록을 원하는 독자들은 다음 자료들을 참고하기 바란다. 유동식이 각 인물별로 중요한 참고자료 목록을 『한국신학의 광맥』(1982)에 잘 정리해 놓았고, 주재용이 『한국그리스도교 신학사』(1998)에 논쟁사를 중심으로 최근에 나온 문헌들까지 포함시켰고, 그리고 이덕주가 「신학연구의 다양성」(1998)에 한국 개신교 신학사 전반에 관해 자세한 참고문헌 목록을 수록했다.12) 다섯째, 앞에 언급한 자료들이 비교적 자세히 한국 신학논쟁사를 기술하고 있으므로, 이 글은 논쟁사보다는 한국 조직신학의 유형론과 각 유형에 속한 주요 신학자들이 어떻게 한국 조직신학을 구성해왔는

---

12) 이덕주, 「신학연구의 다양성 - 성공하는 토착화 신학」, 한국종교학회 편, 『해방 후 50년 한국종교연구사』(서울: 도서출판 창, 1997), 109-116.

가를 탐구하는 데 주안점을 두고 있다.

2. 한국 신학의 광맥: 박형룡, 김재준, 정경옥, 류영모

한국 개신교 신학사상사에 대한 가장 고전적 연구는 한국 개신교 100
주년을 기념하면서 유동식이 집필한『한국신학의 광맥』이고, 개신교 전
래 초기부터 1970년대까지를 시대와 유형별로 구분하여 기술하고 있다.
그리고 주재용의『한국그리스도교 신학사』(1998)가 신학논쟁사를 중심
으로 1990년대 중반까지를 포함하고 있어 전자를 보완하고 있다.

유동식과 주재용은 신학적 입장이 서로 다르다. 유동식은 자유주의
신학 전통을 대변하는 토착화신학의 입장에서, 주재용은 진보주의 신학
전통을 계승하는 민중신학의 입장에서 한국 신학사상사를 서술했다. 그
러나 이들이 서로 공유하는 입장이 있다. 이들은 선교사에 의하여 주입된
바벨론 포로기와 같은 식민신학의 올무에서 벗어나 주체적인 '한국적 신
학' 또는 '한국 신학'이 형성되어가는 과정에 초점을 맞추고 있다. 그래서
유동식은 한국 개신교 신학사를 "한국 신학의 태동시대"(1885-1930), "한
국 신학의 정초시대"(1930-1960), 그리고 "한국 신학의 전개시대"(1960-
1980)로 크게 삼분한다.13)

---

13) 주재용은 한국 신학사를 다음과 같이 다섯 시대로 구분한다.
　제1기(1784-1900): 한국의 전통 사상에서 그리스도교 사상을 수용, 해석하는 시기.
　제2기(1901-1933): 선교사들에 의해 지배받던 한국 신학의 바벨론 포로기.
　제3기(1934-1959): 보수 신학과 진보주의 신학의 갈등과 투쟁 기간.
　제4기(1960-1972): 한국 토양에서 주체적 한국 신학을 형성하려는 해산의 고통을
　　　　　　　　　　하는 시기.
　제5기(1973-　　　): 한국의 문화 · 역사 현실에서 한국 신학을 전개하는 시기.

유동식은 박형룡의 보수적 근본주의 신학, 김재준의 진보적 사회참여 신학, 그리고 정경옥의 문화적 자유주의 신학을 한국 신학의 "삼대초석"으로 규정한다. 그러나 이들은 모두 그 당시 서구식 신학 교육을 가장 많이 받은 대표적인 해외 유학파들이다. 이들이 미국에서 신학 교육을 받고 있었던 시기에 세 신학적 흐름이 풍미하고 있었다. 첫째는 계몽주의 혁명과 더불어 서구에 불어 닥친 모더니티에 대응하기 위해 쉴라이에르마허F. Schleiermacher, 하르낙A. von Harnack, 리츨A. Ritschl, 트뢸취E. Troeltsch 등의 의하여 형성된 19세기 자유주의 신학이다. 둘째는 이 자유주의 신학이 종교학 또는 인간학으로 전락하자 이것을 교정하기 위하여 20세기 초 바르트Karl Barth, 브룬너E. Brunner, 불트만R. Bultmann, 틸리히 P. Tillich 등에 의해 제기된 위기의 신학, 변증법적 신학이라고도 명명되는 신정통주의Neo-orthodoxy이다. 셋째, 그러나 유럽보다 모더니티의 영향을 비교적 적게 받은 미국에서는 소위 구프린스턴 신학이라는 알렉산더A. Alexander, 핫지C. Hodge, 와필드B. Warfield 등에 의해 설립된 철저한 칼뱅주의 신학이 지배하고 있었다. 이들은 자유주의 신학을 배척하기 위해 근본주의화하였고, 신정통주의조차도 자유주의 신학이라고 몰아붙였다. 프린스턴 신학원이 신전통주의를 받아들이자, 메이첸G. Machen은 일부 교수들과 함께 프린스턴을 이탈하여 웨스트민스터 신학원을 설립했다 (1929).

바로 이런 시기에 '삼대초석'이라고 일컬어지는 이들은 미국에서 공부하게 되었고, 이 신학사조들에 결정적인 영향을 받고, 귀국하여 각기 다른 모형의 신학 전통을 수립하여 한국 신학의 선구자들이 된다. 자유주의 신학을 개척한 정경옥은 가렛 신학원과 노스웨스턴 대학교에서, 보수주의 신학 전통을 수립한 박형룡은 프린스턴 신학원과 남침례교신학원에서, 그리고 진보주의 신학을 정착시킨 김재준 또한 프린스턴 신학원에서 신학 교육을 받았다. 그러나 미국에서 신학 교육을 받기 위해 이들이 체류한 기간은 그리 길지 않았고, 더욱이 이들 중에서 정식으로 박사 학위를 취득한 이는 오직 박형룡뿐이었다.14)

정경옥鄭景玉(1903-1945)은 이들 중에서 가장 자유주의 신학에 익숙할 뿐 아니라 한국에 최초로 바르트 신학을 소개한 "혜성과 같은 신학자"였다.15) 그의『기독교신학개론』(1939)은 그의 스승 롤H. F. Roll의 해석을 기초로 칸트 윤리학을 강조하는 리츨의 문화적 개신교주의를 중심으로 자유주의 신학을 소개한 한국 최초의 조직신학 개론서이다.16) 이 저서는 자유주의 신학의 일반적인 구조에 따라 "죄악된 인간"론으로부터 시작하여 "신의 구원"론을 거쳐 기독론을 취급했고, 특별계시를 강조하는 바르트의 변증법적 신학을 약간 첨가했다. 그러나 그는 "모든 것이 다 하느님이요 사람은 아무것도 아니다"라는 초기 바르트의 입장에는 반대하고 오히려 일반계시를 선호하는 입장이다. 그는 조직신학을 리츨과 같이 "종교적 진리를 조직적으로 이해하려는 학문"이라고 정의하고, 그의 신학 방법론은 아직 틸리히의 상관관계 방법론에 이르지는 못했지만 그런대로 상황의 중요성을 강조하고 있다.17) 결론적으로, 윤성범은 그를 "자유주의 신학사상을 주체로 하고 발트 신학을 피상적으로 핥아 본 '신학적 휴매니

---

14) 박형룡도 Southern Baptist Theological Seminary에서 1년 만에 박사 학위를 받았으며, 학위 논문은 그곳 심사위원들조차도 보수적이라고 평할 만큼 보수적인 내용을 가진 것이었다(송길섭,『한국신학사상』, 326, n.23). 한국 장로교 보수 신학의 대명사격인 박형룡이 최종 학위를 받은 곳은 장로교신학교가 아닌 침례교신학교라는 사실이 흥미롭다.

15) 유동식,『한국신학의 광맥』, 176.

16) 정경옥,『기독교신학개론』(서울: 감리교회신학교, 1939), 특히 서문 3-5 참조; 또한『기독교의 원리』(서울: 감리교회신학교, 1934) 참조. 그의 신학에 관해서는 유동식,『한국신학의 광맥』, 175-185(참고문헌 포함), 주재용, 212-220, 송길섭, 330-343 참조.

17) 정경옥,『기독교신학개론』, 3. 그는 그의 방법론을 "내적 성찰"과 "외적 형성"의 변증법이라고 말했다(17).

스트'"라고 평한다.[18]

"한국 보수주의 신학의 집대성" 박형룡朴亨龍(1897-1978)의 교의학은 정서적으로는 구프린스턴 신학, 이론적으로는 카이퍼A. Kuyper-바빙크 H. Bavinek-벌코프L. Berkof 계통의 화란(네덜란드) 칼뱅주의 신학에 의존한다.[19] 그러나 "박형룡은 이전까지 그가 배우고 가르쳐 왔던 미국 신학의 영향이 너무 컸기 때문에 화란 신학의 책을 번역하여 그의 교의신학을 전개하기는 하였지만 그 책의 내용을 자신의 신학과 실천에 옮기지 못하였다."[20] 구프린스턴 변증학(C. Van Til)과 화란의 개혁주의를 '조합'하려고 한 것에 그의 신학적 창의성이 있었다고 할지라도, 그의 신학은 그 전통들을 번역하여 해설한 정도의 수준에 머물고 있다.[21] 화란 개혁주의는 그에게 아직 이론적인 것이었고, 자타가 공인하는 '한국의 메이첸'인 그는 극단적인 근본주의자였다. 그에게 있어서 신학의 목적은 "한국 교회 신학의 수립"이었으며, 그것은 "결코 우리가 어떤 신학체계를 창작함이 아니라 사도적 전통의 정신앙을 그대로 보수하는 신학, 우리 교회가 70년 전 창립되던 당시에 받은 그 신학을 우리 교회의 영구한 소유로 확보"하는 것이었다.[22] 그의 서구 신학에 대한 이해는 단편적이었으며, 그는 신정통

---

18) 윤성범, 『기독교와 한국신학』(서울: 대한기독교서회, 1964), 134.

19) 주재용, 209. 한국기독교교육연구원 편 『박형룡 박사 저작 전집』은 20권에 이르는 방대한 분량이며, 교의학으로는 서론, 신론, 인죄론, 기독론, 구원론, 교회론, 말세론이 있고, 비교 종교학, 변증학, 험증학, 신학난재선평이 포함된다. 주재용은 이 전집을 "한국 보수 신학의 가장 높은 봉우리이며, 원천지"라고 평하고, "과거의 모든 한국 보수주의 신학뿐만 아니라, 금후의 한국 보수주의 신학도 이 책으로부터 그 근원을 찾아야 할 것이며, 금후 한국의 모든 보수주의 신학은 박형룡 신학의 사본 내지 해설에 불과할 것이다"라고 평했다.

20) 장동민, 『박형룡의 신학연구』(서울: 한국기독교역사연구소, 1998), 341-342.

21) 같은 책, 337. 이종성도 이에 동의한다: "그의 교의신학의 구체적 내용은 벌코프의 조직신학을 거의 그대로 옮겨 놨다"(「박형룡과 한국 장로교회」, 『신학사상』 제24집 [1979 여름], 251).

22) 김양선, 『한국기독교해방 십년사』(서울: 대한예수교장로회 총회, 1956), 263.

주의도 자유주의 신학으로 오해하고 있었다. 신정통주의의 입장에서 이
종성은 박형룡을 다음과 같이 평가한다.[23] (1) 그는 "너무나도 이론적이
며, 사변적이고, 주의주의적인" 칼뱅주의적 정통주의 신학을 추종하고
있다. (2) "박형룡은 성서를 통해서 하나님이 오늘의 우리에게 주시는
멧세지를 추구하는 주석신학보다 변증학에 더 많은 관심을 기울였다."
(3) 극단적으로 배타적이고 독선적인 메이첸의 "근본주의적 사고방식이
그의 신학 전체를 지배하고 있다." (4) "그는 칼빈주의자이기는 했으나
칼빈학자는 아니었다." (5) "그의 신학하는 태도는 철저한 수구주의였다.
무엇이든지 새 것에 대해서는 일단 거부반응을 일으켰다. 그와 반비례해
서 전통적인 것은 그것이 전통적인 것인지 아닌지를 확인하기도 전에 그
것을 고수하려는 태도를 취했다."

　　김재준金在俊(1901-1987)은 전문적인 조직신학자는 아니었지만, 정경
옥과 박형룡의 조직신학이 관념과 교리의 한계에서 벗어나지 못한 것에
비해서는 좀 더 실질적으로 조직신학적인 사고를 했던 한국 신학의 선각
자였다.[24] 그는 자유주의 신학과 정통주의 신학 모두가 "막다른 골목"에
도달한 것을 인식하고, 신정통주의의 길을 선택했다.[25] 그는 세계 신학의

---

23) 이종성, 「박형룡과 한국 장로교회」, 251-253.
24) 김경재는 김재준을 본래 구약성서학자이며 그의 신학은 "교의학적 접근이라기보다는 사뭇
　　자신의 신앙체험적 접근"이라고 규정하고, 그 신학의 구성 요소를 다음과 같이 분석한다.
　　"몸의 현실성을 중요시하는 유교적 인간이해, 자연과의 조화를 강조하는 풍류도적 도가사
　　상, 비움과 묘공(妙空)으로서의 충만이 결국 역설적으로 같은 것이라고 경험하는 화엄사
　　상, 떼이야르 샤르뎅의 창조적 진화사상에 근거한 우주적 그리스도론, 그 모든 것들을 포용
　　적으로 수렴하면서도 완성하는 그리스도의 성령으로 말미암는 중생체험, 그리고 마지막으
　　로 개혁파 신학전통의 핵심주류로서 철저한 유일신 사상에 근원을 두고 오직 하나님께
　　영광을 돌리는 칼빈신학의 유산 등이 장공의 신학적 인간학을 구성하는 요소들로서 감지된
　　다"(「장공의 신학적 인간학」, 『신학연구』 42 [2001]).
25) 김재준, 「대전전후 신학사조의 변천」, 『김재준 전집』 제1권 (서울: 한신대학출판부, 1992),
　　382-383; 「신학의 갈 길」, 『김재준 전집』 제5권 (서울: 한신대학출판부, 1992), 339. 김재

흐름을 비교적 정확하게 읽고 있었으며, 주체적 역사 참여를 통하여 한국 신학이 나아갈 길을 제시했다. 그리고 그는 선교사가 지배하던 신학교육으로부터 해방을 시도했고, "조선 교회를 위한 조선 교역자 양성"이라는 기치를 내걸고 조선신학교를 창설했다. 그는 한국적 상황("조선 역사와 조선 교회의 토양")과의 상관관계를 가진 신학을 구상했으며, 바른 한국 신학이 형성되기 위해서는 학문적-신앙적 자유가 보장되어야 한다고 역설했다.26) 그는 보수적 한국 장로교회 풍토 속에 한국적 신학의 틈새를 열었고, 그 틈새로 '세속화 신학', '하나님의 선교신학', '종말론적 신학' 등 새로운 신학사상들이 흘러들어왔고, 그것은 결과적으로 한국 최초의 수출 신학인 '민중신학'을 발아하게 했다.

박형룡, 김재준 그리고 정경옥을 한국 신학의 삼대 광맥으로 간주하는 유동식의 지론은 한국 신학계의 큰 물줄기를 이루고 있는 주요 교단신학(총신-예수교장로회[합동], 한신-기독교장로회, 감신-감리교)의 학맥을 잘 규명해주고 있다. 그러나 이 유명한 지론은 두 가지 문제점이 있다. 첫째, 한국 신학의 스펙트럼이 너무 협소하게 설정되었다. 예컨대, 한국 신학계에 지대한 영향을 준 신정통주의를 대변하는 조직신학자는 김재준보다는 이종성이다. 신정통주의를 공식 노선으로 채택하고 있는 한국 최대의 교단 예수교장로회(통합)를 대변하는 장신(광나루)의 학맥이 무시되고 있다. 둘째, 박형룡, 김재준, 정경옥 세 사람만을 한국 신학의 원형 또는 광맥이라고 간주할 수 있을까? 이것은 훨씬 더 근본적인 문제이다. 대표적 해외 유학파인 그들의 신학이란 독창적인 것이라고 하기보다는 대체로 그들이 배워온 서구 신학사상들을 소개하여주고, 그들을 한국적 정황에 이식시

준은 칼 바르트, 폴 틸리히, 라이홀드 니버 등 대표적 신정통주의자들의 사상에 주로 의존하고 있다(김경재,「장공의 신학적 인간학」).
26) 김재준, "나의 생애와 신학",「크리스챤신문」(1985. 7. 13).

켜가는 수준의 것들이다. 그런데 이들만을 한국 신학의 원형이라고 한다면, 이것은 한국 신학의 모체가 전적으로 서구 신학이고, 한국 신학이 발생론적으로 서구 신학의 종속 신학이라는 점을 인정하는 꼴이 된다. 이 결과는 한국적 신학의 맥을 찾고자 한 본래의 목적과는 모순이 된다. 결국 이 지론은 한국 신학의 주체적 광맥을 발굴하기보다는 오히려 한국 신학사를 본의 아니게 '서구 신학의 전래사'로 전락시키는 결과를 초래했다.

김경재는 이 단점을 보완하기 위하여 두 가지의 한국 신학적 흐름을 덧붙여 추가한다: "그 한 가지는 길선주에서 꽃피고 이용도에서 극치에 오른 성령론적 교회부흥신학의 흐름이요, 또 다른 한 가지는 교단 밖에서 피어난 들꽃 같은 주체적 토종신학의 흐름, 즉 유영모, 함석헌, 김교신, 최태용 등으로 대표되는 한국적이며 생명론적인 토착신학의 흐름이다."[27] 이용도李龍道(1901-1933)는 독창적으로 한국 영성신학을 개척한 한국 교회사의 매우 중요한 인물이지만, 너무나도 짧은 삶을 살았고, 그를 조직신학자로 보기는 어렵다. 그러나 한국 조직신학사의 광맥에 "주체적 토종신학"은 반드시 포함되어야 한다. 특히 류영모柳永模(아호 多夕, 1891-1981)는 한국 신학의 초석을 놓은 선구자의 명단에 필히 추가되어야 한다.[28] 정경옥, 박형룡 그리고 김재준이 황무지와 같은 신학 부재의 한국 땅에 서구 신학을 이식함으로써 신학 교육의 초석을 놓은 공헌은 충분히 인정된다. 그러나 간문화적 시각에서 볼 때, 그들의 신학에는 서구 신학에 비해 특별히 다른 '그 무엇', 즉 한국적인 '그 무엇'이 별로 없다(김재준은 좀 예외지만). 오히려 류영모의 사상으로부터 우리는 아주 한국적인 신학의 단초들, 그야말로 독창적인 한국 신학의 광맥을 발견하게 된다. 류영모의 토종신학마저도 광맥의 하나로 포함되지 않는다면, 한국 신학은 한국 땅

27) 김경재, 「한국신학의 태동과 흐름」, 『기독교사상』 518 (2002. 2), 130.
28) 함석헌 신학의 뿌리는 물론 류영모이고, 김교신도 류영모의 제자라고 할 수 있다.

에 있지만 서구 신학의 복사품 또는 아류일 뿐, 세계적 가치를 보유한 독자적 신학으로 받아들여지기 어려울 것이다.

물론 류영모는 서구적 신학 교육을 전혀 받은 적이 없고, 전문적인 신학 저술을 한 적도 없다. 그가 쓴 단지 몇 점의 신학 수상들과, 제자들이 수집한 그의 강의록들, 그리고 그의 일기장 다석일지多夕日誌가 있을 뿐이다. 그러나 서구적 신학 교육의 부재가 오히려 그로 하여금 가장 독창적인 한국 신학을 구성하게 하였다. 아직 그의 신학이 신학적 단상들을 수집한 단계에 머물고 있지만, 그것은 장래 한국 조직신학이 세계 신학으로 도약할 때 승부수를 던질 수 있는 최대의 보고이다. 마치 서구 신학이 19세기의 키에르케고르S. Kierkegaard를 20세기에 발견하고 자유신학을 극복하였듯이, 한국 신학계가 1990년대에 들어서서야 류영모의 가치를 발견했지만 그의 신학은 앞으로 한국 신학이 서구 신학의 올무에서 벗어나는 데 큰 도움을 줄 것이다.

조직신학은 우선적으로 어떻게 신앙 공동체가 주어진 상황에서 적절하게 성경을 읽느냐 하는 성경 읽기와 관련된 것이다. 박형룡과 정경옥이 교의학 및 조직신학을 학술적 수준에서 다루었지만, 그것은 전혀 다른 상황에서 성경 읽기에서 발전된 남들의 신학을 번역해서 소개한 것일 뿐, 그들의 주어진 상황에서의 그들 나름대로의 성경 읽기를 기초로 한 것이 아니었다. 그들은 공식적인 조직신학자들이었으나 관념적이었을 뿐 한국인으로서 실질적인 조직신학 작업을 한 것은 아니었다. 이들보다 학술적으로 정교하게 발전된 서구 신학을 토대로 한 기술적 표현에는 미숙하지만, 류영모는 성경을 있는 그대로 그의 주어진 콘텍스트에서 읽으려고 하였다. 성경이 들어오기 전부터 한국인에게는 이미 강력한 문화적 텍스트들이 존재하고 있었다. 사서오경과 같은 동양 경전들은 한국인의 골수에 젖어서 삶의 영성적, 사상적 바탕을 형성해왔다. 이러한 텍스트들을 무시하고 성경을 읽는다는 것은 한국인이 처해 있는 콘텍스트를 무시하는 것이다. 그에게 있어서 한국인의 성경 읽기는 바로 이 경전들과 더불어 성경을 읽어가는 것이다. 아시아 신학이 이 점을 인식하고 간경전적 해석 intertextual interpretation 또는 다종교 해석학multifaith hermeneutics을 논의하기 시작한 것도 아주 최근의 일이다.29) 또한『베단타』와『도덕경』 등 동양의 경전들과 종교 전통들로부터 큰 감명을 받은 미국 신학자들이 비교신학comparative theology을 논의하기 시작한 것도 최근이다.30) 그러나 류영모는 이미 오래전에 이러한 해석학을 방법론만으로 제시한 것이 아니라 몸소 실천했던 것이다. 그는 유교, 불교, 도교 등의 "모든 동양 경전들을 구약"이라고 간주하고 그 전통 속에서 살아온 동양인의 솔직한 입장("동양 문화의 뼈대")에서 성경("서양 문화의 골수")을 해석하려 했던 것이다.31) 이와 같이 류영모는 벌써부터 성경을 간문화적 입장에서 접근했고, 이 입장에서 한국인의 독특한 신학을 구성하려 했다. 그러므로 류영모는 한국 구성신학의 효시이다. 류영모의 사상으로부터 어거스틴, 루터, 칼뱅, 바르트 등 기라성 같은 서구 신학의 광맥들을 능가할 만한 세계적인 신학적 단초들을 발굴할 수 있을 것이다.

결론적으로, 박형룡, 김재준, 정경옥 그리고 류영모는 이 땅에 신학의 광맥을 놓았고, 그 광맥으로부터 보수적 근본주의, 진보적 사회참여주의, 문화적 자유주의, 그리고 종교적 구성주의로 이루어진 네 가지의 신학적 흐름이 태동한다. 조직신학의 유형론으로 평가하면, 박형룡은 근본주의

---

29) 다종교 해석학에 대해서는 Kwok Pui-lan, *Discovering the Bible in the Non-Biblical World* (Maryknoll: Orbis, 1995), 특히 57-70 참조.

30) 비교신학에 대해서는 Francis X. Clooney, *Theology after Vedanta: an Exercise in Comparative Theology* (Albany: State University of New York Press, 1993) 참조.

31) 박영호 편,『다석어록(씨올의 메아리): 죽음에 생명을 절망에 희망을』(서울: 홍익제, 1993), 82; 김흥호 편,『다석일지』제2권 (서울: 솔출판사, 2001), 176.

신학을 한국 교회에 심은 철저한 교의학자이며, 정경옥은 문화적 상황의 이해에 초점을 맞추었던 관념적 조직신학자이며, 김재준은 역사적 상황의 변혁을 중시했던 실천적 조직신학자이고, 그리고 류영모는 동양 종교의 맥락 안에서 독창적인 한국 토종신학을 탄생시킨 창의적 구성신학자이다. 다시 말해서, 한국 신학의 네 선구자(박형룡, 김재준, 정경옥 그리고 류영모)로부터 한국 신학의 네 모형, 곧 교의학(총신, 장신), 문화신학(감신), 정치신학(한신), 그리고 구성신학(토종)이 태동한다.[32]

3. 교회교의학 모형(Dogmatics): 교회의 분열

선교사들로부터 보수 신학의 정통성을 확보한 박형룡은, 한국전쟁이 세계 이념전쟁의 대리전이고 한반도의 남북 분단을 고착화시켰듯이, 미국 근본주의 신학의 행태에 발맞추어 한국 교회 안에서 그 대리전을 감행하고, 한국 교회의 내부 균열을 고착시킨다. 그는 한국 신학 논쟁사의 두

---

32) 시대별, 논쟁별 연관성은 다음 도표와 같다.

시대	논쟁 및 주제	유형	신학자
50년대	교회의 분열	교의학	
	성서영감론 논쟁		박형룡/김재준
	에큐메니칼신학 논쟁		박형룡/이종성
60년대	토착화신학 논쟁	문화신학	
	삼위일체론 논쟁		윤성범/박봉랑
	토착화방법론 논쟁		유동식/전경련
70년대	민중신학 논쟁	정치신학	서남동/김용복
80년대	종교다원주의 논쟁	종교신학	변선환/박아론
90년대	다원적 한국 신학의 모색	구성신학	
	해방, 여성, 통일(박순경), 환경, 포스트 모던(홍정수),		
	생명, 상생, 도(道)		

교리논쟁들, 즉 성서영감론 논쟁과 에큐메니칼신학 논쟁을 주도한다. 이로 말미암아 1950년대에 한국 개신교단의 최대 교회인 한국 장로교회는 크게 두 번 분열하게 된다. 그리고 이 교회분열적 속성은 박형룡류의 근본주의 교의학이 보유한 특징으로 한국 교회사에 각인된다.

1) 성서영감론 논쟁

박형룡은 메이첸이 신정통주의를 채택한 프린스턴 신학원을 신근대주의라고 비판하고 이탈하여 웨스트민스터 신학원을 설립하였던 역사를 한국 땅에서 반복시킨다. 박형룡과 그를 추종하는 보수 진영은 바르트와 같이 성서고등비판을 수용하고 "제한 무오 사상"을 주장한 김재준을 맹렬히 비판하며 조선신학교를 떠나 장로회신학교를 새로 설립한다(1948).[33] 이 싸움에서 '한국의 메이첸' 박형룡은 미국의 메이첸보다 훨씬 성공적으로 완전한 교권적 승리를 쟁취한다. 그는 총회가 조선신학교의 인준을 취하하고(1951), 김재준의 면직을 가결하는(1952) 데 결정적인 역할을 한다. 그리하여 김재준을 따르는 진보 진영은 조선신학교를 한국신학대학으로 개명하고(1952), 총회를 이탈하여 한국기독교장로교(기장)를 새로 설립한다(1953). 이것이 첫 번째 한국 장로교회의 분열이다.

2) 에큐메니칼 신학 논쟁

미국의 근본주의를 주도하는 칼 메킨타이어와 메이첸 등이 세계교회협의회World Council of Church(WCC)에 저항하기 위하여 국제기독교연합회International Council of Christian Church(ICCC)를 창설하고 근본주의적 칼뱅주의와 반공 이데올로기를 확산시키려던 시도와 관련된다. 미국복

---

33) 주재용, 앞의 책, 167-168.

음주의연합회National Association of Evangelicals(NAE)는 메킨타이어의 비타협 원리와 분열주의를 극복하기 위해 온건파 보수주의를 표방하였으나, 이를 본 따 창설된 한국복음주의연합회는 오히려 진보적 에큐메니칼 진영 비판에 초점을 맞추어 러시아정교회의 세계교회협의회 가입을 빌미로 에큐메니칼 신학의 용공 시비를 전개한다. 결국 한국 장로교회(예장)는 에큐메니칼 운동을 지지하는 통합 측(연동 측)과 이를 반대하는 합동 측(승동 측)으로 또다시 총회가 분열된다(1959).

이로 말미암아 칼뱅 신학을 뿌리로 하는 한국의 개혁신학은 근본주의를 표방하는 총신 계열(예장 합동), 역사참여주의를 주창하는 한신 계열(기장), 그리고 신정통주의를 계승하는 장신 계열(예장 통합)로 크게 삼분된다. 신학적으로 보면, 이 분열은 칼뱅 신학에 대한 해석의 차이(칼뱅주의와 신정통주의의 대립)에서 기인한다. 총신 계열은 근본주의적 칼뱅주의(구프린스턴, 화란개혁교회), 한신 계열은 정치신학적 칼뱅주의(캐나다 장로교회), 그리고 장신 계열은 신정통주의적 칼뱅주의(프린스턴, 미국장로교회)를 표방한다. 총신 계열과 장신 계열은 한국 교회 성장과 관련된 교의학을 주도하게 되고, 장신 계열에서는 그 대변인 이종성이 등장한다.

이종성李鍾聲(1922-)은 서론, 인간학, 신론, 그리스도론, 성령론, 삼위일체론, 교회론, 윤리학, 종말론이 포함된 전 12권으로 구성된『조직신학 대계』를 저술하여 박형룡에 필적할 만한 한국 개혁신학의 토대를 구축한다.34) 이종성을 기점으로 장신 계열에는 "모든 것을 통합하여 온전함에 이르고자 하는" 소위 "통전적 신학" 전통이 형성된다.35) 이것은 서구의

---

34) 이종성,『조직신학 대계』(서울: 대한기독교출판사, 1993). 이종성은 일본 동경신학대학을 비롯하여 미국 풀러, 루이빌, 프린스턴, 샌프란시스코 신학원 등 비교적 폭넓은 신학교육의 배경을 가지고 있다.
35) 김명룡,「통전적 신학이란 무엇인가?」,『장신대』4월호 (2002). 이종성은 통전적 신학의 방법론적 특징을 (1) 연역법과 귀납법의 통합(그리스도의 하강+상승), (2) 계시의 단일성

개혁신학 전통들을 한국적 상황에서 통전적으로 종합해보자는 의도인 것 같은데, 소위 무색, 무미, 무취, 무향의 절묘한 묘합을 이루고 있다.36) 통전적 신학은 보수와 진보, 에큐메니칼 운동과 복음주의 운동, 서구 신학과 아시아 신학 등등 모든 것을 다 포함할 수 있는 대단한 포용력을 갖고 있는 동시에 이와 같이 아무런 특징이 없다는 묘한 신학적 특징도 있다.

박형룡과 이종성으로부터 총신 계열과 장신 계열이라는 칼뱅 신학을 주축으로 하는 한국 교회교의학의 양대 산맥이 구축되고, 다른 유형의 신학 광맥들과는 다르게 이들은 한국 장로교회를 세계 최대의 교회로 성장시키기 위한 교회신학으로서 결정적인 역할을 한다.37) 이들을 계승하

과 다양성의 통합(바르트+브룬너), (3) 과정적 상관관계(틸리히+화이트헤드)로 설명한다(이종성, 『신학서론』[서울: 대한기독교출판사, 1993], 66-69).

36) 이종성은 저작의 목적은 "신앙이 매우 편협하며 신학이 미개한 상태에" 있는 한국 교회에 다음과 같은 봉사를 제공하는 것이라고 말했다: "첫째, 신학 연구의 자료를 많이 제공할 것, 둘째, 나의 모든 신학 작품을 알기 쉽게 쓸 것, 셋째, 서양의 교회가 2000년 동안 연구하고 다듬고 체계화한 신학의 모습(total picture)을 제공해 줄 것"(이종성, 『이야기로 푸는 조직신학』[서울: 대한기독교서회, 1995], 4). 그는 이 계몽적 목적을 충분히 달성하고도 남을 만한 방대한 양의 저술을 완성하였으나, 아직까지 한국 신학사상사에서는 그가 이룬 업적이 충분히 평가되지 못하고 있다. 그 이유는 대체적으로 총신 계열(박형룡)과 한신 계열(김재준)의 강렬한 신학적 색깔들 사이에서 비교적 온건한 장신 계열(이종성)이 내세우는 소위 "중심에 서는 신학"의 애매한 신학적 색깔이 숨겨졌기 때문이다. 둘째, 박형룡의 '교의신학'이 미국과 화란의 근본주의적 칼뱅주의의 번역신학의 한계를 벗어나지 못하였듯이, 이종성의 '조직신학'도 미국의 신정통주의를 비롯한 서구의 개혁신학을 포괄적으로 총망라하여 정리한 것 이상의 어떤 조직신학적 창의성을 발견하기 어렵다. 셋째, 그의 신학은 서구 신학들과 그들의 콘텍스트인 서구 종교문화에 있어서는 '통전적'일지 모르지만, 이와 대칭적인 중요성을 갖는 우리의 콘텍스트인 한국 종교문화에 대해서는 '비통전적'이다. 다시 말하면 그는 조직신학을 관념적으로 이해하고 설명했지만, 한국인으로서 그의 상황인 한국 종교문화의 콘텍스트와의 '통전적' 상관관계를 주제화시키는 진정한 의미의 조직신학을 실천하지는 못했다. 이것이 한국 신학으로서 이종성 및 장신 계열의 신학자들이 가진 결정적 약점이다. 그들의 신학적 스승이라고 할 수 있는 바르트와 틸리히조차도 사망 전에 이구동성으로 세계 종교의 맥락 안에서 교의학과 조직신학을 다시 써야 한다고 한탄했음을 상기할 필요가 있다.

37) 한국 장로교회는 선교 100년 만에 세계개혁교회 연맹국들 중에서 가장 큰 교회로 성장하는

여 세계적인 수준의 신학 교육을 받은 신학자들이 배출된다. 총신 계열에서는 워낙 박형룡의 산이 높아서 그런지 그를 능가할 신학이 아직까지 나타나지 않았고, 그 지류로서 한철하(버지니아 유니온), 차영배(캄펜), 김영한(하이델베르크) 등이 대표적으로 보수적 개혁신학 노선을 고수한다.[38] 장신 계열에서는 김명룡(뤼빙겐), 윤철호(노스웨스턴), 현요한(프린스턴)과 그 지류로서 황승룡(전 호신대 총장)이 통전적 개혁신학을 발전시키고 있다.[39] 그러나 우수한 신학 교육적 배경에도 불구하고 그들의 신학은 보수적인 교회를 의식해서인지 대체적으로 실존적 교의학 또는 관념적 조직신학의 수준에 머무르고 있다.

그러나 한국 개혁신학은 한국 장로교회의 성장과 번영의 배후에 감추

20세기 선교의 기적이라고 할 만한 놀라운 기록을 보유하고 있다.

38) 한철하와 김영한을 총신 계열로 보는 것은 무리가 있는 것을 인정하나, 유형론적 유사성을 고려한 것이다. 웨스트민스터 신학원을 거쳐 미국 남장로교회의 전통적 신학교 버지니아의 유니온 신학원에서 박사 학위를 수여받은 한철하는 정통적 칼뱅주의자이며, 그 입장에서 신정통주의 사상과 그 영향을 받은 미국 연합장로교회의 1967년 신앙고백서를 위험한 세속화 신학이라고 맹렬히 비판한다(「우리가 처한 신학적 과제」, 『교회와 신학』 제2집[1967]). 화란 개혁신학의 본산인 캄펜 신학원에서 박사 학위를 수여받은 차영배는 아브라함 카이퍼-헤르만 바빙크의 신학에 의존하고 있다. 1996년 김영한을 중심으로 한국개혁신학회가 창설되었고, 이 학회는 현재 약 130명의 회원을 두고 활발한 활동을 하고 있다(조직신학자만 35명이며, 이들의 대부분이 세계 각국에 있는 신학 명문들의 박사 학위를 소지하고 있다). 이들은 '열린 보수주의'를 표방하며, 대체적으로 총신 계열과 장신 계열 사이의 노선을 추구하고 있는 듯하다(한국개혁신학회 편, 『열린 보수주의』[서울: 이레서원, 2001]). 특히 김영한은 이 개혁신학 노선의 사령탑 역할을 하고 있으며, 활발한 저술 활동을 하고 있다(『21세기와 개혁신학』 상·하 [서울: 한국장로교출판사, 1998]). 그러나 맥락성에 대한 그의 접근은 해석학적이기보다는 인식론적이고 교리적이며, 기본적으로 그는 조직신학적 구성보다는 교의적 비판 또는 철학적 분석에 치중하고 있다.

39) 몰트만의 지도 아래 바르트에 관한 박사논문을 쓴 김명룡은 조직신학을 교의신학과 사회신학으로 구분한다(『현대의 도전과 오늘의 조직신학』[서울: 장로회신학대학, 1997]). 윤철호는 통전적 그리스도론(『예수 그리스도』 상·하 [서울: 한국장로교출판사, 1998]), 현요한은 통전적 성령론(『성령 그 다양한 얼굴: 하나의 통전적 패러다임을 향하여』[서울: 장로교신학대학, 1998])을 모색한다. 또한 황승룡, 『성령론: 신학의 새 패러다임』(서울: 한국장로교출판사, 1999) 참조.

어져 있는 한 중요한 요인을 간과하고 있다. 이것은 칼뱅의 개혁신학은
한국인의 사상 형성에 결정적인 역할을 한 이퇴계李退溪를 정점으로 하는
한국의 신유학과 매우 유사하고(*pietas*와 敬, *imago Dei*와 天命, *fides quaerens in-*
*tellectum*와 居敬窮理 등), 이 유사성이 한국 장로교회가 성장할 수 있는 신학
적 기틀을 마련해주었다는 사실이다.[40] 그렇기 때문에 한국 개혁신학은
한국 유학의 전철을 밟지 않기 위하여 매우 조심해야 한다. 한국 유학은
한국을 그 출생지인 중국보다도 더욱 유교적인 사회로 만드는 데 성공하
였으나, 지나치게 보수적이고 배타적인 주자학적 사대주의로 말미암아
결국 조선 유교 사회를 멸망시키고 말았다. 한국 개혁신학도 한국에 세계
최대의 장로교회를 설립하는 데 성공하였다. 그러나 그 안에 보수적이고
배타적인 사대주의가 이미 전횡을 휘두르는 듯한 인상이다. 한국 유학은
그래도 조선을 500년간 유지할 수 있는 사상적, 도덕적 기조를 마련해주
었지만, 한국 개혁신학이 지금까지 한국 사회에 그러한 역할을 감당해왔
는지 자문해보아야 할 것이다. 개혁신학의 기본 강령은 "누가 원조냐?"
하는 보수 정통 시비를 따지는 것보다 말씀에 의해 끊임없이 개혁하는
데(*reformata ecclesia semper reformanda*) 있다.

4. 정치신학 모형(Korean Political Theology): 민중신학의 출현

교회와 교리로부터 '신학의 해방'을 실현한 김재준이 이끄는 한신 계열

---

40) 김흡영·금장태, 「존 칼빈과 이 퇴계의 인간론에 관한 비교연구」, 『도의 신학』, 231-291,
또는 『한국조직신학논총』 제4권 (1999), 80-128; 또한 Heup Young Kim, "*Imago Dei*
and T'ien-ming: John Calvin and Yi T'oegye on Humanity," *Ching Feng* 41: 3-4 (1998),
275-308 참조.

은 비교적 자유스럽게 세계 신학의 흐름을 섭렵하며 새로운 신학적 탐구를 계속한다. 이와 더불어 한신 계열은 걸출한 '제1세대' 조직신학자 박봉랑과 서남동을 배출한다. '현대 신학의 안테나' 서남동徐南同(1918- 1984)은 한신 계열이 배출한 가장 창의적인 조직신학자이며, 각종의 서구 신학의 사조를 탐닉하여, 틸리히, 베르자예프, 엘리아데, 떼이야르 드 사르뎅을 거쳐 한국 최초로 생태신학과 과학신학을 소개했던 최첨단의 번역신학자이기도 했다.41) 그는 이종성보다도 먼저 케리그마적 그리스도(불트만), 세속적 그리스도(콕스), 우주적 그리스도(테일하드)를 '통전'한 '현재적 그리스도론'을 제시했다. 이 현재적 그리스도론은 '서구 교회의 안경'을 통하지 않고 보편사(곧 우리의 역사와 문화사) 속에서 직접 그리스도를 직면하게 함으로써 한국 신학의 지평을 열어놓았다.42) 그러나 그는 전태일의 분신자살을 목격하고 김지하의 한과 민중사상으로부터 큰 감명을 받고 변신하여 '한의 사제론'과 '민중 이야기 신학'을 발전시킨다.43) 이 이야기 신학 방법론은 유명한 아시아 신학자 송천성宋泉盛(C. S. Song) 등을 통하여 세계적으로 알려지고, 아시아 신학의 형성에 큰 영향을 준다. 그리고 서남동 및 민중신학자들(안병무, 현용학, 김용복 등)은 한국 신학사상사에서 최초로 세계 신학의 형성에 기여를 하게 된다.44) 1970년대의 민주 항쟁과 더불어 민중신학은 한국 역사상 신학이 사회 변혁에 결정적 영향을 준 최고의 정치신학적 기록을 남긴다. 서남동의 민중신학에 관해서는 별

---

41) 서남동, 『전환시대의 신학』(서울: 한국신학연구소, 1976) 참조.

42) 같은 책, 65-84. 유동식, 『한국신학의 광맥』, 235.

43) 민중 이야기 신학은 대체적으로 우리 민중의 이야기(민담)와 기독교의 민중 이야기(성서와 교회사의 사회경제사적 연구), 그 두 이야기가 서로 '합류'하는 것을 말한다. 서남동, 『민중신학의 탐구』(서울: 한길사, 1983);『한-신학, 문학, 미술의 만남』(서울: 분도출판사, 1984) 참조.

44) Kim Yong-Bock, ed., *Minjung Theology: People as the Subjects of History* (Singapore: Commission on Theological Concerns, Christian Conference of Asia, 1981).

도로 민중신학 분야에서 더 자세히 다룰 것이기에 아쉽지만 이만 줄인다.

비록 기장 신학자는 아니지만 예장이 배출한 가장 세계적인 '시련의 신학자' 김용복金容福(1938-)을 여기서 언급해둘 필요가 있다. 그는 전통 신학이 가진 자들의 시녀 역할을 했던 전철을 극복하기 위해서 신학은 성서와 같이 억눌린 자들의 이야기들을 그 중심 주제로 택해야 한다고 주장하며, "민중의 사회전기the social biography of the minjung"를 그 방법 론으로 제안한다.45) 그리고 그는 민중이 역사의 주체라고 규정하고, 정치 적 메시아니즘political messianism을 타파하고 메시아적 정치messianic pol- itics의 변혁적 주체로서 민중운동을 역설한다. 이러한 신학적 통찰은 세계 에 있는 많은 해방신학자들에게 신선한 충격을 주었고, 민중신학을 세계 신학으로 부상시키는 데 결정적인 공헌을 했다. 그리고 그를 "세계 에큐메 니칼 신학의 촉각", 또한 아시아에서 가장 영향력이 있는 신학자들 중의 하나로 떠오르게 한다.46) 한신 계열의 신학이 주도하여 이룩한 또 하나의 빼놓을 수 없는 조직신학적 업적은 나치 체제의 적그리스도성에 저항하기 위하여 독일 고백교회가 선포했던 「바르멘 선언」의 정신을 계승하여 유신 체제의 독재에 저항하기 위하여 그리스도인의 사회적 책임을 강조한 「1973년 한국그리스도인 선언」이다(1973).47)

'잊혀진 선비 신학자' 박봉랑朴鳳琅(1918-2001)은 그 시대의 신학자들 중에서는 가장 철저하게 조직신학을 교육받은 분으로 바르트의 성서영감 론에 대한 논문으로 하버드 대학에서 박사 학위를 마친 뒤 귀국하여 바르 트 신학을 체계적으로 소개해 한국에 '바르트 우파'의 법통을 정립한다.

---

45) Kim Yong-Bock, *Messiah and Minjung: Christ's Solidarity with the People for New Life* (Hong Kong: Christian Conference of Asia, 1992).
46) 김용복은 아시아기독교협의회의 협조를 받아 아시아신학자협의회(The Congress of Asian Theologians)를 설립하고 초대 회장을 역임했다.
47) 이덕주·조이제 편, 『한국 그리스도인의 신앙고백』(서울: 한들출판사, 1997), 275-6.

비록 바르티안의 틀에서 벗어나지는 못했지만, 본훼퍼Dietrich Bonhoeffer, 세속화 신학(콕스), 사신신학(알타이저), 종말론 신학(몰트만, 판넨베르크), 바르트 좌파(골비처)와 우파(융겔)의 논쟁 등 세계 신학의 조류를 소개한 그의 저서들은 한국 조직신학의 수준을 한층 높이는 데 공헌을 하였다.[48] 비록 한신 계열은 아니지만, 바르트 신학에 관해서 박봉랑과 더불어 쌍벽을 이룬 한국 최초의 여성신학자 박순경朴淳敬(1923-)을 빼놓을 수가 없다. 초기 바르트의 종교사회주의에 대한 골비처H. Gollwitzer의 연구와 그의 제자 마르쿠아르트F. Marquardt의 바르트 좌파 해석에 큰 영향을 받은 박순경은 그 추종자가 소수에 불과하지만 한국 땅에 '바르트 좌파'의 맥을 심었다. 박순경은 마침내 신학적 관심을 서구 신학에서부터 한민족으로 전환하고 민족통일운동을 위한 "통일신학"을 제안한다.[49] 그러나 한국 바르트 신학의 문제점은 우파이건 좌파이건 모두 이들의 영향으로 너무 초기 바르트에 얽매어 있다는 점이다. 한신 계열에서는 박봉랑에 이어 오영석吳永錫(1943-)과 김균진金均鎭(1946-)이 배출된다. 오영석(바젤-한신, 전 한신대 총장)은 바르트 우파의 맥을 이어가고, 김균진(튀빙겐-연신)은 그의 스승인 독일의 마지막 개혁신학자 몰트만의 저서들의 대부분을 번역하는 과업을 달성한다.

이로 말미암아 한신 계열의 조직신학은 이원화된다. 한편으로 비록

---

48) 조직신학적으로, 그의 저서들은 그의 시대에 다른 신학자들에 비해 월등한 수준에 있는 우수작들이다. 그가 목회자나 평신도를 위한 쉬운 글보다는 신학자들을 위한 전문적인 글을 썼기 때문에 많이 알려지지 않았다. 그런 점에서 그는 외골수의 '잊혀진' 신학자가 되었으나, 선비 정신을 이어받은 조직신학자로서 귀중한 사표를 남겼다. 박봉랑은 다음과 같은 주요 저서들을 남겼다: 『기독교의 비종교화』(서울: 법문사, 1976); 『신의 세속화』(서울: 대한기독교출판사, 1983); 『교의학방법론』상・하 (서울: 대한기독교출판사, 1986-7); 『신학의 해방』(서울: 대한기독교서회, 1991).
49) 박순경, 『하나님나라와 민족의 미래』(서울: 대한기독교출판사, 1984); 『통일신학의 여정』 (서울: 한울, 1992).

소수이지만 바르트 우파 신학으로 더욱 교의학화되는 반면, 다른 한편으로 극단적인 정치신학(민중신학)으로 운동적 성향을 띠게 된다. 민중신학은 한국 최초로 해외에 신학을 수출하는 성과를 거두었으나, 그 운동 지향적이고 신학 불가지론적인 성향 때문에 신학자 양성을 소홀히 하는 폐단을 초래한다. 이러한 중에 한신 계열에 새로운 모형의 조직신학자 김경재金敬宰(1940-)가 등장한다. 김경재는 문화신학(틸리히)과 과정신학(화이트헤드)의 틀 안에서 민중신학과 토착화신학의 종합을 모색한다.50) 그는 다른 한국 종교들과의 대화를 적극적으로 추진하며 종교다원주의 신학을 주장하는 데 앞장을 선다. 그는 한국 개신교 종교문화신학을 파종 모델(씨 뿌리는 비유[막 4:1-32], 박형룡), 발효 모델(밀가루 반죽의 비유[마 13:33; 눅 13:20-21], 김재준), 접목 모델(돌감람나무의 비유[롬 11:16-18], 유동식), 합류 모델("두 이야기의 합류", 서남동)의 네 모형으로 분류하고, 교의학적이거나 종교사적인 접근보다 지평융합적인 해석학적 접근 방법(틸리히, 하인리히 오토, 존 힉, 파니카, 사마르타 등)의 종교신학을 제안한다.51) 그리고 한신 계열에서는 또한 박재순이 민중신학과 토종신학 간의 접목을 통한 생명신학("생명의 님" 예수)을 시도하고 있다.52)

---

50) 김경재,『폴 틸리히의 생애와 사상』(서울: 대한기독교출판사, 1979);『폴 틸리히 신학연구』(서울: 대한기독교출판사, 1987).

51) 김경재,『해석학과 종교신학: 복음과 한국종교의 만남』(천안: 한국신학연구소, 1994);『한국문화신학』(서울: 한국신학연구소, 1983); 또한『해석학과 종교신학』으로 발전시킨 그의 박사 학위 논문 *Christianity and the encounter of Asian Religions: Method of correlation, fusion of horizons, and paradigm shifts in the Korean grafting process* (Zoetermeer: Uitgeverij Boekencentrum, 1994).

52) 박재순,『한국생명신학의 모색』(서울: 한국신학연구소, 2000).

5. 문화신학 모형(Korean Theology of Culture): 토착화 논쟁

최병헌崔炳憲(1858-1927)의 종교신학과 정경옥의 자유주의 신학을 계승한 감신 계열은 한국 신학사상사를 우뚝 세운 세 신학자, 곧 윤성범, 유동식 그리고 변선환을 배출한다. 이들은 그리스도교의 전통적 울타리를 넘어 재래 종교들과의 적극적인 종교 간의 대화를 시도한다. 그들 사이에 일종의 분업을 실행하여, 윤성범은 유교, 유동식은 무교 그리고 변선환은 불교에 집중적인 관심을 두고 각자 나름대로의 종교문화신학을 펼쳐간다.

한국인 최초로 유럽에서 신학박사 학위를 취득한 윤성범尹聖範(1916-1980)은 바젤 대학에서 바르트의 강의를 직접들은 제자로 더욱 잘 알려져 있다. 윤성범과 더불어 한국 신학자들의 독일 유학이 활발해지고 미국 신학의 영향을 받던 조직신학계는 독일 신학의 영향권 아래로 진입한다. 윤성범은 한국적 상황과 복음 간의 상관관계를 신학적 언어로 주제화하려 하였던 한국 최초의 조직신학자이며, 감신 계열이 배출한 가장 창의적인 조직신학자이다.[53] 그의 탁월한 신학적 '직관'과 통찰에도 불구하고 그의 신학이 성공하지 못했던 까닭은 독일 신학의 틀 안에서 그의 신학을 인정받기 원하는 독일 신학에 대한 학생적 근성이 그에게 아직 남아 있었기 때문이다. 그의 신학적 직관은 이미 새 포도주를 빚고 있었지만, 그는 그 새 포도주를 이미 낡아빠진 가죽부대인 독일 신학에 담으려고 했던

---

53) 출판위원회 편, 『윤성범 전집』총7권 (서울: 도서출판 감신, 1998). 윤성범의 중요한 저서들은 다음과 같다: 『기독교와 한국사상』(서울: 대한기독교서회, 1964);『한국적 신학: 誠의 해석학』(서울: 선명문화사, 1972);『孝: 서양윤리, 기독교윤리, 유교윤리의 비교연구』(서울: 서울문화사, 1973). 내가 미국에서 공부할 때 그의 『효』를 마이클 칼튼(Michael Kalton)이 번역한 *Ethics East and West* (Seoul: Christian Literature Society, 1977)를 프린스턴 대학 도서관에서 발견해서 읽고 깊은 감명을 받았다.

것이다. 이러한 점에서 윤성범의 신학은 재조명되어야 한다. 윤성범을 독일 신학의 연장선상에서, 불트만적 방법론과 바르트적 신학 내용 사이의 혼돈, 하이데거의 해석학에 대한 오해 등, 그가 얼마나 독일 신학을 제대로 이해했느냐고 따지는 것은 초점에 어긋나는 것이고, 그것은 오히려 한국 신학의 정체성에 대한 비판자들의 혼돈에서 오는 오류이다. 윤성범이 추구했던 것은 한국적 신학의 모형 개발이며, 그의 모호한 '직관적 변증법'(예컨대, 감-솜씨-멋, 道心-人心-誠, 理-氣-誠)은 이원론을 기조로 한 서구의 개념적 변증법(헤겔, 키에르케고르)을 극복하고자 고안해낸 한 동양 신학적 방법론이었던 것이다. 그 이름이 '문화적 아프리오리'('자리')가 되었든, '전이해'(불트만)가 되었든, '상황'(틸리히)이 되었든 간에 그는 한국적인 자원들을 신학의 소재로 사용하고자 했고, 서구적인 상징과 비유를 한국적인 것으로 대체하고자 하였다. 그야말로 한국적 구성신학을 시도하였으나, 불행하게도 그는 독일 신학의 올무에서 벗어나지 못했다.

그가 만약 그리스도교 신학의 역사적 흐름도 계속적인 모형 전환paradigm change에 의한 것이라는 쿤T. Kuhn에 의존한 한스 큉의 주장이나, 신학도 결국 '인간의 작품'(theology as a human construction)에 불과하다는 카우프만의 구성신학이나, 신학의 가장 큰 주제는 그 상징 비유체계에 대한 분석과 그에 따른 모형 건축이라는 맥페이그의 비유신학metaphorical theology을 알았더라면, 그의 신학은 크게 달라졌을 것이다.[54] 윤성범의 신학은 한국의 상징 비유("감")를 가지고 서구 신학으로부터 모형 전환을 이룬 한국 신학("멋")의 새로운 패러다임("솜씨")을 구성하려 하

54) Hans Küng, "Paradigm Change", Gordon D. Kaufman, *The Theological Imagination: Constructing the Concept of God* (Philadelphia: Westminster Press, 1981); Sallie McFague, *Metaphorical Theology: Models of God in Religious Language* (Philadelphia: Fortress Press, 1982).

였으나, 독일 신학에 대한 그의 끈질긴 강박관념 때문에 중도에 하차한 격이기 때문이다. "도전적이요 직감적인 판단 등 많은 개발점을 발견"하게 되지만 "충분한 설명이 결여"된 "한국 신학계의 풍운아 윤성범"의 글들은 유동식이 언급한 대로 한국 신학의 한 "서설"일 뿐 후학들에게 "본문은 앞으로의 과제로 남아 있다."[55]

윤성범의 구성신학적 감각은 제일 먼저 한국인의 토착적 신 상징인 하느님을 분석할 수밖에 없었고, 그와 관련된 토착적 내러티브로서 단군신화를 거론한 것은 한국 조직신학자로서 그가 밟아야 할 당연한 수순이었다. 그러므로 그의 「환인, 환웅, 환검은 곧 하나님이다」는 한국 조직신학 사상사에서 매우 중요한 논문이다.[56] 또한 삼위일체의 비유적 흔적(*vestigium Trinitatis*)을 명시적으로 내포하고 있는 단군신화 내러티브에 기초한 하느님의 상징체계가 원래 복수형인 히브리어의 엘로힘(*Elohim*), 다신론적 어원을 가진 독일어와 영어의 'Gott'과 'God' 등 기존의 상징체계들보다 월등하게 우월한 삼위일체적 메타포라고 주장한 것도 한국 조직신학자로서 그가 충분히 한번 해볼 만한 일이었다.[57] 그에 대한 박봉랑의 비판은 초기 바르트 교의학에 대한 해석으로는 옳았겠지만, 주어진 토착적 언어, 상징, 내러티브를 과감하게 판독해서 신학에 응용해보려 했던 윤성범의 기획에 대한 정당한 조직신학적 비판은 아니었다.[58] 그런 의미

---

55) 유동식, 『한국신학의 광맥』, 298.
56) 『사상계』(1963. 5), 258-271; 또한 「단군신화는 *Vestigium Trinitatis*이다」, 『기독교사상』 (1963. 10), 14-18 참조. 단군신화 논쟁에 관한 글들은 『윤성범 전집 1: 한국종교문화와 한국적 기독교』, 346-483에 모두 수록되어 있다.
57) 몰트만의 삼위일체에 대한 세속적인 사회학적 비유(social analogy)는 쉽게 받아들이면서(*The Trinity and the Kingdom: the Doctrine of God* [New York: Harper & Row, 1981]), 윤성범의 삼위일체의 흔적으로서 단군신화에 대한 착상은 용납하지 못하는 것은 신학사대주의의 한 실례가 아닐까?
58) 박봉랑, 「기독교 토착화와 단군신화」, 『사상계』(1963. 7); 또한 「성서는 기독교 계시의

에서 박봉랑은 조직신학자라기보다는 훌륭한 바르트 학자였고, 윤성범은 바르트 학자라기보다는 창의적(때로는 "돈키호테적인") 조직신학자였다. 한국 신학이 이때 신 명칭에 대하여 어느 정도 결론을 내리지 못하고 '단군신화' 토착화 논쟁으로 끝나고 만 것은 매우 아쉬운 일이다. 한국 그리스도 교회가 하나님인지 하느님인지 신의 이름조차도 아직 통일하지 못한 것은 매우 수치스러운 일이요, 한국 조직신학자들은 그들이 가장 먼저 수행해야 할 임무를 직무유기하고 있는 것이다.

윤성범의 성誠의 신학도 마찬가지다. 그는 직관적으로 계시라는 비유 체계가 한국인의 정서에는 적합지 않다고 간파한다("계시라는 낯선 개념 대신에 성이라는 개념을 대치하여 신학적 제 문제를 해석해 나간다면…").59) 그리고 신학의 근본 비유를 성이라는 율곡의 메타포로 대체하여, 계시를 전제한 '독단적'이고 유일신적인 서구 신학의 모형에서부터 '조화를 전제한 종합적'이고 삼위일체적인 한국 신학의 모형으로 패러다임 전환을 시도했다(誠=言+成=말이 이루어짐=로고스의 성육신). 그는 서구 철학의 실존적 해석학(하이데거, 불트만, 가다머)보다는 한국의 구성신학적 해석학('토착화의 과정', 곧 한국인들의 특수한 종교문화적 매트릭스에서의 성서 이해를 위한 '공작')을 추구했던 것이다.60) 그러므로 성의 신학에 대한 '혼합주의'(이종성), '신영지주의'(김의환), '민족주의'(박아론)와 같은 비판들은 신학 방법론적 상이성에서 비롯되는 문제의 핵심에서 벗어나 있는 것들이다.61) 그러나 윤성범의 신학적 해석학에도 결정적인 약점이 있다. 그의 해석학에는 로맨틱하게 한국 전

유일한 쏘스」, 『사상계』(1963. 10) 참조. 『윤성범 전집 1』, 370-392, 424-446 재수록.
59) 윤성범, 「한국적 신학 - 성의 신학」, 『기독교 사상』 15 (1971. 3), 132.
60) 윤성범, 「성의 신학이란 무엇인가? - 특히 한국 '오지그릇'을 중심으로 하여」, 『기독교사상』 (1973. 2), 83-91.
61) 이종성, 『복된 말씀』 12 (1972); 김의환, 「성신학에 할 말 있다」, 『기독교사상』(1973. 3), 108-114; 박아론, 「한국적 신학에 대한 이론」, 『기독교사상』(1973. 8), 87.

통을 재건축하는 '멋'진 복고의 해석학hermeneutics of retrieval은 되겠지만, 그가 서구의 것들에 대해 비판한 것처럼, 한국 재래 종교의 상징 비유가 지닌 억압적 요소(족보)들을 해체하고 정화하는 의심의 해석학herme-neutics of suspicion이 결여되어 있다. 충忠, 효孝, 성誠, 이理와 같은 한국 유교의 근본 비유들도 완전하고 순수한 것들이 아니고, 오히려 지배 이데올로기로 악용되는 등 역사적으로 많은 해석학적 오류를 남긴 것들이다. 서구 전통의 지배를 너무 의식해서 재래 전통을 무비판적으로 받아들인 바로 이 국수주의가 윤성범 신학의 아킬레스건이다. 더욱이 그는 민중신학이 그토록 강렬하게 외쳐대는 신학의 사회경제적 책임을 무시하고 오히려 우익적으로 흘러, 제자인 변선환으로부터 "삼위일체의 신에게만 도취되어 '하늘에서의 독백'만 되풀이하였다고" 신랄한 비판을 받게 된다.62)

사실 토착화신학 논쟁의 불씨를 먼저 댕긴 이는 유동식柳東植(1922-)이었고, 그는 이미 오래전에 파격적인 구성신학적 제안을 했던 신학자이다.63)

"로고스"는 당시 헬레니스들의 복음이해를 위해서는 절대적인 의미를 가지고 있었다. 그러나 오늘의 우리 동양 사람에게는 이미 그 의미를 잃고 있다. 그러므로 우리로서의 복음이해를 위한 새로운 지평이 있지 않으면 아니 된다. 그러면 복음의 동양적 이해의 새로운 지평을 제공할 우리의

---

62) 변선환, 「한국개신교의 토착화: 과거, 현재, 미래」, 『변선환 전집 3: 한국적 신학의 모색』(천안: 한국신학연구소, 1992), 95.

63) 유동식의 저서, 역서 및 논문 목록은 고희기념논문집 『한국종교와 한국신학』(천안: 한국신학연구소, 1993, i-v) 수록. 이하 인용, 유동식, 『도와 로고스』(서울: 대한기독교출판사, 1978), 23 재수록(「도와 로고스 - 복음의 동양적 이해를 위한 소고」, 『기독교사상』[1959. 3], 56-57).

개념은 무엇이어야 하겠는가? 그것은 "도道"라는 말이다.

비교적 교의학에서 자유롭고 보다 종교학적 감각을 가지고 있는 유동식은 한국 신학의 "복음이해의 새로운 지평[패러다임]"을 위해 그 근본 상징을 로고스*Logos*에서 도道로 대체할 것을 주장한 것이다. 그러나 그는 이 탁견을 방향으로만 제시하였을 뿐 실천하지는 못했다. 그 당시 그의 발목을 잡은 것도 역시 독일 신학이었다. 그가 고백한 것처럼 그의 신학도 아직까지 불트만의 실존론적 해석학과 클레머의 '성서적 실재주의'를 벗어나지 못하고 있었다.64) 그러나 이 당시 그에게 가장 결정적인 영향을 준 것은 나일즈D. T. Niles의 토착화론이었다. 나일즈는 아시아의 그리스도교를 서양 선교사들이 '화분'에 심어놓은 '화초'로 비유하며, 이제 아시아의 그리스도인들은 이 화분을 깨뜨리고 '우리들의 옥토' 속에 이 화초를 심어 힘차게 자라나도록 해야 한다고 역설했다.65) 유동식은 이 도전에 '선교신학적 반성'을 하게 되고, 이에 따라 한국 종교사를 섭렵한『한국종교와 기독교』를 저술한다.66) 그러므로 그의 입장은 변선환이 지적한 대로 '성취설'에 입각한 선교신학에 머물게 된다.67) 그러나 사실 그가 먼저 발표했던『도와 로고스』가 선교신학적인『한국종교와 기독교』보다 구성신학적으로 훨씬 앞서 있었던 것이다. 이와 같이 유동식이 선교신학으로 뒷걸음친 것은, 그리스도교의 원래 명칭조차도 한국어 성경에 도道로 이

---

64) 유동식,『한국신학의 광맥』, 238.
65) D. T. Niles,「성서연구와 토착화 문제」,『기독교사상』(1962. 10), 67. 그러나 유동식의 '도와 로고스'에 관한 착상은 나일즈의 '화분과 옥토'론보다도 구성신학적으로 앞서 있었다고 평가한다.
66) 유동식,『한국종교와 기독교』(서울: 대한기독교서회, 1965). 이 저서는 윤성범,『기독교와 한국종교』와 대비된다. 변선환은 이것을 그들의 신학적 틀의 차이, 즉 불트만적인 것과 바르트적인 것의 차이라고 본다(다음 각주 참조).
67) 변선환,「특집좌담: 한국토착화신학 논쟁의 평가와 전망」,『기독교사상』(1991. 6-7), 94.

미 제대로 번역되어 있는 희랍어 호도스hodos였다는 것을 고려할 때(행 16:17; 18:25, 26), 애석한 일이다.

유동식 신학의 또 다른 문제는 그가 너무 실체론substantialism, essentialism에 매달렸다는 것이다. 『한국종교와 기독교』이후 유동식은 '한국적인 것'의 본질("우리의 영성과 종교문화에 대한 구조적 파악")을 규명하기 위한 오랜 연구를 시작한다. 한국 샤머니즘에서, 화랑 또는 군자와 같은 한국인의 '전형적 이상인理想人'에서, 그리고 결국 최치원의 유교(克己復禮)-불교(歸一心源)-도교(無爲自然)를 포괄하는 포함삼교의 풍류도에서 그 본질을 발견하고, 그는 풍류신학을 전개한다.68) 그는 삼태극의 3·1적 도식 안에서 '한 멋진 삶'을 지향하는 한국인의 통전적 영성을 풍류도라고 정의한다.69) 그리고 다음과 같이 '풍류신학'을 제안한다.

> 한국의 기독교 사상은 점차 신인통합에 기초한 "멋의 신학"[풍류객의 복음 이해]과 포월적인 "한의 신학"[풍류객의 세계관], 그리고 인간화를 향한 "삶의 신학"[풍류객의 선교적 사명]을 형성하면서 전개되어 가고 있다. 그러나 이 세 유형의 사상은 서로 유기적 관계를 가진 것이며 결국 하나의 민족적 이념으로 수렴되어야 할 것이다. 그것은 풍류도의 논리적 귀결인 동시에 삼위일체 하느님께 대한 신앙의 논리적 귀결이기도 하다. 이와 같이 하나로 수렴된 통전신학, 또는 삼태극적 관계에 있는 세 신학의 통합에서 우리는 풍류신학의 참 모습을 보게 될 것이다.70)

---

68) 유동식, 『풍류도와 한국신학』(서울: 전망사, 1992).
69) 유동식은 말한다: "풍류도의 기본 구조는 초월적인 '한'과 현실적인 '삶'의 창조적 긴장 관계인 태극적 관계에서 나오는 '멋'의 길이다. 멋을 풍류도의 체(體)라고 한다면, 한은 그 상(相)이요, 삶은 그 용(用)이 된다. 이 관계는 그 위치를 바꿀 수 있는 것이어서 '한'을 체라고 한다면 '멋'이 상을 이루게 되는 것이다"(『풍류도』, 21-22).
70) 같은 책, 35.

이것은 분명 풍류도에 대한 '멋진' 복고의 해석학이다. 그러나 의심의 해석학적 분석과 오늘날 삶의 콘텍스트에서 풍류신학이 구체적으로 무슨 의미를 갖고 있는지에 대한 해석학적 재구성이 결여되어 있다. 그리스도 교의 본질에 대한 추구는 19세기 자유신학자 하르낙이 이미 실험해본 것이다(Wesen Des Christentums). 하르낙은 교리사학을 창설하며 공관복음에 서 큐 소스Q Source를 찾아내고 윤리적 내용을 중심으로 그리스도교의 본질(희랍사상이라는 가라지에 묻혀 있는 복음의 알곡을 분리)을 규명하려 노력했 으나 그리 성공하지 못했다. 현대 과학이 원자를 깨드려 그 속을 들여다보 고 희랍 철학을 계승한 과학적 실체론의 허구를 증명하였듯이, 끊임없는 모형 전환을 통해 흘러내리는 내러티브들의 거대한 강물들과 같은 신학 사상의 흐름을 실체론적으로 분리하여 문화적 가라지에서 보편적 알곡을 채취하려 했던 하르낙의 방법론은 근대 이상주의의 한 오류이었다. 물론 유동식의 풍류신학이 하르낙의 교리신학처럼 극단적인 실체론을 적용한 것이라기보다는, 보다 구체적인 한국 신학의 근본 상징 또는 근원-메타 포를 찾고자 했다고 보아야 할 것이다.[71] 그렇다고 하더라도 조직신학적 으로 중요한 것은 그 다음의 단계, 곧 그 찾아낸 메타포를 사용하여 오늘날 의 맥락에서 새로운 패러다임으로 재건축하는 구성의 단계이다. 이 역사 적/실천적 단계가 유동식의 풍류신학에는 충분히 표출되어 있지 않다. 그래서 변선환은 "유동식의 풍류신학은 엘리아데의 비역사적인 우주종 교의 영향 때문인지 낙관적인 현실긍정의 종교인 무교의 풍류도의 영향 때문인지도 몰라도 마음속에 열리는 비역사적인 신화의 세계만 알았지 땅 위에서 절규하는 민중의 한을 정치 사회적인 차원에서 알려고 하지

---

71) 송천성은 한자 용어이며 따라서 중국적 개념인 풍류(風流)가 어떻게 한국적인 것이냐고 내게 심각하게 반문한 적이 있다. "풍류가 과연 한국적인 것인가?" 이 질문에 대해서 풍류신 학은 대답해주어야 할 것이다.

않았다"라로 비판한다.72) 그러나 이것은 아마도 유동식의 주된 관심이 조직신학보다는 종교학에 있기 때문일 것이다. 그의 말대로 한 사람에게서 모든 것을 다 바랄 수는 없는 것이다.

변선환邊鮮煥(1927-1996)은 그 세대의 조직신학자들 중에서 가장 박식했던, 신학에 관하여 백과사전적 지식을 갖춘 인물이었다.73) 그는 가장 많은 책을 읽었고 그토록 해박함에도 불구하고 본인 스스로는 제대로 된 책 한 권을 써내지 않았다는 특징을 아울러 갖고 있다("책이란 읽으면 되는 거지, 허허허…").74) 감신 계열에서는 그만이 미국(드루)과 독일(바젤) 양쪽에서 다 교육을 받을 수 있었고, 그러므로 독일 신학과 미국 신학을 꿰뚫어 엮을 수 있는 세계적인 안목을 지닌 신학자였다. 그가 걸어온 신학의 여정은 20세기 신학 흐름의 한 축소판을 보는 것 같이 화려하다. 한신대학원에서 박봉랑을 통하여 바르트를 만나고 잠시 신정통주의에 빠졌다가, 드루 대학교에서 당시 미국 신학의 희망이었던 칼 마이켈슨을 통해 불트만적 실존신학에 심취하게 되고, 바젤 대학에서 프리츠 부리와 칼 야스퍼스를 통하여 동양 사상 특히 선불교와 만남으로 그의 신학적 정체성에 대한 도전을 받고, 부리의 비케리그마화와 오그덴의 '신화 없는 그리스도'의 작업을 동양 사상과 만나는 상황에서 더욱 확장시켜 포괄적인 '실존적 그리스도'(인간 실존의 자기이해)론 전개한다.75) 그리고 80년대에 들어서서 변선환은 아직도 서구 신학의 틀 속에 사로잡혀 있는 자신을 발견하고

----

72) 변선환, 「한국 개신교의 토착화」, 95.
73) 변선환의 저서, 역서 및 논문 목록은 은퇴기념논문집 『종교다원주의와 아시아 신학』(천안: 한국신학연구소, 1992), 1-9에 수록되어 있다.
74) 이현주, 「우리의 스승 변선환」, 변선환박사회갑기념논문집간행위원회 편, 『종교다원주의와 신학의 미래』(서울: 종로서적, 1989), 13.
75) 변선환, 「나의 신학수업」, 『종교다원주의와 한국적 신학』, 15-30 참조. 그리고 실존적 그리스도론이 그의 박사 학위 논문의 결론이다.

실존론적 해석학에서 아시아 종교와의 대화를 통한 종교해방신학(피에리스Aloysius Pieris)으로, 성취론적 포괄주의에서 과감하게 종교다원주의(니터Paul Knitter)로 나아간다. 더욱이 그는 이러한 신학적 통찰을 학술신학academic theology의 담론으로 그치지 않고 교회 개혁을 위한 예언자적 선언을 하고 이에 따른 소위 종교다원주의 논쟁을 하게 된다. 그는 "교회 밖에도 구원이 있다"는 폭탄선언을 하고, 나아가서 기독론적 절대성을 넘어서는 종교다원주의를 주창한다.76) 이로 말미암아 변선환은 보수적인 한국 교회 목회자들의 대부분을 적으로 삼게 되고, 온갖 모진 고초를 다 겪다가 종국에는 자기가 소속된 감리교회로부터 출교당하는 감신 계열에서는 가장 화려하고 아픈 경험을 한 비련의 신학자, 종교다원주의의 '순교자'가 된다.

변선환이 한국 신학에 끼친 공헌은 그야말로 지대하다. 그는 그리스도교와 불교 간의 대화를 중심으로 모든 종교 간의 대화를 촉진시킨 기수가 되었고, 신학의 폭을 넓혀 다방면의 학문들과 학제 간의 연구를 활성화하는 데 큰 역할을 했다. 무엇보다도 그의 가장 큰 공헌은 종교신학과 정치신학으로 분리된 한국 신학의 이원화를 극복하려 했다는 점이다.

서구 신학의 바벨론 포수에서 벗어나기 위하여 한국의 종교마당과 정치마당을 신학의 마당으로 삼았던 두 신학, 토착화신학과 민중신학은 이처럼 "종교의 그리스도" 신학으로 대립하고 대결하는 양극화의 함정에서 벗어나지 못하였다. 양극화의 함정에서 벗어나오지 못하는 한 민중신학은 배타적인 "선교사의 그리스도" 신학이 위장하고 재등장한 가증스러운 것이 되겠다. 정치에 대한 무감각증에 빠진 토착화신학은 종교 실증주의의 길

---

76) 『월간목회』(1977. 7), 72-78. 종교다원주의 논쟁에 관해서는 주재용, 『한국그리스도교신학사』, 356-380 참조.

을 달리면서 불교의 암자 그리스도, 유교의 서당 그리스도나 효자 그리스도, 무교의 성황당 그리스도를 말하는 잎만 무성한 열매 없는 무화과나무가 된 격이다. 비선교 정책화나 비서구화의 길을 찾고 있으면서도 종교와 정치 사이에서 양자택일한 두 신학은 어쩌면 서구의 이원론적인 사고의 희생물이 되고 있는지 모르겠다. … 그러므로 종교와 민중해방을 일방적으로 양자택일의 선택이라고 보았던 편협한 토착화신학과 민중신학은 서로의 열려진 만남에서 넓은 지평을 열어야 한다. 스리랑카의 신학자 Aloysius Pieris S. J.가 아시아 종교 속에 나타난 민중 구원론의 맥락에서 살아 있는 신학작업을 하라고 권하며, 다음과 같이 말하였을 때 문제의 정곡을 찌른 주장이라고 보겠다. 살아 있는 종교신학은 "타종교 속에 그리스도가 계시는가 안 계시는가를 논하는 그리스도론도 아니고 타종교가 어떻게 신을 알고 있는가를 밝히려는 God-Talk로서의 신학도 아니며 새로운 휴매니티의 회복을 위한 아시아인의 민중 해방을 촉발시키는 '구원의 신비'와 '해방의 신비를 밝히는 구원론에 근거한 신학"이다.[77]

그러나 그의 독자적인 신학 방법론은 모호하고, 그가 걸어온 신학의 여정에 따라 수시로 바뀐 듯하다(바르트적 교의학, 마이켈슨/부리적 실존적 해석학, 파니카적 아시아 종교신학, 피에리스적 아시아 종교해방신학, 니터적 종교다원주의신학 등). 단지 그가 제자들에게 자주 했다는 다음의 말이 함축적이다. "신학함에 있어서 아시아 종교들이 텍스트가 되고 서구 신학적 견해들이 각주로 사용돼져야 한다." 이 점에서 이덕주의 평가는 일리가 있다: "이들이 동양인이면서 서구 신학에서 출발하여 동양 종교와 문화로 접근해 들어가는 역 순환구도로 토착화신학을 추구한 데서 오는 피할 수 없는 결과였

---

77) 변선환, 「한국 개신교의 토착화」, 『한국적 신학의 모색』, 95-97.

다. 그러므로 엄밀한 의미에서 이들의 토착화신학은 동양의 전통 종교와 문화를 서구 기독교적 언어로 '번역'을 시도한 것이라 할 수 있다."78) 변선환은 서구 그리스도교 중심으로부터 아시아 종교 중심으로 힘찬 신학의 추 이동을 시도했지만, 서구 신학의 각주의 정원을 벗어나지 못하고 그 풀(니터) 속에 그만 표류하고 말았던 것이다. 변선환이 피에리스의 아시아 신학적 프로젝트를 한국적 상황(토착화+민중)에서 발전시키기보다는, 논쟁에 휘말려 니터의 종교다원주의 신학에 더욱 의존한 것은 매우 불행한 일이다. 니터의 신학은 하나의 조직신학이라기보다는 타 종교에 대한 신학의 입장을 유형론으로 정리한 일종의 신학현상학에 가깝고, 그것도 아시아적 종교 상황이 아닌, 다원 종교의 실재를 경험하지 못한 획일적 종교 바탕에 있던 서구인의 입장에서 고찰한 데 불과한 것이다.79)

그가 한국 땅에서 "교회 밖에도 구원이 있다"고 폭탄선언을 하고, 나아가서 기독론적 절대성을 부인하고 종교다원주의를 제창한 것에는 물론 예언자적이고 '순교자적'인 것으로 다원 종교적 상황에 있는 우리로서 꼭 필요한 선언이었다. 그러나 변선환의 신학 기획에도 맥락적 오류가 전혀 없었다고 볼 수 없다. 종교의 다원성이 역사적으로 불가능했던 서구적 콘텍스트에서 여러 종교들이 공존하는 지구촌적 현실을 목격한 니터와 같은 급진적 서구 신학자들이 종교다원주의와 같은 인식론을 제기하는 것은 당연하고, 그 모형 전환을 위한 결연한 신학적 싸움을 하는 것도 필요하다. 그러나 우리는 전혀 다른 콘텍스트에 놓여 있다. 천 년이 넘는 재래 종교들이 한국인의 심성과 문화에 굳게 뿌리를 내리고 있는 반면, 이제 겨우 일이백 년의 짧은 역사를 가진 그리스도교는 이 사이에서 한국

------

78) 이덕주, 앞의 책, 84.
79) 폴 F. 니터 저, 변선환 역, 『오직 예수 이름으로만?』(서울: 한국신학연구소, 1986); 원저 Paul F. Knitter, *No Other Name?* (Maryknoll: Orbis, 1985).

종교의 하나로 자리매김을 하기에 급급한 실정이다. 다양한 종교들이 역사적인 실체이고 다원 종교성이 존재론적인 실제인 한국 땅에서 종교다원주의와 같은 서구 중심적 인식론을 추종하는 것에는 한국의 종교 상황을 한국인의 입장에서 보기보다는 서구적 상황의 연장선상에서 보려는 타성에 의한 맥락적 자가당착이 무의식적으로 깔려 있다고 볼 수 있다. 그러므로 변선환은 종교다원주의 논쟁이라는 또 다른 하나의 세계 신학 대리전을 한국 땅에서 치르는 꼴이 되어버렸다.

한국 땅에서 그리스도교 조직신학이 해야 할 급선무는 그것보다는 오히려 다양한 한국 종교들 사이를 헤치고 뿌리를 내리고 있는 한국 종교로서 그리스도교의 정체성, 당위성, 메시지 내용을 규명해주는 일이다. 그리스도교가 패권적 지위를 지속해온 서구적 맥락에서 종교다원주의는 서구 신학이 열린 신학으로 한층 진일보한 것이다. 그러나 오랜 역사를 가진 동양 종교들이 존속하는 한국 풍토에서 그리스도교의 내용에 대한 새롭고 분명한 해설을 내놓지도 못한 단계에서 모든 종교들이 선험적으로 동일하다는 식의 그리스도교 외의 종교 경험이 전혀 없는 서구인이 내놓은 증명 불가능한 가설을 도그마로 받아들여 추종하는 것은 신학의 개방보다는 아직 정체성이 확인되지 않은 그리스도교 신학의 완전 해체가 될 수 있고, 맡겨진 어려운 숙제를 풀기보다는 구실삼아 기피하려는 신학적 기만이 될 수 있다.

변선환의 등장과 함께 감신 계열의 신학이 윤성범과 유동식에 의해 개발된 창의적인 구성신학적 성향에서 벗어나 종교철학 또는 종교현상학 쪽으로 기울어져서 스콜라주의화해가는 경향이 나타난다. 변선환은 화려한 신학적 배경을 가지고 폭넓게 많은 제자들을 양성하였고, 그의 제자들은 세계 각국으로 유학하여 박사 학위를 취득하고 감신은 물론 한국 신학의 전체적 수준을 높이는 데 큰 공헌을 하였다. 이런 점에서 변선환은 무엇보다도 탁월한 신학 선생이었다. 변선환 신학을 계승한 대표적인 제자는 이정배이고, 그는 종교철학적인 경향을 갖고 시대가 던져주는 이슈들(특히 환경, 뉴에이지 영성, 신과학, 생명)에 대한 신학적 변증을 시도하는 문화신학에 주된 관심을 보이고 있다.[80] 홍정수는 아직 논의 단계에 있는 포스트모던 신학을 소개하면서 한국 그리스도교가 물려받은 정복주의, 제국주의, 배타주의를 수정하려 하였으나 오히려 보수주의자들의 강력한 반발에 부딪혀 변선환과 같이 목사직을 박탈당하는 고초를 당하고 만다(1992). 현재 감신 계열을 대표하는 조직신학자는 박종천이고, 그는 한국 신학의 모색을 위해 여러 가지 토착적 상징비유들(상생, 포월, 황색 예수)을 실험하고 있다. 그러나 감신 계열의 신학에서 아쉬운 점은 그 축적된 학술성에 비해 세계화 작업이 매우 취약하다는 점이다.[81]

6. 구성신학 모형(Korean Constructive Theology): 도의 신학

지금까지 총신, 장신, 한신, 감신 등 4대 교단 신학교를 중심으로 조직신학의 흐름을 살펴보았다. 서울신학대학, 침례교신학대학, 성결대학, 나

---

80) 이정배, 『토착화와 생명문화』(서울: 종로서적, 1991); 『(조직신학으로서) 한국적 생명신학』(서울: 감신, 1996). 이하 홍정수, 『베짜는 하나님』(서울: 조명문화사, 1991); 『포스트모던 예수 - 감리교회 종교재판의 실상』(서울: 조명문화사, 1992); 박종천, 『상생의 신학』(서울: 한국신학연구소, 1991); 『하느님과 함께 기어라, 성령 안에 춤추라』(서울: 대한기독교서회, 1998). 한국문화신학회가 1994년 창설되어, 현재 정회원이 약 100명에 달하고 있으며, 학회지를 총 5권 발행하는 등 활발한 학술 활동을 전개하고 있다.
81) 해외에서 박사 학위를 수여받은 학자들의 수에 비하여 국내에서 일하고 있는 감신 계열 신학자들의 해외 출판 저서는 매우 희귀하다. 학위 논문들과 박종천의 *Crawl with God, dance in the Spirit: a creative formulation of Korean theology of the spirit* (Nashville: Abingdon Press, 1998) 이외에는 최근에 출판된 저서를 찾아보기 어렵다.

사렛대학 등 그 외의 교단 신학교들도 각기 나름대로 조직신학 전통을 갖고 있으나, 교단 신학교의 특성상 교의학이나 교회신학Church theology 의 입장에서 교의를 변증하거나, 또는 서구의 조직신학을 소개하는 수준 에서 벗어나지 못하고 있다.[82] 최근에 들어 괄목할 만한 현상은 교회로부터 비교적 자유로운 강남대학, 호서대학, 전주대학, 평택대학 등 초교파 종합대학형 신학교육 기관들이 교회신학을 넘어선 학술 신학을 모색하고 있고, 교단 신학교들의 배타적 독점에 반기를 들고 목회자 양성을 위해 일종의 연합전선을 구축하였다는 점이다. 교회에 의한 교회신학이 지배하고 있고, 학술 신학의 기반이 연약한 한국 조직신학계에 이것은 매우 고무적인 현상이다. 이화여대는 박순경의 민족신학, 현용학과 서광선의 민중신학, 정현경의 여성신학으로 이어지는 세계적 수준에 이르는 조직 신학 학맥이 형성되는 듯하였으나 이제는 끊어져버렸다. 연세대는 김하태, 지동식, 서남동, 유동식으로 이어지는 주체적 역사의식을 가진 열린 신학의 맥이 있었으나, 최근 들어 독일 신학의 늪 속으로 다시 함몰되어 오히려 시대의 흐름에 역행하는 듯하다. 연세대가 학술 신학의 풍토를 조성하고 한국 신학의 발전과 세계화를 위해 가장 좋은 여건을 갖고 있다는 점을 감안할 때 이것은 아쉬운 일이다. 김광식은 토착화신학을 독일 철학의 해석학적 틀 속에 억지로 묶어놓고 오히려 그리스도교 외의 종교 경험이 부재한 독일 신학의 아류가 되게 하였고, 김균진의 '하나님 나라의 신학'은 독일 신학의 아성을 벗어나지 못하고 있는 듯하다.[83]

그러나 고무적인 일은 최근 신학계가 류영모 신학을 재발견하고 많은 관심을 쏟고 있다는 점이다. 더욱이 김흥호의 노력으로 난해한 다석일지

---

82) 서울신학대학교의 최인식이 문화신학에 관심을 두고 있으나 교리적 제한을 의식해서인지, 주장을 흐리는 경향이 있다. 성공회대학은 예외적으로 민중신학을 특성화하고 있다.
83) 김광식, 『토착화와 해석학』(서울: 대한기독교출판사, 1987).

의 해석이 가능해졌다.[84] 지금 신학계에는 일종의 류영모 붐이 조성되고 있고, 그 안에 바람직하지 못한 경향들도 눈에 띈다. 우선 류영모 사상을 자신이 속한 서구 신학 전통 안에 억지로 끌어넣어 색칠하려고 한다. 류영모의 사상에는 그가 개발한 매우 독특하고 고유한 어휘들과 문법들이 있고 그의 신학은 우선적으로 이 독창적인 문화언어적 매트릭스 안에서 이해되어야 한다. 그의 신학을 어떤 기존의 신학 틀 안에 끼워 맞추는 것은 부적절하고 이제는 불필요한 일이다. 그렇다고 해서 그의 신학을 현재의 맥락에서 재해석하여 새로운 패러다임으로 재구성하지 않고, 문자적으로 답습하려고만 한다면 그것 또한 류영모 신학의 존재가치인 간문화적이고 구성신학적인 창의성에 위배되는 일이다. 류영모 신학의 독창성은 그의 기독론에서 돋보인다. 그는 예수 그리스도를 유교의 부자유친父子有親을 이룬 효자孝子, 우주적 성례를 성취한 "밥", 영생의 열매(부활)를 맺기 위해 흘러내린 "꽃피"(십자가), 생명의 본성("씨올"), 신-인간-우주적 도道, 우주의 근원인 비존재적 존재(無極而太極)라는 독특하면서도 심오한 전혀 새로운 패러다임의 기독론을 제시한다.[85] 류영모에 의해 한국 조직신학의 발전을 위한 흥미진진한 광맥이 발굴되었으며, 이것을 제대로 파헤쳐 들어갈 때, 한국 신학은 앞으로 세계 신학의 "꽃피"가 되고 "씨올"이 될 수 있으리라. 그러나 또한 류영모의 사상이 종교화되고 지나치게 도그마화되는 경향도 바람직하지 못하다. 그의 사상도 어디까지나 그 시대의 한 역사적 산물로서 그 한계가 있다. 우선 그것은 지나치게 금욕주의적이며 이상주의적이어서 현실 감각이 부족하고, 경전 해석에 있어서도 형이

84) 김흥호 편, 『다석일지공부』 총7권 (서울: 솔출판사, 2001).

85) Heup Young Kim, "The Word Made Flesh: Ryo Young-mo's Christotao, A Korean Perspective," *One Gospel — Many Cultures: Case Studies and Reflections on Cross-Cultrual Theology* (Amsterdam: Rodopi B.V., 2003), 129-148.

상학적 복고주의에 치중하여 전통을 비판적으로 재해석하는 '의심의 해석학'이 불충분하다. 이 단점을 고려하여 류영모의 신학을 현재의 맥락에서 재해석하고 재구성해야 할 것이다.

지금까지 무시되어왔지만, 미국에서 활동했던 대표적 디아스포라의 한국 신학자 이정용Lee Jung Young(1935-1996)을 한국 신학사상사에서 빼놓을 수 없다. 그의 신학적 공헌은 두 가지로 압축할 수 있다. 첫째, 그는 서구 신학의 아성 속에서 소외된 동양인의 신학적 당위성을 정립하기 위한 고독한 싸움을 감행한 집념의 신학자였다. 특히 서양 신학의 근본적인 두 사유양식, 전통적인 철학적 실체론 그리고 그것의 엄연한 약점에 대한 대안으로서 과정철학, 그 모두를 비판하고 『주역』에 입각한 '역易의 신학'을 주창한 것은 괄목할 만한 신학적 공헌이다.[86] 이러한 관점에서 그는 사실 몰트만보다도 먼저 신의 불변성을 주장하는 전통 신학의 문제점을 지적하였다.[87] 그리고 뿌리깊이 박혀 있는 '이것이냐, 저것이냐either-or' 식의 양자택일적인 이원론이 서구 신학의 근본적 문제점이라고 지적하고 이를 극복하기 위해 '이것도, 저것도' 동시에 되는(both-and) 동양적인 포괄적 사유를 신학에 적용한 것은(예컨대, 음양적 그리스도론) 그가 기여한 매우 중요한 신학적 진일보이다. 그러나 그가 여성신학자들로부터 비판을 받은 바와 같이 그의 복고의 해석학은 동양 전통을 지나치게 미화하고 그에 대한 충분한 비판을 결여하고 있다. 둘째, 후기에 그는 아시안-아메리칸이라는 이민의 실존적 현실에서 자서전적 이야기 신학을 발표한다.

---

86) 이정용 · 이세형 역, 『역의 신학: 동양의 관점에서 본 하느님에 대한 기독교적 개념』(서울: 대한기독교서회, 1998); 원저 Lee Jung Young, *The Theology of Change: A Christian Concept of God in an Eastern Perspective* (New York: Orbis, 1979); 또한 그의 *Trinity in Asian Perspective* (Nashville: Abingdon Press, 1996) 참조.

87) Lee Jung Young, *God suffers for us: a systematic inquiry into a concept of divine passibility* (the Hague: Martinus Nijhoff, 1974).

자신을 서구인의 '잔디밭'에 잡초와 같이 자란 뽑혀져야 할 운명에 있는 '민들레'로 비유한 그의 민들레 신학은 소외된 소수 인종계 미국인들에게 많은 감명을 주고 있다.[88] 한국 신학계도 이제는 세계 각지에 퍼져 이민의 현장에 있는 한국인들의 디아스포라 신학에 대해서도 관심을 갖기 시작해야 할 때이다. 바벨론에 포로로 있을 때 유대인들이 그들의 신학적 정체성을 확립하기 위해 구약성서를 편집하였듯이, 간문화적 상황에 있는 디아스포라의 한국 신학자들이 한국 신학의 정체성 규명에 대한 필요성을 더욱 절감하는 실존적 현장에 있다고 볼 수도 있다.

그리고 감신 계열은 아니지만 종교 간의 대화와 종교신학에 관심을 두고 연구한 이들 중에서 길희성은 불교와의 대화를 통한 보살 기독론을 제시하였고, 나는 유교와의 대화를 통한 '도道의 기독론Christo-tao'을 제안하였다.[89] 이들은 모두 간문화적이고 구성신학적인 특성이 있다.

20세기에 그리스도교 신학이 사회과학(사회학)으로부터 가장 큰 영향을 받았다면, 21세기에는 자연과학, 특별히 생명과학(생물학)으로부터 가장 큰 영향을 받게 될 것이다. 신학과 자연과학에 관한 대화가 서구에서는 지난 20년간 활발히 전개되어왔으나, 국내에서는 간헐적으로 소개되었을 뿐이다. 그에 대한 본격적인 연구를 촉진하기 위하여, 나는 이 분야에 세계적인 권위를 갖고 있는 버클리 자연과학과 신학연구소Center for Theology and the Natural Sciences의 워크숍 프로그램을 유치하여 2002년

---

88) Lee Jung Young, *Marginality: the Key to Multicultural Theology* (Minneapolis: Fortress Press, 1995) 참조.
89) 길희성, 『포스트모던 사회와 열린 종교』(서울: 민음사, 1994). 또한 Heup Young Kim, "Toward a Christotao: Christ as the Theanthropocosmic Tao," *Christ and the Tao* (Hong Kong: Christian Conference of Asia, 2003); *Studies in Interreligious Dialogue* 10:1 (2000), 1-25; *Wang Yang-ming and Karl Barl Barth: A Confucian-Christian Dialogue* (Durham: University Press of America, 1996) 참조.

1월 동북아 최초로 서울에서 개최한 적이 있다. 그러나 서구 그리스도교 문화권에서 성장한 자연과학과 신학은 그 기본적인 구조가 유사하여 포스트모던적 정황에 있는 오늘날의 문제들을 해결하기에는 한계가 있다. 생태계의 위기에 대한 인식과 함께, 그 대안으로 전혀 다른 패러다임을 갖고 있는 동양 종교들에 대한 관심이 고조되고 있다. 종교 간의 대화도 자연과학이 초래하는 현실적 문제를 가지고 실행될 때, 그 실천적인 가치가 뚜렷해진다. 그러므로 자연과학, 신학 그리고 동양 종교 사이의 대화는 인류의 미래를 위해 매우 중요한 과제이다. 우수한 과학자들, 신학자들 그리고 동양 종교학자들 모두를 골고루 다 갖추고 있는 한국은 이 과학, 신학, 동양 종교의 삼중적 대화에 많은 공헌을 할 수 있는 잠재력이 있다.

6. 맺는 말

끝으로 지금까지의 논의를 기반으로 하여 한국 조직신학의 정체성, 정의 그리고 과제에 대하여 고찰해보고자 한다.

1) 서구 신학과 한국 신학 간의 관계를 어떻게 볼 것인가?

이것은 한국 신학의 정체성 그리고 신학의 구체성과 보편성 간의 관계 설정에 관련된 문제이다. 지금까지 한국 신학사상사의 대주제는 선교사에 의하여 주입된 식민신학에서 벗어나 어떻게 '한국 신학'을 형성하여왔느냐 하는 질문에 관련된 것이다. 이와 관련된 대부분의 논의들은 '한국 신학'과 '서구 신학' 사이에 구분이 있다는 이원론을 전제로 한다. 그러나 과연 그럴까? 조직신학에서 이러한 명확한 구분이 실질적으로 가능한가? 그리스도교 신학은 본래부터 구체적local이면서도 보편적universal인 것이다. 특히 오늘날 같은 지구촌적 정황에서 어떤 신학도 세계적인 신학의 조류와 별개로 존재할 수 없다. 동시에 '어떤' 신학이 되기 위해서는 지구촌적 보편성의 맥락에서 또 다른 '어떤'을 담보할 수 있는 구체성을 갖고 있어야 한다. 다시 말하면 진정한 한국 신학이 되려면 참으로 한국적이면서 동시에 세계적인 어떤 '더 하나'를 추가할 수 있는 구체-보편성을 갖추어야 한다.

지금까지 살펴본 한국 신학의 모형들 중에 이 문제와 관련된 두 극단적 형태가 있다. 첫째, 교의학 모형은 보편성만을 주장하고, 구체성을 부정하는 오류를 범하고 있다. 이 태도는 그들이 보편적이라고 믿고 추종하는 신학 자체가 구체적인 역사적 상황(종교개혁, 청교도, 칼뱅주의)에서 형성된 것이라는 엄연한 사실을 망각하고 있다. 더욱이 그들 자신의 맥락적 구체성을 부인하는 태도는 매우 위험하다. 오랫동안 한 민족의 정신적 토대가 되어왔던 재래 종교문화 전통들을 외면적으로 부인한다고 해서 그렇게 쉽게 완전히 소멸되어버릴 수 있겠는가? 오히려 이러한 피상적인 배척은 무비판성을 초래하고, 이 무비판적 태도는 내면적으로 축적되어 있는 낡은 습성들을 그리스도교의 이름으로 부활시켜주는 신학적 혼돈을 유발하게 한다. 특히 한국 유교와 한국 장로교의 경우, 이것은 더욱 심각한 사태를 초래할 수 있다. 칼뱅 신학과 한국 유학 사이에 있는 두터운 유사성이 한국 장로교회를 크게 성장시켜주는 요인이 되었지만, 동시에 신학적 혼돈의 동인이 될 수 있기 때문이다. 한국 장로교회 안에 여러 곳에서 현저하게 나타나는 많은 유교적 요소들은 "한국 장로교가 실제로 유교의 그리스도교화가 아닌가?" 하는 질문을 촉발하게 한다.

둘째, 문화신학 모형은 열정적으로 신학의 토착화 및 한국화를 주장했지만, 그 내용이 온통 서구적인 어휘, 개념, 사유체계로 가득 차 있다. 이것은 이율배반적인 모순이다. 그래서 이 모형은 신학의 한국화보다는 한국 종교의 서구화에 더욱 기여한 꼴이 되었다는 비판을 받게 된다. 이러한 모순이 발생하게 된 근본적 이유는 서구 신학과 한국 신학 간에 실체론적 구분이 가능하다는 이원론적 전제가 허구이기 때문이다. 한국 신학은 어떤 실체가 이미 정해져 있는 그 무엇이 아니고, 아직 형성 중에 있는 유동적인 것이다. 더욱이 박형룡, 김재준, 정경옥이 서구 신학을 수입하여 그 초석을 놓았던 것이다. 이와 같이 한국 신학 안에 서구 신학은 이미 구성적 요소로 내재하고 있기 때문에, 그것을 단순하게 분리할 수 있다고 믿는 것은 이상주의에 불과하다. 무의식적으로 이러한 이상주의에 빠져 있었던 대표적인 예가 변선환이다. 그의 경우, 신학적 출발점과 모태가 확실히 서구 신학이고, 그렇기 때문에 그에게 서구 신학의 완전한 해체는 불가능한 꿈이었다. "서구 신학이냐 한국 신학이냐" 하는 "이것이냐 저것이냐" 식의 단순논리가 그로 하여금 자기도 모르는 사이에 맥락적 혼돈을 초래하게 한 것이다. 불교와의 관계에서 그가 묵시적으로 보여줬던 "이것도 저것도"의 열린 태도가 이 경우에는 적용되지 않고 오히려 그가 그토록 증오하던 서구적 이원론에 스스로 빠져버린 격이다. 이와 같이 이상주의적 단순 분리에서 정체성을 찾기보다는, 한국 신학이 가야 할 길은 클래식과 재즈의 크로스오버crossover와 같이 서양과 동양이 만나는 탈서구 및 탈한국의 퓨전fusion적 상황을 인식하고 그 맥락에서 그리스도교의 정체성을 해설하기 위해 신학을 전체적으로 재구성하는 데 있다. 이것을 위해서는 간문화적, 간주체적 시각이 필요하다. 우리는 그리스도인이지만 동시에 한국인이다. 그리스도교의 배경이 지금까지 서구 문화였기 때문에, 이 실존적 상황은 우리에게 어쩔 수 없이 이중적 정체성을 부여하며, 이 정체성 위에 새로운 신학이 정립될 그때까지, 우리에게 간문화적이고 간주체적인 입장을 요청한다.

2) 어떻게 조직신학을 정의해야 하는가?

한국인 조직신학자들이 해야 할 역할은 무엇인가? 그것은 '남'의 '조직
신학'을 번역하여 소개하는 것뿐인가? 아니면 우리식대로 '우리'의 신학
을 '조직'하는 것인가? 나는 전자의 경우를 관념적 조직신학, 후자를 실천
적 조직신학이라고 이미 구분하여 언급했다. 한국 신학논쟁사의 많은 부
분이 보수와 진보 간의 논쟁으로 간주된다. 그러나 좀 더 살펴보면 대부분
의 논쟁들이 '남'의 신학들의 대리전에 불과했고, 그리고 소위 조직신학자
들은 자기가 맡은 대리전을 성전시하였다. 박형룡은 자랑스럽게 '한국의
메이첸'이라고 불렸고, 그 뒤를 이어 '한국의 카이퍼', '한국의 바르트', '한
국의 불트만', '한국의 몰트만', '한국의 니터', '한국의 판넨베르크' 등이
속출했다. 해방 이후 지금까지 한국은 '신학 오퍼상'들이 그야말로 판치는
'수입신학'과 '번역신학'의 천국이었다. 보수 계열이나 진보 계열이나 할
것 없이 이들이 해외에 있는 그들의 신학 스승들에게 보여준 충성심은
굉장한 것이었다. 지금까지 한국의 조직신학은 대체로 우리의 상황에서
복음의 참된 의미를 모색하는 창의적 실천보다는, 다른 상황에서 복음을
해석한 남의 것들을 암송하는 관념적 신학 놀이로 머물러 있었다.

유럽에 있는 신학교들이 동양적 배경을 가진 조직신학자들을 교수로
채용한다는 것은 아직도 요원한 일이고, 이들보다는 훨씬 개방적인 미국
신학교들조차도 이들을 채용하기는 시작했지만 '조직신학 교수'라는 직
함을 주기는 아직 꺼리고 있다. 그 대신 그들은 이들에게 '신학과 문화
교수Professor of Theology and Culture' 또는 '세계 그리스도교 교수
Professor of World Christianity'라는 호칭을 붙여준다. 이러한 호칭들에는
조직신학이 어디까지나 서구 문화 안에서 이루어지는 담론이어야 한다는
무언의 서구 중심주의적 전제가 깔려 있다. 서구 문화의 맥락 안에서 이것
은 어느 정도 이해할 만하다. 그러나 동양 문화의 맥락 안에 있으면서도

서양 문화의 맥락 안에서 남들이 한 담론은 조직신학으로 불리어지고, 우리의 고유한 것으로 만들어가는 신학 담론은 무슨무슨 신학이라고 그 앞에 접두사를 붙이는 피식민주의적 근성은 도무지 이해할 수가 없다. 한국 땅에서 진정한 의미의 조직신학은 우리 상황에서 그리스도교 복음이 우리에게 주는 의미를 창의적으로 해설하는 구성신학이지 결코 남의 조직신학을 번역하여 베끼는 번역신학이 아니다. 이제 우리는 우리 문제를 우리가 분석하여 질문하고, 우리 스스로 그 대답을 찾아내야 한다. 더욱이 조직신학(광의)의 세계적 조류는 교의학에서 조직신학(협의)을 거쳐 구성신학으로 모형 전환 되어가고 있다. 그 모형 전환은 또한 그동안 그리스도교 신학이 보유하고 있었던 서구-이성-남성 중심적 경향의 해체를 내포한다. 새천년대를 맞이하여 그리스도교 신학은 명제적 보편성(교의학)의 허구와 서구 중심적 사고(조직신학)의 늪에서 빠져나오고자 몸부림을 치고 있는 것이다.

3) 그렇다면 앞으로 한국 신학을 어떻게 구성해갈 것인가?

우리는 이미 여러 한국 신학의 모형들이 기획한 실험들을 살펴보았다. 정치신학 모형은 맥락의 사회경제적 분석에만 치중하여 종교문화적 측면을 간과하고 신학 불가지론적 경향을 띠게 되었고, 문화신학 모형은 종교문화적 측면만 강조하고 역사적 현실을 도외시하고 주지주의적 성향을 갖게 되었다. 이러한 이원화를 극복하고자 시도한 변선환의 종교해방신학은 매우 적절한 기획이었으나, 그 맥락 인식의 단순성 때문에 애석하게도 또 다른 세계 신학의 대리전을 치르는 결과에 머물고 말았다. 남의 신학 대리전을 치르기 위해 더 이상 우리의 아까운 신학 에너지가 소비되어서는 안 된다. 오히려 우리는 그 시간에 우리의 것을 '공작'하고, 제조해야 한다. 그렇다고 해서 그것은 어느 제한된 지역의 신학으로 환원하는 국수주의에 빠져서도 안 된다. 한국 신학은 세계 신학의 흐름이라는 큰 맥락 속에 조명되어야 하며, 세계 신학의 모형 전환이라는 큰 테두리 속에서 주체적 신학으로서 확실한 자리매김을 해야 한다. 그러므로 한국의 조직신학은 우선적으로 구성신학이 되어야 한다. 우리에게 필요한 것은 이미 남들에 의해 해석된 것들을 무조건 답습하는 근본주의적 교의학이나 다른 상황에서 주고받는 질문과 대답의 상관관계를 우리 것으로 모방하는 사대적 조직신학이 아니라, 성서가 우리에게 지금 이곳에서 주는 의미가 무엇인가를 우리가 직접 묻고 직접 대답하는 구성신학적 성서 해석학이다.90)

한 걸음 더 나아가서 한국의 조직신학은 3천년대에 들어서서 탈서구적 패러다임으로 모형 전환하고 있는 세계 신학을 이끌어나갈 선봉장이 되어야 할 사명이 있다. 그동안 그리스도교가 서양이라는 대양에서의 오랜 항해를 끝내고, 드디어 고향인 동양으로 돌아왔다. 한국은 가장 동양적이며(東), 가장 그리스도교적이며(西), 가장 자본주의적이고(南), 가장 사회주의적인(北) 사회이다. 세계적으로 가장 거센 분열(상극)들이 서로 만나고 충돌하고 합류하는 힘찬 소용돌이가 한국 땅에서 일어나고 있다. 한국은 지구상에 마지막 분단국이요, 여러 종교가 공존하는 세계 종교의 실험실laboratory of World Religions이요, 따라서 지구촌 전체가 겪는 여러 유형의 만남들(충돌과 융합)을 총괄하여 대변하는 소우주적microcosm 특성을 보유하고 있다. 이러한 소우주성은 한국이 3천년대를 위한 그리스도교 신학의 새로운 패러다임을 제조하고 실험하기에 가장 완벽한 여건을 갖춘 현장, 종속적이 아닌 건설적 의미에서 세계 신학의 실험실이라는 것을

90) 대체적으로 교의학은 본문에 대한 성서기자의 의도(behind the text), 조직신학은 성서 본문이 작성된 맥락에서 본래적 의미(in the text), 구성신학은 본문이 독자에게 주는 의미 (in front of the text)에 성서해석학의 초점을 맞춘다.

암시해준다. 그러므로 한국의 조직신학은 이제 그 눈을 세계로 돌려야 한다. 그리고 세계 신학으로서 한국 신학이 가지는 가장 중요한 테제는 동과 서(종교문화-로고스), 남과 북(사회경제-프락시스)으로 분리된 이원화를 극복하는 상생과 공존이라는 화두일 것이다.

나는 해방(정치)신학을 프락시스 신학theo-praxis 패러다임으로 문화 신학을 로고스 신학theo-logy 패러다임으로 규정하고, 그 두 모형 간의 분리는 로고스와 프락시스 간의 희랍적 이원론에 기인하고, 그 이원화를 극복하기 위해서는 전혀 새로운 종합적 패러다임으로 신학이 모형 전환 되어야 한다고 주장해왔다.91) 나는 이 종합적 패러다임을 '도道의 신학 theo-tao'이라고 명명하고, 21세기의 아시아 신학은 그 방향으로 나아가 야 한다고 주장해왔다. 그리고 나는 류영모의 구성신학 모형이 앞으로 풍부한 한국 신학으로서 도의 신학의 가능성을 열어줄 것이라고 기대하 고 있다. 류영모는 비교신학, 간경전 해석학, 다종교 해석학의 토종적 효 시라고 할 수 있고, 이 분야는 앞으로 한국 구성신학의 황금어장이 될 것이다. 장차 한국 신학이 세계적으로 각광을 받을 수 있는 다른 한 분야는 생명과학, 신학, 동양 종교들이 서로 만나 함께 온 생명의 미래를 걱정하 는 자리일 것이다. 바로 한국은 이들 삼자에 관한 많은 자원들을 보유하고 있다. 더욱이 우리의 고유한 천지인天地人 삼재三才가 아우러지는 삼태극 三太極적 영성은 충분히 신학(天), 생명과학(地), 동양 종교(人)를 한꺼번 에 아우르게 하는 새로운 신-인간-우주적 비전을 밝혀줄 것이다.92) 이 신-인간-우주적 비전이 고통 속에서 온 생명이 고대하는 성령의 임재, 온 생명이 온 우주의 기氣와 함께 아우러지는 우주적 율려律呂, 곧 이때를 겨냥한 도의 현시일 것이다.

---

91) 다음 장 또는 『도의 신학』, 336-360 참조.
92) 「신·인간·우주(天地人): 신학, 유학, 그리고 생태학」, 『도의 신학』, 292-335 참조.

한국 신학이 세계 신학으로 우뚝 서서 이러한 역할을 감당하기 위해서는 하루바삐 이 땅에도 학술 신학으로서 조직신학의 풍토가 조성되어야 할 것이다. 조직신학은 우선적으로 교회를 섬겨야 하지만 또한 교회로부터 학문적 자유를 보장받아야만 그 창조적인 기능을 제대로 발휘할 수 있는 것이다. 지금은 한국의 조직신학자들이 넓은 세계로 나아가서 세계적인 지평에서 한국 신학을 거론해야 할 때이다. 우리는 더 이상 서구 신학을 수입하여 파는 오퍼상이나 또는 그들의 대리전이나 치루는 용병이 되어서는 안 될 것이다. 우리들은 스스로의 참신한 한국 신학을 제작하여 세계 무대에 진출시키고, 궁지에 몰려 있는 세계 신학을 바로잡고 혁신하는 지구촌적 지평에서 이 시대를 위한 신학자의 사명을 감당해야 할 것이다.

제2부
도의 신학 서설
―한국적 신학 패러다임의 모색

제5장

도道의 신학
서설1)

1. 현대 신학의 3대 모형

현대 신학이 이룩한 중요한 성찰은 모든 상황에 적절한 객관적이고 보편적인 유일한 신학은 없다는 것이다. 시대와 상황에 따라 주위의 종교 문화와 대화하며, 그 열려진 끝을 향한 도상을 가는 항상 유동적인 다수의 신학들이 존재해왔을 뿐이다. 사실 그리스도교는 이와 같이 끊임없는 모형 전환을 통해 변화하며 발전해왔다.2) 그러나 서양 신학은 아직도 그

---

1) 도의 신학의 서설에 해당하는 부분으로, 독자들을 위해 김흡영, 『도의 신학』(서울: 다산글방, 2000)의 9장을 재수록했다.
2) 한스 큉은 그리스도교의 역사에 나타난 큰 패러다임들을 다음 여섯으로 구분한다: 초대 그리스도교 묵시적 모형, 초대교회 희랍적 모형, 중세 로만가톨릭 모형, 종교개혁 프로테스탄트 모형, 계몽주의 근대적 모형, 현대 에큐메니칼 모형. Hans Küng, tr. by John Bowden, *Christianity: Essence, History, and Future* (New York: Continuum, 1995) 참조.

모체인 희랍 사유의 틀을 근본적으로 극복하지 못한 채, 형상과 질료, 영혼과 육체, 이론과 실천 등 고질적인 이원론의 늪에서 탈피하지 못하고 있다. 포스트모던 시대라고 일컬어지는 오늘날에도 서양 신학은 로고스 신학theo-logy과 프락시스 신학theo-praxis의 두 모형으로 크게 구분할 수 있다.

1) 로고스 신학Theo-logos

초기 그리스도교가 당시 서방 세계를 지배하던 희랍 문화와 만나면서, 그 내용을 해명하기 위하여 희랍 철학의 중심 개념인 로고스logos를 근본 상징root-metaphor으로 영입함으로써 신학theo-logy(theos+logos)의 역사가 시작되었다.3) 그 후 이 로고스 중심적 신학은 그리스도교 신학으로서 정통성을 확보하게 되었고, 계속 희랍 철학과 여러 방식으로 긴밀한 관계를 가져오면서 최근까지 약 이천 년 동안이나 번영을 누려왔다. 그러나 적어도 초기 신학*theologia*들에 있어서 로고스는 지혜*sophia*와 같은 다른 개념들과 연관되어 오늘날 이해하는 것보다는 훨씬 더 포괄적인 개념으로 파악되었다.4) 그러나 개신교 신학들이 말씀에 대해 과도하게 집착하게 되고, 근대에 이르러 로고스를 논리적 지식으로 축소시켜 협의적인 해석을 하기 시작하면서 로고스 신학은 형이상학적이고, 교조적이고 음성 중심적인 것으로 변질되어버렸다. 신학은 신에 대한 보편적 논리를 해명하는 관념적인 것으로 이해되었고, 그 목적도 교회의 정통 교리를

---

3) 신학과 메타포의 관계에 관해서는 Sallie McFague, *Metaphorical Theology: Models of God in Religious Language* (Philadelphia: Fortress, 1982) 참조.

4) Jean Pepin, logos, in *The Encyclopedia of Religion*, Vol. 9, ed. by Mercia Eliade (New York: Macmillan Publishing Co., 1987), 9-15; 또한 Edward Farley, *Theologia: The Fragmentation and Unity of Theological Education* (Philadelphia: Fortress Press, 1983), 31-44, 162, 165-169 참조.

전달하는 데 고착되었다. 그러나 오늘날에 있어서 각 문화의 독특성을 초월할 수 있는 보편적인 신학이라는 것은 하나의 신화로 인식된다. 자크 데리다Jacques Derrida와 같은 서구의 해체주의 철학자들뿐만 아니라 대부분의 현대 신학자들도 이러한 로고스-음성 중심적 모형은 시대착오적인 오류라고 평가하고 더 이상 실행 가치가 없다는 주장에 동의한다.

2) 프락시스 신학Theo-praxis

더욱이 남미 해방신학이 정통 교리의 형이상학 속에 도사리고 있는 사회학적 음모의 진면목을 폭로하기 시작하면서부터 기득권층의 교회와 교리의 대변자로서의 로고스 신학은 그 지탱할 자리마저 잃어버릴 위기에 봉착하게 되었다. 남미 해방신학들과 유럽 정치신학들은 로고스 대신 프락시스를 근본 메타포로 대체하는 프락시스 모형(theo+praxis)을 주창한다. 프락시스 신학은 출애굽Exodus 사건 등의 성서적 전거를 내세우며, 하느님 나라의 정의를 이 땅에서 실천하는 해방운동이 그리스도교의 핵심이고, 따라서 교리적 정론正論(orthodoxy)보다는 실천적 정행正行(or-thopraxis)이 우선적인 신학 과제라고 주장한다. 민중을 위해 헌신한 그리스도를 따르는 삶의 실천으로서 이 해방의 강조는 전통적 로고스 신학이 간과했던 약점이고, 따라서 당연히 교정되어야 할 부분이다. 그러나 이 프락시스 모형도 이론과 실천 사이를 분리하는 서구적 이원론을 아직도 완전히 탈피하지 못했다. 프락시스 신학은 로고스 신학의 대안적 또는 안티테제적 가치는 있지만, 혼자로는 불완전해서 독립적인 하나의 신학 프로그램으로 인정하기 어렵다는 문제가 있다.

서구 신학의 두 큰 줄기인 로고스 모형과 프락시스 모형이 지닌 결정적인 단점은, 이와 같이 계층적 이원론에서 벗어날 수가 없다는 것이다. 타율과 자율 또는 상부구조와 하부구조 등으로 구분하는 이원론은 구체적

이어서 힘이 있어 보이지만, 그것 역시 결국 다른 하나의 배타적 일원론에 빠지게 된다는 자기모순을 갖고 있다.5) 더욱이 프락시스 모형은 변증법적 역사 발전을 무비판적으로 받아들이는 결함이 있다. 그래서 프락시스 모형은 해방적 측면의 당위성을 지녔음에도, 오늘날의 탈근대적 상황에서 선결 과제로 지목되는 생태적 대화적 요소를 담보하기에는 취약하다는 평가를 받고 있다.

서구 신학으로부터 영향을 받아 아시아 신학도 이러한 이원적 모형의 범주를 벗어나지 못하고 있다. 서구 교회들에 의하여 선교 대상으로서 길들여지고 세뇌된 이른바 보수 신학은 아직도 정통성의 신화를 맹종하며, 서구의 로고스 신학을 무비판적으로 수입하여 번역하는 것이 아시아 신학의 임무인 것처럼 착각하고 있다. 다른 한편으로, 진보적 아시아 신학도 로고스 신학을 맹렬하게 비판하지만, 해방신학이 표방하고 있는 서구적 이념의 틀을 벗어나지 못하고 있다. 아시아가 처한 어려운 사회경제적 상황에서 아시아 신학은 프락시스 신학의 해방적 제안들을 받아들여야 할 필요가 있다. 그러나 이 프락시스 모형은 역사는 좋은 목적을 향해 전개되어나간다는 계몽주의의 목적론적 낙관주의와 선형적 역사관을 답습한다는 단점이 있다. 이 '역사의 신화'는 계몽주의가 생산해놓은 유대-그리스도교 전통에서 비롯된 구속사관의 잘못된 근대적 변형으로 이해할 수 있다.6) 비선형적이고 순환적인 역사관의 뿌리를 가진 아시아 신학자들은 이 '역사의 신화'를 탈신화화demythologization해야 할 필요가 있다.

---

5) 이 점에 있어서 틸리히(Paul Tillich)의 타율주의(heteronomy)와 자율주의(authonomy)의 악순환을 극복하는 신율주의(theonomy)의 주장이나, 파니카(Raimond Panikkar)가 제안한 일원주의(monism)와 이원주의(dualism)의 변증법적 올무를 벗어난 다원주의(pluralism)로 모형 전환은 매우 중요하다.

6) '역사의 신화'에 관한 분석은, Raimond Panikkar, *The Cosmotheandric Experience* (Maryknoll: Orbis, 1993) 참조.

서양과 동양은 근본적으로 역사관과 우주관이 서로 다르다. 서양인들의 사고가 직선적이고 이원적이며, 또한 분석적이고 기계적인 것이 특징이라면, 동양인들의 사고는 순환적이고 종합적이며, 포괄적이고 생명적인 것이 특징이다. 원천적으로 서양인들은 신과 인간과 우주를 분리하여 분석적으로 바라보지만, 동양인들은 신과 인간과 우주가 함께 어우러진 통전적 비전, 즉 '인간-우주적anthropocosmic' 비전을 보유하고 있다.[7] 오늘날 생태학과 현대 과학은 이러한 서양의 분리적인 물체론보다는, 동양의 통전적인 관계론이 진실에 가깝다는 것을 밝혀주고 있다.[8] 서양적 사고방식에서 출발한 서구 신학은 분석적이고 물체론적인 세계관을 그 기본 틀로 삼고 있다. 이 한계 때문에 서구 신학은 보수 신학처럼 신 중심적이거나, 자유 신학처럼 인간 중심적이거나, 아니면 이신론처럼 우주 중심적인 양자택일적으로 어느 한 측면에만 치우쳐 축소하는 취약성이 있다.[9] 동양의 신-인간-우주적 비전은 이 서구 신학의 취약성을 극복하고, 전통적 로고스 신학의 환원적 기본 틀의 한계를 벗어나게 할 수 있다.

21세기의 아시아 신학은 신(초월성)과 인간(사회성)과 우주(생명성)를 더불어 아우르는 통합적인 패러다임으로 표출되어야 한다. 그 특성이 해방

---

7) 인간-우주적 비전에 대해서는 Tu Wei-ming, *Centrality and Commonality: An Essay on Confucian Religiousness*, rv. ed. (Albany, N.Y.: State University of New York Press, 1989), 102-107 참조. 신-인간-우주적 비전에 관해서는 Panikkar, 앞의 책 참조. 이들에 대한 비교 연구는 Heup Young Kim, *Wang Yang-ming and Karl Barth: A Confucian-Christian Dialogue* (Durham: University of Press of America, 1996), 175-177, 185-188 참조.

8) Fritz Capra, *The Tao of Physics: An Exploration of the Parallels Between Modern Physics and Eastern Mysticism*, 3rd ed. (Boston: Shambhala, 1991); 또한 *The Turning Point: Science, Society, and the Rising Culture* (Toronto: Bantam Books, 1982) 참조.

9) 근대적 서구 신학의 약점을 보완하기 위한 대안으로서 포스트-모던 구성신학(postmodern constructive theology)이 제시되었다. 이에 대한 평가는, 김흡영, "최근 미국 포스트-모던 구성신학의 한국 신학적 평가," 『도의 신학』, 61-103; 또는 『종교연구』 13 (1997), 175-212 참조.

적일 뿐만 아니라 개방적이고 대화적이어야 하고, 생태적이고 포괄적이고 종합적이어야 한다. 그럼에도 진보적인 아시아 신학들 사이에서도 로고스 모형과 프락시스 모형의 이원화는 지속되고 있다. 이 분화는 토마스 M. M. Thomas와 파니카R. Panikkar와 같은 대표적인 제1세대 아시아 신학자들 사이에서 이미 발생했다.10) 그 뒤 아시아에서 해방신학과 종교신학 사이의 분리는 심화되어왔다. 한국 신학 역시 이 이원화를 극복하지 못하고 민중신학과 토착화신학의 두 유형으로 분리되어왔다. 민중신학을 포함하여 아시아의 해방신학은 서구의 사회학적 패러다임을 극복하지 못한 채 아직도 이원론에 머물고 있는 듯하다. 또한 아시아의 종교문화신학은 종교 사이의의 대화에는 열심이었지만 정치경제적인 관심이 부족했고, 전통 해석에서 낭만적이라는 결함이 있다. 그러므로 이원화의 극복은 서구 신학뿐만 아니라 아시아 신학과 한국 신학 모두에게 주어진 중요한 과제이다.11)

3) 도道의 신학

이 과제를 달성하기 위하여서 우리 신학은 하루 빨리 로고스 모형과 프락시스 모형의 이원화를 청산하고 새롭게 거듭나야 한다. 새로운 패러다임으로 모형전환되어야 한다. 그리스 철학의 유산인 로고스와 프락시스가 근본 메타포로 사용되던 신학의 시대는 이미 지나갔다. 3천년대의

---

10) M. M. Thomas, *The Acknowledged Christ for the Indian Renaissance* (London: SCM, 1969)와 R. Panikkar, *The Unknown Christ of Hinduism*, rev. ed. (Maryknoll: Orbis, 1964)를 비교하여 참조.

11) 피에리스(Aloysius Pieris)도 이를 토착화신학(inculturationist)의 로고스 모형과 해방신학(liberationist)의 다바르(*dabhar*) 모형의 이원화로 간주하고, 이 분리를 극복하는 통전적 아시아 신학으로 길(도)을 의미하는 호도스(*hodos*) 모형을 제안하였다. A. Pieris, *Fire and Water: Basic Issues in Asian Buddhism and Christianity* (Maryknoll: Orbis, 1996), 136-46 참조.

그리스도교라는 새로운 포도주는 새로운 '가죽부대'를 필요로 하고 있다. 나는 우리 종교문화의 중심 사상인 도道가 그 새로운 가죽부대를 만들어 낼 수 있다고 주장한다. 그리고 도를 근본 메타포로 사용한 도 모형(theo+tao)의 구성신학을 도의 신학theo-tao이라고 이름 붙인다.

도란 무엇인가? 원래 도는 하느님처럼 설명이 불가능한 것이다. 모든 정의는 환원적이어서 결국 우상화를 범하게 되기 때문이다. 그러므로 "도 라고 말한 도는 이미 참 도가 아니며, 이름 붙인 이름은 이미 참 이름이 아니다"라는 노자老子『도덕경道德經』의 첫 구절과 "하늘 위, 아래, 물, 땅 속의 어떤 형상으로도 우상 숭배하지 말라"는 그리스도교의 제1계명은 일맥상통하는 면이 있다. 예수는 스스로를 "길이요, 진리요, 생명"이라고 선언했다(요 14:6a). 이와 같이 예수는 자신에 대해 완전한 신성(*verus deus*)과 완전한 인성(*verus homo*)을 동시에 갖춘 존재라든지 성육신한 로고스라든 지 하는 정형화된 교리를 말한 적이 없고, 단지 하느님(진리)을 향해 가는 생명의 길(요 14:6b), 즉 도라고 말했을 뿐이다. 사실 예수는 이러한 하느님 의 도를 완전히 실천했다는 점에서 그리스도인 것이다. 그러므로 예수가 자신을 "하느님께로 가는 유일한 길"이라고 한 선언은 이러한 도가 지닌 궁극적 가치를 의미한다.

2. 우리 신학의 구성: 도道의 신학

그렇다면 도를 근본 메타포로 사용하는 도의 신학을 어떻게 구성할 것인가? 이것은 결코 쉬운 일이 아니다. 도라는 근본 상징은 그리스도교 에서는 생소하지만, 동양 사상사에서는 로고스와 프락시스만큼이나 오 래된 복잡한 해석의 역사를 지니고 있다. 도의 해석사 또한 억압적 족보와 왜곡의 역사가 포함되어 있다. 그러므로 의심의 해석학을 동원하여 비판적이고 창의적으로 재해석해야 할 필요가 있다. 무엇보다도 이 모형은 해방의 역사적 당위성과 통전적인 인간-우주적 비전 사이에 놓여 있는 아시아 신학의 내부적 갈등을 극복할 수 있는 참신한 해석학적 지평을 제시할 수 있어야 한다. 도 모형은 이원적인 서구적 사고방식으로부터의 이탈과 비역사적인 동양의 사고방식에 대한 비판적 재해석을 함께 수행하는 이중적 파격을 요구한다. 이것은 기존 사고의 연장선상, 즉 일차적인 확장에서는 찾을 수 없고, 전혀 다른 창의적인 해석학적 비전을 궁구하여야만 한다. 간단하게 말해서, 발상의 전환을 위한 새로운 깨달음(覺)이 요청된다. 그리고 그러한 새로운 각성에 이르기 위해서 명상할 수 있는 화두가 필요하다.

1) 화두: 우금치 현상

마침 김지하의 '우금치 현상'이라는 이야기가 이러한 화두를 제공하는 적절한 비유를 제공하고 있다.[12] 그 내용을 요약하면 다음과 같다.

그가 오랜 감옥생활에서 얻은 질병을 치료하고자 전남 해남으로 간 적이 있다. 그가 머물던 집 앞에 작은 개울 하나가 있었다. 그 개울은 예전에는 맑고 깨끗했던 곳이었는데, 지금은 쓰레기와 공해로 시커멓게 오염되어 개골창이가 돼버렸다. 그러나 희한하게도 개울은 비만 오면 전혀 다른 모습으로 변한다. 비가 오면 홍수가 져서 쓰레기를 모두 아래쪽으로 쓸어내려 보내서, 개울이 예전과 같은 맑은 물이 되게 하는 것이다. 한 번은 큰 비가 온 적이 있는데 이때 그는 깜짝 놀라게 된다. 빠른 물살이 쏟아져 내리는 사이에 수많은 붕어들이 아래에서 펄쩍펄쩍 뛰어올라 물

---

12) 김지하,『생명』(서울: 솔출판사, 1992), 188-192 참조. 이하 같은 글에서 인용.

위쪽 상류로 돌아가려 하는 것이다. "도대체 저 붕어들이 어떻게 저렇게 빠르게 쏟아져 내리는 물줄기를 타고 위쪽으로 거슬러 오를 수 있는 것일까?" 암중모색 등 진화론의 설명은 이 수수께끼를 풀기에 충분하지가 않다. 그러면 무엇일까. 밤에 그가 명상하던 중 그의 아내를 바라보다가 문득 새롭고 중요한 경험을 하게 된다. 그것은 서로의 눈들을 통하여 서로의 마음이 이심전심으로 전달된다는 것을 알게 된 것이다. 특히 신기神氣의 활동을 통하여 이러한 일이 가능하다는 것을 깨닫게 된 것이다.

아하 이제야 알겠다.

붕어가 쏟아져 내리는 물줄기를 타고 오히려 거꾸로 거슬러 올라 제 갈 바 고향으로 돌아갈 수 있는 비밀을.

붕어의 신기神氣가 물줄기의 신기에 하나로 일치되는 바로 그 순간에 그러한 일이 일어난다는 것을. 말을 바꾸어 성품이라고 해도 좋을 듯하다. 붕어의 성품이 물의 성품과 일치하는 순간.

그는 기氣의 음양이론을 통해 붕어의 상승운동을 이해한다. 근대적 역사관이 말하듯 역사는 미래의 목적을 향해 나아가는 직선적인 진보만을 하는 것이 아니다. 반대로 동시에 역사는 자기 근원을 향해 되돌아가는 창조적인 퇴보를 한다. 이 놀라운 통찰은 오랫동안 동양인들이 품고 있었던 동양적 세계관이기는 하지만, 근대의 발전적 역사관에 파묻혀 잃어버렸다가 그가 이제 다시 되찾게 된 것이다.

물의 기氣는 음양으로 움직인다. 물의 양은 하강작용을 하지만 물의 음은 상승작용을 한다. 물이 움직여 흘러내릴 때 동시에 물은 흘러 오르기도 하는 것이다. 큰 강물이 도도히 흘러내릴 때 반드시 그 강에는 역류逆流가 있지 않던가! 이것은 물의 일기一氣의 운동 속에서 동시에 일어나는 현상인데, 바로 이 기의 성품에 붕어의 신기의 성품이 능동적으로 일치해 들어갈 때 그러한 현상이 일어나는 것이다. 역사는 앞으로 진보하면서 동시에 뒤로 퇴보한다. 질량質量의 문제라고 하지만 이것은 동시에 일어나는 일이다. 도대체 앞이다, 뒤다, 진보다 퇴보다 하는 것이 가당치 않다. 오히려 안과 밖, 질質과 양量의 동시적인 수렴-확산운동이라고 하는 편이 나을지도 모른다. 그리고 그 운동은 결국 자기 근원으로 돌아간다. 돌아가되 그냥 돌아가지 않고 창조적으로 돌아간다. 이것이 우주의 근원적인 한 기운, 곧 일기의 음양운동인데, 인간은 이것을 자각적으로 그리할 수 있는 것이다.

그가 붕어의 상승운동을 관찰하면서 터득한 일기一氣의 음양운동에 따른 새로운 역사 이해는 그로 하여금 1894년 12월 공주 우금고개에서 있었던 동학 2차 봉기의 마지막, 가장 처절했던 전투에서 보여준 수수께끼 같은 민중의 힘의 참된 근원을 알게 한다. 이제 그는 해방신학과 민중신학이 총애하여온 상승봉기, 기아봉기 등의 사회경제사적 설명이나 '한의 폭발'과 같은 문학적 설명은 피상적이고 오류라고 단정하며 더 이상 받아들이지 않는다.

아하, 이제 또한 알겠다.
쏟아져 내리는 물줄기를 타고 그것을 거슬러 고향으로 돌아가는 붕어의 그 끈질긴 능동적인 신기의 약동에서 저 수십만 민중의 양양된 신기가 피투성이로 뜀뛰며 끈질기게 거슬러 오르던 우금치 전쟁의 비밀을.
우리는 그것을 단순히 이것과 저것 사이의 승리 또는 실패라는 싸움이나 투쟁으로만 볼 것이 아니다. 그렇게 보아서는 갑오 동학 민중혁명의 그 어마어마한 집단적 생명력의 비밀을 놓쳐버리거나 필경은 잘못 보아버리게 될 뿐이다. 잘못 보아 그저 쌓이고 쌓인 한恨의 폭발 따위 문학적 표현이든가 그저 상승봉기, 기아봉기 따위 피상적인 사회경제사적 관찰로 끝나버리고 말게 된다.

그러나 그렇지 않다.

그런 것 같지만 그렇지 않다.

한이나 굶주림이나 신분해방 요구나 그 모든 것 속에 움직이는 민중의 집단적 신기의 운동을 놓쳐서는 우금치의 비밀을 풀 수 없고, 한도 굶주림도 신분해방 요구도 그 역사적 의미를 정당하게 평가 받을 수 없게 된다.

화승총이나 죽창 따위가 있었다고 하나 거의 맨손에 지나지 않는 그 수십만의 민중이 도대체 무슨 힘으로 일본과 이씨 왕조의 악마와 같은 크루프포의 작열을 뚫고 그 고개를 넘으려 했던 것인가? 시산혈해屍山血海를 이루며 실패와 실패를 거듭하며 주검을 넘고 또 넘어 그들로 하여금 해방을 향해 나아가게 했던 힘의 근원은 무엇인가?

그 이듬해 을미의병에서, 제2차, 제3차 대의병 전쟁에서 그리고 그 뒤 노일전쟁 당시의 민회民會운동에서, 다시 삼일운동에서, 천도교 청우당 운동에서, 조선 농민사의 그 숱한 소작쟁의에서, 조선 노동사의 파업운동에서, 간도와 시베리아 그리고 두만강, 압록강 연변 지역에서의 무수한 독립군운동에서, 그리고 그것을 지원한 국내의 지하조직운동에서, 그리고 나아가 혹은 그 이념과 단체의 모습을 바꾸면서까지 그 뿌리에서 줄기차게 주력군으로 움직인 동학의 비밀은 어디에서 찾을 것인가?

그가 우금치의 비밀을 신기의 음양운동에 일치하려는 엄청난 우주적 운동에서 찾은 것은 근대의 목적론적 역사 이해에서 벗어나서 동양적인 우주관을 다시 재해석한 것이다. 그리고 그는 이것을 '우금치 현상'이라고 정의한다.

　간단히 말해 그것은 동학을 통한 민중의 집단적 신기의 대각성, 그것에
있는 것이다. 무궁광대하게 진화하며 사회화하며(同歸一體) 스스로 성화
聖化하며 스스로 신령화神靈化하는 지기至氣가, 그리고 기화신령氣化神
靈이 민중에 의하여 자각되고 실천된 것이다.
　민중의 자각된 집단적 신기가 자기들을 향해 쏟아져내려오는 역사적
악마의 물줄기 속에서마저 그 역사의 근원적 신기와 일치하는, 그 기의
음양운동에 일치하려는 엄청난 우주적 운동이었던 것이다. 나는 이것을
두고 '우금치 현상'이라고 부르겠다.

　이리하여 민중 저항시인 김지하金芝河는 그 이름을 김형金瀅으로 바꾸
기도 한다. 그의 개명은 더 이상 그가 한 맺힌 민중이 지하에서 외치는
절규를 대언하는 시인의 소리가 아니라 "물이 소용돌이치는"(瀅瀅) 것과
같이 우주 생명(붕어-민중-우금치)의 근원적 운동에서 도도하게 울려 나오
는 '제소리'가 되어야 한다는 자각을 암시한다.

2) 신기神氣의 해석학

　'우금치 현상'은 이원론적 사고에 젖어 있는 서양인들은 물론이고, 교
육을 통해 근대적 사고방식에 흠뻑 빠져버린 동양인들에게도 무척 생소
하고 의아하게 들릴 것이다. 그러나 그가 들려주는 '우금치 현상'은 아시아
신학에 심오한 통찰들을 제공하고 있다. 아시아의 역사적 정황에 알맞은
신학적 패러다임을 정립하기에 적절한 단초들을 제공하고 있다.
　로고스 모형과 프락시스 모형은 이 신기의 현상학을 결코 소화해낼
수가 없고, 유비적 상상력도 그에 미치지 못한다. '우금치 현상'에서 강력

하게 쏟아져 내리는 물줄기는 악마적인 파괴의 힘(양의 역사)을, 연약한 붕어는 생명의 힘(음의 역사)을 상징하고 있다. 해체주의 철학은 로고스-음성 중심적 모형이 생명의 힘보다는 파괴의 힘과 더 친밀한 관계(족보)를 갖고 있다고 폭로하여왔다. 이 모형은 이원적 파편화를 통해 생명을 위협하고 남성우월주의와 인종우월주의 등과 같은 사회학적 음모와 깊은 관계를 맺으면서 역사적 물줄기의 악마적 운동에 협조하여왔다. 프락시스 모형이 악마적 파괴의 힘에 저돌적으로 저항하고는 있으나, 좁게 정의된 역사·사회·경제적 관심의 한계 안에 머물고 있어서 아직 파괴적인 힘의 기본 논리에서 완전히 탈피하지는 못하고 있다. 이 모형은 생명의 힘에 관해 주체적으로 충분히 진술하지 못한 채, 오직 파괴의 힘에 대항한 대응적 표출로 끝나는 경향이 있다는 것이다. 더욱이 프락시스 모형은 동양의 신-인간-우주적 비전, 즉 신과 인간과 우주가 더불어 어우러지는 신기의 현상학 속에 깃들어 있는 복잡한 관계성에 대한 깊이 있는 이해에도 미치지 못하고 있다.

'우금치 현상'은 아시아 신학이 한 단계 앞으로 나아갈 수 있는 새로운 지평을 열어주고 있다. 예컨대, 한국 민중신학은 억압적인 정치적 상황에서 민중과 연대하여 정의와 해방을 향한 그리스도인의 구체적인 운동을 고취하였다. 이것은 현대 신학에게 준 중요한 예언자적 공헌이다. 그러나 민중신학은 '우금치 현상'이 그려주고 있는 동양의 깊이를 담지하기에는 아직 너무나 좁고, 낭만적이고, 서구적이다.

김용복은 교회와 서구의 합리적 사고에 의하여 강요된 교의적 담론(공식적 역사)보다는 민중의 사회전기(역사의 뒷면)가 신학적 성찰을 위하여 더욱 정당한 역사적 교착점이라고 주장했다.13) 이것은 아시아 신학에게

---

13) 김용복, 「민중의 사회전기와 신학」, NCC 신학연구위원회 편, 『민중과 한국신학』(서울:

구체적 근거를 부여함으로써 역사적 맥락화를 성취하고 민중이 역사의 주체라는 각성을 불러일으키게 한 중요한 창의적 제안이었다. 민중의 사회전기를 신학의 주항목으로 적용한 것은 개인의 자전적이나 심리적인 내러티브와 교회의 교리적 내러티브에만 한정되어왔던 전통 신학을 바르게 교정하는 것이다. 그럼에도 하느님의 정치경제에 주안점을 둔 이 제안은 서구 근대주의가 만들어놓은 역사신화에서 완전히 해방된 것이라고 볼 수 없을 뿐만 아니라 아시아의 종교적 특성을 담기에는 너무 역사적이라는 단점이 있다.14)

신학을 '한풀이'라고 한 정현경의 제안 또한 한국 여성의 입장에서는 정당한 것이었다.15) 아시아 신학은 당연히 오랜 집단적 수난의 역사를 통해 쌓이고 쌓인 한恨의 실체와 그 폭발의 역동성을 심각하게 고려하여야 한다. 이 방법으로 아시아 신학은 동양적이면서도, 동시에 메츠Johann Baptist Metz와 같은 정치신학자들이 제안한 집단적 수난에 대한 위험한 기억(the dangerous memory of collective suffering)보다는 더욱 강력한 저항적 신학을 창출할 수 있을 것이다.16) 그럼에도 불구하고 이러한 한의 단

한국신학연구소, 1982), 369-389; 또한 Kim Yong-bock, "Theology and the Social Biography of Minjung," *CTC Bulletin* 5:3-6:1 (1984-5), 66-78 참조.

14) 김용복이 즐겨 인용하는 한국의 고전적 사회전기는 『홍길동전』이다. 그러나 홍길동전에 나타난 사상은 단순히 사회 중심적이기보다는 신선도의 냄새가 물씬 풍기는 신-인간-우주적이다. 사실 김용복은 신선도적인 동양의 우주관의 합류에 지대한 관심이 있고, 최근의 글에서는 민중신학과 생태학적 신학과의 접맥을 강조하고 있다. 김용복, 「민중신학의 자리매김: 민중신학은 한국신학이다」, 우리사상연구소 편, 『한국 가톨릭 어디로 갈 것인가?』 (서울: 서광사, 1997), 479-531 참조. 그는 서남동이 "미처 생태학의 문제와 민중신학을 긴밀히 연계하는 작업을 완성하지 못한 채 타계"한 것을 서운하게 여긴다(같은 글, 509).

15) Chung, "Han-pu-ri: Doing Theology from Korean Womens Perspective," *The Ecumenical Reviews* 40:1 (Jan, 1988), 27-36.

16) Johann Baptist Metz, *Faith In History and Society: Toward a Practical Fundamental Theology*, tr. David Smith (New York: Seabury Press, 1980) 참조.

순한 해석학은 김지하가 '우금치 현상'에서 피력한 바와 같이 아시아의 심오한 영성적 깊이에 도달하기에는 미흡한 점이 있다. 그는 한의 해석학을 창설한 선구자의 한 사람으로, 사실상 서남동을 통하여 민중신학이 한의 사제론과 한의 현상학을 주요 주제로 채택하게 하는 데 결정적인 영향을 준 사람이다. 그러나 그가 이제 김형으로 이름까지 바꾸면서 한의 폭발 따위의 설명은 피상적이고 환원적인 오류라고 강력하게 거부하고 있다. 아시아 신학은 결국 아시아인들이 총체적으로 하느님에게 드리는 진솔한 신앙고백이어야 한다. 아시아 신학은 아시아의 영성이 지닌 심오한 깊이에서 울려나오는 하느님을 향한 아시아인의 참소리, 곧 '제소리'가 되어야 한다. 아시아 신학은 서구의 해석학적 원칙으로 각색된 동양 이해(Orientalism)와 정치경제적 축소주의의 오류를 넘어서야 하며, 민중신학이 지금까지 제안한 것보다 한 발 더 앞으로 나아가야 할 것이다.

'우금치 현상'은 아시아 신학이 서구적 로고스 모형과 동시에 아시아적 프락시스 모형을 넘어서 21세기의 신학으로 재구성되는 데 적절한 새로운 해석학적 지평을 제시하고 있다. 이 '우금치 현상'이 들려주는 신기의 현상학은 기氣가 아시아 신학의 중요한 해석학적 열쇠와 풍부한 신학적 자원이 될 것을 예고하고 있다. 기는 어떻게 연약한 붕어들이 무섭게 쏟아져 내려오는 물줄기를 뚫고 위로 거슬러 올라갈 수 있는지, 우금치 전투에서 수많은 민중이 보여준 엄청난 생명력의 근원이 무엇인지를 해명해주고 있다. 이 기氣는 성서에 나오는 프뉴마pneuma와 매우 흡사하다. 기는 이원론적이거나 분석적이 아니고 종합적이며 포괄적인 동아시아의 독특한 근본 상징이다. 기는 근원적인 힘을 발생케 하는 근거이자 동시에 매개체이다. 그러므로 신기의 해석학은 우리의 화두에 대한 해답을 유발시켜 줄 상상력을 제공할 수 있다. 우리의 화두는 '어떻게 이원론과 역사 중심주의에 함몰되지 않으면서 사회경제적 불의의 악순환을 분쇄할 혁명적 신학을 만들 것인가?' 하는 것이었다. 그 대답이 바로 기의 해석학을 통한 신기의 혁명신학에 있다고 나는 주장한다.

3) 억눌린 생명의 사회우주전기

신기의 현상학은 우리를 기의 그물망을 통해 어우러진 천지인天地人 합일의 신-인간-우주적인 새로운 지평으로 안내한다. 신유교는 하늘과 땅과 만물들이 유기적인 연합을 이룬 우주적 공존의 비전을 구상하였다. 장횡거張橫渠(1020-1077)는 이 모습을 『서명西銘』에서 이렇게 아름답게 표현하고 있다.

> 건乾을 아버지라 부르고 곤坤을 어머니라고 부른다. 나 이 조그만 몸이 혼연渾然이 그 가운데 처해 있도다. 그러므로 천지간天地間에 차 있는 것이 나의 형체形體요 천지天地를 이끄는 것이 나의 본성本性이다. 백성은 나의 동포同胞요 물物은 나의 여족與族(같은 족속)이다.[17]

왕양명王陽明(1472-1529)은 이 천인합일天人合一 사상을 오늘날 생태학적 관심에 깊은 통찰을 줄 수 있는 만물일체萬物一體설로 발전시켜 설명한다.

> 대인은 천지만물이 한 몸이라고 생각한다. 그는 세계를 한 가족으로 보고, 한 나라를 한 몸이라고 생각한다. 사물들을 갈라놓고 자신과 남을 구분하는 이들은 소인배와 같다. 대인이 천지만물을 한 몸이라고 보는 것은 인위적인 것이 아니라 인간 마음의 본성에서 자연스럽게 저절로 우러나오는

---

17) 이상은 역, 『이상은선생 전집: 한국철학 2』(서울: 예문서원, 1998), 237.

것이다. 천지만물과 일체를 이루는 것은 대인만 그러한 것이 아니고, 소인의 마음도 이와 다를 바가 없다. 다만 소인은 이를 작게 만들 뿐이다. 따라서 소인이라 해도 아이가 우물에 빠지려는 것을 볼 때 놀라움과 동정심을 느끼지 않을 수는 없다. 이는 그의 인간성[仁]이 아이와 하나가 됨을 보여준다. 아이는 같은 인간이니까 그러하다는 반론이 있을 수 있다. 또한 막 도살당하려는 짐승과 새의 처량한 울음이나 겁에 질린 모습을 보면 그것들의 고통을 "참을 수 없다"는 느낌을 갖지 않을 수 없을 것이다. 이는 그의 인간성이 금수와 하나가 됨을 보여준다. 여기서 금수들도 인간과 같은 감정을 지닌 존재이니까 그러하다는 반론이 있을 수 있다. 그러나 풀이 꺾이고 짓밟히는 것을 보아도 동정심이 생긴다. 이 또한 그의 인간성이 식물과 하나가 됨을 보여준다. 풀도 인간과 같이 생명체라 그러하다고 할 수 있다. 그러나 돌이나 벽돌이 깨지고 부서지는 것을 볼 때도 마음이 언짢을 것이니 이는 그의 인간성이 돌이나 벽돌과 합일하는 것이다. 이는 소인의 마음이라 할지라도 반드시 만물과 하나를 이루는 인간성을 지니고 있음을 보여준다. 그런 마음은 하늘이 부여한 본성에 근거를 두고 있으며 자연적으로 명석하고 분명하여 혼미해지지 않는다.[18]

신기의 현상학은 이 왕양명王陽明의 인간-우주적 지평을 더욱 극적으로 확대시켜, 기의 교류를 통해 어우러진 인간과 우주가 일체가 된 모습을 그려준다. 나는 이것을 기-인간-우주적pneumato-anthropo-cosmic 비전이라고 칭한다. 이 기-인간-우주적 비전은 음양의 상관관계와 역易 이론과 태극太極사상과 깊은 관련을 가지고 있다. 동양 종교들에 나타나 있는

18) Wang Yang-ming, tr. by Chan Wing-tsit, *Instructions for Practical Living and Other Neo-Confucian Writings by Wang Yang-ming* (New York: Columbia University Press, 1985), 272; 또한 Heup Young Kim, *op. cit.*, 42-46 참조.

이러한 인간-우주적 비전은 탈근대적 위기에서 두려움을 느끼고 파편화될 위기에 있는 그리스도교 신학을 살릴 돌파구와 새로운 활력을 불어넣어줄 청량제의 역할을 할 가능성이 있다. 이것은 많은 동서양의 학자들이 이미 주장해온 바이기도 하다.

그러나 이러한 가능성은 동양의 종교들과 문화들에 대한 낭만적이고 무비판적인 복고주의적 재해석을 인증하여주는 것이 아니다. 오히려 우리는 그와 반대로 동양 종교들도 변절과 착취의 족보와 무관하지 않다는 점을 강조하여야 한다. 동양 종교들도 동양 역사에서 민중과 여성에 대해 저질러진 수많은 죄악에 대하여 결백한 것만은 아니다. 쳉 충잉은 서양 철학의 특성을 소크라테스, 플라톤, 아리스토텔레스 등을 통해 나타난 희랍 철학의 이성적 이성화rational rationalization의 경향과 유대-그리스도교를 통해 보여진 신적 초월화divine trancendentalization의 경향이라고 규정했다. 그는 동양 철학의 특성을 이와 대조적으로『도덕경』과『역경』에 나타난 자연적 자연화natural naturalization의 경향과 유교 및 신유교에 의해 발전된 인간적 내재화human imanentization의 경향이라고 규정했다.19) 이것은 명석한 구분이다. 그러나 자연적 자연화와 인간적 내재화와 같은 듣기에 아름다운 사고방식 안에 그리스도교의 타락 전 낙원과 같이 현실적으로는 불가능한, 이미 붕괴된 신화가 숨겨져 있지는 않을까? 그렇지 않다면 자연적 자연화와 같은 멋들어진 생태적 전통을 이어 받았음에도 불구하고 왜 중국과 우리는 오늘날 세계에서 가장 공해가 심한 곳에서 살게 되었는가? 이것은 우리에게 매우 심각한 질문이다. 오늘날 인간이 경험하고 있는 인간의 실존적 조건은 오히려 천진난만했던 낙원시절의

----

19) Cheng Chung-ying, *New Dimension of Confucian and Neo-Confucian Philosophy* (Albany, N.Y.: State University of New York Press, 1991), 4-22 참조.

좋았던 꿈이 깨어진 실낙원적 상황이다. 이것에 대해서는 그리스도교의 견해가 훨씬 더 현실적일 것이다. 서구의 근대화라는 역사적 물줄기에 휩쓸려버린 후인 지금, 동양인은 더 이상 천진난만한 몽상가innocent dreamers가 될 수 없다. 우리는 탈근대적 각성과 발을 맞추어 근대적 사고방식의 한계를 인식하고 그 돌파구가 잃어버렸던 동양의 지혜 속에 숨겨져 있다는 믿음을 굳게 가져야 하는 한편, 우리 전통들에 대해서도 냉철한 아시아적 의심의 해석학을 통하여 비판적으로 재해석해야 한다.

그러므로 신기의 혁명신학은 민중학, 여성학, 신식민주의 비평, 오리엔탈리즘 등 의심의 해석학을 아시아적으로 수용하는 데 적극적이어야 할 것이다. 아시아 신학은 이러한 아시아적 의심의 해석학에 충실하면서도 동시에 동양적 기-인간-우주적 비전의 심오한 깊이를 충분히 담지할 수 있는 패러다임이어야 한다. 김용복이 제안한 민중의 사회전기론을 기-인간-우주적 통찰로 보완함으로써 이러한 신기의 혁명신학을 주제화할 수 있다. 아시아 신학은 민중의 사회전기뿐만 아니라 짓밟힌 생명들의 우주전기를 더불어 포함해야 한다. 신식 병기들의 작열하는 포탄과 빗발치는 탄환 세례에도 불구하고 끊임없이 달려들었던 우금치 민중들의 사회전기는 아시아 신학의 중요한 주제이지만, 유일한 주제는 아니다.

아시아 신학은 무지막지하게 쏟아져 내려오는 물줄기를 거슬러 올라가는 연약한 붕어들에게서 보여지는 억눌린 생명들의 사회우주전기도 마땅히 포함하여야 한다. 민중도 억눌린 생명의 일부이다. 억눌린 생명으로서 민중과 붕어는 더불어 같은 신기의 사회우주적 운동의 주체들인 것이다. 그러므로 아시아 신학은 제국적 근대주의와 과학적 근본주의의 억압에 의해 짓밟혀 숨이 막혀 있는 동물들과 다른 생물들의 배후에 숨겨진 억울한 이야기들을 폭로하여야 할 의무가 있다.

'우금치 현상'은 기를 통한 생명의 공생적 그물망을 엮는 기-인간-우주적 비전을 제시한다. 이 비전은 사회학이 말하는 계약에 의한 사회구성(*societas*)이나 신학이 말하는 연대에 의한 공동체(*communitas*)보다도 더욱 통전적이고 심오한 인간과 이웃 자연계와의 연대관계성을 설정한다. 아시아 신학은 이러한 훌륭한 비전과의 묘합을 통하여 그 지평을 확장하면서도, 동시에 이 인간-우주적 비전에 깃들어 있는 천진난만한 몽상과 개인주의적 신비주의로부터는 탈신화화해야 한다. 민중의 사회전기와 인간-우주적 비전은 비판적인 재해석을 통하여 서로 보완되어야 한다. 나는 이것을 '억눌린 생명의 사회우주전기sociocosmic biography of the exploited life'라고 부르고자 한다. 기는 구속적이다. 다시 말해서, 기는 해방적이고 화해적이다. 아시아 신학은 기의 교류를 통하여 구성된 억눌린 생명들의 사회우주적 그물망에 대한 이야기들을 과감하게 말하여야 할 것이다. 빗발치는 자동화 무기의 포격 앞에 맨손으로 달려드는 우금치의 민중들과 엄청나게 쏟아져 내려오는 물줄기를 거슬러 올라가는 연약한 붕어들에 대한 '우금치 현상'의 이야기는 억눌린 생명의 사회우주전기의 한 실례인 것이다.

4) 도道의 신학

하느님은 로고스나 프락시스로 대치되고 환원될 수 없다. 하느님은 이 이원적 메타포들로서는 파악될 수 없는 근원적 존재이다. 하느님은 형상과 질료, 영혼과 육체, 신성과 인성, 또는 로고스와 프락시스와 같은 희랍적 이원론을 초월한다. 3천년대의 신학을 위해서 도가 로고스나 프락시스보다 훨씬 더 적합한 근본 메타포가 될 수 있다. 그러므로 신학은 앞으로 로고스 신학theo-logy과 프락시스 신학theo-praxis의 이원화를 극복하고 도의 신학theo-tao으로 모형 전환되어야 한다.

'우금치 현상'은 결국 생명의 도道를 설명하는 것이다. '우금치 현상'의

해석학으로 도의 신학은 하느님의 도道가 기-인간-우주적 궤적을 통해 움직이는 생생한 모습을 그려준다. 붕어와 민중 같은 억눌린 생명들이 악마적 역사의 물줄기에 대항하여 역동적으로 거슬러 뛰어올라가는 힘의 원동력은 기에 있다. 도의 신학은 이와 같이 역동적 원동력을 제공하는 기의 성령론적 해석학을 포함한다. 앞으로 테크노크래틱 독재는 더욱 만연하고, 특히 매스 미디어와 가상공간의 통제와 조정에 의해 세계 시장은 더욱 험악한 악마적 역사의 물줄기가 되어갈 것이다. 이런 악마적 물줄기를 타고 거꾸로 뛰어오르는 생명의 힘은 기에 있다. 그러므로 아시아 신학은 기계적 세계관에서 생명적 우주관으로, 물질적 패러다임에서 기의 패러다임으로, 형이상학적-존재론적 모형에서 생명을 잉태하고 살리는 생성生成적 패러다임으로 모형 전환해야 할 것이다.

한자 도道는 '달릴 착(辶)' 받침에 '머리 수(首)'로 이루어져 있다. 도는 주체(體)와 운용(用), 존재(being)와 과정(becoming)을 동시에 포함한다. 다시 말해서, 도는 '움직이는 주체'이며, '과정 속 또는 도상에 있는 존재 (being in becoming)'인 것이다. 도는 존재(*logos*)의 근원인 동시에 우주 변화 (*praxis*)의 길(궤적軌跡)이다. 그러므로 도는 로고스나 프락시스 중 어느 한쪽으로 환원될 수 없으며, 오히려 프락시스의 변혁을 타고(乘) 가는 로고스이다.[20] 도는 '이것이냐 또는 저것이냐either-or' 하는 양자택일의 선택이 아니라 '이것과 저것both-and'을 동시에 모두 껴안는 종합이다. 도는 우리를 로고스(존재)와 프락시스(과정)가 갈라지는 분기점 위에 세워놓는 것이 아니라, 우주적 궤적과 연합하는 역동적 운동에 참여하게 만든다.

도는 궁극적 길과 동시에 실재로서 앎(신학)과 행함(윤리)이 일치하는

---

20) 이 점에서 로고스와 프락시스의 관계는 한국 유학사에서 이황과 기고봉에 의하여 돌출된 이기(理氣) 논쟁과 유사한 점이 있다.

지행합일知行合一을 이루면서 생명의 사회우주적 궤적에 따라 변혁적 프락시스를 구현한다. 로고스 신학은 형이상학적으로 위로부터의 시각이고 프락시스 신학은 사회학적으로 아래로부터의 시각이라면, 도의 신학은 전혀 다른 시각에서 출발한다. 그것은 '우금치 현상'에서 선명하게 그려진, 신-인간-우주의 관계론적 비전 안에서 잉태한 상호주체성의 시각이다. 신-인간-우주적 그물망 속에서 연대와 교제를 가능하게 하는 기의 교류에 초점을 맞춘, 곧 기氣의 시각, 다시 말하면 기-인간-우주적 시각이다. 더욱이 도의 신학은 억눌린 생명의 사회우주전기에 특별한 관심을 기울이고 있다.

아시아 신학으로서 도의 신학은 관념 중심적인 로고스 신학이나 운동 중심적인 프락시스 신학의 대립을 지양하고 '행위 하는 지혜sophia in action'로서 통전적이다. 그 주안점은 교회의 정통 교리(正論, orthodoxy)나 역사적 상황에서 예언자적 실천(正行, orthopraxis)보다는, 기-인간-우주적 궤적에 부합하는 삶의 변혁적 지혜와 생명의 바른 길(正道, orthotao)에 있다. 정론正論이나 정행正行의 양자택일보다는 그들을 통전한 정도正道에 관심을 둔다. 더구나 그리스도교를 일컫는 최초의 호칭은 그리스어 '호도스hodos'였다. 호도스는 도와 매우 유사한 의미들을 내포하고 있다. 한글 성경도 이 단어를 도로 번역하고 있다(행 9:2; 19:9; 22:4; 24:14, 22).

그러므로 도의 신학이 던지는 중요한 질문은 "과연 예수 그리스도 안에서 계시된 하느님의 정도 안에서 우리가 살고 있는가?" 또는 "우리는 성령의 기와 예수의 신명을 받아 참된 살림살이를 하고 있는가?" 하는 것이다. 다시 말해서 "우리가 성령과의 적절한 교통을 통하여 신-인간-우주적 화해와 성화를 이루는 사랑의 과정에 올바르게 참여하고 있는가?" 하는 것이다(고린도전서 13장 참조!). 그리스도교의 삼대 덕목——신앙, 소망, 사랑——중 신앙이 정론을 강조하고, 소망이 정행을 강조한다면, 사랑은 정도를 주장한다. 전통적인 로고스 신학의 대주제가 신앙의 인식론이고, 근대적인 프락시스 신학의 주제가 소망의 종말론이라면, 아시아적 도道 의 신학에 있어서 대주제는 기의 해석학의 목표인 사랑의 성령론일 것이 다. 다음의 그리스도교와 도교의 두 문구를 비교해보라.

> 사랑은 언제까지든지 떨어지지 아니하나 예언도 폐하고 방언도 그치고 지식도 폐하리라. 우리가 부분적으로 알고[theology] 부분적으로 예언하 니[theopraxis] 온전한 것이 올 때에는 부분적으로 하던 것을 폐하리라. 내가 어렸을 때에는 말하는 것이 어린아이와 같고 깨닫는 것이 어린아이와 같다가 장성한 사람이 되어서는 어린아이의 일을 버렸노라. 우리가 이제 는 거울로 보는 것과 같이 희미하나 그 때에는 얼굴과 얼굴을 대하여 볼 것이요 이제는 내가 부분적으로 아나 그 때에는 주께서 나를 아신 것같이 내가 온전히 알리라. 그런즉 믿음, 소망, 사랑, 이 세 가지는 항상 있을 것인데 그 중에 제일은 사랑이라(바울, 고전 13:8-13).

> 생선을 잡기 위해 생선 그물이 있는 것이요, 일단 생선을 잡게 되면 그물을 잊어버린다. 토끼를 잡기 위해 토끼 올무가 있는 것이요, 일단 토끼를 잡게 되면 올무를 잊어버린다. 뜻을 알기 위해 말이 있는 것이요. 일단 뜻을 알게 되면 말을 잊어버린다. 그러나 나는 어디에서 말을 잊어버려 그와 더불어 말을 할 수 있는 이를 찾을 수 있을까?(『장자』, 외물편).

신앙과 소망도 결국 사랑을 얻기 위한 것이고, 로고스와 프락시스도 생선 그물과 토끼 올무와 같이 결국 도道를 득하기 위한 것이다. 사랑의 도를 얻게 되면, 그 모든 방법들을, 심지어 말까지도 잊어버려야 하는 것 이다. 전통적 로고스 신학theo-logy의 정의가 '이해를 추구하는 신앙faith-seeking-understanding(*fides quarens intellectum*)'이고, 프락시스 신학theo-praxis이 '실천을 추구하는 소망hope-seeking-praxis'이라면, 도의 신학theo-tao의 정의는 '도를 추구하는 사랑love-seeking-tao'일 것이다. 신의 담론으로서 로고스 신학이 그리스도교 교의의 올바른 선포(正論)에 초점을 맞추고, 예수의 운동으로서 프락시스 신학이 그리스도교 이념의 올바른 실천(正行)에 초점을 맞춘다면, 성령의 살림살이로서 도의 신학은 그리스도인의 올바른 삶의 길(正道)과 지혜를 추구할 것이다. 예수는 정통적 교리, 철학적 신학, 정행의 지침서, 사회혁명의 이념 같은 것보다는 하느님께로 나아가는 생명과 삶의 길을 가르쳐주셨다. 한국 천주교의 창시자 이벽李蘗(1754-86)이 이미 천명한 것같이 예수는 "인간의 길(人道)과 하늘의 길(天道)이 만나는 곳"이다.[21] 그러므로 그리스도는 기-인간-우주적 궤적, 곧 도를 현시한다.[22] 그리스도교의 복음이란 요약하면 수난을 받고 십자가에 매달려 못 박힌 예수의 이야기가 부활과 생명과 구속의 길이라는 것이다. 즉 예수의 억눌린 생명의 사회우주전기(受難史)가 구원의 도가 된 것이다. 다시 말해서, 십자가에 매달린 그리스도에 의하여 전 우주적 '우금치 현상'이 완성된 것이다. 우리에게 종으로 와서 십자가에 매달린 그리스도는 시궁창이 된 개울과 같이 죽어가는 민중과 억눌린 생명들을 다시 소생시켜서 역사의 거친 물줄기를 거슬러 올라갈 수 있는 힘의 근원, 즉 일기一氣가 되어버린 것이다. 그리고 예수는 우주의 순례자들인 우리가 "어떻게 억눌린 생명들과 더불어 상생적 연대를 하여 참된 인간(생명)으로 살 수 있는가?" 하는 길, 곧 하늘의 길이기도 한 부활과 생명의 도를 가르쳐준 것이다.

---

21) 이성배, 『유교와 그리스도교: 이벽의 한국적 신학원리』(왜관: 분도출판사, 1979), 122 참조.
22) 도-그리스도론에 관해서는 다음 장 참조.

21세기의 아시아 신학은 억눌린 생명의 사회우주전기로서 민중과 여성, 더럽혀진 자연에 우선권을 주고 억눌린 생명이 참된 역사의 주체라는 것을 천명하여야 한다. 아시아 신학은 '우금치 현상'에서 제시하는 기의 해석학을 통하여 신기의 근원에 도달하여 그 내뿜는 생명력, 곧 신명을 받아야 한다. 그러나 우리의 신기는 지금까지 "외래의 서양식 혹은 일본식으로 잘못된 사상들에 의해 옮겨지고, 소외되고, 뿌리 뽑히고, 억압당하고, 더럽혀지고, 분할당하고, 감금당하고, 무시당하고, 파괴당하고, 노예가 되어 이제껏 죽임당해왔다."23) 더 이상 우리는 우리의 신기가 죽임을 당하거나 억눌리게 해서는 안 된다. 이제 우리 신학은 잘못된 외래의 사상들에 의해 억눌리고 막혀 있는 기맥과 경락 들을 확 풀고, 새로운 예수의 신기로 가득 차서 스스로 활연관통하게 해야 할 것이다. 그리고 우리 신학은 에밀레종과도 같이 우리의 가장 깊은 심층으로부터 우리의 온 몸통을 울리며 울려나오는 우리의 참소리, 곧 '제소리'가 되어야 한다. 아시아인의 제소리로서의 아시아 신학은 이와 같이 예수의 신기를 받아, 21세기를 휩쓸 무지막지한 물줄기를 세차게 거꾸로 타고 신바람 나게 위로 거슬러 올라갈 수 있어야 할 것이다. 그러한 신기에 의한 신명나는 상승이 지금 세계를 놀라게 하는 한류韓流의 바람으로 우리에게 이미 나타나고 있는 것이 아닌가?

---

23) 김지하, 앞의 책, 192.

제6장

도道 그리스도론(Christotao) 서설1)

사랑은 언제까지든지 떨어지지 아니하나 예언도 폐하고 방언도 그치고
지식도 폐하리라. 우리가 부분적으로 알고(logos) 부분적으로 예언하니
(praxis) 온전한 것(道)이 올 때에는 부분적으로 하던 것을 폐하리라. 내가
어렸을 때에는 말하는 것이 어린아이와 같고 깨닫는 것이 어린아이와 같다
가 장성한 사람이 되어서는 어린아이의 일을 버렸노라. … 그런즉 믿음,
소망, 사랑, 이 세 가지는 항상 있을 것인데 그 중에 제일은 사랑이라(바울,
고전 13:8-13).

---

1) 『종교연구』 54 (2009), 103-130 게재. 영어 원본 "Toward a Christotao: Christ as the
Theanthropocosmic Tao"는 Heup Young Kim, *Christ and the Tao* (Hong Kong:
Christian Conference of Asia, 2003), 155-182; Roman Malek, ed., *The Chinese Face
of Jesus Christ*, Vol. III-b (Institut Monumenta Serica and China-Zentrum Sankt
Augustin, 2007), 1457-1479; *Studies in Interreligious Dialogue* 10:1 (2000), 1-25 등에
수록.

생선을 잡기 위해 생선 그물이 있는 것이요, 일단 생선을 잡게 되면 그물을 잊어버린다. 토끼를 잡기 위해 토끼 올무가 있는 것이요, 일단 토끼를 잡게 되면 올무를 잊어버린다. 뜻을 알기 위해 말이 있는 것이요. 일단 뜻을 알게 되면 말을 잊어버린다. 그러나 나는 어디에서 말을 잊어버려 그와 더불어 말을 할 수 있는 이를 찾을 수 있을까?(『장자』, 외물편).

1. 현대 그리스도론의 화두

오늘날 그리스도론이 처해 있는 위기는 두 가지 근본적인 문제에 기인한다. 하나는 근대적 역사 중심주의이고 다른 하나는 '로고스logos'와 '프락시스praxis' 사이를 분리하는 서구적 이원론이다. 19세기에 시작되어서 오늘날까지도 계속되고 있는 소위 '역사적 예수 탐구'가 성서신학 분야에서 근대적 역사주의가 가장 두드러지게 나타난 사례라고 할 수 있다.[2] 이와 관련된 학자들은 꾸준히 예수에 대한 역사적 증거들을 탐구하면서 '역사적 예수'와 '케리그마의 그리스도', '지상의 예수'와 '승귀된 그리스도', 혹은 '부활 이전의 예수'와 '부활 이후의 그리스도' 사이에 이분법을 만들어냈다. 여기에는 '역사'라는 근대적 신화를 무비판적으로 신봉하는 태도, 곧 역사실증주의 또는 역사절대주의가 잠재하고 있다.[3]

---

2) 다음 참조. Albert Schweitzer, *The Quest of the Historical Jesus: A Critical Study of its Progress from Reimarus to Wrede* (New York: Macmillan, 1968); Rudolph Bultmann, *History of the Synoptic Tradition* (New York: Harper & Row, 1976); Günter Bornkamm, *Jesus of Nazareth*, rev. ed. (Minneapolis: Fortress, 1995); John Dominic Crossan, *The Historical Jesus: The Life of a Mediterranean Jewish Peasant* (San Francisco: HarperCollins, 1994); 또한 Marcus J. Borg, *Jesus in Contemporary Scholarship* (Valley Forge, PA: Trinity Press International, 1994).

3) 역사라는 근대적 신화에 대한 비평은 Raimundo Panikkar, *Cosmotheandric Experience:*

현대 신학은 크게 나누어 '로고스'와 '프락시스'라는 두 개의 '근본 은유 root metaphor'들로 이원화되어 구성되어 있다고 할 수 있다. 해방신학의 출현은 이 이원화의 간극을 더욱 깊어지게 하였다.4) 해방신학자들은 역사적인 상황 속에서 교회의 교리가 갖는 타당성에 관해 큰 의혹을 제시해 왔다. 그들은 신학은 불의한 사회경제적인 조건들을 변혁시키는 실천적 정행orthopraxis에 우선적으로 연관되어야 한다고 주장한다. 그래서 편협하게 교리적이고, 지나치게 형이상학적이고, 반역사적인 특성을 가진 전통적 로고스 신학을 거부했다. 해방신학의 이러한 강력한 도전으로 말미암아 현대 신학은 '로고스 신학theo-logy'과 '프락시스 신학theo-praxis'의 두 모형으로 갈라져버렸다. 이러한 분리는 그리스도론에서 더욱 심화되어 나타났다. 즉 성육하신 말씀(로고스)인 그리스도를 중심으로 한 '로고스 그리스도론Christo-logy'과 하느님의 통치를 따른 실천(프락시스 운동)으로서 '프락시스 그리스도론Christo-praxis'로 나뉘게 된 것이다.5)

통전적인 종교적 배경에도 불구하고, 아시아의 신학들 역시 해방운동을 주축으로 하는 아시아 해방신학과 토착화운동에 초점을 맞춘 아시아

Emerging Religious Consciousness (Maryknoll: Orbis, 1993), 79-134 참조.

4) 근본 은유란 이야기(narrative)의 구조나, 문화-언어적 모태(cultural-linguistic matrix), 혹은 신학의 패러다임들을 형성하고 지배하는 핵심적 상징 은유들을 가리킨다.

5) 이러한 이분법은 '위로부터의' 그리스도론과 '아래로부터의' 그리스도론 사이의 차이와 유사하다. Wolfhart Pannenberg, *Jesus — God and Man*, trans. Lewis Wilkins and Duane Priebe (Philadelphia: Westminster, 1974), 33-7 참조. 남미 해방신학의 Christo-praxis 에 대해서는, Leonard Boff, *Jesus Christ Liberator: A Critical Christology for Our Time*, trans. Patrick Hughes (Maryknoll: Orbis, 1991); Jon Sobrino, *Jesus the Liberator: A Historical-Theological View*, trans. Paul Burns and Francis (Maryknoll: Orbis, 1993) 참조. 서구적 Christo-praxis 대해서는, Tom F. Driver, *Christ in a Coming World: Toward an Ethical Christology* (New York: Crossroad, 1981); Jans Glebe-Möller, *Jesus and Theology: Critiques of a Tradition*, trans. Thor Hall (Minneapolis: Fortress, 1989); 그리고 Edmund Arens, *Christopraxis: A Theology of Action*, trans. John Hoffmeyer (Minneapolis: Fortress, 1995) 참조.

종교신학의 두 진영으로 양분되어 있다. 아시아 해방신학은 아시아의 역사적 상황에 주목하면서 사회경제적 정의를 위한 해방적 투쟁을 강하게 주장하고, 아시아 토착화신학은 아시아의 '인간-우주적 비전anthropo-cosmic vision', 즉 천인합일 사상에 기초한 통합적 전망의 상황적 해석학을 강조한다.6) 두 명의 위대한 인도 신학자 토마스M. M. Thomas와 파니카Raimundo Panikkar의 그리스도론에서 이러한 분리가 극명하게 드러난 고전적 사례이다.7) 토마스의 후험적 그리스도론은 아시아의 역사와 아시아 종교들의 내적인 변혁 속에서 기능적으로 역사하는 그리스도를 찾아낸다. 반면에, 파니카의 선험적 그리스도론은 아시아의 종교들 속에서 이미 내재하고 있는 그리스도의 초역사적인 현존을 찾고자 한다. 마찬가지로 한국에서도 그리스도를 억압된 민중으로 이해하는 민중신학과 그리스도를 현자와 보살로 간주하는 종교신학 간의 이원화가 이루어져, 그것 또한 해결되지 않은 한국 신학의 숙제로 남아 있다.8)

....

6) 신유교는 이러한 '우주적 공존'의 비전을 하늘과 땅, 그리고 만물의 유기우주적(organis-mic) 일치 속에서 발전시켰다. 이것은 장횡거의 『서명(西銘)』에 나오는 다음의 구절에 잘 표현되어 있다. "건(乾)을 아버지라 부르고 곤(坤)을 어머니라 부른다. 나 이 조그만 몸이 혼연(渾然)이 그 가운데 처해 있도다. 그러므로 천지간에 차 있는 것이 나의 형체(形體)요 천지를 이끄는 것이 나의 본성(本性)이다. 백성은 나의 동포(同胞)요 물은 나의 여족(如族, 같은 족속)이다." 이상은 역, 『한국철학 2』(서울: 예문서원, 1998), 237. 또한 Tu Wei-ming, *Centrality and Commonality: An Essay on Confucian Religiousness*, rev. ed. (Albany, N.Y.: SUNY Press, 1989), 102-7 참조.

7) M. M Thomas, *The Acknowledge Christ for the Indian Renaissance* (London: SCM, 1969); R. Panikkar, *The Unknown Christ of Hinduism*, rev. ed. (Maryknoll: Orbis, 1964).

8) C. S. Song, *Jesus, The Crucified People* (New York: Crossroad, 1990). 현자 그리스도론에 대해서, Heup Young Kim, *Wang Yang-ming and Karl Barth: A Confucian-Christian Dialogue* (Durham: University Press of America, 1996), 180-88; 또는 M. Thomas Thangaraj, *The Crucified Guru: An Experiment in Cross-Cultural Christology* (Nashville: Abingdon, 1994) 참조. 보살(菩薩) 그리스도론에 대해서는, Keel Hee-sung, "Jesus the Bodhisattva: Christology from a Buddhist Perspective," *Buddhist-Christian Studies* 16 (1996), 169-85; John P. Keenan, *The Meaning of Christ: A Mahayana Theology*

이처럼 이원화는 현대 그리스도론에 만연된 딜레마이다. 로고스를 근본 은유로 계속 사용하는 한 그리스도론의 이러한 이분법을 극복하기 어려울 것이다. 로고스는 이원론적인 희랍적 사유 위에 기초를 두고 있기 때문에 이론과 실천, 형식과 내용, 또한 이성과 감정 사이를 쉽게 분리하는 약점을 가지고 있다. 더욱이 예수 세미나Jesus Seminar를 둘러싸고 벌어진 북미의 열띤 논쟁이 적나라하게 보여준 것처럼, 근대의 역사에 대한 맹목적인 추종은 서구의 그리스도론에 더욱 심각한 딜레마를 가져왔다.9)

그렇다면 어떻게 그리스도론이 로고스와 프락시스의 이원화가 '역사'라는 근대적 신화의 늪에서 빠져나올 수가 있을까? 이것이 바로 이 연구의 화두이다. 우리의 맥락에서 말하자면, 어떻게 서구적 이원론과 역사 중심주의에 매몰되지도 않으면서도 동시에 우리의 역사적 정황에 적합한 동아시아적 그리스도론을 구성할 수 있겠는가? 또는 어떻게 아시아의 인간 우주적 종교들의 구원론적 체계 안에서 해방적 그리스도론을 표출할 수 있을 것인가?

이와 같은 그리스도론의 기획은 새 술을 담기위한 새 가죽부대로서 새로운 근본 은유와 새로운 해석학적 패러다임을 필요로 한다. 나는 여기서 '도道'가 바로 예수 그리스도에 대한 그러한 대안적 근본 은유라고 주장하며,10) '로고스 그리스도론Christo-logy'와 '프락시스 그리스도론Christo-

....

(Maryknoll: Orbis, 1993); 또한 Donald S. Lopez and Steven C. Rockfeller ed., *The Christ and the Bodhisattva* (Albany: SUNY Press, 1987) 참조.

9) 예수세미나(Jesus Seminar)는 역사비평에 의해 자민족 중심적 믿음, 그들이 순진하게 가지고 있었던 백인 중심적 그리스도의 이미지가 해체되는 인식론적 충격을 받고, 그리스도교 신앙을 과학적 역사 연구로 대체하려 했던 사람들에 의해 시작되었다. Luke Timothy Johnson, *The Real Jesus: The Misguided Quest for the Historical Jesus and the Truth of the Traditional Gospels* (San Francisco: HarperSanFrancisco, 1996); 또한 N. T. Wright, *Jesus and the Victory of God* (Minneapolis: Fortress, 1996) 참조.

10) 유교, 도교, 불교를 포함한 동아시아 종교들 사이에서 널리 사용되고 있는 근본 은유로서,

praxis' 사이의 분리를 극복할 수 있는 대안으로 '도-그리스도론Christo-tao'을 제안하고자 한다.11) 이 새로운 근본 은유의 선택은 여러 가지 정당한 근거들이 있다. 예를 들면, 첫째, 동아시아인의 신앙고백적 그리스도론을 수립하기 위해 그들 전통 사상의 중심 개념인 도를 근본 은유로 선택한 것은 니케아-칼케돈 그리스도론의 형성 과정에서 초대 그리스도교 교회가 그 당시 문화적 토대인 희랍 철학의 중심 개념인 로고스를 채택한 것처럼 맥락적 당위성을 가진다. 둘째, 성서적 전거이다. 예수는 자신을 로고스라고 하기보다는 "길"이라고 주장했고(요 14:6), 사도행전에 나오는 그리스도교에 대한 최초의 호칭은 호도스hodos 곧 길(道)이었다(행 16:17; 18:25; 18:26).12) 셋째, 포스트모던 신학과 현대 성서학은 도를 예수에 대한 대안적인 근본 은유로서 선택하는 것에 대한 타당성을 다음과 같이 더욱 확증해주고 있다.

우선 '제3의 역사적 예수 탐구Third Quest for Historical Jesus'는 흥미롭게도 내 주장과 유사한 결론에 도달했다. 예수는 정통적 종교(로고스)의

도는 다양한 의미들을 지닌 매우 포괄적인 용어다. 예를 들어, "도는 하나의 길, 보도, 도로이다. 그리고 일반적인 은유적 확장에 의해서 그것은 고대 중국에서 삶의 바른 방식, 통치의 기술, 인간 존재의 이상적인 방향, 우주의 길, 존재 자체의 발생적이고 규범적인 방식(양식, 길, 과정)이 된다"(Herbert Fingarette, *Confucius-The Secular as Sacred* [New York: Harper & Row, 1972], 19). 또한 도는 머리를 뜻하는 '首' 자와 움직임을 뜻하는 '辶' 변으로 이루어져 있어 "프락시스 속의 로고스" 또는 "과정 속의 존재(being in becoming)"로 해석되기도 한다. Wing-tsit Chan, *The Way of Lao Tzu: Tao-te ching* (Indianapolis & New York: Bobbs-Merrill, 1963), 6-10 참조.

11) 세 가지 근본 은유에 기초한 세 가지 그리스도론 패러다임을 다음과 같이 비교할 수 있다.

근본 은유	신학	그리스도론	은유	특징	목적
로고스	theo-logy	christo-logy	믿음	이해(교리)	정론(ortho-doxy)
프락시스	theo-praxis	christo-praxis	소망	행위(이념)	정행(ortho-praxis)
도	theo-tao	christo-tao	사랑	삶(삶의 길)	정도(ortho-tao)

12) 『도마복음서』에는 로고스라는 말이 없다는 점을 주목할 필요가 있다. Steven L. Davies, *The Gospel of Thomas and Christian Wisdom* (New York: Seabury, 1983), 81.

창시자이거나 종말론적 혁명가(프락시스)라기보다는 삶의 길(道)에 관한 지혜로운 스승이요, 현자에 가깝다는 것이다.13) 서구 신학자 몰트만 Jürgen Moltmann도 고전적인 로고스 그리스도론을 거부하고, 그리스도론의 핵심 상징으로 '길(Way)'을 채택하고 있다. 그는 말했다. "나는 더 이상 두 본성 안에 있는 한 인격이라든지, 역사적 인격성과 같은 그리스도에 관한 정적인 사고를 하려 하지 않을 것이다. 나는 세계와 함께하는 하느님의 역사의 전진운동 속에서 그분을 역동적으로 이해하고자 한다." 몰트만은 '길'이라는 상징을 채택하게 된 이유를 내 주장과 유사하게 다음 세 가지로 제시했다. 1) "과정의 측면을 구현한다." 2) "인간에 의해 만들어진 모든 그리스도론이 역사적으로 조건 지워지고, 제한되었다는 사실을 깨닫게 한다." 3) 로고스 그리스도론과 프락시스 그리스도론의 통합을 "초대한다."14)

아시아 신학자 피에리스Aloysius Pieris 역시 아시아 신학 속에 존재하는 해방신학과 토착화신학 사이의 분열을 극복하기 위해 도의 신학과 유사한 제안을 했다.15) 그는 아시아의 토착 종교들과 진술한 종교 내적intra-religious 대화를 적극적으로 추진하면서 동시에 아시아적 해방신학을 형성하고자 했다.16) 그는 그리스도교 신학을 세 가지 양식, 곧 로고스*logos*

13) Marcus Borg, *Jesus*, esp, "Portraits of Jesus in Contemporary North American Scholarship," 18-43; 또한 Ben Witherington III, *Jesus the Sage: The Pilgrimage of Wisdom* (Minneapolis: Fortress, 1994) 참조. Bernard Lee는 신약 성서에서 예수를 향해 사용된 은유를 분석하고 나서, 인종적 폭력을 막고 로고스 그리스도론의 은유적 속박으로부터 자유롭기 위해서 *Ruach/Dabhar* 그리스도론의 새로운 발전을 제안했다. *Jesus and The Metaphor of God: The Christ of the New Testament* (New York: Paulist, 1993), 189 참조.
14) J. Moltmann, *The Way of Jesus Christ: Christology in Messianic Dimensions*, trans. Margaret Kohl (San Francisco: HarperSanFrancisco, 1990), xv; xiv.
15) 김흡영, 『도의 신학』(서울: 다산글방, 2000) 참조.
16) A. Pieris, *Love Meet Wisdom: A Christian Experience of Buddhism* (Maryknoll: Orbis, 1988); 그리고 *Asian Theology of Liberation* (Maryknoll: Orbis, 1988) 참조.

모형(교의학, 철학적 신학), 다바르*dabhar* 모형(해방신학), 호도스*hodos* 모형(통전적 신학)로 구분했다. 곧 "현실을 해석하는 '말씀', 역사를 변혁시키는 '매개체', 그리고 모든 담론을 종결시키는 '길'"로 나타나는 그리스도의 세 가지 측면을 한데 엮을 수 있는 통전적인 모형을 찾고자 했다.17)

이와 같이 도-그리스도론Christo-tao, 그리스도론의 도 패러다임의 도래를 증명하는 징후들이 여러모로 나타나고 있다. 그러나 종합적이지만 초언어적이고 미묘한 도의 세계는 근대화된 아시아인들을 포함하여 분석적인 대부분의 현대인들에게는 낯설고 이질적인 것이다. 그러므로 근대의 선형적이고 과학적 세계관으로부터 이러한 새로운 해석학적 전망으로 도약하기 위해서는 하나의 큰 깨달음을 필요로 한다. 카프라Fritjof Capra도 "율동적 박동"이나 "에너지의 우주적 춤"으로 언급했지만, 이러한 깨달음은 이것보다 심오한 것이다.18) 우주적 춤이라는 것은 그럴듯하게 들리나 도에 대해 너무 순진하고 낭만적인 태도를 담고 있다. 도는 로고스만큼이나 오래되고 함축적인 용어이기 때문에 매우 복합적인 해석이 필요하다. 동아시아의 정치사에서 권력자들이 힘없는 백성들을 착취하고, 그것을 정당화하는 이데올로기로 도의 개념을 많이 사용했다. 또한 포스트모던 시대에서 도 역시 해체되어 파편화된 상징으로 간주되어야 한다. 그 해석을 위해서는 해체된 전통의 창조적 복구와 역사적 오류에 대한 비판이 모두 필요하다. 곧 창의적인 복구의 해석학hermeneutics of retrieval과 적절한 의심의 해석학hermeneutics of suspicion이 동시에 수반되어야 한다.

---

17) A. Pieris, *Fire and Water: Basic Issues in Asian Buddhism and Christianity* (Maryknoll: Orbis, 1996), 특히 146, 138-46 참조.

18) Fritjof Capra, *The Tao of Physics: An Exploration of the Parallels Between Modern Physics and Eastern Mysticism*, 3rd ed. (Boston: Shambhala, 1991), 11 참조.

또한 현대인이 음양의 우주 발생적 운동으로 이루어져 있는 도의 세계를 이해하기 위해서는 직선적인 역사적 지평에서 도의 우주 발생적cos-mogonic이고 인간 우주적 지평으로의 해석학적 도약이 필요하다. 또한 그것은 "이것이냐 또는 저것이냐either-or" 하는 근대화 이후 습관화된 양자택일의 사고방식에서, "이것과 저것 모두Both-and"를 껴안는 상보성의 사상으로 패러다임 전환할 것을 요구한다. 이러한 해석학적 차원은 동양 전통의 대표적 상징인 태극太極을 통하여 표출된다. 주돈이(1017-1073)는 『태극도설太極圖說』에서 음양의 상호관계적 운동을 통한 우주 발생의 원리인 태극을 다음과 같이 요약했다.

> 무극無極이면서 태극太極이다. 태극이 동動하여 양陽을 낳고, 동의 상태가 지극하면 정靜하여지고, 정하여지면 음陰을 낳는다. 정의 상태가 지극하면 다시 동하게 된다. 한 번 동하고 한 번 정하는 것이 서로 그 뿌리가 되어, 음으로 나뉘고 양으로 나뉘어, 양의兩儀가 맞선다.[19]

2. 도道: 예수 그리스도에 대한 새로운 근본 은유

펠리칸Jaroslav Pelikan이 지적한 것처럼, 4세기의 초대 그리스도교 교회가 그리스도에 대한 주요 표제로 로고스를 적용하고 예수를 우주적 그리스도로 인식한 것은 기념비적인 사건이다.[20] 불행하게도 근대에 이르

---

19) 번역 참조 윤사순, 『퇴계선집』(서울: 현암사, 1982), 310; 또한 Chan Wing-tsit, trans. and complied, *A Source Book in Chinese Philosophy* (Princeton, NJ: Princeton University Press, 1963), 463.

20) Jaroslav Pelikan, *Jesus Through the Centuries: His Place in the History of Culture* (New York: Harper & Row, 1985), p. 58; Matthew Fox, *The Coming of the Cosmic Christ: The Healing*

러 이 중요한 측면이 상실되었지만, 로고스를 근본 은유로 선택한 것은 단순히 우주적 그리스도만 아니라, 고대 희랍 철학적 언어로 그리스도의 우주 발생적cosmogenic 본성을 표출한 것이라고 할 수 있다. 니케아 신조는 이점을 분명하게 선언하고 있다. "우리는 한 분이신 주 예수 그리스도, 하나님의 아들을 믿습니다. … 그를 통해 만물이 지어졌습니다." 이러한 우주 발생적 그리스도에 대한 믿음은 실은 새로운 것이 아니라, 이미 요한과 바울에 의해서도 분명하게 표현되었다: "만물이 다 그로 말미암고 그를 위하여 창조되었고 또한 그가 만물보다 먼저 계시고 만물이 그 안에 함께 섰느니라"(골 1:16-17; 요 1:3 참조).

그리스도의 우주 발생적 본성을 언표하기 위해서는 사실 도가 오늘날 그 의미를 상실한 로고스보다는 좀 더 적절한 은유라고 할 수 있다. "도는 만물 가운데 가장 크니 만물 가운데 완전하고, 만물 가운데 어디에나 있으며, 만물 가운데 모든 것이다. 이 세 가지 측면은 따로 떨어져 있으나 그 실재는 하나이다"(『장자』 22권). 도는 어떤 문화-언어적 은유, 상징, 모형을 가지고는 이름을 붙이고 개념화할 수 없는 세계, 곧 궁극적인 실재를 지시한다. "말해질 수 있는 도는 영원한 도가 아니고, 이름 붙일 수 있는 이름은 진정한 이름이 아니다. 이름 붙일 수 없는 그 무엇이 하늘과 땅의 시원始原이며, 이름 붙일 수 있는 그 무엇이 만물의 어머니다"(『도덕경』 1장).[21] 따라서 도에 이름을 붙이고 설명하는 것은 일종의 자기발견적인 노력일 뿐이다. "나는 그 이름을 알지 못하나, 더 나은 말을 찾을 수 없기에 도라고 부른다"(『도덕경』 25장). 여기서 우리는 예수와 원시 그리스도교 역시 본래 이름은 호도스(道)였다는 사실을 다시 한번 상기해야 한다.

---

of Mother Earth and the Birth of a Global Consciousness (San Francisco: Harper & Row, 1988), 특히 75-128 참조.

21) 번역 참조. Chan, A Source Book, 139.

또한 도덕경은 도를 근본적으로 여성적 은유를 통해 기술하고 있다: "만물의 어머니," 존재의 "근본," "근원" 혹은 "다듬지 않은 판목" 등이 그것이다. 더욱이 도는 "신비로운 여성"으로 불린다. "계곡의 신은 결코 죽지 않는다. 이를 일러 신비한 여인이라 하고, 그 신비한 여인의 문은 하늘과 땅의 근원이다"(6장). "하늘 문을 열고 닫음에 있어 여인과 같을 수 있겠는가?"(10장).22) 이러한 여성적 시각은 노자의 '반전reversal'의 혁명적 원리와 관련되어 있다. 이에 대해 그래함A. C. Graham은 아래에 있는 상호 대립의 연쇄 안에서 노자는 항상 양陽의 패러다임보다는 음陰의 것에 우선적 선택권을 준다고 주장했다.23)

陽	陰	陽	陰
유(有)	무(無)	전(前)	후(後)
유위(有爲)	무위(無爲)	동(動)	정(靜)
지식	직관	대(大)	소(小)
남성	여성	강(強)	약(弱)
실(實)	허(虛)	강(剛)	유(柔)
상(上)	하(下)	직(直)	굴(屈)

이러한 반전의 원리는 복귀return의 원리와 매우 가깝게 연결되어 있다. "비움에 이르러야 오래가고, 중을 지켜야(守中) 돈독해진다. 만물이 다 함께 번성하는데, 나는 그것을 통해 돌아감을 본다(復歸). 만물이 번성하나, 결국에는 제각각 뿌리로 돌아간다(復根). 뿌리로 돌아가는 것을 일러 정(靜)이라 하는데, 명을 회복한다는 말이다(復命). 명을 회복한다는

---

22) Chan, *A Source Book*, 144.
23) A. C. Graham, *Disputers of the Tao: Philosophical Argument in Ancient China* (La Salle, IL: Open Court, 1989), 223.

것은 영원한(常) 것이고, 영원한 것을 아는 것을 명(明)이라 한다"(16장).[24]
이와 같은 약함과 비움(空虛)의 역설적인 힘은 나아가 무위無爲의 원리로
발전된다. 인도의 아쉬람에서 여생을 보낸 가톨릭의 베네딕트 수도사 그
리피스Bede Griffiths(1907-93)는 『도덕경』이 서구 종교(특히 그리스도교)에
주는 중요한 함의에 대해 다음과 같이 설파했다.

> 도덕경에서 가장 전형적인 개념은 무위, 다시 말해 '활동 없는 활동action-
> less activity'이라는 개념이다. 그것은 수동의 상태, 수용성의 관점에서는
> '행위 없음non-action'의 상태이지만, 동시에 전적으로 능동적인 수동이
> 다. 이것이 여성성의 본질이다. 여성은 자신을 수태케 할 씨를 받아들이기
> 위해 남성과의 관계에서 수동적이 된다. 그러나 이 수동성은 그로부터 모
> 든 생명과 풍성함이, 모든 삶과 공동체를 양육케 하는 창의적이고 능동적
> 인 수동성이다. 오늘날 세계는 바로 이러한 여성적 힘의 차원을 회복할
> 필요가 있다. 그것은 남성성과 보완적인 관계인데, 그것이 없다면 남성은
> 지배적이고, 황량해지며, 파괴적이게 된다. 그러나 이것은 서구 종교가
> 신의 여성적 측면을 반드시 인식해야 한다는 데까지 이르러야 함을 의미한
> 다. 이것은 곧 비움의 가치의 역설paradox of the value of emptiness에
> 이르게 된다. "우리가 흙을 빚어 그릇을 만들지만, 텅 빈 공간 때문에 그릇
> 이 쓸모 있어진다. 많은 바큇살로 바퀴를 만들지만, 바퀴를 구르게 만드는
> 것은 그 한가운데 텅 빈 공간이다. 벽돌과 나무로 집을 만들지만, 집에
> 거주할 수 있게 하는 것은 문과 창문들 안에 있는 텅 빈 공간들이다." 다시
> 말하지만, 이것이 바로 무위의 가치인 것이다. 간디는 이것을 피폭력
> (ahimsa)이라고 칭했다.[25]

24) Chan, *A Source Book*, 147.
25) Bede Griffiths, selected and introduced, *Universal Wisdom: A Journey Through the Sacred*

3. 도-그리스도론에 대한 한국적 전거들

이러한 도란 근본 은유를 가지고 예수 그리스도를 어떻게 이해할 수 있을 것인가? 사실 도의 해석학적 세계 안에 살고 있던 한국의 그리스도인들은 이미 시작부터 도의 관점을 통해 그리스도를 파악하고 있었다. 조선의 그리스도인들이 그들의 핵심 사상인 도를 통해 그리스도를 이해한 것은 4세기 희랍-로마의 그리스도인들이 로고스를 통해 그리스도를 이해한 것처럼 지극히 타당한 것이었고, 펠리칸의 표현대로, 기념비적 사건이었다고 할 수 있다. 여기서는 도를 근본 은유로 적용한 대표적 사례로서 한국의 신학자 이벽, 류영모 그리고 이정용의 그리스도론을 살펴보고자 한다.

1) 이벽: 천도天道와 인도人道의 교차점crossroad으로서의 그리스도

노자는 궁극적인 도라는 것은 인간의 이성과 언어를 넘어선 말로 표현할 수 없는 초언어적인 것이라고 했다. 그러나 동시에 그는 지혜로운 삶의 방법(德)에 관해 많은 것을 이야기해주었다. 도는 단지 형언할 수 없는 궁극적인 것만이 아니라 인간들이 인간-우주적인 궤적의 변혁적 실천에 참여할 수 있도록 하는 실천적인 방식들까지도 지시하는 자기발견적인 은유인 것이다. 동아시아 사상사에서 이러한 구별은 일반적으로 도교와 유교라는 상호보완적인 대립쌍complementary opposites에 의해 인식되었다. 도가 전통은 궁극적 실재의 무념적-탈언어적apophatic 차원, 곧 하늘의 길(天道)에 관심을 갖는 반면, 유가 전통은 인간 삶의 상념적-언어적 kataphatic 측면, 곧 인간의 길(人道)에 더욱 초점을 맞춘다. 따라서 당대에

Wisdom of the World (San Francisco: HarperSanFrancisco, 1994), 27.

가장 탁월한 유학자이면서 한국 최초의 신학자이라 할 수 있고 한국 가톨릭교회의 영적 교부인 이벽李檗(1754-86)이 이러한 두 가지 도의 일치와 합류를 예수 그리스도 안에서 발견한 것은 당연한 일이다.26) 그는 예수 그리스도를 천도와 인도의 교차점이자, 신성과 인성이 합일한 최상의 현자로 보았다.27)

2) 류영모: "없이 계신 님Being-in-Non-Being"으로서의 그리스도

동아시아의 해석학적 세계의 가장 깊은 심장부에서부터 우주 발생론적 그리스도론의 단초를 제시한 이는 다석多夕 류영모柳永模(1890-1981)였다. 그는 그 나름대로 분명한 그리스도인이었으며, 유교와 불교에 통달했고 선도의 수행자였다. 주돈이周敦頤는『태극도설太極圖說』에서 '무극이태극無極而太極', 즉 무극無極과 태극太極을 말로 형언할 수 없는 절대무(空虛)와 우주 발생적 근원이라는 상호보완적이면서도 역설적인 궁극적 대립쌍으로 보았다. 이와 같이 도를 최상의 우주 발생적 역설이라고 보는 신유교적 관점에서, 다석은 아주 흥미로운 동양의 우주적 그리스도론을 구상했다. "십자가를 무극이 태극이라고 본다. 동양의 우주관이다. 동양의 우주관을 몸소 보여 주신 이가 예수님이다. 그는 살신성인殺身成仁이었다. 자기를 제물로 바쳐 인류를 구원하고 하나님의 나라를 열었다는 것이다."28)

이 우주적 그리스도론에 따르면, 그리스도 안에서 무극과 태극이 하나가 된다. 역사적으로 이것은 예수가 "내가 아버지 안에 있고, 아버지가

---

26) 이성배,『유교와 그리스도교: 이벽의 한국적 신학원리』(왜관: 분도출판사, 1979).
27) 어원적으로도 도는 교차점에서의 하나의 시작을 가리킨다.
28) 김흥호,「동양적으로 이해한 유영모의 그리스도교관」, 박영호 편,『다석 유영모』(서울: 무애, 1993), 299.

내 안에 있다"(요 14:11)라고 말씀하신 것처럼 아버지와 아들 사이의 사랑이 넘치는(父子有親) 공성적 관계(perichoresis)로서 드러난다. 다석은 십자가를 "꽃피"라고 했다.29) '꽃피'인 십자가를 통해서 아들은 아버지의 영광을, 아버지는 아들의 영광을 드러낸다. 십자가 위에서 예수라는 꽃이 피를 흘리며 활짝 피는 것을 보면서 그는 우주의 영광스런 만개를 그려볼 수 있었다. 다석에게 "우주 궤도의 돌진이 십자가요 우주 궤도를 도는 것이 부활이요 세상을 비추는 것이 하나님의 우편에 앉으신 심판이다."30)

이러한 없음(無)과 있음(有), 비존재와 존재라는 최고의 역설적 시각에서 다석은 한국 특유의 영성(氣)-무념적pneumato-apophatic인 도-그리스도론을 구상했다. 그는 예수를 원초적 호흡Primordial Breathing, 즉 "숨님"(pneuma)이라고 불렀다. 또한 예수는 "계시지 않음"에도 불구하고 "계시는" 분이다. 다석은 "없이 계신 님"이라고 하는 비존재(無極)적 존재(太極)라는 특이한 동양적 그리스도론을 고안한 것이다. 우리는 '있어도 없는 존재', 즉 '존재적 비존재'라면, 예수는 '없어도 있는 존재', 곧 '비존재적 존재'인 것이다. 다시 말하면, 우리가 '색즉시공色卽是空'이라면, 그리스도는 '공즉시색空卽是色'인 것이다.31)

3) 이정용: 易의 완성으로서의 그리스도

주로 미국에서 활동했던 한국인 신학자 이정용李正勇(1935-95)은 『주역周易』의 형이상학으로 동아시아 그리스도론을 발전시키고자 했다. 그는 역易이 미래의 그리스도교 신학을 위한 가장 적절한 패러다임을 제공

---

29) 이 말을 통해서 다석은 십자가의 두 가지 은유적 함의를 동시에 표현했다. 십자가 위에서 예수는 꽃과 같은 '피'를 흘렸고, 동시에 이에 의해 그를 통한 구원의 꽃이 활짝 '피'었다.
30) 김흥호, 앞의 글, 301.
31) 김흥호, 『제소리』(서울: 풍만, 1985), 68.

하고 있다고 주장했다. 이미 실효성을 상실한 실체론적(substance) 패러다임(being)과 아직 불충분한 과정신학적(process) 패러다임(becoming)을 넘어서서 역(change)의 방식(being and becoming)으로 신학적 사고가 패러다임 전환되어야 한다고 역설했다.[32] 아인슈타인의 상대성이론이나 양자역학 같은 현대 물리학의 발견이 보여주었던 것처럼, 궁극적 실재란 결코 아리스토텔레스 논리학, 유클리드 기하학, 뉴턴 물리학 같은 희랍적 형이상학에서의 '있음(substance)'이 아니며, 그렇다고 화이트헤드 Whitehead의 과정 형이상학에서의 '되어감(process)'도 아니다. 오히려 그것은 변화 안에 있는 '있음(being)'과 '되어감(becoming)', 혹은 음과 양의 상호보완적 대립쌍 안에 있는 태극에 근접한다. "그러므로 역은 있었고, 있고, 있을 모든 것들의 매트릭스이다. 그것은 모든 있음과 되어감의 근원이다. 따라서 역의 신학은 있음이면서 또한 되어감인 궁극적인 것의 특징을 설명한다."[33]

서구적 사고방식에는 이것이냐 저것이냐either-or하는 양자택일적인 논리가 너무 깊이 뿌리박혀 있다. 그러므로 서구 신학은, 과정신학까지도, 그 한계를 넘어서기가 어렵다. 스미스Wilfred Cantwell Smith가 "모든 궁극적 문제들에 있어, 진리는 이것이냐 저것이냐 하는 것에 있는 것이 아니라 (그 모두를 아우르는) 양자 긍정both-and에 있다"고 했던 것처럼, 양자택일의 방식은 그릇된 것이다.[34] 이정용은 역의 '양자 긍정'의 논리야말로 신학의 올바른 형이상학이라고 주장했다(God as Change). 『역경易經』속에 나타난 역은 분명히 범주화할 수 없다. 역은 인격적이면서 동시에 비인격적

---

32) Lee Jung Yong, *The Theology of Change: A Christian Concept of God in an Eastern Perspective* (Maryknoll: Orbis, 1979), 11-28.

33) 같은 책, 20.

34) Wilfred Cantwell Smith, *Faith of Other Men* (New York: New American Library, 1963), 72.

이고, 여성적이면서 동시에 남성적이며, 내재적이면서도 또한 초월적이다."35) 이러한 완전 긍정(both-and)은 완전 부정(neither-nor)과 상호보완적이다. 최상의 역설로서, 태극은 완전한 긍정을, 무극은 완전한 부정을 상징한다. 따라서 최고의 도道로서의 하느님은 인격적이면서 비인격적이고, 여성적이면서 남성적이며, 내재적이면서도 또한 초월적이다. 그러나 동시에 하느님은 인격적이지 않으면서도 비인격적이지 않고, 남성이 아니면서 여성도 아니며, 내재적이지 않으면서 또한 초월적이지 않다. 이러한 시각에서 예수 그리스도는 역의 완벽한 실현으로서 파악된다.

> 그리스도로서의 예수 안에서 인간과 하나님은 완벽한 조화 속에 있다. 예수의 정체성은 그의 인성을 배제하는 것이 아니라, 마치 양陽이 음陰의 존재를 전제하듯이 그렇게 인성을 전제하고 있다. 더욱이 완전한 인성은 완전한 신성을 전제하고 있다. 그의 신성과 인성의, 혹은 변화와 변화함의 완전한 상호보완성 속에서 그는 완전한 사람이면서 동시에 완전한 하느님이다. 변화와 변화함 사이의 완전한 조화를 상징한다는 점에서 예수 그리스도는 변화와 변혁의 궁극적인 현실이다.36)

역의 완전한 실현으로서의 그리스도는 또한 인격적이면서도 동시에 비인격적이고, 남성적이면서 동시에 여성적이며, 개인적이면서도 또한 공동체적이다.37)
이정용의 제안은 사실 신학사적으로 중요하지만, 그에 합당한 관심을

---

35) Lee, 앞의 책, 22.
36) 같은 책, 99.
37) Lee Jung Yong, *The Trinity in Asian Perspective* (Nashville: Abingdon, 1996), 78-82 참조.

얻지 못했다. 그의 반서양적 수사학이 서양 신학자들에게는 과도했고, 자신의 주장을 입증하기 위해 지나치게 실증적인 형이상학을 사용하였기 때문이다. 역이 새로운 대안적 신학을 위한 보편적인 형이상학이라고 주장하며 내세운 그의 '복구의 해석학hermeneutics of retrieval'은 여러모로 탁월하다. 그러나 그것에는 신학의 구성을 위해 더불어 중요한 전통의 역사에 대한 진솔한 비판을 하는 '의심의 해석학hermeneutics of suspicion' 이 빈약하다. 그래서 역의 신학은 토착 전통에 대해 너무 순박하고 낭만적인 해석학을 사용했다는 단점이 있다. 다시 말하자면, 그의 신학은 아시아의 로고스 신학(종교신학)을 위해서는 좋은 모형이지만, 아시아 신학의 또 다른 축인 프락시스 신학(해방신학)을 위해서는 그렇게 좋은 모형이 되지 못한다. 서구 형이상학의 모순에 반대하는 열정적인 논쟁 속에서 이정용은 그의 본래 의도와는 반대로 도가 객관적으로 이름 붙여질 수 있다고 하는 형이상학적 함정에 빠지는 오류를 범하고 말았다. 『도덕경』이 정의한 대로, 도는 결코 객관적으로 기술될 수 없으며 오직 자기발견적으로 체득할 수 있을 뿐이다. 계속적인 변화로서 역의 도는 어떤 고정된 얼굴이 없다. 그것은 콘텍스트에서 콘텍스트로, 사람에서 사람으로 계속적으로 변화하면서 형태가 수없이 다양하게 바뀐다. 따라서 역동적인 도의 해석학에서는 해석자의 맥락과 역할이 모두 중요하다. 도의 해석학이란 해석자 또는 해석 공동체가 주어진 맥락과 맞물리면서, 도의 궤적을 각성하고 창조적이고 통전적으로 이해하는 활동을 말한다. 여기서 중요한 것은 도는 해석자인 우리에게 주어진 어느 때에 어떻게 우주적인 운동 속에 적절히 참여할 수 있는 있는지 식별할 수 있는 길을 제시하고 요구한다는 점이다.

4. 신-인간-우주적[38] 도道로서의 예수 그리스도

신학의 입장에서 볼 때, 도 사상의 탁월성은 형이상학적 실증주의의 오류를 극복하면서도 초언어적인 도를 어떻게든 표현해내는 방식과 지혜에 있다. 궁극적 실재를 양자 긍정과 양자 부정의 방식으로 해명하는 것을 우리는 앞에서 살펴보았다. 이와 같이 도 사상은 그리스도론의 이원론적 난제들을 해결하고 그리스도를 통전적으로 표출할 수 있는 가능성을 부여한다. 사실 니케아-칼케돈 신조의 탁월성도 희랍적 이원론의 틀을 넘어서 그리스도의 궁극적이고 우주 발생적인 본성을 표현해낸 것에 있다. 그것을 통해 4세기 그리스도인들은 그리스도교 신앙이 희랍 철학의 양자택일적 사고를 초월할 수 있게 하였다. 우선 니케아 신조(325)는 그리스도를 '참 하나님vere deus'인 동시에 '참 인간vere homo'으로 표현하기 위해 양자 긍정both-and의 방식을 사용했다. 또한 칼케돈 신조(451)는 그리스도의 두 본성이 서로 혼동되지도, 변화하지도, 분리되지도, 구별되지도 않는다는 것을 표현하기 위해 양자 부정neither-nor의 방식을 사용했다. 이것을 동아시아적인 용어로 좀 더 명료하게 표현하면, 4세기 그리스도인들은 인성과 신성 양자 모두에 대한 전적 긍정으로서 태극太極과 양자 모두에 대한 전적 부정으로서 무극無極 사이의 최고의 역설적 방식으로 그리스도의 우주 발생적인 신비를 통찰하고 표현했던 것이다.

---

38) Theanthropocosmic은 theos(신), anthropos(인간), 그리고 cosmos(우주)를 문자적으로 조합한 조어적 형용사로서, 신-인간-우주의 상호관계성을 지시한다. 이것은 파니카(Raimundo Panikkar)의 cosmotheandrism과 상응한다. Panikkar, *Cosmotheandric Experience*와 *The Trinity and Religious Experience of Man* (New York: Orbis, 1973) 참조. 그러나 내 입장은 내가 처한 구체적인 종교문화적 맥락에서 내 자신의 경험으로부터 나온 것이다. 즉 신유교의 인간-우주적인 패러다임과 그리스도교의 신-역사적인 패러다임이라고 하는 두 개의 커다란 전통 사이에서 진행되고 있는 지평융합의 상황이다. Kim, *Wang Yang-ming and Karl Barth*, 특히 175-188 참조.

사실 이러한 역설적인 사유 방식은 그리스도교 전통에서도 전혀 낯선 것이 아니다. 영지주의 복음서들, 그레고리Gregory of Nyssa와 디오니시우스Dionysius of Areopagite와 같은 초기의 창의적인 신학자들, 아시시의 프란시스Francis of Assisi와 에크하르트Meister Eckhart와 노리치의 줄리안 Julian of Norwich과 같은 그리스도교 신비주의자들, 그리고 무엇보다도 쿠사의 니콜라스Nicolas of Cusa가 정식화한 상극적 조화(*coincidentia oppositorum*)라는 원리 안에서 뚜렷하게 나타난다.39) 더욱이 사도 바울은 성경에서 이미 양자 부정의 방법을 사용하여 그리스도교를 설명했다. "그리스도 안에는 더 이상 유대인도 희랍인도 없고, 종도 자유자도 없고, 더 이상 남자도 여자도 없다"(갈 3:28).

1) 새로운 태극太極으로서 그리스도

　다석의 심오한 영적이며 무념적인pneumato-apophatic 통찰들에 힘입어, 우리는 도-그리스도론을 다음과 같이 더욱 발전시킬 수 있을 것이다. 예수는 곧 도이시다. 그는 태극과 무극이 일치를 이루는 지고한 역설의 완성이며, 원초적 숨님이며, 비존재적 존재Being-in-Non-Being이며, 완전한 형태를 이루는 완전한 비움(*kenosis* 혹은 *sunyata*)이다. 십자가는 우주 변화의 길(道)로의 돌진을 언표하며, 부활은 신-인간-우주적 궤적에 대

─────────

39) 도에 대한 비교 연구를 위해서는 Holmes Welch, *The Parting the Way: Lao Tzu and the Taoist Movement* (Boston: Beacon, 1957), 특히 50-58 참조. 빙엔의 힐데가르트(Hildegart of Bingden), 보나벤투라(Bonaventura), 단테(Dante Alighieri) 등 그리스도교 신비주의 전통에 대해서는 Ewert H. Cousins, *Christ of the 21st Century* (Rockport, MA: Element, 1992); 또는 Fox, *Cosmic Christ*, 109-126 참조. 쿠사의 니콜라스에 대해서는 Karl Jaspers, *The Great Philosophers: The Original Thinkers*, trans. Ralph Manheim (New York: Harcourt, Brace & World, Inc., 1966) 참조. 노리치의 줄리안에 대해서는 Brant Pelphrey, *Christ Our Mother: Julian of Norwich* (Wilmington: Michael Glaizer, 1989) 참조.

한 그리스도론적 변혁을 의미한다. 예수의 십자가 죽음은 우주의 길을 변화시키는 우주 발생론적 못 박힘이다. 나아가, 그것은 도의 옛 형이상학적 세계, 즉 태극과 이理에 존재하던 역사적 악순환을 근본적으로 열어젖히는 사건을 의미한다. 이것이 태극의 개벽開闢을 언표한다. 옛 태극의 우주 발생은 무극으로 십자가형에 처해지고, 새로운 태극으로서, 다시 말해 지고한 역설의 위대한 종말론적 운동으로서 부활했다. 그것은 그저 교리적인 혁명(logos)만도 아니요, 단순히 메시아적 영감을 받은 사회 변혁(praxis)도 아니다. 그것은 우주 발생적 혁명이다. 도로서의 그리스도 곧 십자가에 못 박혀 죽고 부활한 태극은 그리스도의 우주 발생적 혁명을 내포한다. 종합하면, 그리스도는 십자가의 죽음을 통해 태극의 옛 인간-우주적인 고리 속으로 돌진해 들어가서, 그것을 상서祥瑞로운serendip-itous 신-인간-우주적 궤적으로 변화시키고, 태극의 새로운 시대aeon를 열었다.40) 이와 같이 그리스도의 사건은 우주 생명의 대변혁과 대개벽을 예고하고 성취했다.

2) 상서로운 영-사회-우주적 궤적으로서 그리스도

이 뜻밖의 상서로운 신-인간-우주적 궤적은 실재하는 것이지만 아직도 감추어져 있다. 그 궤적은 아직까지 완전히 표출되지 않고 있으며, 종말론적 성격이 있다. 여기에서 기氣(*pneuma*)의 개념은 중요한 해석학적 열쇠를 제공한다.41) 이러한 기의 개념을 통해 그리스도론적 영이신 신-인간-우주적 비전이 새롭게 창안될 수 있다. 통전적이고 포괄적인 개념

---

40) Gordon D. Kaufman, *In Face of Mystery: A Constructive Theology* (Cambridge, MA: Harvard University Press, 1993), 264-280 참조. 그러나 우주의 혁명적-역사적 궤적에 대한 카우프만의 생각은 여전히 직선적이고 실용주의적이라는 단점이 있다.
41) 김흡영, 『도의 신학』, 346-350 참조.

으로서 기는 영적인 힘을 의미하면서 동시에 그러한 힘의 물질적 현현을 뜻한다. 또한 그것은 원초적 기운의 근원source을 의미하면서 동시에 그 힘의 매개체medium를 말하기도 한다. 기의 소통은 인간과 다른 생물들의 관계를 보다 통전적으로 그리고 보다 심오하게 발전시킨다. 이와 같은 기의 영적인 소통을 통해 신-인간-우주적 생명의 그물망life network이 서로 공생symbiosis하게 할 수 있게 된다.

더욱이 이것은 우리로 하여금 민중의 사회-전기와 순진한 인간-우주적 비전 사이의 변증법적 관계를 창조적으로 넘어서서 착취당하는 생명의 사회-우주적 전기를 주제화할 수 있게 해준다.[42] 도로서의 하느님은 기의 영적 소통을 통해 이루어진 착취당하는 생명들의 사회-우주적 관계망에 관한 이야기를 우리에게 들려준다. 원초적 기운인 원기元氣로서 그리스도는 구원 즉 해방과 화해를 동시에 가져온다. 더욱이 영이면서 동시에 물질로서의 기는 성육신Incarnation의 문제를 해결하는 데 실마리를 제공해줄 수 있다. 예수의 탄생 이야기는 영-인간-우주적 비전을 가장 탁월하게 묘사하고, 그리스도의 수난 이야기는 착취당하는 생명의 사회-우주적 전기를 가장 탁월하게 표출한다. 그러므로 신-인간-우주적 도로서의 예수 그리스도는 생명을 가져다주는 원초적 기, 원기의 영 안에 있는 뜻밖의 상서로운 영-사회-우주적 궤적serendipitous pneumato-socio-cosmic trajectory을 함축하고 있다.

이와 같이 도-그리스도론christo-tao은 기에 대한 영적인 해석학과 착취당하는 생명의 사회-우주적 전기 모두를 그 구성요소로 가지고 있다.

---

42) 김용복은 민중의 사회전기(social biography)가 교회에 의해 덧입혀지고, 서구적 합리성에 근거하고 있는 교리적 담론들보다 더 참된 역사적 평가 기준이 된다고 주장했다. Yong-Bok Kim, "Theology and the Social Biography of Minjung," *CTC Bulletin*: 5:3-6:1 (1984. 5), 66-78; 또한 Heup Young Kim, "Asian Theology," 285-90 참조.

그러므로 상서로운 영-사회-우주적 궤적, 곧 도를 그리스도로 언표하는 도-그리스도론은 영적이고 해방적이다. 결국, 도로서의 그리스도와 새로운 태극으로서의 그리스도는 아시아 영성의 구원론적 핵심 안에 구현되어 있는 해방적 그리스도론의 한 전형이라 할 수 있다. 그러므로 신-인간-우주적 도로서의 예수와 영-사회-우주적 도로서의 그리스도를 구상하는 도-그리스도론은 현대 그리스도론을 곤경에 몰아넣고 있는 근본 문제인 근대적 역사 중심주의와 희랍적 이원론을 극복하며 이 글에서 필자가 제기한 화두에 대해 적절한 해답을 제공한다.

결론적으로, 다가오는 시대에 그리스도론의 과제는 예수 그리스도의 도를 진솔하게 이야기하는 것이다. 그것은 신-인간-우주적 궤적에 따라 삶을 바른 길(正道, orthotao)로 변화시켜나가며, 억압당하고 착취당하는 생명들의 이야기들을 들으며 그들을 살리는 영-사회-우주적 운동에 동참하는 것이 될 것이다. 새로운 태극으로서의 예수 그리스도는 십자가와 부활을 통해 우주 발생적 패러다임 전환을 완성했다. 신-인간-우주적 도로서 그리스도는 수난받는 온 생명에게 이 상서로운 영-사회-우주적 궤적으로 복귀할 수 있는 힘을 불어넣어주는 원초적 기이며, 생명을 낳는 에너지-영이다. 이 대목에서 『장자』에 나오는 다음과 같은 구절이 매우 암시적이다.

> 너는 잡념을 없애고 마음을 통일하라. 귀로 듣지 말고 마음으로 듣도록 하고, 마음으로 듣지 말과 기氣로 듣도록 하라. 귀는 소리를 들을 뿐이고 마음은 밖에서 들어온 것에 맞추어 깨달을 뿐이지만, 기란 공허하여 무엇이나 다 받아들인다. [그리고] 참된 도는 오직 공허 속에 모인다. 이 공허가 곧 심재心齋(즉 마음의 재계)이다.43)

참된 도로서의 그리스도는 마치 고향으로 돌아가려 솟구치는 연어와 같이 생명들로 하여금 도로 복귀하게 만든다. 그 복귀를 위해서는 그 능력인 기氣 곧 성령(神氣)을 받아야 한다. 그것은 공허 곧 자기비움(kenosis)과 심재 곧 깊은 반성과 회개를 수반한 마음닦음(metanoia)이 이루어졌을 때 가능하다. 그러면 우리는 성령의 인도로, 반전(산상수훈)의 능력에 합류하여 마치 고향에 돌아가려는 물고기처럼 도약하며 도로 복귀할 수 있게 된다. 끝으로, 예수께서 시몬과 안드레에게 하신 말씀을 깊이 음미할 필요가 있다. "나를 따르라. 그러면 내가 너희로 사람을 낚는 어부가 되게 하겠다"(마 1:17).[44]

---

43) 안동림 역주, 『장자』(서울: 현암사, 1993) 114 참조.
44) 우리 국기에 있는 태극의 그림 문양이 물고기 두 마리가 춤추는 것을 묘사하고 있다는 것은 주목할 일이다.

제7장

도道 삼위일체론
서설1)

1. 서론: 삼위일체론의 동양화Easternization

칼 바르트Karl Barth와 칼 라너Karl Rahner가 소위 '삼위일체의 르네상스' 시대를 개시한 이후, 그동안 무시되어왔던 삼위일체론은 그리스도교 신학에서의 중심 지위를 회복했다. 삼위일체론의 복귀는 몰트만Jürgen Moltmann, 판넨베르크Wolfhart Pannenberg, 토랜스Thomas F. Torrance, 젠슨Robert Jensen, 보프Lenard Boff, 라쿠냐Catherin Mowry LaCugna, 존슨 Elizabeth Johnson 등과 같은 현대 신학자들로부터 에큐메니칼하게 광범위

---

1) 이 글은 「동아시아적 삼위일체론 서설」이라는 제목으로 『종교연구』 65 (2011), 247-270에 게재됐다. 영어 원본 "Trinity and Confucianism/Taoism: an East Asian Perspective," *The Cambridge Companion to the Trinity* (Cambridge: Cambridge University Press, 2011), 293-308 수록.

한 지지를 얻었다. 그러나 현대 신학사상사에서 삼위일체의 재발견이라는 이 흥미진진한 이야기가 이 글의 중심 주제는 아니다. 다만 그것에 관련된 한 중요한 사항을 지적하고 넘어가고자 한다. 그것은 이러한 삼위일체론의 화려한 귀환 가운데는 동양에 대한 재발견과 함께 그리스도교 신학이 동양 쪽으로 방향 전환a turn to the East하는 일종의 동양화가 이루어지고 있다는 사실이다.

삼위일체론의 중심성이 회복되면서 그리스도교 신학의 추는 동쪽으로 방향을 바꾸고 있다. 우선 20세기에 서구의 삼위일체 신학은 소위 '라너의 정식Rahner's Rule'과 '판넨베르크의 원리Pannenberg's Principle'에서 절정에 도달했다.2) 전자는 "경륜적 삼위일체는 내재적 삼위일체이며, 내재적 삼위일체는 경륜적 삼위일체이다"라는 명제를 주장하며, 내재적 삼위일체와 경륜적 삼위일체를 동일시한다. 후자는 "하나님의 존재는 그의 통치이다"라고 주장하며 세계에 대한 하느님의 통치의 역사를 강조한다. 그러한 시도들에서도 만족하지 못한 삼위일체 신학은 동쪽으로 방향을 틀어 이제까지 간과해왔던 다른 전통들에게 관심을 기울였다. 먼저 근동에서 동방정교회의 삼위일체 신학의 중요성을 재발견한다. 이것은 하느님의 존재는 삼위일체적 세 위격의 교통과 연합이라고 주장하는 소위 '지지울라스의 언명Zizioulas's dictum'에서 구체화된다.3) 동방정교회와의 만남은 삼위일체론이 존재론을 회복하고 재구성하는 데 큰 도움을 주었다. 특별히 그것은 삼위일체 간의 관계성, 삼위의 인격성 그리고 '인격적 관계성'에서 존재론을 회복하는 데 기여했다. 이것은 또한 인격을 자기의식으로

2) Karl Rahner, *The Trinity*, trans. Joseph Donceel (New York: Crossroad, 1997), 22; Wolfhart Pannenberg, *Theology and the Kingdom of God* (Philadelphia: Westminster Press, 1969), 55-6; cited in Stanley J. Grentz, *Rediscovering the Trinity in Contemporary Theology: The Triune God* (Minneapolis: Fortress Press, 2004), 96.
3) Grentz, 앞의 책, 134-5, 141-143; 134 참조.

환원하는 근대적 인격 개념과 희랍적 본질주의essentialism가 삼위일체 신학이 난관에 봉착하게 한 주요인이었다는 사실을 명확히 밝혀주었다. 그리고 삼위일체 신학은 동쪽으로 더 이동하여 인도의 다원종교적 상황을 조우하면서, '파니카의 기획Panikkar's project'을 배출했다.[4] 파니카 Raymondo Panikkar는 삼위일체가 세계 종교들의 원형적 구조를 형성하고 있다고 논증하며, 그러므로 삼위일체는 종교 간 외적-내적 대화를 위한 이상적인 주제라고 주장했다.

이러한 현대 삼위일체 신학이 발전하는 궤적은 이미 그것이 동양화되어가는 과정에 있다는 점을 보여준다. 그러나 필자의 주장은 이러한 동양화가 인도에서 멈춰서는 안 되며 더욱 동쪽인 동아시아 쪽으로 전진해야 한다는 것이다. 이 글의 목적은 이에 대비하여 삼위일체론을 동아시아적 그리스도교의 입장에서 해명하는 데 있다. 특히, 유교와 도교로부터 지대한 영향을 받은 동아시아의 종교적-문화적 매트릭스 안에서 삼위일체가 어떻게 해석될 수 있는지를 논의하고자 한다. 그러나 그것은 삼위일체에 대한 서구적 해석을 폐기하고, 생소한 동아시아적 개념으로 완전히 대체하려는 것은 아니다. 오히려 그것은 삼위일체에 대한 동아시아적 해석이 현대 삼위일체 신학을 더욱 심오하게 발전시킬 수 있고 그것을 세계화하는 데도 크게 기여할 수 있다고 믿기 때문이다. 유교와 도교의 통찰들을 통해 동아시아화할 때 삼위일체 신학은 그것이 오랫동안 지녔던 여러 문제와 딜레마를 해결할 수 있는 귀중한 실마리를 찾을 수 있을 것이다.

---

4) Raymond Panikkar, *The Trinity and the Religious Experience of Man: Icon, Person, Mystery* (New York & London: Orbis Books & Darton, 1973).

2. 유교와 도교의 통찰들

1) 유교-도교(신유교): 제3의 대종교 체계

한스 큉Hans Küng은 세계 종교들의 지형에 관하여 중요한 수정을 가하였다. 일반적으로 세계 종교의 지형에 관해서는 중동과 인도를 중심으로 보는 양극성dipolar의 견해가 주도하고 있었다. 그러나 큉은 유교와 도교와 같은 동아시아의 종교들도 그것에 포함되어야 한다고 피력하며, 중동, 인도, 동아시아로 구성된 삼극성tripolar의 견해를 피력했다. 유교와 도교는 지혜의 특성을 지닌 세 번째의 독립적인 종교체계로서, 중동의 셈족에서 기원하며 예언적 특성을 지닌 첫 번째 종교체계(유대교, 그리스도교, 이슬람교)와 인도에서 기원하며 신비적 특성을 지닌 두 번째 종교체계(힌두교, 불교 등)와 비견할 수 있다고 그는 주장했다.[5]

유교와 도교가 동아시아의 종교-문화적 모체의 가장 독특한 특징을 대표한다는 점이 그동안 지배적인 견해였던 세계 종교들에 관한 양극성의 입장에 의해 종종 간과되어왔다. 그러나 동아시아학의 선구자 드바리 Wm. Theodore de Bary 교수는 도교와 유교를 종합하면서 유교를 새롭게 개혁한 신유교Neo-Confuianism는 동아시아 민족들의 공통적 종교문화적 배경이며, 또한 (한국, 중국, 일본, 대만, 베트남, 싱가포르와 같은) 동아시아의 내면 성찰적 문명의 태도를 이해할 수 있는 가장 개연성 있는 틀로서 간주한다.[6] 뚜웨이밍杜維明은 다음과 같이 말한다. "동아시아인들은 자신들을 신도, 도교, 불교, 이슬람 또는 그리스도교를 숭배하는 신자라고 말할 수

---

5) Hans Küng and Julia Ching, *Christianity and Chinese Religions*, trans. Peter Beyer (New York: Doubleday, 1989), xi-xv.
6) Wm. Theodore de Bary, *East Asian Civilizations: A Dialogue in Five Stages* (Cambridge, MA.: Harvard University Press, 1989), 44.

있다. 그러나 자신들의 이러한 종교적 입장들을 드러내면서도 동시에 유교인이라는 점을 좀처럼 중단하지 않는다."7) 그러므로 동아시아 신학을 행하는 것은 필연적으로 유학 연구를 신학적 과제로 삼는 것을 포함한다.8) 유교와 도교는 그리스도교보다도 더 오랜 역사를 지닌 종교문화적 전통들로서 광범위하고 복합적이다. 본 글에서 필자는 삼위일체 신학과 관련된 몇 가지 기본적인 개념들을 제시할 것이다.

2) 인간-우주론적 비전과 포괄적 인간론

유교는 하늘과 인간 사이의 상호의존성과 유기적 일치성(天人合一)을 신봉하며, 이것을 뚜웨이밍은 "인간-우주적 비전anthropocosmic vision"이라고 명명한다.9) 유교 사서四書 중의 하나인『중용中庸』은 다음과 같이 시작한다. "하늘이 인간에 부여한 것을 인간의 본성(性)이라고 하고, 우리의 본성을 따르는 것을 도道라고 한다. 도를 배양하는 것을 교육(敎)이라고 한다."10) 이러한 인간 우주적 비전에서는 인간(인간론)은 하늘(우주론)과 분리될 수 없을 뿐만 아니라 기품을 갖춘 소우주로서 간주된다. 이와 같이 이정용은 우주와의 소통을 중심으로 접근하는 동아시아의 인간론을 '우주론적 인간론'이라고 명명하며, 서양에 널리 퍼져 있는 인간 중심적 접근과 차별성을 둔다.11)

---

7) Tu Wei-ming, *Confucianism in a Historical Perspective* (Singapore: The Institute of East Asian Philosophies, 1989), 3.
8) Heup Young Kim, *Wang Yang-ming and Karl Barth: A Confucian-Christian Dialogue* (Lanham, New York, London: University Press of America, 1996), 1.
9) Tu Wei-ming, *Centrality and Commonality: An Essay on Confucian Religiousness* (Albany, N.Y.: State University of New York Press, 1989),107.
10) "天命之謂性, 率性之謂道, 脩道之謂敎."
11) Jung Young Lee, *The Trinity in Asian Perspective* (Nashville: Abingdon Press, 1996), 18.

청쭝잉成中英은 이러한 견해를 '포괄적 인간론inclusive humanism'이라고 명명하며, 데카르트의 이원론적 합리성 이후로 서양에서 지배적이었던 '배타적 인간론exclusive humanism'과 대조했다. 배타적 인간론은 "인간을 높여서 우주를 정복하고 지배하는 자리에 두는" 반면에, 포괄적 인간론은 "인간 존재의 근본 이유로서 인간성의 협력적 힘"을 강조한다. "근대 서양의 인간론은 다름 아닌 권력에의 세속적 의지이며 지배를 위한 분투로서, 합리성의 과학을 마음대로 사용하려고 한다. ⋯ 배타적 의미의 인간론은 정복과 파괴의 도구들인 과학과 기술로 무장한 근대인의 기획의 모습으로 변장한다." 이와는 대조적으로, 유교에 근거한 포괄적 인간론은 "인간 자신의 변혁과 실재 전체의 변혁의 행위자로서의 인간에 초점을 둔다. 인간의 자기변혁이 실재에 뿌리를 두고 실재의 변혁이 인간에게 뿌리를 두기 때문에, 인간과 실재 사이에는 이분법이 전혀 없다."12)

이러한 점은 비록 논쟁의 여지가 있지만, 오늘날과 같은 생태적으로 위기시대에 유교가 지니는 적실성을 증명하는 것에서 뿐만 아니라, 삼위일체에 적용되는 근대적인 의미의 인격/위격(person) 개념이 지니는 혼돈성을 명료하게 하는 것에서도 매우 중요하다. 서구의 현대 삼위일체 신학들은 동방정교회의 전통을 회복하면서 인격성/위격성(personhood)의 존재론을 어느 정도로 회복하고 있다. 이러한 존재론은 바르트의 양태론(Seinsweise, 즉 존재의 양태)을 넘어선다. 그러나 그들은 분리된 자기의식의 자아로서의 인격/위격이라는 근대적 개념으로부터 여전히 완전하게 해방된 것은 아닌 것처럼 보이며, 바르트가 강하게 거부하였던 배타적 인간

---

12) Cheng Chung-ying, "The Trinity of Cosmology, Ecology, and Ethics in the Confucian Personhood", in *Confucianism and Ecology: The Interrelation of Heaven, Earth, and Humans*, eds. Mary Evelyn Tucker and John Berthrong(Cambridge, MA: Harvard University Press, 1998), 213-215.

론으로 오히려 기우는 경향을 띤다.

이러한 배타적 인간론은 양태론과 삼신론 사이에 처한 삼위일체론의 오래된 딜레마를 반복하게 한다. 포괄적 인간론은 개인주의와 본질주의를 기조로 하는 배타적 인간론이 근대의 삼위일체 신학에서 어떻게 많은 문제점들을 일으키는지를 보여줌으로써 이러한 문제를 해결하는 데에 도움을 줄 수 있다. 배타주의적이고 본질주의적 인간관과는 대조적으로, 포괄적 인간론은 인격/위격의 관계성between-ness과 사이성among-ness을 강조한다(인간을 가리키는 한자 人間은 문자적으로 '사람 사이'라는 뜻이다). 포괄적 인간론에서 인간은 정적인 본체라기보다는 항상 변화(易)하고 있는 관계들의 망이다.13) 챙충잉은 이러한 존재를 계속적인 변화의 과정 속에 있다고 보는 관계적 시각을 존재우주론ontocosmology이라고 명명한다.14)

3) 유교-도교적 존재우주론: 태극太極

이러한 존재우주론ontocosmology은 기본적으로 태극 개념에서 비롯된다. 『태극도설太極圖說』에서 주돈이周敦頤는 다음과 같이 말한다.

> 무극이면서 또한 태극이다! 태극이 동하여 양을 낳는다. 태극의 활동이 극에 도달하면 정이 된다. 정이 음을 낳는다. 정이 극에 도달하면, 동이 다시 시작한다. 그래서 동과 정이 교대하면서 서로의 뿌리가 되며 양과 음을 구별하며 이 두 가지 양태들이 확립된다.15)

---

13) 이러한 개념은 유교 오경의 하나인 『역경』에 명확히 제시되어 있다. Richard Wilhelm, tr., *The I Ching or Book of Changes*, 3rd ed. (Princeton: Princeton University Press, 1967) 참조.
14) Cheng, 앞의 글, 216.
15) "無極而太極. 太極動而生陽, 動極而靜, 靜而生陰, 靜極復動. 一動一靜 互爲其根. 分陰分陽 兩儀立焉."

음과 양이 어우러진 원으로 상징되는 태극은 대립자들의 상보성을 지칭한다. 원은 "창조성의 무궁무진한 근원을 의미하며 이것은 분화되지 않은 하나이다." 음양의 상호작용으로 이루어지는 역동적 과정은 "구체적이며 개별적인 것들로 항상 기꺼이 분화된다." 태극은 "만물의 항존하는 근원으로서 어떤 형태나 어떤 개별적 표징을 하나되게 하는 통합적이고 목적적인 일치성을 제공하는 동시에 다양한 표징들의 다양성을 자극하는 충동으로 작용한다."[16] 이러한 태극은 정확히 삼위일체 신학의 핵심적인 원리가 되는 다양성 속의 일치성, 또는 일치성 속의 다양성을 수반한다. 이러한 태극의 존재우주론은 유교뿐만 아니라 도교에서도 나타난다. 『도덕경道德經』은 다음과 같이 진술한다.

> 도道는 일一을 낳는다.
> 일은 이二를 낳는다.
> 이는 삼三을 낳는다.
> 그리고 삼은 만물을 낳는다.
> 만물은 음을 전달하며 양을 포함하고,
> 이것들은 물질적인 힘인 기氣의 혼합을 통하여
> 조화를 이룬다.[17]

　　이러한 진술은 태극 또는 도의 역동적인 창조 과정을 가리킨다. 즉, 도는 하나를 낳고, 하나는 둘(음양)을 낳고, 둘은 셋(음양의 소산)을 낳는다. 이러한 통찰은 삼위일체를 이해하는 데에 심오한 함의들을 제공한다. "전체는 절대적이면서 동시에 관계적이다. 전체는 하나(단수성)이면서 동시

---

16) Cheng, 앞의 글, 219.
17) "道生一, 一生二, 二生三, 三生萬物. 萬物負陰而抱陽, 沖氣以爲和"(『도덕경』 42).

에 둘(복수성)이다."18) 도의 창조성은 태극의 창조적 과정으로서, 이것은 음양의 역동적 상호작용을 통하여 항상 변화의 과정 중에 있다. 이것은 동아시아 사상의 조화 또는 균형의 대화적 패러다임을 규정한다. 이러한 패러다임은 서양 사상의 투쟁 또는 갈등의 변증법적 패러다임과 대조된다. 태극은 "과정이면서 동시에 만물 전체로서의 세계를 의미하며, 그것은 시초부터 심오한 균형이 존재하며 어느 때에라도 만물 사이에 일치 또는 조화로 충만해 있다."19)

4) 유교의 관계적 존재론: 대립들의 음양적 상보성

음양관계는 동아시아의 도 사상을 이해하는 데에 열쇠가 되는 개념이다. 음양관계에서 두 개의 대립자는 충돌하지 않고 서로에게 상보적이며, 조화와 균형을 획득한다. 서양의 투쟁 모형("상호 충돌하는 이원론")은 두 개의 대안들 중에서 하나를 선택해야 하며 다른 하나를 제거하는 "양자택일 either-or"의 패러다임이다. 반면에 동아시아의 조화 모형("상보적 이원론")은 두 개의 대립자가 상보적이며 서로에게 속하는 "양자 모두both-and"의 패러다임이다. 후자는 남성과 여성 사이의 관계와 유비적이다. 남자와 여자는 성에 있어서 대립적이라고 하더라도, 결혼을 통하여 한 몸이 되며 그리고 제삼인 자녀를 낳는다.

동아시아의 통전적인 음양 사고방식은 양자 모두의 패러다임과 깊은 관련이 있는 반면, 근대의 비판적 방법론들은 양자택일의 패러다임을 선호한다. 그러나 윌프레드 캔트웰 스미스Wilfred Cantwell Smith는 다음과 같이 진술한다. "서양에 있는 우리는 지성인이라면 이것이나 저것 둘 중의 하나를 선택해야 한다고 가정한다. [그러나] 궁극적인 일들에 있어서 진리

---

18) Lee, 앞의 책, 30.
19) Cheng, 앞의 글, 291.

는 양자택일에 있는 것이 아니라 양자 모두에 있다."[20] 삼위일체론은 전체의 궁극적인 실재the ultimate reality of the whole와 관계하기 때문에, 궁극의 부차적 사항들penultimate matters에 관련되는 양자택일의 사고양식보다는 스미스의 언명처럼 양자 모두의 패러다임에 의하여 사고되어야 한다.

5) 변화(易)의 존재론

더욱이, 음양적 사고양식은 '변화(易)의 존재론the Ontology of Change'을 함축한다. 이것은 서양에서 지배적인 본체(substance)의 존재론과는 대조된다. 음양관계의 특징은 계속적인 변화이다. 변화가 일차적이며 정적인 존재 또는 본체보다 우선적이다. 태극의 이러한 존재우주론에서 변화는 서양의 존재론이 가정하는 것처럼 단순히 존재의 하나의 기능이 아니다. 오히려 변화는 궁극적인 것(ultimate) 그 자체이며, 존재 또는 본체는 궁극적인 변화가 드러나는 이차적인(penultimate) 현상이다. 변화의 존재론에서는 오직 변화만이 변화하지 않으며, 이것은 존재의 철학에서의 급격한 패러다임의 변화를 요청한다.

6) 유교적 삼위일체: 천지인天地人

신유교의 존재우주론에 근거하는 포괄적인 인간론은 장재張載의 『서명西銘』에서 천지인의 유교적 삼위일체로서 명쾌하게 표현되어 있다.

하늘을 아버지라고 칭하고, 땅을 어머니라고 부른다.
나는 미미한 존재로서 이 가운데 섞여 살고 있다.

----

20) Wilfred Cantwell Smith, *The Faith of Other Men* (New York: New American Library, 1963), 72.

그러므로 천지의 기운이 뭉쳐 나의 몸을 이루었고,

우주를 움직이는 것을 나의 본성이라 간주한다.

만인은 나의 형제요 자매이며,

만물은 나의 동료이다.[21]

여기에서 세계는 우주적 삼위일체(三才)의 가족으로 형상화되며, 인간은 우주적 인격, 즉 우주적 삼위일체의 가족원으로 드러난다. 이런 관점에서 청쭝잉은 유교-그리스도교적 삼위일체 개념은 다음과 같이 제안했다. "성자 하느님은 이상적인 인간이며, 성부 하느님은 하늘(창조적 정신)이며, 성령 하느님은 땅(수용적인 공동정신)이며 또한 신성의 성취를 증거하는 세계의 행위자이다."[22]

3. 동아시아적 삼위일체론: 유교-도교적 관점에서 재조명

이정용은 특별히 음양의 패러다임을 통하여 동아시아적 그리스도교 삼위일체 신학을 전개한 선구자이다. 비록 그의 기획이 널리 알려진 것은 아니지만, 그의 도전적인 통찰들은 현대의 삼위일체 신학을 재조명할 때에 관심을 기울일 충분한 가치를 갖추고 있다.

1) 하나와 셋

본체 형이상학에 있어서 지배적인 양자택일의 패러다임 때문에, 하나

---

21) "乾稱父 坤稱母. 予玆藐焉 乃混然中處. 故 天地之塞 吾其體, 天地之帥 吾其性. 民吾同胞, 物吾與也."

22) Cheng, 앞의 글, 225.

의 본체(una substantia)와 세 위격(tres hypostaseis)이라는 삼위일체적 역설은 서구 신학에서 곤혹스러운 문제였다. 그러나 대립자들을 상보적 관계로 이해하는 음양의 관점에서는 하나와 셋 사이의 이러한 역설은 더 이상 문제가 되지 않으며, 관계적 사유가 지닌 양자 모두의 패러다임 속에서 해소될 수 있다. '하나와 둘one and two'의 원리와 '하나와 셋one and three'의 원리는 도의 존재우주론의 토대이기도 하다(『도덕경』 42). 태극의 존재우주론은 정체적 존재를 중시하는 본질주의적 존재론을 변화를 중시하는 역동적인 관계적 존재론으로 대체한다. 이정용은 이러한 사고에 따라서 변화의 삼위일체론을 제안한다. 즉, 성부 하느님은 "변화 그 자체"이며, 성령 하느님은 "변화의 권능"이며, 성자 하느님은 "변화의 완전한 현시"이다.[23]

2) 페리코레시스Perichoresis(상호내주)

태극의 그림에는 음 안에 눈이 있다. 이것은 조그마한 원으로서 양을 가리킨다. 양 안에는 또 다른 눈이 있다. 이것은 조그마한 원으로서 음을 가리킨다. 그것들은 양이 음 안에 있고 음이 양 안에 있어 상호 간 서로 포함한다는 '내재성inness'을 의미하며, 음과 양을 연결하는 '내적 연결의 원리'가 존재한다는 것을 의미한다(음이 그 극에 도달하면 양으로 변화되고 그 역도 마찬가지이다). 음양 사이의 내재성 또는 내적 연결의 원리에 관한 이러한 통찰은 고전 신학에서의 페리코레시스(상호내주) 원리와 공명한다. 이 페리코레시스 원리는 "내가 아버지 안에 거하고 아버지께서 내 안에 계심을 믿으라"(요 14:11)라는 예수님의 말씀에 근거한다.

더욱이, 이러한 내재성의 관점에서 라너의 정식, 즉 내재적 삼위일체는

---

23) Lee, 앞의 책, 66.

경륜적 삼위일체이며 그 역도 성립한다는 규칙은 양자의 구별성을 보존함으로써 더욱 정교하게 보완될 수 있게 된다. 그래서 이정용은 다음과 같이 말한다. "음과 양이 자신들의 독특한 정체성을 상실하지 않으면서도 항상 공존하는 것처럼, 경륜적 삼위일체와 내재적 삼위일체는 항상 공존하면서도 다르다." 그러므로 이정용은 라너의 정식을 다음과 같이 수정한다. "동일성의 관계라기보다는 포괄적인 관계로서 우리는 라너의 정식을 다음과 같이 수정할 수 있다. 즉, 내재적 삼위일체는 경륜적 삼위일체 안에 있고, 경륜적 삼위일체는 내재적 삼위일체 안에 있다. 이러한 정식은 양자의 일치성뿐만 아니라 양자의 구별성도 확보하는 데에 도움을 줄 것이다."[24)

3) 우주적 가족의 유비

항상 변화의 과정 중에 있는 이러한 존재우주론은 또한 "생식(또는 출산)의 과정procreative process"으로 이해된다(『도덕경』 42). 『서명』에서 이미 살펴보았던 것처럼, 이러한 과정은 천지인이라는 우주적 삼위일체 가족 개념에서 그 표현이 정점에 이르게 된다. 이에 따라 이정용은 삼위일체의 가족 유비Family Analogy를 발전시킨다. 즉, 성부를 '천상의 아버지', 성령을 '어머니'라는 여성적 상징으로 표현되는 땅의 '지탱자sustainer', 그리고 성자를 그러한 아버지와 어머니 사이에 출산한 '자녀'로 여긴다. 삼위일체적 가족이라는 우주적 흔적cosmic vestige의 관점에서 보면, 성령은 여성으로, 즉 어머니로서 여겨진다. 히브리어에서 영(*ruach*)이 여성인 것과 같다. 그래서 이정용은 "어머니와 아버지 사이의 성의 균형은 가능하다"라고 주장한다.[25) 더욱이, 우주적 삼위일체가 지니는 양자 모두의 패러다임

---

24) 같은 책, 58, 67-8.
25) 같은 책, 63-65.

에서 하느님은 남성(양)이면서 동시에 여성(음)이며, 또한 인격성이면서 동시에 비인격성이며, 그리고 형언할 수 없는 도로서 궁극적으로 모든 범주들을 초월한다.

4) 성자 하느님: 연결원리(道 그리스도론)[26]

이정용은 자신의 삼위일체 신학을 전개할 때에, 성부보다는 성자로부터 출발한다. 우리는 오직 성자로부터 성부를 알 수 있으며, 둘(즉, 그리스도의 신성과 인성)의 개념은 셋의 개념에 전제조건이라고 논증한다. 더욱이, 동아시아의 우주-인간론의 관점에서, 성육신은 창조세계와의 더 밀접한 관계성을 지니는 것으로 이해될 수 있다. 성자(인간론)는 "창조세계에서의 삼위일체적 과정의 성취"(우주론)이며, 그리스도(우주-인간론의 원형)는 "세계에서의 변화의 완전한 현시"이다.[27] 그래서 이정용은 창조세계에 관한 삼위일체적 해석을 다음과 같이 공식화한다. 즉, 성자는 창조의 행위이며, 성부는 창조의 근원이며, 성령은 창조의 능력이다.

1세기의 그리스-로마의 환경 속에서 그리스도가 로고스(말씀)로 이해된 것처럼(요 1장), 동아시아의 상황 속에서 그리스도는 도道로서 이해될 수 있다. 말씀, 곧 도이신 그리스도는 일종의 '구조적 형태'라기보다는 '창조적 행위'이다.[28] 말로 형언할 수 없는 도는 언어적 한계들을 초월하는 궁극적 실재이며 모든 창조성들의 권능이다. 『도덕경』은 초본질적인su-praessential 도에 관하여 다음과 같이 말한다.

---

26) Heup Young Kim, *Christ and the Tao* (Hong Kong: Christian Conference of Asia, 2003), 155-182 참조.
27) Lee, 앞의 책, 71.
28) 같은 책, 72. 말씀이라는 뜻을 가진 히브리어 단어 다바르(*dabhar*)는 생식적 행위를 포함한다.

말하여질 수 있는 도는 영원한 도가 아니다.

없음(無)은 천지의 시작을 말하며,

있음(有)은 만물의 어머니와 같다.[29]

충만(양)과 공허(음)가 상보적인 관계를 이루는 도가적 역설은 자기비움(*kenosis*)과 존귀(exaltation)로 구성되는 빌립보서의 그리스도교적 역설과 공명한다(빌 2:5-9). "역易 또는 변화로서 알려져 있는 도로서의 말씀은 또한 비움과 채움의 끊임없는 과정이다." 우주-인간론적 관점에서는 "생명이 죽음과는 별개로 존재할 수 없는 것과 마찬가지로 죽음은 생명과 분리될 수 없다."[30] 음이 최대치 극에 도달하면, 양이 떠오르기 시작한다. 이것은 달이 차고 이우는 것과 같고, 그 역도 성립한다. 이와 마찬가지로, 예수의 죽음이 음의 완전성 또는 최대치의 확장을 가리킨다면, 그리스도의 부활은 또한 완전성에로 팽창하는 운동을 시작하는 양으로서 간주할 수 있다.

십자가에서 죽기까지 성부에게 복종하는 성자의 순종은 효孝라는 관점으로 또한 이해될 수 있다. 효는 최상의 덕으로서 인간관계에서 최고의 유교적 목적인 인仁에 도달하기 위한 관문이다. 성자의 효는 구원을 창조세계에서의 조화로운 관계의 회복으로 이해할 수 있는 단서가 된다. "우리를 구원하였던 것은 성자의 신적 본체(신성)라기보다는 그의 효심이었다."[31] 그러므로 구원은 본체론적 개념이라기보다는 관계론적 개념이며, 죄는 피조물들 사이뿐만 아니라 인간과 삼위일체 하느님 간에서 이러한 조화의 관계를 파괴하는 것이다.

---

29) "道可道, 非常道, 名可名, 非常名. 無, 名天地之始, 有, 名萬物之母"(『도덕경』 1).
30) Lee, 앞의 책, 73, 83.
31) 같은 책, 89.

5) 성령 하느님: 어머니와 모성적 원리Material Principle

우주적 가족이라는 동아시아적 삼위일체의 관점에서 성령은 삼위일체의 여성 지체이며, '그녀'이며, 어머니(음)으로서 아버지(양)과 상보적 관계이다. 더욱이, 이러한 비전은 동아시아의 흥미로운 기氣의 개념, 즉 생명에 필수적인 에너지 또는 물질적 원리를 포함한다. 기는 성경적인 영의 개념인 히브리어 루아흐ruach와 그리스어 프뉴마pneuma와 매우 유사하다. 기는 이 두 개념과 같이 바람과 숨을 모두 가리키는 이중적인 의미를 지닌다. 바람이 생명에 본성을 부여하지만, 숨은 살아 있는 것들을 살아 움직이게 한다. 하느님의 숨, 생기生氣가 생명을 부여하는 힘의 원천인 것과 같다(창 2:7).[32]

태극 도형에서 기는 정靜과 동動이 음-양 관계처럼 서로 상보적으로 현실화함으로써 태극을 구현하고 구체화한다. 성부는 하늘의 원리(理)로서 초월적이며, 성령인 어머니는 물질의 원리(氣)로서 내재적이다. 그리고 그 아들인 성자는 하늘(理)과 땅(氣)의 합일 안에서 초월적이면서도 동시에 내재적이다. 삼위일체론의 우주적 가족 유비의 맥락에서, 이정용은 이중출원(*filioque*)의 교리를 거부한다. "이런 점에서 성부와 성자로부터 발출하는 것은 성령이 아니다. 오히려 성자가 성령과 성부로부터 발출한다." 더욱이 『도덕경』은 도를 기본적으로 여성적인 비유들로서 묘사한다. 즉, 천지 모든 존재의 근원이나 근거가 되는 신비스러운 모성(玄牝), 자궁, 어머니, 골짜기의 여신과 같은 여성적 비유들로서 묘사한다.

> 계곡의 신을 결코 죽지 않는다.
> 이것은 신비스런 모성(玄牝)으로 불린다.

---

32) 같은 책, 96, 97.

유현하고 신비스러운 여성의 문,

그것을 일러 천지만물 근원이라 한다.

면면히 이어져 오면서 거의 있는 것 같지만,

그 작용은 무궁무진하도다.[33]

6) 성부 하느님: 통합의 원리Unifying Principle

일반적으로 '원리principle'로 번역되는 이理는 신유교에서의 주요 개념
이다. 이는 보통 '물질적 힘material force'으로 번역되는 기氣와 함께 논의
된다. 태극이 존재론적 원리로서의 이를 가리킨다면, 음과 양은 그것의
물질적 구체화인 기의 운동을 의미한다. 이와 기의 관계, 특히 양자 간의
우선순위는 한국 성리학의 역사에서 뜨겁게 논쟁이 되었던 주제였다. 이
정용은 이러한 논의를 삼위일체론의 담론 안으로 끌어들여서, 성부를 이
로 성령을 기로 설명하고자 했다. 이-기 관계의 관점에서 이정용은 삼위
일체의 관계들은 다음과 같다고 이해한다. 즉, "성부 하느님은 우주적 원
리(理)와 유비적이며, 어머니인 성령은 물질적 원리(氣)와 유비적이다.
성자에게서 이와 기는 하나로 연합되어 있다. 왜냐하면 성자는 아버지와
어머니 사이의 관계에서 연결의 원리로서 기여하기 때문이다."[34]

동아시아 존재우주론의 상황 안에서 가부장제적 가족을 향한 낭만적
인 태도는 확실히 이정용의 신학에서 하나의 결점이 된다. 주희朱熹의 정
통적 입장을 지지하면서 이정용은 성부의 우선성에 정당성을 주장한다.
하지만 이러한 성부의 우선성은 페미니즘의 혁명을 거친 시대에서 설득
력을 상실하고 있다. "그것은 '형상을 초월하는' 이의 도에 속하며, 모든
다른 것들은 '형상을 지니는' 기에 속한다. 이 둘은 분리될 수 없더라도

---

33) "谷神不死, 是謂玄牝, 玄牝之門, 是謂天地根. 綿綿若存, 用之不勤"(『도덕경』 6).
34) Lee, 앞의 책, 112.

전자가 우선성을 지니는 것처럼 보인다." 이와 같은 해석에서 성부(삼위일체의 남성 구성원 또는 양)는 "하늘의 초월적인 도덕적이고 영적 원리"를 대표하며, 반면에 성령(삼위일체의 여성 구성원 또는 음)은 "땅의 내재적 원리"를 대표한다.

여기에서 이정용은 자신의 아버지에 대한 낭만적인 추억들로 부담이 되어서인지 그는 도가 일차적으로 여성성을 지님을 망각하였던 것처럼 보이며, 그래서 그는 약자의 역설적인 전복(그의 용어로는 주변성)에 배타적으로 집중한다. 그는 다음과 같이 진술한다. "여기에서 창조와 변화의 과정에서 중심이 주변이 되며 주변은 중심이 된다는 점을 우리는 주목한다. 삼위일체적 사유에서, 성부의 중심성은 성령에 의하여 주변화되며, 성령의 주변성은 성자 안에서 다시 중심적이게 된다."35)

4. 검토와 결론

삼위일체에 대한 동아시아적 해석들, 특히 이정용의 해석은 본체주의, 개인주의 그리고 배타적 인간론과 연관된 분석적 사고에 익숙한 독자들에게 이상하게 들릴 수도 있다. 동아시아적 해석들은 근본적인 세계관, 존재론, 인간론, 성령론에 대하여 철저하게 다시 사고할 것을 요구한다. 이것에는 근대 사상에 젖은 이들에게는 생소한 인간-우주적 비전, 변화의 개념, 포괄적 인간론, 기 사상 등이 포함되어 있다. 물론 이와 같은 개념들을 그리스도교적 삼위일체 교의에 적용하기 위해서는 그전에 철저한 검토가 선행되어야 한다. 결론으로 필자는 미래의 삼위일체 신학에

---

35) 같은 책, 150.

의미가 있다고 생각하는 네 가지 주제를 조명해보고자 한다.

1) 서구 신학의 탈중심화

삼위일체에 대한 동아시아적 해석들은 필자가 '동양화Easternization'라고 명명하는 현대 삼위일체 신학의 방향에 동조한다. 동아시아의 포괄적 인간론은 삼위일체 신학의 위격/인격(person)의 개념을 명료하게 하며, 현대 삼위일체 신학이 처한 곤경의 근본 원인이 되는 격리된 에고ego와 같은 근대 서구의 배타적 인간론을 극복할 수 있는 계기를 마련해준다. 더욱이, 음양 패러다임은 기존의 본체적 존재론을 관계적 존재론으로 대체하며 현대 삼위일체 신학에서 "관계성의 승리"를 증진시킨다.36) 태극의 존재우주론은 본체보다는 관계를 중요시하는 카파도키아 교부Cappadocian Father들의 입장을 지지하며 "존재를 교감적 연합Being as Communion"으로 파악하는 "지지울라스의 정식"을 지지한다.37)

이 점에서 이정용과 지지울라스는 서로 동의한다. "하느님은 먼저 하나이고 후에 셋인 것이 아니라, **동시에** 하나이면서 셋이다." 이것은 동아시아에서는 변화(易)의 존재-우주론onto-*cosmology*에 기초하고 동방정교회에서는 교감적 연합(*koinonia*)의 존재-위격성onto-*personality*에 근거한다.38) 양은 음 안에 이미 있고 음은 양 안에 있다는 태극의 '내재성inness'에 대한 이정용의 설명은 페리코레시스를 '개방적' 삼위일체 신학의 '구조적 중심축'으로 확증하는 레오나드 보프Leonardo Boff의 입장과 동일선상에 있다.39) 그리고 이정용은 '라너의 정식'을 효과적으로 수정하여 "내재적 삼

---

36) Grentz, 앞의 책, 5.

37) John D. Zizioulas, *Being as Communion: Studies in Personhood and the Church* (Crestwood, N.Y.: St. Vladimir's Seminary Press, 1985) 참조.

38) Zizioulas, "Communion and Otherness," *St. Vladimir's Theological Quarterly* 38:4, 1994, 353; Lee, 앞의 책, 63 참조.

위일체는 경륜적 삼위일체 안에 있고 경륜적 삼위일체는 내재적 삼위일체 안에 있다"고 주장한다. 서양에서 중동을 거쳐 극동으로 나아가는 삼위일체 신학 운동에서 우리는 서구 신학의 탈중심화Decentering가 더욱 심화되고 있는 것을 관망할 수 있다.

2) 여성신학과의 관계

이정용이 지니고 있는 가부장제적 편견은 그의 기획의 효과성을 무너뜨렸다. 그의 기획과는 대조적으로, 유교–도교적 삼위일체론은 여성신학과 많은 공통점을 지닌다. 음양 양자 모두의 패러다임에서 하느님은 여성일 뿐만 아니라 동시에 남성이며, 인격성을 지닐 뿐만 아니라 동시에 비인격성을 지니며, 궁극적으로는 이러한 범주들을 모두 초월한다. 태극의 존재우주론에 근거한 우주적 삼위일체는 여성적 인격성personhood을 포함하며, 성령을 하느님–어머니로 여기는 견해를 지지한다. 소피아 Sophia처럼 도는 우선적으로 여성적 비유들을 통하여 지혜를 표상한다. 『도덕경』은 약하게 보이는 여성(음)이 강하게 보이는 남성(양)을 능가하는 힘을 어떻게 행사하는지를 주목한다. 근원적으로, 궁극적 실재(道)는 양보다는 음에 존재한다. 도는 신비적 모성(玄牝), 어머니, 또는 자궁과 같은 비유를 통하여 하늘과 땅의 근원으로 표출된다.

비록 이정용이 서구 신학의 그리스도 중심적 초점을 비판하였지만, 유감스럽게 그 자신도 그리스도론을 출발점으로 삼아 삼위일체를 논의하는 동일한 함정에 빠져버렸다. 그러나 기의 개념이 성령론적 가능성을 크게 제공하고 있고 노자가 음과 여성성에 우선권을 부여하고 있기 때문

---

39) Leonard Boff, *Trinity and Society*, trans. Paul Burns (Maryknoll, N.Y.: Orbis, 1988), 119-20.

에, 동아시아의 삼위일체 신학은 오히려 페미니즘의 "성령에로의 방법론적 전환"[40](Elizabeth Johnson)을 옹호할 수밖에 없는 입장에 있다.

그러나 동아시아적 관점에서 볼 때에, 여성신학들은 비록 그들이 본질주의 또는 본체주의를 철저하게 배격하고 있다고는 하지만, 배타적 인간론으로부터 아직 충분히 해방된 것으로 보이지 않는다. 이것은 아마도 서양에 그것을 위한 대안적인 존재론이 결여되어 있기 때문일 것이다. 그러므로 유교-도교적 변화(易) 및 없음(無)의 존재론은 그것의 실행 가능한 대안을 제시하고 있다는 점에서 중요하다.

3) 없음(無)의 존재론

『도덕경』은 언어와 형상으로 형언할 수 없는 도道를 체득하는 법(德)을 알려주는 책이다. 태극 존재우주론의 토대는 무극無極, 곧 궁극적 비존재이다. 무극(비존재)과 태극(존재)은 함께 대립자들의 궁극적인 상보적 역설을 형성한다. 이러한 궁극적인 역설에서 무無(비존재)는 유有(존재)보다 더 근원적이며 선행적이다. "천하만물은 유에서 나오고, 유는 무에서 나온다. ⋯ 도는 은밀하고 이름이 없다. 오직 도는 만물을 생육화성하게 한다."[41]

형언할 수 없는 도를 비존재로 이해하는 이러한 이해는 '초본질적인 삼위일체supraessential Trinity'의 개념과 유사하다. 여기에서 또한 동아시아의 도가적 무의 존재론Taoist ontology of nothingness는 동방교회의 '부정성의 신학apophatic theology'과 수렴한다. 다마스쿠스의 요한John of Damascus은 『도덕경』의 첫 구절들을 생각나게 하는 다음과 같은 진술을 한다. "신성은 불가해하기 때문에 또한 확실히 이름 지을 수 없다. 그러므

---

40) Grentz, 앞의 책, 173.
41) "天下萬物生於有, 有生於無. ⋯ 道隱無名, 夫唯道, 善貸且成"(『도덕경』 40, 41).

로 우리는 그의 본질을 알지 못하기 때문에 그의 본질의 이름을 알고자 추구하지 말아야 한다."42) 이러한 무無와 공空의 초본질적 존재론은 현대 삼위일체 신학에서 더 많은 논의가 필요한 주제이다. 동방교회의 '부정성의 신학'과 동아시아의 '도의 신학theology of the Tao'은 많은 공통점을 지니고 있으며 앞으로 더 많은 논의를 필요로 한다.43)

4) 초-케노시스적 복명復命의 힘

노자는 도의 "초-케노시스super-*kenosis*"를 강조한다.44) 태극 존재우주론과 초-케노시스적 도는 삼위일체의 페리코레시스적 겸허 존재론peri-choresic kenotic trinitarian ontology45)을 지지한다. 그러나 이것은 힘없는 추상적 형이상학의 삼위일체를 함의하지 않는다. 반대로, 이것은 혁명적이고 전복적인 생명력(태을의 기)의 구체적 궤적을 지칭한다. 이와 같은 우주 발생적인 에너지는 신의 숨인 생기生氣로 만물을 살아 움직이게 한다.

도가 지닌 감추어진 그러나 정복할 수 없는 힘을 이해할 수 있도록 해주는 실마리는 바로 '반전reversal'의 원리이며 근원으로 귀환하는 귀근歸根 또는 복명의 힘power of radical return에 있다. 예수는 이러한 반전의 원리를 자주 말씀하셨다. "지금 주린 자는 복이 있나니 너희가 배부름을 얻을

42) John of Damascus, *On the Orthodox Faith*, 1, 12; Thomas Hopko "Apophatic Theology and the naming of God in Eastern Orthodox Tradition," in *Speaking the Christian God: the Holy Trinity and the challenge of feminism*, ed. by Alvin Kimel, Jr. (Grand Rapids, Mich.: Eerdmans, 1992), 157 인용.

43) 필자는 도의 신학을 전통적 신학인 theo-logos와 해방신학의 theo-praxis와 대비하여 theo-tao라고 명명한다. Heup Young Kim, *Christ and the Tao* (Hong Kong: Christian Conference of Asia, 2003), 135-182; 또는 "A Tao of Asian Theology in the Twenty First Century," *Asia Journal of Theology* 13:2 (1999), 276-293 참조.

44) Grentz, 앞의 책, 221.

45) Robert Kess, "Unity in Diversity and Diversity in Unity: Toward an Ecumenical Perichoresic kenotic Trinitarian ontology," *Dialogue & Alliance* 4:3 (1990), 66-70.

것임이요 화 있을진저! 너희 지금 배부른 자여 너희는 주리리로다"(눅 6:21, 25). 사도 바울도 또한 "내가 약한 그 때에 강함이라"(고후 12:10)고 말한다.

도가 지닌 귀환의 권능을 생생하게 보여주는 상징은 센 물살을 거슬러 귀환하는 연약한 물고기의 도약이다.46) 음과 비존재와 무력한 자들(민중) 과 변두리에 있는 자들을 우선적으로 선택하는 도의 동아시아적 삼위일 체 신학은 단순히 동아시아의 화려했던 과거에 낭만적인 복귀를 갈망하 는 것이 아니다. 오히려 이것은 그리스도교의 십자가 사건의 신비를 비존 재로, 부활을 존재로 진지하게 재해석하는 것이며, 부정성의 반전과 초- 케노시스적 귀환이라는 궁극적인 역설을 재해석하는 것이다. 다석 류영 모는 그리스도를 무존재적 존재("없이 계신 님"), 곧 원대한 우주 발생적 삼 위일체(無極而太極)라는 흥미로운 통찰을 제시했다.47) 그러므로 예수 그 리스도는 동아시아적 삼위일체론의 하나의/최고의 도이다. 초-케노시스 적 귀환의 초본질적 도에 관한 이러한 통찰들은 제3의 천년기에 글로벌 삼위일체 신학을 발전시킬 수 있는 중요한 자원들을 제공한다. 노자는 다음과 같은 의미심장한 암시를 제시한다.

비우기(虛)를 지극히 하고
고요히 있기(靜)를 독실하게 하라.
만물이 함께 생성된다,
그리고 나는 (만물들이 근원으로) 되돌아가는 귀환을 본다.

46) 귀환의 전복적인 능력에 관해서는 Kim, *Christ and the Tao*, 138-144 참조.
47) Heup Young Kim, "The Word made Flesh: Ryu Young-mo's Christotao, A Korean Perspective," in *One Gospel and Many Cultures: Case Studies and Reflections on Cross-Cultural Theology*, ed. by Mercy Amba Oduyoye and Handrik M. Vroom (Amsterdam/New York: Rodopi, 2003), 129-148, 특히 143-144 참조.

만물이 무성하게 자라나지만,

그러나 각각은 자신의 근원으로 귀환한다(歸根).

근원으로의 귀환하는 것을 고요함이라고 일컬으며,

고요함 이것을 일컬어 명(命)을 회복한다고 한다(復命).

명을 회복하는 것을 항상됨(常 = 道)이라고 하고,

항상됨을 아는 것을 일컬어 명(明 = 覺)이라고 불린다.[48]

---

48) "致虛極, 守靜篤, 萬物竝作, 吾以觀復. 夫物芸芸, 各復歸其根. 歸根曰靜, 是謂復命. 復命
   曰常, 知常曰明"(『도덕경』 16). Wing-tsit Chan은 常(the eternal)을 道로, 明을 en-
   lightement 곧 覺으로 번역했다. Wing-tsit Chan, *A Source Book in Chinese Philosophy*
   (Princeton, N.J.: Princeton University Press, 1963), 147 참조.

제8장

생명 · 생태계의 위기와
도의 신학1)

나는 만물을 비추는 빛이다.

나는 만물이다. 만물은 나로부터 나왔다.

그리고 만물은 내게로 되돌아온다.

나무 한 토막을 베어 보라. 내가 거기에 있다.

돌멩이 하나를 집어 보라. 그러면 나를 느끼리라(도마 77).2)

---

1) 이 글은 2003년 한국기독교학회 총회에서 주제 발표된 논문이다. 「생명 · 생태 · 신학: 신 · 인간 · 우주(삼태극)의 묘합(도의 신학)」이라는 제목으로 『한국기독교신학논총』 31 (2004), 181-211에 게재되었다.
2) J. 몰트만, 이신건 역, 『생명의 샘』(서울: 대한기독교서회, 2000), 150에서 재인용.

1. 들어가는 말

최근에 벌어지고 있는 기상 이변들은 지구의 생태계가 위험 수위를 넘어 악화되어가고 있다는 것을 절감하게 해주었다. 인간의 탐욕에 의해 자행된 무자비한 생태계의 파괴에 대해 대지의 여신 가이아Gaia가 크게 진노하고 있는 듯 계속되는 기상 이변은 "이와 같은 추세가 계속된다면, 우리는 없어질 것이다"라는 전망과 "인간이란 절멸위기에 처한 항성에서 생존할 수 있는 종인가?"(Thomas Berry)라는 질문이 더욱 절실하게 느껴지게 했다.3)

20세기 후반부에 이르러 신학에 던져진 최대의 화두는 단연 생태계의 위기일 것이다. 린 화이트Lynn White는 지구촌에 생태계의 위기를 초래한 '역사적 근원'이 자연보다는 신의 초월성을 강조하고 인간에게 자연을 지배할 수 있는 특권을 부여함으로써 자연의 가치를 비하시키고 인간의 이익을 위하여 자연을 함부로 파괴할 수 있도록 사상적 기조를 제공한 유대-그리스도교 전통에 있다고 맹렬하게 비판하였다.4) 물론 그의 그리스도교에 대한 이해에는 많은 문제가 있지만, 오히려 과학자인 그가 생태관이 세계관, 특히 자연과 운명에 대한 믿음인 종교와 깊은 관계가 있다고 주장한 것은 신학자들과 종교인들을 크게 각성하게 하였고, 그에 대한 대안을 세계 종교 전통들에서 찾게 만든 결정적인 동기가 되었다.

또한 20세기가 그리스도교 신학에게 던져준 큰 주제들, 곧 맥락성은 사회정의 구현을 위한 해방emancipation, 타 종교들과의 대화dialogue, 그

---

3) Daniel Maguire, *The Moral Core of Judaism and Christianity: Reclaiming the Revolution* (Philadelphia: Fortress Press, 1993), 13.

4) Lynn White, Jr., "the Historical Roots of Our Ecological Crisis," *Science* 155 (1967), 1203-1207.

리고 생태계의 위기(ecology)라고 압축할 수 있다(Peter Hodgson).5) 남미 해방신학, 정치신학, 여성신학, 흑인신학, 제3세계신학, 민중신학 등이 치열하게 주장한 해방 모티브와 프락시스의 강조는 그동안 서양 신학이 지녔던 교리적 공론과 계급적, 성적, 인종적 사유화에 대한 올바른 교정이 었다. 또한 세계 종교에 대한 종교학적 문맹을 겨우 극복하고 그리스도교 외 세계 종교 전통들의 탁월한 가치를 인식하게 된 서양 신학자들은 다른 종교들이 제시하는 심오한 지혜와 도전들을 종교 간의 대화, 종교 내적 대화, 종교신학, 비교신학, 종교다원주의 등의 방법을 통하여 극복하려고 하였다. 그러나 20세기 신학은 로고스(이론)와 프락시스(실천)라는 서양 신학이 전승한 희랍적 이원론을 극복하지 못하고, 종교신학계열(로고스) 과 해방신학계열(프락시스)로 이원화된 채 서로 분리되어 맴돌고 있었다.6)

생태계의 위기는 이러한 분열된 상황에 있는 20세기 신학자들 그리고 종교학자들에게 공동의 화두를 제공한 셈이다. 서양학자들은 앞장서서 종교(특히 그리스도교)들이 그동안 자연에 대해 취해왔던 '자폐성'을 극복하는 대안을 마련하고자 하였다(Thomas Berry).7) 자연과학의 '좁은 지혜mi-crophase wisdom'를 가지고 지구촌 생태계 전체에 미치는 '큰 변화macro-phase change'를 일으키고 있으므로 종교 전통들로부터 이러한 상황을 극복할 수 있는 보다 큰 지혜를 구해야 한다(Brian Swimme).8) 일반적으로

---

5) Peter C. Hodgson, *Winds of the Spirit: A Constructive Christian Theology* (Louisville, K.Y.: Westminster John Knox Press, 1994), 특히 Part 2 참조.

6) 김흡영, 「아시아 신학의 21세기적 비전」, 『도의 신학』(서울: 다산글방, 2000), 336-341 참조.

7) 특히 투커(Mary Evelyn Tucker)와 그림(John Grim) 부부가 하버드 대학의 세계종교연구 소(Center for the Study of World Religions)와 함께 주최했던 "World Religions and Ecology"라는 컨퍼런스 시리즈를 참조하라. 컨퍼런스의 내용들은 Harvard University Press에 의해 시리즈로 모두 출판되었다.

8) Mary Evelyn Tucker and John Grim, "Series Foreword," in *Christianity and Ecology:*

종교들이 지금까지 신-인간 또는 인간-인간의 관계에 대하여 집중해왔는데, 이제 생태계 문제의 해결을 위해 각 종교들은 이러한 제한된 세계관을 넘어서 적절한 인간-지구의 관계론human-earth relation을 탐구해야 한다. 특히 인간에게 윤리적 초점을 맞춰왔던 아브라함 종교 전통들(유대교, 그리스도교, 이슬람)의 인간 중심적 세계관은 극복되어야 하고, 오히려 자연친화적인 동양 종교들(특히 유교와 도교)에 주목해야 한다고 이들은 주장하고 있다.

이와 관련된 그리스도교 신학자들의 모임 하나가 1997년 하버드 대학교의 세계종교연구소에서 개최되었던 「그리스도교와 생태학」 컨퍼런스이다.9) 이 컨퍼런스에 참석한 대부분의 신학자들은 적합한 생태신학의 구성을 위해서 세 가지의 신학적 수정이 필요하다는 것에 동의한다(예컨대, Elizabeth Johnson, Sallie McFague, Mark Wallace). 첫째, 인간 중심주의의 해체와 우주(지구) 중심주의로의 전환(비전의 전환). 둘째, 전통적 근본 메타포(상징)의 해체와 재구성(메타포의 전환). 셋째, 정론orthodoxy과 그리스도

Seeking the Well-Being of Earth and Humans, ed. by Dieter T. Hessel and Rosemary Radford Ruether (Cambridge, M.A.: Harvard University Press, 2000), xxiv.

9) 헷슬(Dieter Hessel)과 루터(Rosemary Ruether)는 이 컨퍼런스의 결과를 정리하면서 현대 그리스도교 생태신학과 윤리의 핵심을 네 가지로 요약했다. 첫째, 현대 신학은 인간 외에 다른 지구촌 생명공동체도 하느님에게 중요한 피조물이라는 사실을 재발견하였다. 둘째, 그리스 철학의 계층적 이원론에 의하여 수립된 우주관에 기초한 전통신학은 새로운 "우주 이야기(universe story)"와 "땅으로부터(from the ground)" 시작되는 생태학적 관심에 의하여 모두 재구성되어야 한다. 셋째, 생태학(ecology)과 사회정의(justice)적 관심은 서로 분리되는 것이 아니고 통합된 생태정의(eco-justice)적 신학과 윤리(예컨대, 에코페미니즘 또는 환경레이시즘)로 형성되어야 한다. 넷째, 생태정의적 신학은 지구와 인간의 곤경을, 특별히 가장 착취당하는 쪽에서 고려하여야 한다. 그러므로 그 규범은 생태적 적합성과 사회적 공의가 조화되도록 해야 하며, 인간뿐만 아니라 지구 공동체의 모든 이웃을 포함한 연대가 이루어질 수 있도록 해야 하며, 불필요한 소비를 억제하고 생태사회적으로 정당한 테크놀로지를 사용해서 생태계를 보존할 수 있도록 해야 하며, 그리고 분배와 참여 정의가 온전히 실행되도록 해야 한다(*Christianity and Ecology*, xxxv-xxxvii).

론 중심주의로부터의 탈피와 정행orthopraxis과 성령론의 강조(초점의 전환). 이 세 신학적 수정은 구성신학적으로 당연한 것이라고 할 수 있으나, 서양의 생태신학들은 아직도 그 희랍적 한계를 벗어나지 못하고 있는 듯하다. 신을 의인화하여 인간의 모습으로 그렸던 희랍인들의 사상을 기조로 하는 서양 신학에서 인간 중심주의 또는 신인간동형론anthromorphism의 탈피는 그 정체성의 해체를 의미하는 매우 어려운 것이리라.[10]

그러므로 이제 새천년대의 지구촌을 위한 생명생태신학의 몫은 인간의 얼굴과 몸 등 외부의 모습보다는 산, 물, 나무 등 자연세계와의 조화에 더욱 관심을 가졌던 자연친화적 생명사상을 근본으로 하는 우리 동양인들에게 돌아온 것이다. 특히 한국 사상은 그 뿌리부터 우주 중심적이고 생명 중심적이었다.[11] 한국 생태사상은 "인人과 물物의 조화와 공생, 즉 '인물균人物均'을 추구하는 생태적 합리성"에 기초를 두고 있다.[12] 21세기에 필요한 생명생태신학은 이러한 동양적 비전과 시각에서 새로운 패러다임으로 구성해야 할 것이다. 그러므로 그리스도교 신학은 이제 일종의 동양적 각覺을 해야 할 것이다. 희랍 문화를 기반으로 2천 년 동안 번영을 누리던 양陽의 그리스도교는 그만 한계에 봉착했고, 생태계의 위기와 더불어 그리스도교는 이제 음陰의 패러다임으로 혁명적 모형 전환(靜極動), 성령의 태극운동을 일으키고 있는 것이다(Bede Griffith).[13]

_____

10) Gordon D. Kaufman, "Response to Elizabeth A. Johnson," *Christianity and Ecology*, 23-27 참조.
11) 이경숙·박재순·차옥숭, 『한국 생명사상의 뿌리』(서울: 이화대학교 출판부, 2001), 특히 194-207 참조.
12) 박희병, 『한국의 생태사상』(서울: 돌베개, 1999) 참조.
13) 양 그리스도교에서 음 그리스도교로의 모형 전환은 오히려 동양(인도)의 영성에 매료된 서양(영국) 수도사 그리피스(Bede Griffiths)에 의해 선포되었다: "This may sound very paradoxical and unreal, but for centuries now the western world has been following the path of *Yang* of the masculine, active, aggressive, rational, scientific

생명·생태·신학이라는 주제들은 매우 광범위한 것이고, 그렇게 새로운 주제들도 아니다. 지난 수십 년간 많은 연구 자료들이 세계적으로 쏟아져 나왔고, 그들은 우리 신학계에도 비교적 잘 소개가 되어 있는 편이다.14) 그러므로 나는 여기에서 이와 관련된 주제들을 모두 다루는 것보다 앞서 언급한 세 신학적 수정 작업들(근본 비전, 근본 메타포, 초점의 전환)에 관련하여 우리에게 보다 적절한 생명생태신학의 구성을 위해 세 가지의 제안을 해보고자 한다. 곧 신神-인간-우주적 비전theanthropocosmic vision, 도道의 신학theo-tao, 억눌린 생명의 기氣사회우주전기pneumatosociocosmic biography of the exploited life가 바로 그것들이다.

요약하면, 첫째, "신-우주-인간적 비전"이란 동양적 세계관인 하늘-땅-사람(天地人)의 삼재사상을 현대적으로 재해석해서 신학의 근본 비전으로 채택하자는 것이다. 둘째, "도의 신학"은 문제가 되는 전통적 로고스나 근대적 프락시스보다 자연친화적인 동양적 메타포 도道를 신학의 근본 메타포로 사용해서 새로운 도 패러다임의 신학을 구성해보자는 것이다. 그리고 셋째, "억눌린 생명의 기사회우주전기"란 '민중의 사회전기'를 우주적 차원으로 확장해서 절명 위기에 처한 생태계의 모든 억눌린 생명들을 포함하고, 우주 생명력의 원기인 신기神氣, 곧 성령의 기운을 타고 생명을 살리는 살림살이에 신학의 초점을 맞춰보자는 것이다.

---

mind and has brought the world near destruction. It is time now to recover the path of *Yin*, of the feminine, passive, patient, intuitive and poetic mind. This is the path which the *Tao Te Ching* sets before us"(Bede Griffiths, selected and introduced, *Universal Wisdom: A Journey Through the Sacred Wisdom of the World* (San Francisco: HarperSanfrancisco, 1994), 27-8).

14) *Christianity and Ecology*, 615-637에 수록된 그리스도교와 생태학에 관한 참고문헌들 참조.

2. 하늘-땅-사람:
신-우주-인간적 비전Theanthropocosmic Vision

첫째, 21세기에 적절한 생명생태신학의 구성을 위해서는 그 근본 비전을 신-우주-인간적으로 패러다임 전환해야 한다. 비전이란 세계관보다도 더 근본적이고 포괄적인 의미를 지닌, 실재에 대한 종합적 통찰을 말하며, 비전의 변화는 곧 패러다임의 전환을 초래하게 한다. 근대 신학은 구속사관의 영향으로 지나치게 신-인간 또는 신-역사 중심적이었다. 다시 말해서 그동안 신학은 하늘(神)과 사람(인간의 구원)만 강조하고 땅(자연, 우주)을 잃어버렸다. 생태계가 종말에 직면한 지금에 와서야 서양 신학자들은 크게 반성하고 땅을 되찾자고 아우성이다. 그러나 그들이 좋아하는 둘로 나누는 습성 때문에 또 문제가 생기고 있다. 하늘이 아니면 땅, 인간이 아니면 자연하며, 그들은 습관적으로 둘 중에서 하나만 골라내려고 하는 것이다. 그러나 하늘, 땅, 사람은 모두가 나누어질 수 없는 실재의 존재론적 구성요소이고, 하늘과 땅과 연계되어 있는 사람이 참사람이다. 우리 조상들은 이것을 천지인天地人 삼재三才라고 하였다. 나는 이 중에서 천天을 신神으로 바꾸고 신(天)-우주(地)-인간(人)의 삼재로 이루어진 신-우주-인간적 비전을 신학의 근본 비전으로 삼아야 한다고 주장하고자 한다.

미국의 여성생태eco-feminism 신학자 존슨Elizabeth Johnson이 밝혀준 것처럼 사실 그리스도교 전통에 있어서 창조세계Creation의 상실과 땅과 우주에 대한 기억상실증은 불과 최근 500년 동안 일어난 현상이며, 그 이전 1500년 동안에는 없었던 일이다.[15] 히브리 성서는 땅이 하느님의

---

15) Elizabeth A. Johnson, "Losing and Finding Creation in the Christian Tradition,"

완전한 소유이며(시 24:1) 그 영광으로 충만하다고(사 6:3) 진술하고 있어 상당히 자연친화적이며 여기서 자연을 떠난 종교적 의미를 찾아보기 어렵다. 그리스도교 성서에도 성육신, 몸의 부활, 성만찬적 분배, 우주적 구속과 소망 등 자연친화적 주제들이 풍부하게 포함되어 있다. 이와 같이 유대-그리스도교 성서들은 땅의 종교적 가치를 인정하고 있으므로 올바른 생태적 자연관을 추출하기 위한 성서의 재해석이 요청된다.16)

사실 초대 및 중세 신학들은 신-우주-인간적 비전을 가지고 있었다. 그들은 자연을 당연히 신과 인간과 더불어 형이상학적 삼재(God-world-humanity)의 하나로 받아들였다. 아우구스티누스에 따르면 하느님은 두 가지의 책, 즉 성서와 자연이라는 책을 인간에게 주었다. 12-13세기에 우주론, 인간론, 신론이 어울려 조화를 이루는 신-우주-인간적 신학사상은 정점에 이르렀다. 빙엔의 힐데가르트Hildegard of Bingen, 보나벤투라 Bonaventure, 아퀴나스Aquinas 등이 그 대표적인 신학자들이다. 힐데가르트는 흙으로부터 만들어진 인간은 다른 창조세계와 근원적으로 긴밀하게 연관되어 있어 결코 그들과 분리될 수 없다고 역설하였다.17) 보나벤투라는 "피조된 만물의 장려함에 의하여 깨달음을 얻지 못한 이는 소경이요, 그들이 [신을 향해] 부르짖는 소리를 듣지 못하는 이는 귀머거리요, 이러한 모든 만물을 창조하신 하느님을 찬양하지 않는 이는 벙어리요, 이러한 수없이 많은 증거에도 불구하고 제1원인(하느님)을 인정하지 않는 이는

....

Christianity and Ecology, 3-21.

16) 선순화는 인간, 자연, 신의 삼각관계에서 이루지는 "생명 커뮤니케이션"이 신구약을 관통하는 주제라고 보았는데, 이것은 주목해야 할 한국여성신학적 통찰이다. 선순화, 「인간, 자연, 신의 생명커뮤니케이션」, 선순화 신학문집 출판위원회 편, 『선순화 신학문집: 공명하는 생명신학』(서울: 다산글방, 1999), 59-78.

17) Hidegard of Bingen, *Scivias*, tr. Columna Hart and Jane Bishop (New York: Paulist Press, 1990), 94. 또한 Johnson, 6 참조.

바보다"라고 하였다.[18] 아퀴나스는 오줌으로부터 불에 이르기까지 모든 자연세계가 영롱한 신 형상(*imago Dei*)이라고 믿었다. "그러므로 우주 전체는 모두 함께 더욱 완벽하게 신의 선함에 참여하고 있으며, 한 단일 피조물 어떤 것보다도 그것을 더욱 적절하게 기술하고 있다."[19]

존슨이 지적한 대로 물론 초대 및 중세 신학사상들 속에는 아리스토텔레스와 신플라톤주의의 영향에 의해 "계층적 이원론hierarchial dualism"이 침투되어 있었다. 정신과 물질, 남성과 여성, 인간과 자연을 계층적으로 확연히 구별하는 이 존재의 계층a hierarchy of being적 사유는 엘리트 남자를 정점으로 창조세계 안에 지배와 종속의 억압적 체계를 허용했고, 결과적으로 반여성적이고 반생태적 태도를 초래하게 하였다. 그럼에도 불구하고 아직 이 사상들에게 있어서 인간과 더불어 자연은 적어도 신 앞에 질서와 조화를 이루기 위한 필수불가결한 일부분이었다. 이러한 1500년의 자연친화적인 유산에도 불구하고 종교개혁 이후 로마 가톨릭과 프로테스탄트 신학자들은 자연에 대한 관심을 상실하고 신과 인간에게만 집중하여 치명적인 결과를 초래케 하였다.

자연신학 전통을 가지고 있었던 가톨릭 신학이 자연을 상실하게 된 이유는 사실 지적이기보다는 오히려 정치적인 것이었다. 17세기의 갈릴레오 사건 이후 신학자들은 태양 중심적이고 진화론적인 과학적 세계관과 결별하기 시작하였으나 사실상 중세의 지구 중심적 세계관은 붕괴되었음으로 가톨릭 신학은 세속적 세계관의 변화와는 전혀 관계가 없는 고립된 자유학문이 되어버렸다. 더욱이 가톨릭 신학의 프로테스탄트 신학

---

18) Bonaventure, *The Mind's Journey to God*, tr. Lawrence S. Cummningham (Chicago: Franciscan Heral Press, 1979), chap. 1, no. 15. Johnson, 7 재인용.

19) Thomas Aquinas *Summa Theologogiae* (New York: Benziger Bros., 1947) 1.47.1. Johnson, 7 재인용.

과의 만남은 인간론으로 흡수를 더욱 가속화시켰다. 종교개혁 강령이 된 "오직"(그리스도로만, 신앙으로만, 은총으로만, 성경으로만)은 프로테스탄트 신학 사상에 강렬한 인간 중심적 전환을 가져오게 하였고, 하느님 앞에서 죄진 인간이 신학의 중심이 되어버렸다. 이러한 상황에서도 사실 초기 프로테스탄트 신학은 비교적 자연친화적이었다. 칼뱅John Calvin은 자연세계 모든 곳에 신의 영광을 반사하는 불꽃이 있다고 말했다.[20] 그러나 그 후 자연신학과 행위에 의한 칭의에 관한 가톨릭 신학의 교리에 대항하기 위해 개신교 신학은 자연은 신이 부재한 타락한 피조세계로서 오직 그리스도에 의한 구원의 대상에 불과한 것으로 비하시키고 인간 중심주의를 더욱 심화시켰다.

더욱이 개신교 신학은 과학과 철학, 역사 등 반자연적인 인문학의 영향을 받게 된다. 베이컨Francis Bacon은 "자연은 그녀의 모든 자녀들과 함께 너희들[인간]에게 봉사하고 너희들의 노예가 되도록 정해져 있다"고 서슴없이 말했다.[21] 데카르트와 칸트 철학에 의한 '주체로의 전환turn to the subject'은 자연을 외부적이고 수동적인 객체로 규정하고 인식하는 인간 주체로부터 분리시켰다. 더구나 근대 역사주의는 이 분리를 더욱 강화시켰다. 자연은 직선적 구속사와는 전혀 관련이 없는 순환적 이교도의 신이 군림하는 영역으로 그리고 인간에 의하여 구출되어야 할 것의 한 상징으로 전락되었다. 쇠렌, 키에르케고르부터 루돌프 불트만에 이르는 실존주의, 신정통주의, 정치-해방신학 등 20세기 신학조차도 자연을 열등하게 보는 이러한 자연관을 옹호하는 근본주의적 입장을 취했다. 인간만이 소유했다고 간주하는, 선택하고 결정하는 자유는 우월한 것이고, 그렇지

---

20) John Calvin, *Institutes of Christian Religion*, 1.5.64. Johnson, 9; 또한 필자의 「존 칼빈과 이퇴계의 인간론에 관한 비교연구」, 『도의 신학』, 231-291, 특히 277-285 참조.
21) Francis Bacon, *The Masculine Birth of Time*, Johnson, 앞의 책, 10에서 재인용.

못한 자연은 결정론적이고 기계적인 열등한 것으로 폄하했다. 그러므로 과정신학을 제외한 거의 모든 신학들에서 창조세계는 신학의 동반자와 주체의 자리에서 실종됐다.

지구 멸망의 위기에 직면하고 있는 오늘날 시대의 징조에 따라 그리스도교 신학은 과감하게 이러한 반자연적 장애물들을 제거하고 자연세계를 중심 부분으로 재통합하여야 한다고 존슨은 주장한다. 지구 중심적, 정체적, 계층적 질서에 의한 중세 우주관은 이미 붕괴되었으며, 자연을 결정론적이고 기계론적으로 보는 근대 계몽주의적 편견도 지양되어야 한다. 현대 과학이 발견한 역동적, 유기적, 자기조직적, 비결정적, 개방적 우주관으로 재구성되어야 한다. 오히려 고대와 중세의 우주 중심적 신학들을 재발굴하여 절체절명의 위기에 있는 지구를 살릴 수 있는 생태신학으로 구성해야 한다. 또한 이러한 생태 문제는 남성 중심주의에 의하여 착취당해온 여성의 입장과 깊은 유사성이 있으며, 그러므로 신학이 '땅으로의 회심conversion to the earth'을 수행하기 위해서는 여성생태신학적 접근이 필요하다고 존슨은 역설한다.[22]

이러한 존슨의 기획은 생명생태신학의 구성을 위하여 매우 유익한 기조를 제공한다. 그럼에도 불구하고 그것은 그녀가 서양 신학자의 한 사람으로서 넘을 수 없는 한계를 노출하고 있다. 그녀의 서양 여성생태적 기획도 아직 희랍적 사고방식에서 완전히 벗어나지 못하고 있다. 그 주장의 핵심은 한마디로 신학이 인간 중심주의를 탈피하여 자연 중심주의로 전환되어야 한다는 것이다. 그러나 그녀가 주장하는 전환에는 인간과 자연이라는 변증법적 이원론의 배경이 그대로 유지되고 있으며, '중심'이라는 본질론essentialism이 전제되고 있으며(또한 이것은 환원주의이기도 하다), 인

---

22) Johnson, 앞의 책, 17.

간과 자연 중 하나를 선택해야 한다는 이원론적 일원론(either-or)을 탈피하지 못하고 있다. 이 이원론과 실체론이 바로 여성신학이나 생태신학이 극복하고자 하는 사상적 올무였지만, 미국을 대표하는 여성생태신학자 존슨마저도 그 올무에서 완전히 탈피하지 못하고, 아직 한 발을 엉거주춤하게 그 안에 머물러두고 있는 상태이다. 틸리히가 분석한 대로 이원론과 일원론은 결과적으로 같은 것이다.[23] 인간과 자연을 분리해서 어떤 것이 중심이 되어야 하는 식의 이원론적 일원론은 분석적 본질론essentialism 또는 실체론substantialism에 연관되며, 이러한 방법으로는 생명생태신학이 갈망하는 진정한 호혜적 관계론에 도달하기 어렵다.

이것보다는 천지인 삼재의 통전적 관계론이 적절한 것이고, 그것의 재해석을 통한 적극적 수용은 우리 신학의 토착화를 위해서만 아니라 현대 신학 전체를 위해서도 유용한 것이다. 파니카R. Panikkar가 통찰한 대로, 세계 종교사에 있어서 고대의 우주 중심주의, 중세의 신 중심주의, 그리고 근대의 인간 역사 중심주의는 모두 환원주의적 오류를 범하고 있다.[24] 이것들도 실재에 대한 허구적 진술이며, 마찬가지로 일원론과 이원론에 매여 있는 사고가 낳은 논리적 오류이다. 신과 인간과 우주는 서로 불가분의 세 축으로 통합적 실재를 이루고 있다. 그러므로 이 세 구성 요소를 함께 아우르는 신-우주-인간적theanthropocosmic 또는 우주-신-인간적 cosmotheandric 비전이 진실에 훨씬 근접한 것이다. 중세 신학조차도 이것을 당연한 것으로 받아들였다. 더욱이 삼위일체론의 탁월성은 그리스도교 신앙이 희랍 사상의 일원론과 이원론이 지닌 모순을 극복하고 다원적 pluralistic이고 동중심적concentric인 실재를 파악할 수 있는 사유의 틀을

---

23) Paul Tillich, *Systematic Theology*, Vol. I (Chicago: Chicago University Press, 1951).
24) Raimond Panikkar, *The Cosmotheandric Experience: Emerging Religion Consciousness* (Maryknoll: Orbis, 1993) 참조.

제공했다는 데 있다.25)

　우리는 이미 오래전부터 하늘-땅-사람(天地人)의 삼재三才 또는 삼극
三極으로 구성된 다원적이고 동중심적인 실재를 믿어왔다. (훈민정음의 닿
소리와 홀소리의 구성에서 뚜렷이 돌출되었듯이 "한국 전통 문화의 구성원리"를 "삼재론
중심의 음양 오행론"이라고 볼 수 있다.)26) 동양 사상의 근간이 되는『주역』에
이 천지인 삼재의 사상이 현저하게 나타난다. "역이란 책은 말하는 범위가
넓어서 모든 것을 다 포함하고 있다. 인도도 있고, 천도도 있고, 지도도
있어서 삼재를 합하여 두 배로 하면 6이 된다. 육효라는 것은 다른 것이
아니라 삼재의 도이다."27) 그러므로 육효六爻로 이루어진 대성괘大成卦
는 천도天道와 인도人道와 지도地道의 민감한 변화를 천-우주-인간적 비
전에서 패턴으로 묘사하고 있는 것이다.28) 그러나 여기서 주목해야 할
점은 주역 괘의 묘사는 인과율적인 것이라기보다는 천지인을 한꺼번에
파악하는 통시적synchronistic인 통찰이고, 화살과 같은 직선적 시간관의
아날로그적인 것이라기보다도 동시다발적인 디지털적인 것에 근접한다
는 점이다. 이 디지털적인 삼극의 움직임(道)을 근원적으로 상징화한 것
이 삼태극이요, 그것을 음양의 변화로 단순화한 것이 태극인 것이다. 오히
려 유학자인 청쭝잉이 "성자는 이상적인 사람으로, 성부는 창의적인 영으

---

25) 하지슨도 파니카의 신-우주-인간적 비전을 가지고 삼위일체론을 재구성하려고 한다.
　　 Hodgson, *Winds*, 특히 45-25, 109-110 참조.
26) 훈민정음의 제자 원리는 "태극과 음양과 삼재와 오행의 원리"이다(이정호,『해설역주 훈민
　　 정음』[서울: 보진제, 1972]). 또한 우실하,『전통문화의 구성원리』(서울: 소나무, 1998),
　　 특히 61-72 참조.
27)「계사전」, 고회민,『주역철학의 이해』, 정병석 역 (서울: 문예출판사, 1978), 249에서
　　 재인용.
28) 김석진,『대산주역강해』(상경), 수정판 (서울: 대유학당, 2001), 32-3. 도와 동시성에
　　 관하여는 시노다 볼린, 이은봉 역,『도와 인간심리: 만남의 심층심리적 이해』(서울: 집문당,
　　 1994) 참조.

로서 하늘로, 성령은 수용적인 영으로서 땅으로" 주역적인 재해석을 통하여 생태적 삼위일체론을 제안한 적이 있다.29)

더욱이 한국 그리스도교에서는 그리스도교의 신-인간적(구속사) 비전이 전통사상인 유교의 인간-우주적anthropocosmic 비전과 부딪쳐 신-우주-인간적 비전으로 해석학적 지평융합이 일어나고 있다.30) 그러므로 신-우주-인간적 비전에 의한 신학 구성은 한국 신학의 한 특성이 될 수 있고, 한국 신학이 세계 신학적 가치를 자리매김할 수 있는 중요한 기회인 것이다. 그리스도교와 동양 사상뿐만 아니고 나아가서 생태 문제가 함께 어울리는 가장 생생한 역사적인 현장에 있는 한국 그리스도교는 이 신-우주-인간적 사유 속에서 3천년대에 적절한 생태신학의 패러다임을 구상할 수 있는 풍부한 자원들을 갖고 있다. 신학이 성부와 하늘(天)에 대해서는 가장 오래되고 심오한 인류의 사상이라고 한다면, 동양학(유학) 또한 성자와 인간 사회(人)에 대해서 그러할 것이다. 생태학(과학)은 성령과 생태계(地)에 대한 가장 전문적인 지식을 갖고 있다고 보아야 할 것이다. 신학, 동양 사상(유학) 그리고 생태학(과학)의 삼극을 삼태극처럼 어우르면(묘합) 멋들어지고 실천적인 경건과 사랑과 자비의 신-우주-인간적 생명생태신학 패러다임을 형성할 수 있을 것이다.31)

---

29) Cheng Chung-ying, "The Trinity of Cosmology, Ecology, and Ethics in the Confucian Personhood," *Confucianism and Ecology: The Interpretation of Heaven, Earth, and Humanity*, ed. Mary Evelyn Tucker and John Berthrong (Harvard University Press, 1998), 225.

30) 간단하게 설명하면, 인간-우주적 비전은 유학의 천인합일사상, 신역사적 비전은 개신교 신학의 구속사(salvation history)를 말한다. 인간-우주적 비전에 대해서는 Tu Wei-ming, *Centrality and Commonality: An Essay on Confucian Religiousness*, rv. ed. (Albany: SUNY Press, 1989) 참조. 두 지평의 합류에 대해서는 Heup Young Kim, *Wang Yang-ming and Karl Barth: A Confucian-Christian Dialogue* (Durham: University Press of America, 1996), 특히 175-180 참조.

31) 더 자세한 것은 김흡영, 「신·인간·우주(天人地): 신학, 유학, 그리고 생태학」, 『한국그리스

신학	신	천(天)	하늘	숨	기(氣)	성부	신학	해방	경건(敬天)
생태	우주	지(地)	땅	한울	우주	성령	생태학	생태	자비(愛物)
생명	인간	인(人)	사람	두레	사회	성자	동양학	대화	사랑(人仁)

3. 하늘-땅-사람의 참길(신-우주-인간적 묘합): 도의 신학

둘째, 이러한 신-우주-인간적 패러다임에서 궁리한 생명생태신학을 도道의 신학이라고 지칭하고자 한다. 그러므로 도의 신학은 신-우주-인간(하늘-땅-사람)의 삼재지도三才之道 또는 삼극지도三極之道, 곧 하늘의 길(天道), 땅의 길(地道), 사람의 길(人道)의 '묘합妙合'을 궁구하는 것이다.[32] 생명과 생태와 신학이 이루는 삼극의 묘합도 이러한 사람, 땅, 하늘의 길끼리의 현묘한 만남인 삼태극이요, 그 삼태극이 어울려 이루는 총체적 궤적(道)을 통찰하여 그곳에 동참케 하는 신학을 도道의 신학이라고 해보자는 것이다. (삼태극의 묘합으로서 도의 신학은 한국적이다. 김시습은 도의 측면에서 볼 때 천지만물이 모두 같은 태극이라고 보는 흥미로운 한국 생태사상을 발전시켰고,[33] 우실하는 한국의 고유한 논리가 "3수 분화의 세계관"의 정점인 삼태극, 곧 "하나를 잡아

도사상』 6 (1998), 219-260; 또는『도의 신학』, 292-335 참조.

32) 김병호·김진규 구성,『아산의 주역강의』상 (서울: 도서출판 소강, 1999), 55-56. 묘합은 주렴계의 태극도설에 나오는 용어이다(이퇴계,『성학십도』에서「제일 태극도」참조).

33) 김시습은 다음과 같은 흥미로운 말을 했다: "도(道)로써 천지를 보고 천지로서 만물을 본다면, 나 또한 물(物)이요, 물은 또한 나이다. 천지는 또한 만물이요, 만물은 또한 천지이다. 어떤 물이 나가 아니겠으며, 어떤 나가 물이 아니겠는가. … 그런즉 내 몸이 하나의 태극(太極)일 뿐 아니라. 만물 또한 하나의 태극이며, 물물(物物)이 저마다 하나의 태극을 지니고 있다. 천지 또한 하나의 태극인 것이다"(박희병, 2에서 재인용). 이 사상은 태극을 우주 만물의 핵심으로 보는 일물일태극설(一物一太極說)과 일치한다(고회민,『주역철학의 이해』, 169-177 참조).

셋을 포함하고, 셋을 모아 하나로 돌아간다(執一含三 會三歸一)"에 있다고 주장한다.)34)

2천 년 동안 그리스도교 신학의 근본 메타포로 군림해왔던 로고스*logos*는 모더니티의 환원주의적 영향으로 이미 한계점에 도달했다. 계층적 이원론을 기반으로 하는 반자연적이고 억압적인 기술 이성으로 축소된 로고스는 생명생태신학의 근본 메타포로서 사용하기에는 부적절하다. 나는 최상의 생명생태 메타포라고 할 수 있는 도道를 3천년대 신학의 근본 메타포로 사용하자고 주장한다.35) 더욱이 도는 로고스보다도 훨씬 더 성서적이다. 예수는 자신을 가리켜 로고스라고 말한 적이 없다. 그는 자신을 "내가 곧 길이요 진리요 생명," 곧 진리와 생명의 길(道)이라고 했다(요 14:6). 뿐만 아니라 애당초 원시 그리스도교의 호칭도 로고스가 아닌 "그 도를 쫓는 사람"의 "도"였다(행 9:2; 19:9; 22:4; 24:14, 22). 여기서 '길'과 '도'의 희랍어는 '호도스*hodos*'인데, 이 용어는 도와 뜻이 매우 흡사하다.

원래 도의 신학theo-tao은 로고스 신학theo-logy과 그 근대적 보완인 프락시스 신학theo-praxis과 견주어 명명해본 것이다.36) 로고스와 프락시스의 이원론에 의해 좌초되어 있는 현대 신학을 도의 신학으로 재활해 보자는 것이다. 달릴 착(辶) 받침에 머리 수(首)로 이루어진 한자 도道는

---

34) 우실하, 앞의 책, 308. 또한 삼태극의 고유한 논리는 "셋에서 하나로 돌아가는 것을 체로 삼고, 하나에서 셋으로 나뉘는 것을 용으로 삼는다(三一其體 一三其用)"에 있다고 한다.

35) 서양 학자들도 도가 최고의 생태적 메타포라는 것에 동의한다. 터커와 그림은 유교와 도교를 세계 종교 전통들 중에서 "the most life-affirming" 하다고 평가한다("Series Forward," xxvi). 또한 Mary Evelyn Tucker, "Ecological Themes in Taoism and Confucianism," Tucker and John A. Grim, *World View and Ecology: Religion, Philosophy, and the Environment* (Maryknoll: Orbis Books, 1994), 150-60 참고.

36) 자세한 것은 Heup Young Kim, "A Tao of Asian Theology in the 21st Century," *Asia Journal of Theology* 13:2 (1999), 276-293; 또는 「아시아 신학의 21세기적 비전」, 『도의 신학』, 336-360 참조.

주체(體)와 운용(用), 존재being와 과정becoming을 모두 포함한다. 다시 말하면, 도는 '움직이는 주체'이며, 항상 '과정 속에 있는 존재being in be-coming'이다. 도는 존재(體, logos)의 근원인 동시에 우주 변화(用, praxis)의 길(軌跡)이다. 그러므로 도는 로고스나 프락시스 중 어느 한쪽으로 환원될 수 없고, 오히려 프락시스의 변혁을 타고(乘) 가는 로고스라고 할 수 있다. 그러므로 도는 '로고스냐 프락시스냐' 하는 것 같이 '이것이냐 저것이냐either-or' 하는 서양 신학이 자주 범하는 흑백논리식 선택이 아니라, 음양으로 구성된 태극과 같이 '이것과 저것both-and'을 동시에 모두 껴안는 '상보적 어울림'의 묘합이다.37) 그러므로 도는 로고스(존재)와 프락시스(과정)가 갈라지는 분기점 위에 우리를 세워놓고 그중 하나를 선택하게 하는 것이 아니라, 우주적 궤적과 연합하는 '온생명'의 역동적 운동에 스스로 참여하게 만든다.38)

도는 궁극적 길인 동시에 실재로서 앎과 행함의 일치(知行合一)를 이루면서 생명의 사회우주적 궤적에 따라 변혁적 프락시스를 구현한다. 로고스 신학이 형이상학 중심적인 '위로부터의 시각'이고 프락시스 신학이 사회학 중심적인 '아래로부터의 시각'이라면, 도의 신학은 신-우주-인간적(時間, 空間, 人間)의 간주체적이고 동중심적인 시각을 가지고 있다. 도의

---

37) "Ether-or"과 "Both-and"에 대한 분석은 Lee Jung Young, *The Theology of Change: A Christian Concept of God in an Eastern Perspective* (Maryknoll: Orbis Books, 1979)를 참고하라. 태극의 '상보적 어울림'에 대하여서는 김용옥이 그의 「어울림 산조」에서 잘 표현하여 주고 있다(김용옥, 『도올 논어(3)』[통나무, 2001], 362): "태극은 어울림이다. 어울림은 기와 리의 상보성이며, 세계와 신의 상보성이며, 음과 양의 상보성이며, 불협과 조화의 상보성이며, 자유와 규율의 상보성이며, 美와 醜의 상보성이며, 자연과 문명의 상보성이며, 형이상과 형이하의 상보성이며, 道와 器의 상보성이다."

38) 도에 관해서는 *Tu Wei-ming, Humanity and Self-cultivation* (Berkeley: Asian Humanities Press, 1979), 35-37 참조. '온생명'에 관해서는 장회익, 『삶과 온생명』(서울: 솔출판사, 1998) 참조.

신학은 관념 중심적인 로고스 신학이나 운동 중심적인 프락시스 신학의 대립을 지양하고 '행하는 지혜(良知)'로서 통전적이다. 도의 신학은 그 초점을 교회의 정통 교리로서 정론正論(orthodoxy)이나 역사적 상황에 정당한 실천으로서 정행正行(orthopraxis)보다는, 신-우주-인간적 궤적(흐름)에 부합하는 삶의 변혁적 지혜와 생명의 바른 길, 곧 정도正道(orthotao)에 둔다. 그러므로 도의 신학이 추구하는 것은 정론正論의 탁상공론이나 정행正行의 이념투쟁에 한정된 것이 아니고 그것들을 포함하는 정도正道의 바른 살림살이, 곧 참 삶이다.

그리스도교의 삼대 덕목인 신앙, 소망, 사랑에 견주어 말하자면, 신앙은 정론을, 소망은 정행을, 사랑은 정도를 강조한다. 전통적 로고스 신학의 특징이 신앙의 인식론이고 근대적 프락시스 신학의 그것이 소망의 종말론이라면, 생명생태적 도의 신학의 특성은 사랑의 생명론일 것이다. 다음에 있는 바울과 장자의 두 구절을 서로 비교해보라.

> 사랑은 언제까지든지 떨어지지 아니하나 예언도 폐하고 방언도 그치고 지식도 폐하리라. 우리가 부분적으로 알고(theo-logy) 부분적으로 예언하니(theo-praxis) 온전한 것이 올 때에는 부분적으로 하던 것을 폐하리라. 내가 어렸을 때에는 말하는 것이 어린아이와 같고 깨닫는 것이 어린아이와 같고 생각하는 것이 어린아이 같다가 장성한 사람이 되어서는 어린아이의 일을 버렸노라. 우리가 이제는 거울로 보는 것과 같이 희미하나 그 때에는 얼굴과 얼굴을 대하여 볼 것이요 이제는 내가 부분적으로 아나 그 때에는 주께서 나를 아신 것같이 내가 온전히 알리라. 그런즉 믿음, 소망, 사랑, 이 세 가지는 항상 있을 것인데 그 중에 제일은 사랑이라(바울, 고전 13:8-13).

생선을 잡기 위해 생선 그물이 있는 것이요, 일단 생선을 잡게 되면 그물을 잊어버린다. 토끼를 잡기 위해 토끼 올무가 있는 것이요, 일단 토끼를 잡게 되면 올무를 잊어버린다. 뜻을 알기 위해 말이 있는 것이요. 일단 뜻을 알게 되면 말을 잊어버린다. 그러나 나는 어디에서 말을 잊어버려 그와 더불어 말을 할 수 있는 이를 찾을 수 있을까?(『장자』, 외물편).

이 구절들에서 바울과 장자의 사상은 서로 공명하고 있다. 신앙(로고스)과 소망(프락시스)도 결국 사랑의 도를 체득하기 위한 것이다. 궁극적으로 그들도 '생선 그물'이나 '토끼 올무'와 같은 것으로 도를 얻기 위한 수단들인 것이다. 일단 사랑의 도를 얻게 되면 이런 도구들, 심지어 '말'(언어)까지도 불필요하게 되는 것이다. 로고스 신학theo-logy이 '이해(知)'를 추구하는 신앙faith-seeking-understanding(*fides quarens intellectum*)'이고, 프락시스 신학theo-praxis이 '실천(行)'을 추구하는 소망hope-seeking-praxis'이라면, 도의 신학theo-tao은 생명의 '도道를 추구하는 사랑love-seeking-tao'이다. 신(성부)의 담론으로서 로고스 신학이 그리스도교 교의의 올바른 선포(正論)에, 예수(성자)의 운동으로서 프락시스 신학이 그리스도교 이념의 올바른 실천(正行)에 초점을 맞춘다면, 성령(神氣)의 신명 난 살림살이로서 도의 신학은 그리스도인의 올바른 길(正道), 하늘-땅-사람의 길을 가는 참삶에 초점을 두고자 한다. 여기서 그리스도교에 대한 최초의 호칭이 로고스가 아닌 '호도스,' 곧 '도'였다는 사실을 다시 한번 상기할 필요가 있다.

예수는 다름 아닌 하늘-땅-사람의 참 길을 따라 살신성인하여 참 삶을 산 참 사람, 하늘-땅-사람의 참 어울림, 곧 그리스도이다. 그래서 예수는 자신을 가리켜 진리와 생명의 길이라고 했고, 그 길을 통하지 않고는 진리와 생명인 참 삶, 곧 천국에 도달할 수 없다고 하였다(요 14:6). 예수는 정통적 교리, 철학적 신학, 정행의 지침서, 사회혁명 이념 같은 것보다는 하느님께로 나아가는 참 삶의 길을 가르쳐주셨다. 예수는 한국 천주교의 창시자 이벽李蘗이 이해한 것같이 "인간의 길(人道)과 하늘의 길(天道)이 만나는 곳"이고, 또한 땅의 길과도 만나는 입체적 교차로(십자가)이다.39) 그러므로 예수 그리스도는 하늘-땅-사람의 참 길, 신-우주-인간적 도 (Christ as the Theanthropocosmic Tao)라고 할 수 있다.40) 그리스도의 복음 이란 요약하면 험한 수난을 받고 십자가에 매달려 못 박혀 "꽃피"를 흘리 고 떨어져버린 억울한 한 생명 예수가 죽음의 장벽을 뚫고 솟구쳐 부활하 여 참 생명(眞生命)의 근원이 되었다는 이야기이다.41) 그러므로 그리스도 는 우리로 하여금 하느님과 우주와 화해(中和)를 이루는 신-우주-인간적 도를 성취하게 만드는 구원과 부활, 곧 참 생명의 길이라는 것이다.

하늘-땅-사람 예수의 참 길(신-우주-인간적 도) 그리스도론은 심오한 도의 이야기를 품고 3천년대의 그리스도교 신학을 위한 좋은 씨알들을 생산할 수 있다. 다석 류영모와 같은 한국 신학의 선각자들에 의해 이미 우리 품에 안겨져 이 '알나'들을 우리들은 주목해볼 필요가 있다.42) 류영 모는 그리스도를 '빈탕한데' 또는 '없이 계신 님'으로 보았다.43) 빈탕(없이)

---

39) 이성배, 『유교와 그리스도교: 이벽의 한국적 신학원리』(왜관: 분도출판사, 1979), 122 참조.

40) 자세한 것은 "Toward a Christotao: Christ as the Theanthropocosmic Tao," *Studies In Interreligious Dialogue* 10:1(2000) 5-29; 또는 *Christ and the Tao* (Hong Kong: Christian Conference of Asia, 2003), 153-182 참조.

41) 류영모는 매우 미학적인 꽃피 그리스도론을 펼친다. 박영호 편집, 『씨올의 메아리 다석어록: 죽음에서 생명을 절망에서 희망을』(서울: 홍익제, 1993), 165-166 참조.

42) 김흥호에 의하면 류영모의 '나알 알나'의 영성적 과정은 '나알'은 내가 알임을 아는 것, 즉 계란(알)이 병아리와 닭이 되는 것이고, '알나'는 내가 알을 낳는 것, 즉 닭이 계란을 낳는 것이다. 김흥호 풀이, 『다석 류영모 명상록』 3 (서울: 성천문화재단, 1998), 215-7 참조. 나는 여기서 이 의미에다 어린애의 속어 '얼라'를 덧붙여 표현해본 것이다.

43) 류영모, 『씨올의 메아리』, 275; 『명상록』 1, 39 등.

은 무극이요 한데(계신)는 태극이니, 십자가에서 예수 그리스도는 유학의 오메가 포인트인 무극이태극無極而太極을 성취했다는 것이다. 여기서 류영모는 호방한 우주적 그리스도론을 펼친다. "우주 궤도의 돌진이 십자가요 우주 궤도를 도는 것이 부활이요 세상을 비추는 것이 하나님의 우편에 앉으신 심판이다"(김흥호).[44] 그러므로 그리스도의 십자가와 부활의 사건은 화살형 직선 역사관과 지구 역사 지평 위에 벌어진 신에 의한 인간의 구원이라는 좁은 이야기가 아니고, 살신성인한 하늘-땅-사람 예수가 우주의 궤도(참 길)에 파고들어가 그것과 하나(참 어울림)가 되어 우주 전체를 밝히고 참 생명의 근원이 되었다는 광대무변한 신-우주-인간적 드라마인 것이다(골 1:16-7; 요 1:3을 비교하라).

류영모에게 있어서 십자가는 '없이 있어'지게 한 사건이다. 서양 사람들은 '있(有)'은 잘 알아도 '없(無)'을 모른다고 그가 비판한 대로, 실체론적 서양 그리스도론이 그 한계를 확연히 드러내고 있다. 사실 그리스도의 핵심은 '없음'에서 '있음'을 구현한 '없이 있음'(無極而太極 또는 空卽是色)에 있고, 그것이 다름 아닌 무(빈탕)에서 세상(한데)을 창조한 하느님의 우주 생성 원리(creatio ex nihilo)인 것이다. 그리스도교 신학이 생명생태적으로 되기 위해서는 이 '없이 있음'의 우주 생성 원리를 체득하여야 한다. 여기에 중세 그리스도교의 부정신학(없음)과 케노시스(비움) 전통의 중요성이 있다. 그러므로 서양 신학이 온전한 생명생태신학이 되기 위해서는 실체론적 한계를 극복하고 부정신학 전통을 다시 회복해야 한다.

그런데 도를 근본 메타포로 수용하는 것에 대하여 서양 신학자들보다도 오히려 동양 신학자들이 더 민감하게 거부반응을 나타내는 것을 종종

---

44) 김흥호, 「동양적으로 이해한 유영모의 그리스도교관」, 『동방의 성인 다석 유영모』(서울: 도서출판 무애, 1993), 301.

본다. "하필이면 왜 그 말썽 많은 도를 다시 들춰내려고 하느냐?"는 것이다. 이것은 제도권 유교가 그 진의를 왜곡하고, 도를 빙자하여 억압적 만행을 저지른 역사적 오류에 대한 당연한 반응이라고 볼 수 있다. 로고스보다도 오히려 역사가 오래된 도의 역사에도 분명히 억압의 족보는 있다. 따라서 도는 필히 민중학, 여성학, 신식민주의 비판, 오리엔탈리즘 등 철저한 의심의 해석학을 통해 재해석된 후 사용되어야 한다. 이러한 비판적 재해석을 전제로 해서, 우리 신학은 도를 근본 메타포로 사용해야 하는 이유들이 있다. 첫째, 이미 살펴보았던 것처럼 도-메타포는 성서적이다. 둘째, 서양인들이 오랫동안 그들의 것인 로고스, 프락시스, 그리고 이제 와서는 소피아를 선택하여 토착화해온 것처럼, 우리도 우리의 것인 도를 근본 메타포로 채택하여 그리스도교 신앙을 토착화해볼 당위성이 있는 것이다. 셋째, 도는 최상의 생명생태적 여성 메타포이다. 넷째, 도-메타포는 '없이 있는' 우주 생성적 힘과 에너지(氣) 그리고 약함의 혁명적 역동성을 담지하고 있다.

노자의 『도덕경』은 도를 '만물의 어머니(萬物之母),' '하늘땅의 어머니(天下之母),' 또는 '신비한 여성(玄牝)' 등 모성을 강조하며 여성으로 간주한다(1, 25, 6).

> 계곡의 신(道)은 죽지 않는다.
> 이를 일러 신비한 여성(玄牝)이라고 한다.
> 신비한 여성의 갈라진 틈,
> 이를 일러 천지의 근원이라 한다,
> 면면히 이어오면서 겨우 있는 것 같지만,
> 그 작용은 무궁무진하도다(6).[45]

이 신비한 여성mystical female으로 묘사되는 도는 결코 나약하지 않고, 오히려 무궁무진하게 역동적인 '뒤집기(反轉) 원리the principle of reversal'의 선수이다. 부자보다 가난한 자에게 우선적 선택권을 주는 산상수훈과 해방신학의 하느님과 유사하게, 도는 강強보다 약弱, 대大보다는 소小, 유有보다는 무無, 동動보다는 정靜, 남男보다는 여女, 양陽보다 음陰, 인위人爲보다는 무위無爲에게 우선적 선택권을 준다.46)

이러한 도의 뒤집기 원리는 또한 되돌아감(復, return)의 원리와 관련된다. "허의 극치에 도달하고 돈독히 정을 간직하라. 만물이 다 같이 생육화성을 하지만 (허정한 도를 터득하고 지키는) 나는 만물이 근원에 되돌아감을 볼 수가 있다. 만물이 무성하게 자라고 있으나 결국은 모두가 다 근원으로 되돌아가기 마련이다. 근원으로 돌아가는 것을 정이라 하고, 그것을 복명復命 즉 본성으로 복귀한다고 말한다. 복명 즉 본성으로 복귀하는 것을 상도常道라 하고, 상도를 아는 것을 총명이라고 한다."47) 그러므로 21세기의 생명생태신학으로서 도의 신학은 이 복명의 상도를 아는 총명을 갖추고, 도가 분출하는 연약함(弱)과 텅 비움(虛)의 역설적 힘, 무위자연의 근원적 에너지를 펼쳐내 보고자 한다.

---

45) 최진석, 『노자의 목소리로 듣는 도덕경』(서울: 소나무, 2001), 70-71 참조(필자의 수정 번역).

46) 그라함은 이것을 다음과 같이 도표화하였다(A. C. Graham, *Disputers of the Tao: Philosophical Argument in Ancient China* [La Salle: Open Court, 1989], 223).

Yang	*Yin*	*Yang*	*Yin*
Something	Nothing	Before	Behind
Doing Something	Doing Nothing	Moving	Still
Knowledge	Ignorance	Big	Small
Male	Female	Strong	Weak
Full	Empty	Hard	Soft
Above	Below	Straight	Bent

47) 장기근, 이석호 역, 『노자·장자』(서울: 삼성출판사, 1976), 73-74.

4. 아! 숨님의 솟구침: 억눌린 생명의 기사회우주전기

셋째, 인간의 무한경쟁 콤플렉스와 탐욕에 의해 절멸 위기에 있는 생태계geocide와 멸종 위기에 있는 생명biocide들을 살리기 위하여 생명생태신학은 이러한 텅 비움(虛)의 '없이 있는' 우주 생성적 역동성과 연약함(弱)의 거꾸로 솟구치는 반전(反)과 복귀(復)의 혁명적 에너지를 불어넣을 수 있어야 한다. 뒤집기(반전)와 복귀의 혁명은 태극으로 말하면 정극동靜極動의 반전운동이요, 기氣로 말하면 생명의 근원으로 돌아가게 하는 신기神氣의 역逆 운동, 곧 '숨님'의 솟구침이다. 숨님(神氣)의 솟구침은 곧 성령의 생명력이니, 생명생태신학은 성령의 신학이 되어야 한다. 절명 위기의 생태계에서 상처받은 억눌린 생명들이 기의 분출을 타고 죽임의 세력을 거슬러 생명의 근원으로 솟구치는 반전과 복귀의 이야기를 '기사회우주전기氣社會宇宙傳記'라고 칭하고자 한다. 성령의 신학으로서 생명생태신학은 이 기사회우주전기에 초점을 맞추어야 한다. 또한 우주는 숨을 쉬는 '몸집'이요, 기는 우주라는 몸집을 살리는 숨님(성령)이니, 기사회우주전기는 몸과 숨이 하나가 되는 '몸숨의 영성'을 지향한다. (사이버스페이스와 가상현실의 극대화 그리고 기계인간 사이보그의 출현을 앞두고 이 '몸과 숨의 영성'의 개발은 매우 중요한 과제이다.)[48]

교의적 정통 시비의 위선을 비판하고 민중의 사회전기를 신학의 주제로 부각시킨 것은 한국 민중신학이 이루어낸 한 중요한 공헌이다(김용복).[49] 그러나 생태계의 총체적 위기에 직면한 지금 사회적 개념의 민중

---

48) 김흡영, 『현대 과학과 그리스도교』(서울: 대한기독교서회, 2006), 41-51; 또한 「사이버스페이스」, 『그리스도교사상』 505 (2001/1), 164-173, 특히 170-2 참조.

49) 김용복, 「민중의 사회전기와 신학」, NCC 신학연구위원회 편, 『민중과 한국신학』(서울: 한국신학연구소, 1982), 369-389.

만을 고집한다면 그것도 역시 인간 역사 중심주의를 탈피하지 못하는 것
이고, 민중은 억눌린 생명들과 짓밟힌 생태계(우주)를 포함한 사회우주적
개념으로 확장되어야 한다. 그러므로 생명생태신학은 억눌린 생명들과
망가진 생태계와 이를 살리는 성령의 힘(氣)에 얽힌 이야기, 곧 기사회우
주전기를 주요 주제로 다루어야 한다. 이것은 생태문제(eco)와 사회정의
(justice) 간의 이원화를 극복하고 통합된 생태정의eco-justice를 지향하는
에큐메니칼 계통의 생명신학들의 주장과 일치한다.[50] 또한 이것은 십자
가 위에서 대속적 수난을 받는 그리스도와 같이 인간의 죄와 파괴되고
있는 생태계의 질곡을 대신 짊어진 '상처받은 영성the wounded Spirit' 또는
'십자가형 영성the cruciform Spirit'에 초점을 맞추고 생태신학을 구상하자
는 월리스의 녹색영성신학과 공명한다.[51] 그러나 월리스의 경우에도 존
슨과 마찬가지로 희랍적 사고를 완전히 벗어나지 못한 한계를 보여주고
있다. '상처받은 영성'은 탁월한 제안이나, 그 속에 아직도 초월(성령)과
내재(자연)를 구별하는 이원론이 깔려 있고, 그 대안에 대한 구체적 얼개를
찾아보기 어렵다. 그러나 숨님의 솟구침과 '억눌린 생명의 기사회우주전
기pneumatosociocosmic biography of the exploited life'는 이러한 이원론적
한계를 넘어서 자연 속에 내재한 근원적 생명력(氣)에 명확한 근거를 두고

50) Dieter T. Hessel, ed., *After Nature's Revolt: Eco-Justice and Theology* (Minneapolis:
    Fortress Press, 1992); Larry Rasmussen, *Earth Community, Earth Ethics* (Maryknoll:
    Orbis Books, 1996); Stephen Bede Sharpe, *Redeeming the Time: A Political Theology
    of the Environment* (New York: Continuum, 1997); Dieter Hessel, "Ecumenical
    Ethics for Earth Community," *Theology and Public Policy* 8, no. 1-2 (summer/winer
    1996), 17-29; 또한 이삼열, 숭실대 그리스도교사회연구소 편, 『생명의 신학과 생명의
    윤리, 생명의 신학과 윤리』(서울: 열린문화, 1997) 참조.
51) Mark I, Wallace, "The Wounded Spirit as the Basis for Hope in an Age of Radical
    Ecology," *Christianity and Ecology*, 51-72; 또한 Sallie McFague, "An Ecological
    Christology: Does Christianity Have It?," *Christianity and Ecology*, 29-45.

있으며, 이와 같이 도의 신학은 그 구체적 얼개들을 도, 역, 태극, 이기理氣 등 자연친화적이고 생명경외적인 동양 사상들로부터 무궁무진하게 개발해낼 수 있다.

김지하의 수필 「우금치 현상」은 이러한 도의 신학적 통찰(숨님의 솟구침과 억눌린 생명의 기사회우주전기)을 깨닫게 하는 한 좋은 예를 제공한다.[52] 감옥에서 얻은 질병을 치료하려고 고향인 해남에 내려온 지하는 어린 시절 미역을 감던 개울이 쓰레기와 공해로 시커멓게 오염되어 개골창이가 된 것을 보고 실망한다. 그러나 비가 와서 홍수가 지면 쓰레기들이 모두 아래쪽으로 쓸려 내려가 개울이 다시 깨끗해지는 것을 보고 신기하게 생각한다. 한번은 큰비가 온 적이 있는데 이때 김지하는 깜짝 놀라게 된다. 빠른 물살이 쏟아져 내리는 사이를 수많은 붕어들이 아래에서 펄쩍펄쩍 뛰어올라 물 위쪽 상류로 돌아가려 하는 것이다. "도대체 저 붕어들이 어떻게 저렇게 빠르게 쏟아져 내리는 물줄기를 타고 위쪽으로 거슬러 오를 수 있는 것일까?" 암중모색과 같은 진화론은 이 수수께끼를 풀기에 충분하지가 않다. 밤에 명상하던 중 그는 신기神氣의 활동 때문에 이러한 일이 가능하다는 것을 깨닫게 된다.[53] 기氣의 음양 운동을 통해 붕어의 상승운동을 이해하게 된 것이다. "물의 기氣는 음양으로 움직인다. 물의 양은 하강작용을 하지만 물의 음은 상승작용을 한다. 물이 움직여 흘러내릴 때 동시에 물은 흘러오르기도 하는 것이다. 큰 강물이 도도히 흘러내릴 때 반드시 그 강에는 역류逆流가 있지 않던가! 이것은 물의 일기一氣의 운동 속에서 동시에 일어나는 현상인데, 바로 이 기氣의 성품에 붕어의

---

52) 김지하, 『생명』(서울: 솔, 1992), 188-191.

53) "아하 이제야 알겠다. 붕어가 쏟아져 내리는 물줄기를 타고 오히려 거꾸로 거슬러 올라 제 갈 바 고향으로 돌아갈 수 있는 비밀을. 붕어의 신기(神氣)가 물줄기의 신기(神氣)에 하나로 일치되는 바로 그 순간에 그러한 일이 일어난다는 것을"(같은 책, 189).

신기神氣의 성품이 능동적으로 일치해 들어갈 때 그러한 현상이 일어나는 것이다."[54] 그래서 서구 근대 역사관이 말하듯 역사는 미래의 목적을 향해서 직선적인 진보만을 하는 것이 아니다(양의 역사). 반대로 동시에 역사는 자기 근원을 향해 되돌아가는 창조적인 퇴보 곧 반환과 복귀를 하는 것이다(음의 역사).

김지하가 붕어의 상승운동을 관찰하면서 터득한 기氣의 음양운동에 따른 새로운 역사 이해는 그로 하여금 1894년 12월 공주 우금고개에서 있었던 동학 2차 봉기의 마지막, 가장 처절했던 전투에서 보여준 민중의 수수께끼 같은 힘의 참된 근원을 알게 한다. 이제 김지하는 상승 봉기, 기아 봉기 등의 사회경제사적 설명이나 '한의 폭발'과 같은 문학적 설명은 피상적이고 오류라고 단정한다.[55] 김지하는 신기神氣의 음양운동에 일

---

54) 같은 책, 190. 계속해서 김지하는 말한다: "역사는 앞으로 진보하면서 동시에 뒤로 퇴보한다. 질량(質量)의 문제라고 하지만 이것은 동시에 일어나는 일이다. 도대체 앞이다 뒤다, 진보다 퇴보다 하는 것이 가당치 않다. 오히려 안과 밖, 질(質)과 양(量)의 동시적인 수렴-확산운동이라고 하는 편이 나을지도 모른다. 그리고 그 운동은 결국 자기 근원으로 돌아간다. 돌아가되 그냥 돌아가지 않고 창조적으로 돌아간다. 이것이 우주의 근원적인 한 기운, 곧 일기(一氣)의 음양운동인데, 인간은 이것을 자각적으로 그릴 수 있는 것이다."

55) "아하, 이제 또한 알겠다. 쏟아져 내리는 물줄기를 타고 그것을 거슬러 고향으로 돌아가는 붕어의 그 끈질긴 능동적인 신기(神氣)의 약동에서 저 수십만 민중의 양양된 신기(神氣)가 피투성이로 뒹뒤며 끈질기게 거슬러 오르던 우금치 전쟁의 비밀을. 우리는 그것을 단순히 이것과 저것 사이의 승리 또는 실패라는 싸움이나 투쟁으로만 볼 것이 아니다. 그렇게 보아서는 갑오 동학 민중혁명의 그 어마어마한 집단적 생명력의 비밀을 놓쳐버리거나 필경은 잘못 보아버리게 될 뿐이다. 잘못 보아 그저 쌓이고 쌓인 한(恨)의 폭발 따위 문학적 표현이든가 그저 상승봉기, 기아봉기 따위 피상적인 사회경제사적 관찰로 끝나버리고 말게 된다. 그러나 그렇지 않다. 그런 것 같지만 그렇지 않다. 한이나 굶주림이나 신분해방 요구나 그 모든 것 속에 움직이는 민중의 집단적 신기(神氣)의 운동을 놓쳐서는 우금치의 비밀을 풀 수 없고, 한도 굶주림도 신분해방 요구도 그 역사적 의미를 정당하게 평가 받을 수 없게 된다. 화승총이나 죽창 따위가 있었다고 하나 거의 맨손에 지나지 않는 그 수십만의 민중이 도대체 무슨 힘으로 일본과 이씨 왕조의 악마와 같은 크루프포의 작열을 뚫고 그 고개를 넘으려 했던 것인가? 시산혈해(屍山血海)를 이루며 실패와 실패를 거듭하며 주검을 넘고 또 넘어 그들로 하여금 해방을 향해 나아가게 했던 힘의 근원은 무엇인가? 그

치하려는 엄청난 우주적 운동을 '우금치 현상'이라고 부른다.56) 이 '우금치 현상'은 도-메타포가 내포하고 있는 반환과 복귀의 힘 그리고 약함과 비움의 역설적 역동성이 억눌린 생명들, 곧 공해로 망가진 개울의 붕어들과 탐관오리들에 의해 짓밟힌 우금치의 민중들이 연합하고 혁명적 생명력을 분출하는 이야기를 생생하게 묘사하고 있다. 반환과 복귀의 힘의 근원은 신기神氣의 역逆 운동이며 숨님의 솟구침이고 곧 성령의 생명력이다. (易[생명의 본질]은 逆[거슬러 솟구침]이라는 주역 사상을 참조하라.)57) 이러한 짓밟힌 민중(사회)들과 상처받은 생태계(우주)를 살리는 (상처받은) 숨님(성령)의 솟구침에 관한 이야기를 나는 '억눌린 생명들의 기사회우주전기'라고 부르고자 하는 것이다.

'우금치 현상'이 들려주는 기사회우주전기는 이원론적 사고에 젖어 있는 서양인들은 물론이고, 근대적 사고에 의해 훈련받고 흠뻑 빠져버린 우리에게도 무척 생소하고 의아하게 들릴 것이다. 로고스 모형과 프라시스 모형은 기사회우주전기의 배경이 되는 신기神氣의 현상학을 이해하기

이듬해 을미의병에서, 제2차, 제3차 대의병전쟁에서 그리고 그 뒤 노일전쟁 당시의 민회(民會)운동에서, 다시 삼일운동에서, 천도교 청우당운동에서, 조선 농민사의 그 숱한 소작 쟁의에서, 조선 노동사의 파업운동에서, 간도와 시베리아 그리고 두만강, 압록강 연변 지역에서의 무수한 독립군운동에서, 그리고 그것을 지원한 국내의 지하조직운동에서, 그리고 나아가 혹은 그 이념과 단체의 모습을 바꾸면서까지 그 뿌리에서 줄기차게 주력군으로 움직인 동학의 비밀은 어디에서 찾을 것인가?"(같은 책, 190-191).

56) "간단히 말해 그것은 동학을 통한 민중의 집단적 신기(神氣)의 대각성, 그것에 있는 것이다. 무궁광대하게 진화하며 사회화하며(同歸一體) 스스로 성화(聖化)하며 스스로 신령화(神靈化)하는 지기(至氣)가, 그리고 기화신령(氣化神靈)이 민중에 의하여 자각되고 실천된 것이다. 민중의 자각된 집단적 신기가 자기들을 향해 쏟아져 내려오는 역사적 악마의 물줄기 속에서마저 그 역사의 근원적 신기와 일치하는, 그 기(氣)의 음양운동에 일치하려는 엄청난 우주적 운동이었던 것이다. 나는 이것을 두고 '우금치 현상'이라고 부르겠다"(같은 책, 191-2).

57) 주역은 역(易[생명])을 역(逆[거스름, 솟구침])으로 보기도 한다(예컨대, 是故易逆數也 [설쾌전 우제3장]). 또한 이것은 류영모의 생명사상의 핵심이다(『명상록』3, 51-52 참조).

가 어렵다. 여기서 강력하게 쏟아져 내리는 물줄기는 악마적인 파괴와 죽임의 세력(양의 역사)을, 그것을 거슬려 솟구쳐 올라가는 연약한 붕어는 생명의 힘(음의 역사)을 상징하고 있다. 해체주의 철학은 로고스-음성 중심적 모형이 생명보다는 파괴의 세력과 더 친밀한 관계(족보)를 갖고 있다고 폭로해주었다. 로고스 모형은 이원적 파편화를 통해 생명을 위협하고 남성우월주의와 인종우월주의 등과 같은 사회학적 음모와 깊은 관계를 맺으면서 역사적 물줄기의 악마적 운동에 협조하여왔다. 프락시스 모형이 이 악마적 파괴의 힘에 저돌적으로 저항하고 있으나, 좁게 정의된 역사-사회-경제적 관심의 한계 안에 머물고 있어서 아직 파괴적인 힘의 기본 논리에서 완전히 탈피하지 못하고 있다. 프락시스 모형은 생명의 힘에 관해 주체적으로 충분히 진술하지 못한 채, 오직 파괴의 힘에 대항한 대응적 표출로 끝나는 경향이 있는 것이다.

그러나 도의 모형의 기사회우주전기는 21세기의 그리스도교 신학이 로고스 모형과 동시에 프락시스 모형의 한계를 극복하고 적절한 생명생태신학으로 구성되는 데 필요한 새로운 해석학적 지평을 제시하고 있다. '우금치 현상'이 들려주는 신기神氣의 현상학은 기氣가 우리 신학의 중요한 해석학적 열쇠와 풍부한 신학적 자원이 될 것을 예고하고 있다. 기氣는 어떻게 연약한 붕어들이 무섭게 쏟아져 내려오는 물줄기를 뚫고 거슬러 솟구쳐 올라갈 수 있는지, 우금치 전투에서 쏟아지는 신식 자동화무기의 집중포화를 향하여 돌진하는 민중들이 보여준 엄청난 생명력의 근원이 무엇인지를 해명해주고 있다. 도가 호도스와 그러하듯이, 기氣는 성서에 나오는 희랍어 프뉴마pneuma와 매우 흡사하다(외적으로 바람, 내적으로 숨, 기능적으로 에너지). 기氣는 이원론적이거나 분석적이 아니고 종합적이며 포괄적이다. 그리고 기氣는 구속적, 곧 해방적이고 화해적이다. 기氣는 죽음이라는 물줄기를 뚫고 솟아나 반환과 복귀라는 생명의 근원적 힘을 발생하게 하는(易이 逆일 수 있게 만드는) 근거이자 매개체이다. 그러므로 이 신기神氣의 혁명신학은 생명생태신학에게 거슬러 솟구침(逆)의 생명근원적 에너지를 부여할 수 있다.

민중도 여성도 모두 억눌린 생명의 일부이다. 여성, 민중, 붕어와 같은 억눌린 생명들은 더불어 같은 신기(성령)의 사회우주적 운동의 주체들인 것이다. '우금치 현상'이 보여주는 것 같이 기사회우주전기는 기氣를 통한 생명의 공생적 그물망을 엮는 기-우주-생명적 비전을 제시한다. 궁극적으로 예수의 공생애도 한 억눌린 생명의 기사회우주전기라고 말할 수 있다. 한 억눌린 생명 예수의 사회우주전기(수난사)가 구원의 도道가 된 것이다. 다시 말해서, 그리스도의 십자가와 부활 사건은 전 우주적 거슬러 솟구침, 기사회우주전기의 완성을 뜻한다. 우리에게 종으로 와서 십자가에 매달려 죽은 그리스도는 부활하여 시궁창이 된 개울과 같이 썩어가는 생태계와 그 속에서 착취당해 죽어가는 억눌린 생명들을 소생시켜서 역사의 세찬 물줄기를 거슬러 올라갈 수 있는 반환과 복귀의 힘의 근원, 신기(성령), 곧 솟구치는 숨님이 되어버린 것이다. 그리하여 예수는 우주의 순례자들인 우리에게 억눌린 생명들과 더불어 상생적 연대를 맺어 참된 생명으로 살 수 있는 길, 하늘-땅-사람의 참 길, 진리와 생명의 길, 곧 도道를 가르쳐준 것이다.

그리스도교 신학들은 절명 위기에 처해 있는 생태계와 생명들에게 우선적 선택권을 부여해야 하고, 억눌린 생명들이 우주 생명운동의 참된 주체라는 것을 천명해야 한다. 그리고 우리 신학들은 그 참된 주체들에게 성령의 생명력, 곧 신기神氣를 불어넣어줄 수 있어야 한다. 그러나 우리의 신기는 지금까지 "외래의 서양식 혹은 일본식으로 잘못된 사상들에 의해 옮겨지고, 소외되고, 뿌리 뽑히고, 억압당하고, 더럽혀지고, 분할당하고, 감금당하고, 무시당하고, 파괴당하고, 노예가 되어 이제껏 죽임당해왔다."58) 더 이상 우리는 우리의 신기가 무시당하거나 억눌리게 해서는 안 된다. 이제 우리 신학들은 외래의 사상들에 의해 억눌리고 막혀 있는 기맥과 경락들을 확 풀어버리고, 예수의 호연지기로 활연관통되어 새로워져야 할 것이다. 우리 신학들은 에밀레종과도 같이 영혼의 가장 깊은 내부로부터 온 몸통을 울려 나오는 우리의 참 소리, 곧 제소리가 되어야 할 것이다. 그리하여 우리의 생명생태신학들은 억눌린 생명들로 하여금 21세기를 무지막지하게 휩쓸 죽임의 문화와 반생명생태적 세력의 물줄기를 세차게 거슬러 솟구쳐 우주 생명적 근원으로 되돌아가는 기-사회-우주적 복명의 역운동, 곧 율려(우주 생명적 치유의 몸짓)를 춤출 수 있게 해야 할 것이다.59)

5. 맺는 말

현대 천문학은 "우리 몸을 이루는 대부분의 원소들은 모두 지구가 생기기 이전인 머나먼 과거에 어느 뜨거운 별의 중심에서 비롯되었다"는 것을 밝혔다(이영욱).60) 우주(별)가 우리 몸의 근원이라는 사실을 증명한 것이다(우리의 몸이 곧 우주요, "저 별은 나의 별" 하는 동요 가사가 과학적으로 증명되고 있는 것이다). 한자로 우宇 자는 "생명이 숨 쉬는 집"이라는 뜻이요, 주宙 자는 "여자가 웃고 있는 집"이요, 따라서 "우주는 생명과 조화가 있는 몸집"이다(선순화).61) 따라서 우주는 전 생명체 몸의 근원이 되는 큰 몸이요, 생명이

---

58) 김지하, 앞의 책, 192.
59) 율려는 김지하, 『율려란 무엇인가?』(서울: 한문화 멀티미디어, 1999).
60) 김흡영·이영욱, 「현대 천문학과 인본원리」, 『그리스도교사상』 514 (2001/10), 209-10.
61) 선순화, 「천체와 우주 몸 이야기」, 『선순화』, 26-42, 특히 28-9.

숨 쉬고 사는 집이요, 하느님(한울님)이 생명의 살림살이 하는 한울(타리)인 것이다. 그리고 한울님(신), 우주, 생명(인간)은 모두 한(같은) 우리(한울)요, 같은 태극이니(一物一太極說),[62] 곧 이 신-우주-인간의 삼재는 삼위일체적 하나인 것이다. 첫머리에 인용한 대로, 도마는 이 우주 생명의 하나됨을 그리스도론적으로 설명한다(김시습 및 일물일태극설과 비교해보라).

그러나 이 하나였던 한울이(또한 그리스도가) 인간의 탐욕으로 형편없이 짓밟혀서 망가지고 있다. 우리는 이 파괴를 막아야 한다. 우리의 한울을 살려야 한다. 하늘-땅-사람의 삼극지도는 이제 21세기를 맞이하여 생명과 생태와 신학으로 이루어진 삼태극의 삼위일체적 어울림(묘합)으로 재구성되어야 한다. 그리스도교 생명생태신학은 신-우주-인간의 생명 커뮤니케이션을 체득하고 상처받고 분열된 생태계를 몸과 숨이 하나가 되는 몸숨(기)의 영성으로 생명이 숨 쉬고 깃들 수 있는 집, 두레(사회)와 한울(우주)로 고쳐가는 맘의 얼개를 제공하여야 할 것이다.

더욱이 사이버스페이스와 가상현실의 매트릭스 속에서 착각과 혼돈에 빠질 과학 시대를 살아가는 우리들에게 몸숨의 영성은 사람을 참 사람(하늘-땅-사람)답게 만드는 참 생명의 열쇠가 될 것이다. 그리고 21세기가 요망하는 생명생태신학의 영성은, 생태계에서 멸절되어가는 동식물들과 같은 억눌린 생명들과 생명 커뮤니케이션을 하는 '상처받은 영성'과 '녹색 영성'이 되어야 하며, 그 상처의 아픔을 공유하는 '십자가형 영성'이 되어야 한다. 십자가에서 흘린 그리스도의 피가 우리를 치유하는 '꽃피'였듯이, 인간들의 무자비한 생태계에 대한 횡포와 파괴에 의하여 억눌린 생명들이 받은 상처에 깊은 아픔을 느끼고(同體大悲) 우리가 그들과 함께 이 꽃피 숨님의 기우주생명 운동, 십자가형 율려의 솟구치는 몸짓에 동참하

---

62) 각주 32 참조.

게 될 때 상처받은 지구와 생명들은 치유될 수 있을 것이다.

우선 우리는 막힌 귀를 열고 멀어버린 눈을 뜨고 우주의 소리를 듣고 몸짓을 느낄 수 있어야 할 것이다. 베어진 나무와 버려진 돌멩이 속에도 깃들어 있는 그리스도를 느끼고 만물들의 아픔을 공유할 수 있어야 할 것이다. 그러기 위해서는 먼저 내 몸의 소리와 움직임을 듣고 느낄 수 있어야 할 것이다. 내 속을 들여다보는 내관內觀부터 할 줄 알아야 할 것이다. 내 몸의 세미한 숨의 흐름(人氣), 땅숨(地氣)의 용솟음과 하늘숨(天氣, 神氣)의 빛뿌림이 내 속에서 얼싸안고(水昇火絳) 하나가 되는 몸숨의 태극운동(어울림)을 보고 느낄 수 있어야 할 것이다. 그 태극운동이 신-우주-인간적으로 확장되어 하늘-땅-사람의 참 길 그리스도의 숨님을 타고 율려에 맞춰, 온 하늘과 온 땅과 온 사람, 곧 온 몸집이 한 숨(氣)으로 하나가 되는 억눌린 생명들의 기-사회-우주적 춤사위로 퍼져나가야 할 것이다. 우리들은 십자가 위에서 '꽃피'를 피워서 생명 부활의 씨올이 된 예수의 작은 씨올들이 되어 무지막지하게 쏟아져 내리는 죽임 문화의 세찬 물줄기를 거슬러 솟아올라 살림 문화를 싹트게 해야 할 것이다.

> 피조물은 하나님의 자녀들이 나타나기를 간절히 기다리고 있습니다. … 그것은 곧 피조물도 사멸의 종살이에서 해방되어서, 하나님의 자녀가 누릴 영광된 자유를 얻는다는 것입니다. 우리는 모든 피조물이 이제까지 함께 신음하며, 해산의 고통을 함께 겪고 있다는 것을 압니다. 그뿐만이 아니라, 첫 열매로서 성령을 받은 우리도 자녀로 삼아 주실 것을, 곧 우리 몸을 속량하여 주실 것을 고대하면서, 속으로 신음하고 있습니다(표준새번역, 롬 8:19-26).

6. 후기

이번에 이 글을 쓰면서 나는 값진 경험을 했다. 생명, 생태, 신학은 평소에 익숙한 주제이고 그리 큰 글이 아님에도 불구하고 석 달을 끙끙대었는데도 별 성과가 없었다. 자료들을 뒤적이며 쓰고 버리고 하기를 여러 번하였다. 나중에야 그 이유를 깨닫게 되었다. 내 몸이 말을 듣지 않았던 것이다. 그리고 묘하게도 내 몸의 소리를 듣게 된 것이다. 이것은 나에게 하나의 새로운 경험이요 깨달음이었다. 몸은 내게 말했다. "지구의 몸을 말하면서 남의 말들만 되풀이하지 말고 내 몸의 소리부터 먼저 들어보아라!" 남의 나라 사람들이 한 남의 글들을 모아 주석하거나 어정쩡하게 짜깁기해서 각주 같은 글이나 쓰지 말고, 나의 말로 본문 같은 글을 써보라는 것이다. 내 몸(꿈틀)으로부터 꿈틀거리며 울려나오는 소리를 듣고(耳) 깨친 내 맘(깨틀)의 소리, 곧 제소리(口)를 내보라는 것이다(聖).[63] '나를 알고'(나알), 닭이 계란을 낳듯 그 알을 낳아보라는 것이다(알나). 그래서 이번에 용기를 내어 한번 그렇게 해보기로 했다. 내 몸과 맘(믐)의 소리를 들어가며 제소리를 내보기로 했다. 부족하지만 알(얼)을 한번 낳아보기로 했다. 그 올이 우리 신학하기에 박혀 한알, 속알, 씨올이 되기를 바라면서.

63) 김흥호, 『명상록』 I, 112 참조. 한자 聖은 천지인을 가로지르는(王) 소리를 바로 듣고(耳) 바로 대언(口)하는 것을 뜻한다고 볼 수 있다.

제9장

종교와 자연과학 간의
대화를 통해 본 인간1)

– 사회생물학의 도전과 종교적 대응 –

1. 들어가는 말

풀리처상을 두 번이나 수상한 하버드 대학의 에드워드 윌슨Edward O. Wilson 교수는 사회생물학Sociobiology을 제창하면서, 그동안 종교와 철학이 주도해왔던 인간 이해에 대해 정면으로 도전장을 내고, 인간을 포함해서 모든 생명의 본질을 다루는 가장 근본적인 학문인 생물학에 그 주도권을 넘겨주어야 한다고 주장했다.2) 모든 사회과학과 인문학은 물론 종교학과 신학도 다 호모 사피엔스라는 한 종을 연구하는 생물학의 한 소분

---

1) 이 글은 2002년 철학연구회 가을 학술대회에서 발표된 논문이다. 『철학연구』 59 (2003) 별책 『진화론과 철학』(서울: 철학과 현실사, 2003), 368-412에 수록되었다.

2) Edward O. Wilson, *Sociobiology: The New Synthesis* (Cambridge: Harvard University Press, 1975), 이병훈 · 박시룡 역, 『사회생물학』(서울: 민음사, 1992), 22.

야에 불과하다고 그는 단언했다. 나아가 그는 인간의 마음도 두뇌라는 신경기계의 2차적 현상이며, 결국 생물학적 지식에 의하여 윤리와 종교는 대체될 것이며, 유전자를 존속시키는 것이 가장 분명한 윤리의 기능이고, 종교조차도 뇌 진화의 한 결과일 뿐이고 초월적 근원에 의한 윤리적 능력 따위의 발상은 영원히 사라져버릴 것이라고 예언했다. 다윈의 개체 중심적 자연선택설에 있어서는 사회성 동물들에게 나타나는 자기희생과 이타주의altruism는 풀리지 않던 난제였지만, 사회생물학은 유전자 수준에서 보면 그것도 자신들의 복사체들을 퍼뜨리기 위한 하나의 이기적 수단에 불과하다고 주장한다. 옥스퍼드 대학 교수 리처드 도킨스Richard Dawkins 는 "인간은 이기적 유전자를 보존하기 위해서 맹목적으로 프로그램된 로봇 기계[생존 기계]이다"라고 선언한다.3)

사회생물학자들의 이와 같은 주장들은 물론 유전자 결정주의genetic determinism, 인식론적 환원주의epistemological reductionism, 과학적 실체주의scientific materialism 등의 문제점이 있다. 그럼에도 불구하고 사회생물학의 도전은 인간에 관한 한 가장 총체적 이해체계를 제공한다고 자부해왔던 세계 종교들의 기본 전제를 뒤흔들어놓고, 종교의 당위성과 정체성에 결정타를 가하는 것이었다. 그동안 벌어진 이와 관련된 격렬한 논쟁들은 사실 그리스도교 신학에서뿐만 아니라 다른 종교들은 물론 인문학과 사회과학 전반에 걸쳐 엄청나게 중요한 함의를 갖고 있다. 특히 자기희생을 통한 이타주의적 사랑이 그 근간으로 되어 있는 그리스도교 신학에 있어서는 사회생물학의 도전은 그 기조를 흔드는 충격으로 받아들여졌다. 이에 그리스도교 신학자들은 이 주장에 대한 신학적 대안을 모색하여

3) Richard Dawkins, *The Selfish Gene*, 2nd ed. (Oxford, New York: Oxford University Press, 1989); 홍영남 역, 『이기적 유전자』(서울: 을유문화사, 1993).

왔다.

그러나 지금까지의 현대 과학의 도전에 대한 종교적 대응 및 종교와 과학 간의 논의는 서양이라는 동질homogeneous 문화권을 벗어나지 못했다는 한계가 있다. 오늘날 모더니티의 위기 속에서 포스트모더니즘을 경험하면서 다원화된 지구촌적 정황에 처해 있는 인류에게 이러한 서양 문화-그리스도교 중심적인 종교와 과학 간의 대화는 매우 불완전한 것으로서 불교, 도교, 유교 등 동양 종교들의 참여가 시급히 요청되고 있는 실정이다. 종교와 자연과학 간의 대화가 국내적으로는 매우 미진하고, 국제적으로는 그리스도교 신학의 한계 안에 머물고 있는 상태를 조금이라도 넘어서서 새로운 지평을 제시하고자 하는 것이 이 글을 쓰는 중요한 목적이다. 이 글은 세 마당으로 구성될 것이다. 첫째 마당은 그동안 그리스도교 신학을 중심으로 연구된 종교와 과학 간의 관계를 유형론적으로 고찰한다. 둘째 마당은 윌슨과 도킨스의 사상을 중심으로 사회생물학을 소개한다.[4] 셋째 마당은 이러한 사회생물학에 대해서 그동안 나타난 그리스도교의 신학적 대응을 정리해보고, 동양 종교, 특히 한국 유학의 입장에서 사회생물학에 대한 새로운 종교적 대안을 모색한다.

2. 자연과학과 종교 간의 관계

현재 종교와 자연과학 간의 관계를 규명하는 유형론 중 가장 대표적인

---

4) 사회생물학을 계승한 진화심리학(evolutionary psychology)에 대한 논의는 지면관계상 생략하고, 여기에서는 윌슨과 도킨스의 사회생물학을 중심으로 고찰한다. 진화심리학에 대해서는 Robert Wright, *The Moral Animal: Evolutionary Psychology and Everyday Life* (New York: Vintage, 1995) 참조.

것은 이안 바버Ian Barbour의 유형론이다.5) 바버는 종교와 과학 간의 관계를 네 모형으로 구분한다: (1) 충돌conflict, (2) 독립independence, (3) 대화dialogue, (4) 통합integration. 간단히 말해서, 첫째 유형은 신학과 과학이 서로 배타적으로 대립하여 충돌하는 것이고, 둘째는 서로 참견하지 않고 독립적으로 고유한 영역을 인정하려는 절충형이고, 셋째는 서로 부분적이지만 유사성을 찾아서 대화하자는 유형이고, 그리고 넷째는 적극적으로 상대방을 수용하고 통합하려는 태도이다.6)

1) 신학과 과학 간의 충돌Conflict

이 유형은 과학과 종교 간에 전쟁과 같은 양상이 전개되는 경우이다. 일반적으로 갈릴레오의 지동설, 다윈의 진화론이 역사적인 실례들로 유명하다. 그러나 보통 알려진 것들은 사실 과장된 것으로, 자세히 들여다보면 그들이 그리스도교의 교리에 어긋나는 과학적 주장을 함에 따라 발생했던 단순한 문제만은 아니었다. 사실 이 배타적 입장 속에는 더욱 문제가 되는 태도들이 숨겨져 있는데, 그것은 자연과학의 경우는 과학적 유물주의scientific materialism이고, 신학의 경우는 성서적 문자주의Biblical literalism이다. 양자는 현대 과학과 전통적 그리스도교 신앙 사이에 심각한 대립이 있다고 전제하고, 필히 둘 중 하나만을 진리로서 선택해야 한다는 강박관념을 지니고 있는 점에서 일치한다. 이들의 근본적 모순은 과학을 오용하는 데 있다. 과학적 유물주의는 과학적 사실로부터 출발하지만 결론적으로 과학의 영역을 벗어난 철학적 주장을 하고 있으며, 성서적 문자

---

5) 이후 Ian G. Barbour, *Religion and Science: Historical and Contemporary Issues* (San Francisco: HarperSanFrancisco, 1997), 77-105 참조.
6) 이 모형들은 한반도에서 남북 간의 통일론의 유형들과 쉽게 연계하여 이해할 수 있다: 예컨대, (1) 전투적 흡수통일, (2) 서로의 체제를 인정하는 연방제, (3) 부분적(경제-문화적) 통일, 그리고 (4) 총체적(정치-사회적) 통일.

주의는 성서를 근거로 신학으로부터 시작하나 신학의 영역이 아닌 과학적인 결론을 내리고 있다. 이들 모두는 신학과 과학의 고유성과 본질적인 차별성을 충분히 인정하지 않는 독선적인 태도를 취한다.

(1) **과학적 유물주의**: 과학적 유물주의의 배후에는 다음에 나오는 두 명제에 대한 믿음이 깔려 있다: (1) 과학적 방법이 앎(지식)에 이르는 가장 믿을 만한 방법이다. (2) 물질matter이 우주의 가장 기본적인 실제이다. 이 입장은 모든 것에 대한 인식은 과학적 방법을 통해야 한다는 인식론적 환원주의reductionism와 실제가 물질에 의하여 이루어졌다는 물질적 환원주의를 동시에 내포하고 있다. 과학적 유물론자들은 과학만이 객관적이고 개방적이며, 보편적이고 개혁적이라 주장한다. 그에 비하여 종교전통은 주관적이고 배타적이며, 지역적이고 보수적이라 혹평한다.

예를 들면, "우주"라는 TV 시리즈로 유명한 천체 물리학자 사강Carl Sagan은 우주는 영원한 것이며, 과학적 방법만이 보편적 적용이 가능한 것이고, 신앙과 같은 것은 과학의 궁극성에 위배되고, 인간의 공경의 대상은 이제 신이 아니고 자연이 되어야 한다고 주장했다.[7] 모노드Jacque Monod는 DNA의 발견 등 분자물리학molecular biology의 놀라운 업적을 내세우며 완벽한 환원주의를 신봉한다: "어떤 것이라도 단순하고 분명한 기계적 상호작용으로 환원될 수 있다. 세포나 동물이나 사람이나 할 것 없이 모두 하나의 기계일 뿐이다."[8] 사회생물학sociobiology의 창시자 윌슨 또한 인간의 마음을 "두뇌라는 신경기계의 한 부수적 현상"이라고 주장하면서, "인문학을 포함해서 사회학이나 다른 사회과학들은 생물학의 현대적 합성을 위해 남아 있는 마지막 가지들"에 불과하다고 단언한다.[9]

---

7) Carl Sagan, *Cosmos* (New York: Random House, 1980).
8) Barbour, *Religion and Science*, 80에서 재인용.

이 과학적 유물주의를 피터스Ted Peters는 과학주의scientism와 과학적 제국주의scientific imperialism로 구분한다.[10] 과학주의는 신학이란 시대에 뒤떨어진 무용지물이고, 그 대신 과학이 우리가 필요한 모든 지식을 제공할 수 있다고 주장하는 입장이다. 과학 제국주의는 나아가서 과거에 신학이 담당했던 사항들조차도 과학이 충분한 해답을 줄 수 있다는 견해이다. 그러나 이 견해들은 신학과 과학의 영역을 서로 혼동하고 있다. 두 영역은 서로 다른 고유한 기능이 있다. 간단히 말해서, 과학의 기능이 '어떻게how'라는 질문에 답하는 데 있다면, 신학의 영역은 '왜why'라는 질문에 관계되어 있는 것이다. 더욱이 양자역학, 카오스 이론 등 현대 과학 자체가 이 물질적 환원주의를 부정하고 있다. 그러므로 신에 대한 과학이라고도 할 수 있는 신학과 대립되는 것은 사실상 과학적 방법론이 아니고 물질적 환원주의이다.

(2) **성서적 문자주의**: 성서적 문자주의는 과학적 유물주의와 정 반대편에 있는 극단적인 태도이다. 피터스는 이 태도를 다시 교회권위주의eccle-siastical authoritarianism와 과학창조주의scientific creationism로 구분한다. 제2차 바티칸 공의회 이전 로마 가톨릭교회의 공식적 입장이었던 교회권위주의는 교회의 권위가 자연과학에 우선한다고 믿는 견해이다. 제1차 바티칸 공의회는 과학 및 근대화의 도전에 정면으로 대항하고 교회 전통

---

9) *Sociobiology*, 4.

10) Ted Peters, "Introduction," in *Science & Theology: The New Consonance* (Boulder, Co.: Westview, 1998), 1-39; 김흡영 외 역 , 『과학과 종교: 새로운 공명』(서울: 동연, 2002). 피터스는 자연과학과 신학 간의 관계를 8가지 유형으로 세분한다. 과학주의(scientism), 과학제국주의(scientific imperialism), 교회권위주의(ecclesiastical authoritarian-ism), 과학창조주의(scientific creationism), 두 언어 이론(two language theory), 가설적 공명(hypothetical consonance), 윤리적 중첩(ethical overlap), 뉴에이지 영성(New Age spirituality).

을 절대화하기 위하여 교황무오설을 교리화했다(이 점은 개신교 근본주의의 성서무오설과 유비적이다). 그러나 그 후 가톨릭의 주장은 수정되어 자연과학을 교권적 권위로부터 독립된 학문적 자율성을 인정하게 되었다. 현 교황 요한 바울 2세는 신앙과 이성의 평화를 주창하며 신학과 자연과학 간의 대화를 적극적으로 지원하고 있다.

과학창조주의는 창조과학creation science이라고도 일컬어지며, 그 근원은 성서무오설을 신봉하는 성서문자주의와 근본주의이다. 창조과학자들은 성서적 진리와 과학적 진리는 동일한 영역에 속한다고 전제하고, 과학적 주장과 신앙적 주장이 대립될 때는 과학이론에 문제가 있다고 본다. 그들은 창세기에 우주의 물리적 창조에 관한 이론이 담겨져 있다고 주장한다. 원창조의 시기에 신이 특별한 종류의 유기체들을 만들어놓은 것이지 진화된 것이 아니고, 지형학적이고 생물학적인 데이터, 곧 과학적 데이터는 결국 성서적 진리를 입증한다고 그들은 주장한다. 그러나 하버드 대학의 고생물학자 굴드Stephen Jay Gould는 이러한 주장들은 무의미하고 자기모순적인 것이라고 일축해버린다.[11] 이와 같이 일반적인 과학자들은 창조과학자들을 반과학적이라고 인식하고 있는 데 반하여, 그들 스스로는 과학적이라고 자처한다.

바버는 창조과학이 종교적 자유와 과학적 자유를 동시에 침해하는 위험성을 가지고 있다고 경고한다. 급속한 문화적 변화와 도덕성의 혼돈을 경험하고 있는 불안한 현대인들에게 성서적 문자주의가 주는 확실성은 매혹적이다. 그러나 오늘날의 다원종교적 상황에서 요청되는 종교적 관용을 거부하고 어떤 특정한 종교적 시각을 강요하는 절대적 입장은 종교

---

11) Stephen Jay Gould, *Hens' Teeth and Horses' Toes: Reflection on Natural History* (New York: Norton, 1983), 254.

적 자유의 이름으로 반대하여야 한다. 또한 창조과학은 과학적 자유의 이름으로도 수용할 수 없다. 왜냐하면 과학 공동체도 그 주위의 사회적 상황과 완전히 분리된 채 존재할 수 없기 때문이다. 우리는 특정 집단이 그들의 이념을 정당화하기 위하여 국가권력으로 과학을 재구성하려 했던 사례들을 이미 보아왔다. 히틀러의 나치 독일, 스탈린의 소련, 호메이니의 이란, 그리고 창조주의자들의 미국이 그 대표적인 실례들이다.

2) 독립Independence

이 유형은 신학과 과학이 서로 완전히 독립적이고 자율적인 영역이라고 보는 입장이다. 각자는 서로 간섭할 수 없는 독자적인 영역을 갖고 있으며 그 타당성 여부는 각자가 지닌 고유한 방법에 의하여 결정된다. 상호불가침조약을 맺은 것처럼 서로 불필요한 충돌을 피하고, 신학과 과학이 각자의 성격과 개성을 최대로 존중하려는 태도이다. 신학과 과학은 서로 연구방법에서 대조적이고, 삶의 방식에서도 서로 기능이 다른 언어들이라고 주장한다. 신정통주의, 실존주의, 언어비평이 대표적으로 이 견해를 지지한다.

신정통주의Neo-Orthodoxy는 신학과 과학은 인간의 삶에 있어서 본질적으로 서로 다른 영역에 속해 있다고 본다. 신학은 하느님과 관련된 학문 분야이며, 하느님은 오직 그리스도 안에서 완성된 계시와 믿음에 의해서만 알 수 있다(Karl Barth). 전적으로 다른 세계에 있는 초월적인 하느님은 그분의 자기 계시에 의하지 않고는 인식이 불가능하다. 신앙은 전적으로 하느님에 의존해야 하는 것이지, 과학을 통하여 인간이 발견할 수 있는 것은 아니다. 하느님이 사역하시는 영역은 역사이지 과학이 아니다. 과학은 인간의 이성에 의한 관측과 실험에 의존하지만, 신학은 오로지 하느님의 계시에 근거한다. 이와 같이 연구 대상과 방법이 전혀 이질적이므로,

과학자들은 신학의 간섭을 받지 않고 독립적으로 그들의 임무를 수행할 수 있다. 말씀의 신학을 주창하는 신정통주의 또한 성서를 매우 중요하게 여기지만, 충돌 유형의 성서문자주의와 창조과학처럼 성경 구절들을 문자적으로 받아들이지는 않는다. 성서가 계시적 사건들을 기록하고 있지만, 그 기록들은 실수를 범할 수 있는 인간들에 의해 작성된 것이다. 그러므로 성경 구절들은 그것을 기록한 기자들의 인간적 한계와 문화적 배경을 고려해 해석하여야 한다. 예컨대, 창세기는 인간과 이 세상이 하느님과 어떠한 관계를 맺고 있는가에 대하여, 다시 말하면 인간의 피조성과 창조 세계의 선함을 상징적으로 선언하고 있는 것이다. 이러한 신학적 내용을 그 당시의 우주관을 통하여 설명하고 있지만, 이 창조에 대한 신앙고백은 그 고대적 우주관과 구분하여 이해되어야 한다.

실존주의existentialism는 신학과 과학을 인격적 주체와 비인격적 객체 간의 독립적인 두 영역으로 간주한다. 신학은 신앙인이 주체적으로 참여함으로 인식되며, 과학은 연구 대상과 분리된 객관적인 관찰로부터 시작된다. 인간 실존에 관한 문제는 의사 결정을 내릴 수 있는 자유를 가진 인간의 주체적 참여에 의해서만 인식이 가능하다. 삶의 의미는 결코 합리성과 관찰에 따른 자연과학의 추상적이고 보편적인 법칙에 의해 발견할 수 없고, 오직 결단과 실천에 의해서 파악된다. 과학자는 연구 대상과 분석적이고 간접적인 '나와 그것의 관계I-It relationship'를 맺는 반면, 신앙인은 하느님과 '나와 너의 관계I-Thou relationship' 안에서 인격적이고 직접적으로 만나게 된다. 성서는 하느님의 행위를 객관적인 언어로 서술하기도 한다. 그러나 그것은 비인격적 자연 질서에 관한 과학적 이론과는 무관하며, 그 목적은 인간 실존의 의미를 새롭게 이해하고 결단하여 삶의 변화를 실천하는 데 있다(Rudolf Bultmann).

그런가 하면 언어 분석linguistic analysis은 상이한 언어들은 서로 다른 기능을 위해 사용되며, 어느 한쪽으로 환원될 수 없다고 주장한다. 이 주장은 과학이 모든 담론의 규범이 되어야 하며, 실험적 검증이 이루어지지 않는 명제는 무의미한 것으로 무시해버리는 실증주의와 과학주의에 대한 전면적 반론이다. 과학과 종교는 그 임무가 전혀 상이하며, 한쪽의 기준으로 다른 쪽을 비판할 수 없다. 과학적 언어는 우선적으로 예측과 통제의 기능을 수행하기 위하여 사용된다. 과학 이론은 데이터를 요약하고, 관측 현상의 상관적 규칙성을 측정하고, 기술적 적용을 생산한다. 그러므로 과학적 언어의 기능은 자연현상에 관한 문제들로 제한되어야 한다. 종합적 세계관, 삶의 철학, 윤리적 규범에 대한 사항들은 종교적 언어의 기능에 속한다. 종교는 우선적으로 실천적이고 규범적인 삶의 방법에 대한 교훈이며, 예배와 설교와 신앙생활을 통하여 인격의 변화를 도모케 한다.

지금까지 살펴본 신정통주의, 실존주의 그리고 언어 분석은 신학과 과학을 서로 독립적이고 자율적인 사상이라고 이해한다. 신학과 과학은 학문을 하는 방법이나 질문, 태도, 기능, 경험 등에서 서로 이질적이나, 이 입장들은 심각한 문제점들을 수반하고 있다. 신정통주의는 신의 초월성과 그리스도의 은총적 구원을 강조하는 반면, 신과 세상을 지나치게 이원화하고, 기독론과 구원론에만 편중되어 창조론과 성령론이 취약하다는 결함이 있다. 과학은 비인격적이고 객관적인 반면 신학은 인격적이고 주관적이라는 실존주의의 대비는 과장된 것이다. 과학에서도 과학자의 개인적 판단이 필요하며, 이성에 의한 합리성은 신학의 구성 요소이다. 마찬가지로 언어 분석의 언어적 분리는 종교와 과학의 구분을 명확하게 구분하는 데는 도움이 되나, 종교도 실천 행위뿐만 아니고 명제적 성격을 가진 교리를 필요로 한다는 점을 간과하고 있다.

앞에 열거한 세 입장——신정통주의, 실존주의 그리고 언어 분석——보다는 개방적이지만, 피터스의 유형론 중 '두 언어 이론two language theory'도 아직 이 독립 유형에 해당한다고 볼 수 있다.12) "종교가 없는 과학은 절름발이고, 과학이 없는 종교는 장님이다"라는 유명한 말을 한 아인슈타인Albert Einstein도 과학은 사실fact에 대한 언어이고 종교는 가치value에 대한 언어라고 종교와 과학을 분리했다. 고생물학자 굴드는 "과학은 우주가 실험적으로 어떻게 만들어 졌으며(fact), 왜 그런 방법으로 움직이는가(theory)를 살핀다. [반면에] 종교는 윤리적 합리성과 가치를 파헤친다." 말하자면, "우리[과학자]는 어떻게 하늘이 움직이는가를 연구한다면, 그들[신학자]은 어떻게 하늘에 가는가를 결정한다"라고 말했다.13) 신학자 길키Langdon Gilkey는 과학은 이차적 근원에 관한 객관적이고 공적인 인식을 취급하는 반면, 신학은 궁극적 근원에 관한 실존적이고 개인적인 앎을 다룬다고 주장한다. 간단하게 말해서, 과학은 '어떻게how'라는 질문을 하고 신학은 '왜why'라는 질문을 한다.14)

이 독립 유형은 신학과 과학 간의 충돌을 피할 수 있는 장점이 있는 반면, 건설적인 대화와 상호 보완의 가능성을 배제해버리는 단점이 있다. 과학 시대를 사는 우리에게 이 입장은 충분한 해답을 주지 못한다. 우리는 일상생활에서 신앙과 과학기술이 서로 칸막이로 분리된 것이 아니고, 이미 서로 접속되고 연합된 총체적이고 통전적인 삶을 살고 있기 때문이다.

3) 대화Dialogue

이 유형은 신학과 과학 간의 독립 모형과 통합 모형 중간을 차지하므로 다소 모호한 점이 있으나, 대부분의 현대 신학자들이 다양한 형태로 이

---

12) Peters, *Science & Theology*, 17-18.
13) Stephen Jay Gould, "Nonoverlapping Magisteria," *Natural History*, March 1997, 18.
14) Langdon Gilkey, *Creationism on Trial* (San Francisco: Harper, 1985), 49-52, 108-113.

유형을 지지한다. 판넨베르크Wolfhart Pannenberg는 신학도 교리를 검토하기 위해서는 과학적 기준을 적용해야 한다고 주장한다. 그러나 과학은 자연의 이미 주어진 조건과 원인에만 국한하여 연구할 수 있으나, 신학은 종말과 같이 예측 불가능한 역사적 사건에 지대한 관심을 쏟으며 미래를 향한 개방적 태도를 지니고 있다. 신학은 실제를 과거와 현재뿐만이 아니고 미래를 포함해서 총체적(종말론적)으로 파악한다.

가톨릭 신학자 맥물린Ernan McMullin은 신학과 과학을 계층적으로 구분한다. 신학은 일차적 원인인 신에 관한 학문이고, 과학은 이차적 원인에 관한 학문이다. 신학과 과학 사이에 논리적 연결성이 없지만, 전혀 독립적인 것은 아니고 서로 '공명consonance'하는 점이 있다고 주장한다. 피터스는 이 용어를 채택하여 그의 유형론에서 이러한 입장을 '가설적 공명hypothetical consonance'이라고 명명한다. 공명은 궁극적으로 일치accord와 조화harmony를 의미한다. 피터스는 이 일치와 조화가, 아직 발견되지는 못했지만, 신학과 과학이 추구하는 목적이라고 주장한다. 빅뱅 우주론과 관련해서 발전된 물리학, 특히 열역학과 양자이론은 이미 초월적 실재에 대한 질문을 하고 있다. 신에 대한 질문이 과학적 합리성의 내부로부터 진솔하게 제기되고 있는 것이다. 신학자들과 과학자들은 이제 동일한 질문을 공유하게 된 것이다.

더욱이 과학은 가치중립적이며 객관적이고, 종교는 주관적이라는 철학적 구분은 1950년대부터 이미 붕괴되고 있다. 과학은 논리실증주의자들이 주장하는 만큼 객관적이지 않고, 종교는 실존주의자들이 주장하는 만큼 주관적이지도 않다. 과학적 데이터는 이론의존적theory-laden이지만, 결코 이론중립적theory-free인 것이 아니다. 쿤Thomas Kuhn은 그의 유명한 저서『과학혁명의 구조』에서 과학 이론과 데이터도 과학 공동체에서 주도되는 패러다임paradigm에 의하여 좌우된다고 주장한다. 그는 패러다임을 "한 과학 전통 안에 구현된 개념적, 형이상학적, 방법론적 전제들의 덩어리cluster"라고 정의한다.[15] 패러다임의 전환paradigm shift에 의하여 과학은 발전하며, 패러다임의 선택은 어떤 정해진 객관적 법칙에 의한 것이 아니고, 과학 공동체 구성원의 결단에 의하여 이루어진다. 신학에 이 패러다임의 개념을 적용할 수 있다. 신앙 전통을 동일한 패러다임을 공유하는 공동체로 간주할 수 있다. 그러나 신앙 경험과 역사적 사건을 해석하는 데 있어서 신학은 과학보다도 더욱 패러다임-의존적이다.

4) 통합Integration

이 마지막 유형에 속한 학자들은 신학의 내용과 과학의 내용을 서로 통합할 수 있다고 믿는다. 대화 유형의 경우는 주로 방법론적인 유사성에 초점을 맞추고 있는 데 반하여, 이 유형은 신학 교리와 과학 이론 사이에 서로 직접적인 대화와 수용이 가능하다고 본다. 바버는 이 유형을 자연신학natural theology과 자연의 신학theology of nature으로 구분한다.

(1) 자연신학Natural Theology: 이 입장은 아퀴나스Thomas Aquinas의 신학 전통을 계승한 가톨릭의 자연신학을 현대적으로 재조명한 것이다. 아퀴나스는 신의 존재를 증명하기 위하여 우주론적 논쟁과 목적론적 논쟁을 전개한다. 전자는 세상 만물은 우연적 존재들이고 그들이 존재하기 위해서는 필연적인 존재로서 제1원인이 필요하다는 것이다. 후자는 질서와 예지성intelligibility이 일반적으로 자연에 내재하고, 개별적 자연현상에서도 일정한 법칙이 존재하므로 모든 것이 절대적인 존재에 의해 어떤

---

15) Thomas Kuhn, *The Structure of Scientific Revolutions* (Chicago: University of Chicago Press, 1962). Barbour, 93에서 재인용.

목적을 갖고 설계design된 것이라는 주장이다. 뉴턴과 보일 같은 근대 과학자들이 이 주장을 계승하여 신에 의한 호의적 설계가 자연 속에 숨겨져 있다고 믿었고, 다윈 자신도 진화론 자체가 이 가해적 설계의 한 작품이라고 믿었다. 가톨릭교회는 이 자연신학을 계시신학의 진리에 도달하기 위한 준비 단계로서 중요하게 받아들였다.

이러한 예지적 설계에 대한 논쟁의 한 대표적인 현대적 우주관이 바로 인류 원리anthropic principle이다. 현대 천체물리학은 우주 초기에 물리학적 상수나 조건이 조금만 차이가 났더라도 이 우주에서 생명의 존재는 불가능했고, 우주는 생명이 존재 가능하도록 미조정fine-tuned된 것처럼 보인다고 관측한다. 그래서 무신론자 호킹Stephen Hawking은 다음과 같이 말했다: "만약에 빅뱅이 일어난 일초 후에 팽창 속도가 10의 16승 분의 1보다 작았더라면, 이 우주는 지금 현재의 크기에 도달하기 전에 이미 재붕괴되었을 것이다."[16] 그 이외에도 진화의 방향성, 러브록의 가이아 가설[17] 등을 이 우주 안에 설계가 내재되어 있다는 증거라고 자연신학자들은 주장하지만, 이에 대한 과학자들의 호응은 매우 적다.

자연신학은 오늘날처럼 문화적이고 종교적으로 다원화된 세계에서 용이하게 합일성을 도출할 수 있게 하는 매력적인 방안으로 보인다. 더욱이 설계자Designer에 대한 사상은 종교의 한계를 뛰어넘는 설득력이 있다. 그러나 자연신학은 성서의 하느님과의 개인적 관계를 결단하는 신앙과는 직접적으로 무관하다는 문제점이 있다. 자연신학에 의해 신의 존재는 입증될지 모르지만, 그것은 한 가설에 대한 관념적 증명일 뿐, 교회 안에서의 실제 신앙생활과는 거리가 있는 것이다.

---

16) Stephen W. Hawking, *A Brief History of Time* (New York: Bantam Books, 1988), 291.
17) 가이아(Gaia)는 희랍 신화에 나오는 땅의 여신이다. 가이아 이론은 지구 전체가 통일된 유기체로 작용하는 살아 있는 조직체라고 주장한다.

(2) **자연의 신학Theology of Nature**: 자연신학과 달리 자연의 신학은 과학으로부터 시작하지 않고, 신앙 경험과 역사적 계시를 근거로 하는 신앙으로부터 출발한다. 여기에서 과학과 신학은 상대적으로 독립적인 관계를 유지하지만, 평행선을 긋는 것이 아니고, 서로 관심이 겹쳐overlap 수렴하는 부분이 있다. 예컨대, 창조론, 섭리론, 인간론이 현대 과학의 발견에 의하여 영향을 받게 된다. 자연에 관한 새로운 이해는 하느님과 자연에 관한 우리의 신학을 재구성하게 만든다. 오늘날 이해되고 있는 자연은 오랜 시간에 걸쳐 우연과 법칙이 어우러져 성취한 역동적 진화의 과정이다. 자연적 질서는 생태학적이고, 상호의존적이고, 다층적이다. 이러한 인식은 신과 인간과 생물 사이의 관계에 대하여 재조망하게 하고, 자연에 대한 우리의 태도에 큰 영향을 주게 한다.

생물학자이며 신학자인 피콕Arthur Peacock은 하느님은 과학이 밝혀내는 자연세계의 과정 안에서 그리고 그것을 통하여 창조한다고 주장한다. 하느님은 법칙과 우연의 종합적 과정을 통하여 세상을 총체적으로 창조하지, 그 과정 사이의 틈gap에 끼어들어 중재하는 부분적인 존재가 아니다. 예술가들이 창작할 때와 같이 그의 창조의 과정에는 계획성과 개방성이 항상 공전하고 있다.[18] 바버는 샤르뎅Teilhard de Chardin의 신학을 이 입장에 포함시킨다. 샤르뎅의 신학은 그리스도교 전통에서 유래한 신학적 사상과 과학적 사상이 합성을 이루어 만들어진 것이다. 샤르뎅은 계속적 창조론과 미완성의 세계 안에 내재한 신론을 주장했다. 만물의 최종 수렴점인 오메가 포인트에 대한 그의 통찰은 진화론과 그리스도교 종말론이 어우러져 창의적 해석을 성취한 통합 유형의 한 실례이다.[19]

---

18) Arthur Peacock, *Theology for a Scientific Age* (Minneapolis: Fortress Press, 1993).
19) Pierre Teilhard de Chardin, *The Phenomenon of Man* (New York: Harper & Row, 1959).

5. 사회생물학의 도전

1) 이기적 유전자Selfish Gene

(1) 이기적 유전자와 로봇 생존 기계: 리처드 도킨스는 "우주의 어떤 장소이든 생명이 생기기 위해 존재해야만 했던 유일한 실체는 불멸의 자기 복제자"이고, 이 자기 복제자의 정체가 곧 유전자라고 정의한다.[20] 그의 견해에 따르면 사람과 모든 동물은 유전자에 의해 창조된 생존 기계에 불과하다.

> 오늘날 그것들은 외부로부터 차단된 거대하고 꼴사나운 로봇 속에 거대한 집단으로 떼 지어 살면서 구부러진 간접적인 길을 통하여 외계와 연락을 갖고 리모트 컨트롤에 의하여 외계를 조절하고 있다. 그것들은 당신 속에도, 내 속에도 있다. 그것들은 우리의 몸과 마음을 창조했다. 그리고 그것들의 유지야말로 우리의 존재의 최종적 논거이다. 그것들은 자기 복제자로서 기나긴 길을 걸어 왔다. 이제 그것들은 유전자라는 이름으로 걸음을 계속하고 있으며, 우리는 그것들의 생존 기계인 것이다.[21]

인간은 불과 수십 년을 살지 못하지만 유전자의 수명은 1만 년 또는 100만 년 단위이다(그래서 도킨스는 DNA를 "불멸의 코일"이라고 부른다). 이와 같이 불사신인 유전자는 우리 몸을 자기 복제를 위한 생존 기계라는 목적으로 사용한 후 무참하게 버리고 만다. 생명체의 기본 단위는 어디까지나 유전자이고, 세포는 유전자의 화학 공장이고, 인간의 몸은 유전자의 군체일 뿐이다. 유전자는 컴퓨터의 프로그램 작성자처럼 간접적으로 자기의

---

20) 도킨스, 『이기적 유전자』, 391.
21) 앞의 책, 45.

생존 기계인 우리의 행동을 제어한다. 그것들은 생존 기계의 체제를 미리 만들고 개체로 독립시킨 후 그 속에 점잖게 앉아서 그 행동을 조종한다.

도킨스는 유전자 수준에 있어 "이타주의는 악이고 이기주의는 선이다"라고 주장한다.[22] 개체의 수준에서는 이타주의로 나타나 보이나, 그것은 어디까지나 유전자가 자기의 숫자를 최대한으로 증식시키기 위한 계산된 이기주의의 산물이다. 이것은 근친도relatedness라는 지표를 통해서 측정할 수 있다. 근친도는 2인의 친족이 1개의 유전자를 공유하고 있는 확률을 나타낸다. 2인의 형제간의 경우, 한 사람이 갖고 있는 유전자의 절반을 다른 사람도 공유하고 있으므로 그 근친도는 1/2이다. 전자의 입장에서 볼 때, 부모와 그들의 염색체가 감수분열하여 만든 정자와 난자에 의해 생산된 자식 간의 근친도도 역시 1/2이다. 자식에 대한 부모의 수고는 혈연 이타주의의 특수한 예일 뿐이다. 갓난아기인 동생이 고아가 됐을 경우에도 누나는 이 어린 동생을 자기의 친자식처럼 열심히 돌보아준다. 왜냐하면 그의 근친도가 부모와 똑같이 1/2이기 때문이다. 부모 자식 관계가 형제자매 관계에 비해 '유전적'으로 특별한 것이 없다.

조부모와 손자가 서로에 대해 이타적으로 행하는 근거도 같다. 그들은 서로 유전자의 1/4(1/2×1/2)을 공유한다. 그러나 손자의 평균 수명이 더 오래므로 손자에 대한 조부모의 이타주의 유전자가 조부모에 대한 손자의 이타주의 유전자보다 자연선택상 유리하다. 왜냐하면 유전자의 입장에서 볼 때 앞으로 오래 살 젊은이를 원조할 때에 나오는 순이익이 곧 죽을 노인을 원조할 때에 발생하는 순이익보다 크기 때문이다. 유전자는 이와 같이 순이익을 지향하며, 개체는 복잡한 계산을 할 수 있도록 미리 프로그램화되어 있는 '생명 보험업자'이다. 행동 패턴의 '순이익 득점net

---

22) 앞의 책, 67.

제9장 | 종교와 자연과학 간의 대화를 통해 본 인간 273

benefit score'이라고 하는 수치에 의하여 이것을 계산할 수 있다. 유전자는 자기의 이타적 행동 패턴의 레퍼토리의 각각에 대해서 그것을 계산한 후에 순이익이 최대로 되는 행동 패턴을 선택하여 실행한다. 전체 득점이 마이너스라고 해도 최고 득점의 행동, 즉 가장 작은 불운을 택한다. 어떠한 플러스 행동에도 시간과 에너지의 소비가 있으므로 아무것도 하지 않는 것이 순이익의 득점이 최고로 될 때도 있다. 손익의 예측은 인간이 결단을 할 때와 같이 과거의 경험, 곧 과거에 있었던 유전자의 생존 조건에 기인한다. 조건이 크게 변하지 않는 한 그 평가는 같고 생존 기계는 빠른 결단을 내린다.

어머니도 하나의 기계이다. 이 기계 속에 제어자인 유전자가 되어 삽입되어 있고, 이 기계는 유전자의 사본을 증가시킬 수 있는 한 모든 노력을 기울이도록 프로그램되어 있다. 그녀의 최적 전략은 번식 연령까지 양육해낼 수 있는 가장 많은 수의 아이에 대해 공평한 투자를 하는 것이다. 어떤 경우에는 부실한 아이에게는 급식을 거부하고, 보호 투자의 배분량을 모두 다른 형제자매에게 분배하는 것이 어머니에게는 유리하다. 그런가 하면 새끼들은 허위, 위장, 사기, 공갈, 심지어는 형제를 살해하는 잔인한 행위까지 사용하여 부모의 관심과 투자를 독점하려고 한다. 카인의 이야기는 동물의 왕국에서도 전혀 새로운 이야기가 아니다. 얌체인 뻐꾸기의 암놈은 다른 새의 둥지에 알을 산란하고, 알아보지 못하는 양부모들로 하여금 자기 새끼를 키우게 한다. 먼저 부화된 뻐꾸기 새끼는 다른 알들을 둥지 밖으로 밀어낸다. 뿐만 아니라 이 뻐꾸기 새끼는 큰 소리로 떠들며 우는 공갈전법으로 양부모의 관심을 끌고 먹이를 독차지하려고 한다. 뻐꾸기와 같이 다른 종의 둥지에 산란하는 꿀잡이 새는 아예 그 뾰족하고 예리한 부리로 다른 젖형제를 마구 쪼아서 죽여버린다. 유전자의 수준에서 보면 부모와 자식 간의 순수한 이타적 사랑은 존재하지 않는다. 아이들의 생물학적 본성에 이타주의가 심어져 있다고는 전혀 기대할 수가 없다. 부모와 자식의 관계는 오직 생존을 위한 하나의 다툼일 뿐이다. 부모와 자식 간에 어느 쪽이 승률이 높은지에 대한 일반적인 해답은 없다. 결국 부모와 자식이 서로에게 기대하는 이상적 상태에서 타협이 이루어진다.

배우자 간도 마찬가지로 대립의 관계이다. 아버지도 어머니도 그들이 자식들에게 투자한 50%의 유전자의 복리에 우선적 관심이 있다. 서로 협력하여 자녀를 양육하는 것은 그것이 양자 모두에게 유리하기 때문일 뿐이다. 사실상 이기적인 개체는 가능한 한 많은 이성과 교미하고 자식 양육은 모두 상대에게 떠맡겨지기를 바라고 있다. 사회생물학은 성적인 협력을 이와 같은 상호 불신과 상호 착취의 관계로서 파악한다. 개개의 생물체는 이기적인 유전자들의 이익을 위해 맹목적으로 프로그램된 기계이다. 그들의 최대의 전술은 파트너가 자식들에게 공평한 분담량 이상의 투자를 하도록 만들고, 자기는 그 사이에 다른 파트너와 새로운 자식을 얻는다는 수법이다. 그러나 어미가 자식을 아비에게 맡기고 다른 수컷을 찾아 도망치는 전술을 취하면 아비 편에서도 자식을 버린다는 식으로 보복한다. 새로운 배우자를 취한 직후, 의붓자식일 가능성이 있는 자식은 모두 죽여버리는 수컷들이 실제로 있다. 쥐의 경우 수컷이 분비하는 어떤 화학물질을 암컷이 맡으면 다른 배우자의 태아를 임신하였을 경우 유산을 일으키는 수가 있다(Bruce 효과). 수컷의 쥐는 이 방법으로 의붓자식일 가능성이 있는 태아를 죽이고 새로운 암컷이 자신의 구애에 응해주도록 요구한다. 또한 수사자가 무리에 새로이 끼게 되면 그는 거기에 있는 새끼를 모두 죽여버리는 수가 있다.

개미 또는 꿀벌과 같은 벌목Hymenptera 그룹에서 여왕을 위해 일벌레들이 행하는 희생적인 봉사를 보통 이타주의의 표본으로 꼽는다. 그러나 유전자의 수준에서 보면, 이것은 이기적 유전자의 대표적인 예에 불과하다. 오히려 일벌레는 번식충을 '자기의 이익'을 위해 사육하고 있다. 일벌레는 번식충이 자기들의 몸속에 있는 유전자의 복제물을 더 많이 증식하도록 조작한다. 실제로 일벌레들 서로 간의 근친도가 여왕과의 그것보다 높다. 여왕은 젊어서 결혼 비행을 한 번 하고, 그때에 저장한 정자로 나머지 생애에 걸쳐 애 낳기를 수행한다. 암놈은 정자를 일정량 방출하여 수란관을 통과하는 알을 수정시킨다. 그러나 모든 알이 수정되는 것은 아니다. 미수정란이 발육하면 수놈으로 된다(수놈에게는 아비가 없다). 반면에 벌목의 암놈은 보통의 동물과 다름이 없다. 그들에게 모친과 공유하는 유전자의 확률은 50%이고, 부친과 공유하는 확률은 100%이다. 따라서 그들에게 같은 부모로부터 유래하는 자매간의 근친도는 보통의 유성 생식 동물의 경우와 같은 1/2이 아니라 3/4으로 된다. 따라서 벌목의 암놈의 경우 부모를 공유하는 자매에 대한 혈연 정도(3/4)는 자기의 양쪽 성의 자식에 대한 어미의 혈연 정도(1/2)보다 가깝다. 그들은 효율이 좋은 자매 생산 기계로서 이용하기 위해 모친을 봉양한다. 이 경우 간접적인 방법으로 자매를 만들게 하는 유전자가 직접 자식을 만들게 하는 유전자보다 유력하여 증식하게 되고, 일벌레의 불임성은 이렇게 진화한 것이다. 유전자의 사본을 생산하기 위해 일벌레는 스스로 그 일을 하기보다 더욱 효율이 좋은 어미를 그들의 유전자 사본의 생산자로 양식하고 있다.

(2) **문화적 유전자(meme)**: 인간에게 "신종의 자기 복제자가 최근에 바로 이 행성에 등장"했는데 이것이 바로 문화라고 도킨스는 주장한다. "그것은 아직 미발달한 상태에 있고 전과 다름없이 원시 수프 속에 꼴사납게 떠 있다. 그러나 이미 그것은 헐떡거리며 멀리 뒤떨어진 옛 유전자를 버려두고 일정한 속도로 진화적 변화를 이루어 나가고 있다."[23] 그는 이 새롭

게 등장한 자기 복제자를 문화적 유전자, 곧 밈meme(mimeme[모방]+gene [유전자])이라고 지칭한다. 언어를 비롯하여 의복과 음식물의 양식, 의식과 습관, 예술과 건축, 기술과 공예 등이 모두 밈이다. 유전자가 유전자 풀 내에서 정자와 난자를 운반체로 하여 몸에서 몸으로 날아다니며 번식하는 것과 같이 밈도 밈 풀 내에서 모방과 같은 과정을 매개로 하여 뇌에서 뇌로 건너다니며 번식(자기 복제)한다.

바이러스가 숙주 세포의 유전기구에 기생하는 것과 유사한 방법으로 밈은 인간의 뇌를 번식용 운반체로 사용한다. 예컨대 '사후에 생명이 있다는 믿음'이라는 밈은 신경계의 하나의 구조로서 존재하며, '신'이라는 것도 높은 생존가 또는 감염력을 가진 밈이라는 형태로 실재한다. 유전자(또는 DNA)를 단위로 하는 낡은 생물학적 진화는 뇌를 만들어냄으로써 최초의 밈이 생겨날 수 있는 근거를 제공했다. 이어서 자기 복제 능력이 있는 밈이 등장하고, 그들은 낡은 타입의 진화보다 훨씬 빠른 독자적 타입의 진화를 개시했다. 인간의 뇌는 밈이 살고 있는 컴퓨터이다. 지옥불과 같은 극히 음험하고 효과적인 설득 기술은 권모술수적인 성직자의 작품이라고 하기보다는 이기적 유전자의 모조적 잔인성과 같이 밈이 스스로의 생존을 확보하기 위한 수단이라고 도킨스는 주장한다. 그것이 신의 밈과 서로 강하게 화합하여 밈 풀 속에서 서로의 생존을 촉진한다는 것이다. 또한 맹신의 밈은 이성적인 물음을 꺾어버리는 단순한 무의식적 수단을 행사함으로써 자기의 영속을 확보한다고 말한다.

밈과 유전자는 종종 서로 강하게 화합하는데 때로는 서로 대립하는 수도 있다. 예컨대 독신주의의 습관 같은 것은 유전에 의해 전해지는 것이 아니다. 사회성 곤충에서 볼 수 있는 매우 특수한 상황을 제외하면 독신주

---

23) 같은 책, 287.

의를 발현시키는 유전자는 유전자 풀 속에서 실패로 운명지어지기 때문이다. 그러나 독신주의의 밈이 밈 풀 속에서 성공할 수 있는 가능성도 있다. 밈의 성공은 그것을 적극적으로 다른 사람에게 전하기 위해서 사람들이 얼마나 시간을 쓰는가에 의해 결정적으로 좌우된다. 그 밈을 전달하려고 하는 것 이외에 쓰인 모든 시간을 그 밈의 입장에서 보면 시간 낭비로 보일 것이다. 독신주의의 밈은 성직자들로부터 아직 인생의 목표를 정하지 않은 소년들에게 전해진다. 승려를 밈의 생존 기계라고 한다면 독신주의라는 것도 그에게 짜 넣어지면 필요한 속성이 된다. 독신주의는 호교적인 종교적 밈이 만들어내는 거대한 복합체의 작은 파트너인 것이다.

그러나 이기적 유전자와 밈의 결정론을 주창하는 철저한 다윈주의자 도킨스도 인간의 의지와 자유에 대한 소망은 버릴 수가 없었던 모양이다.

> 순수한 사욕이 없는 진짜 이타주의의 능력이 인간의 또 하나의 독자적 성질일 가능성도 있다. … 우리가 비록 어두운 측면으로 눈을 돌려 개개의 인간은 기본적으로 이기적인 존재라고 가정한다고 해도 우리의 인식적인 선견 능력, 즉 상상력을 구사하여 장래의 사태를 시뮬레이트 하는 능력에는 맹목적인 자기 복제자들이 일으키는 최악의 이기적 폭거에서 우리를 구출하는 능력이 있을 것이라는 점이다. … 우리는 유전자 기계로서 조립되어 밈 기계로서 교화되어 왔다. 그러나 우리에게는 이들의 창조자에게 대항할 힘이 있다. 이 지상에는 유일하게 우리 인간만이 이기적인 자기 복제자들의 전제적 지배에 반역할 수 있다.24)

이것은 인간을 한낱 이기적 유전자가 조정하는 맹목적으로 프로그램

---

24) 같은 책, 300-1.

된 로봇 기계로 보는 그의 본래 주장과 크게 상충되는 것이다. 결국 도킨스도 자기가 파놓은 함정에 스스로 빠지는 자기모순을 범하게 된 것이다.

2) 사회생물학Sociobiology

(1) 사회생물학의 등장: 에드워드 윌슨은 과학적 유물론에 입각하여 생물학에 사회과학을 통합시키는 것이 시대적 사명이라고 확신하고, 그 목적을 달성하기 위하여 사회생물학을 제창하면서, 사회생물학적 인간론을 제시했다.[25] 그는 사회생물학을 "인간을 포함한 모든 생물의 모든 사회적 행동을 체계적으로 연구하는 학문"이라고 정의한다.[26] 만약 어느 외계인 과학자가 지구에 생물을 연구하러 왔다고 가정했을 경우, 의학, 법학, 사회학, 정치학, 경제학 등 인류가 이룩해놓은 모든 학문 영역들은 그 외계인에게 호모 사피엔스라는 영장류의 한 종(인간)을 연구하는 생물학의 소분야들에 불과할 것이다.

사회생물학은 개체의 수준에서보다는 집단의 수준에서 유전자와 환경의 상호작용인 진화를 고찰한다. 그것은 망원경을 거꾸로 대고 보듯 거시적으로 인간을 살핌으로써 사회과학이 보통 저지르는 '자아도취적 인간중심주의'를 극복하고자 한다. 사회생물학은 정통 마르크스주의자, 일부 학습이론가 및 사회학자들이 신봉하는 문화 결정론(문화가 인간을 만든다)을 배격하고 유전자 결정론을 고수한다. 해부학적이나 생화학적으로 보면 유인원들과 원숭이들도 보편적인 인간 형질을 공유하고 있다. 더구나 영장류들만 문명을 발전시킨 것이 아니고, 그것이 단지 우연에 의해 노출된 피부를 갖고 두 발로 서는 포유동물의 신체 구조 및 성질과 연관되었을

---

25) Edward Wilson, *On Human Nature* (Harvard University Press, 1978), 『인간 본성에 대하여』, 이한음 역 (서울: 사이언스북스, 2000).

26) 같은 책, 42.

뿐이다. 윌슨은 "인간 본성은 상상할 수 있는 수많은 것들 중에서 나온 단지 하나의 잡동사니에 불과하다"라고 말한다.[27]

인간 본성의 일반 형질들은 다른 종들보다는 매우 특이한 것이 사실이지만, 대부분의 행동들이 포유동물의 것이며, 영장류의 특징에서 크게 벗어나지 못하고 있다. 인간의 독특함이라는 도그마는 더 이상 성립하지 못하며, 침팬지는 인간과 뚜렷한 유사성을 갖고 있다(인간과 침팬지의 유전적 차이는 식별하기조차 어려운 초파리 두 종을 구분해주는 정도이다). 많은 동물학자들은 인간만이 언어를 사용할 수 있고 자의식이 있다는 전제를 더 이상 받아들이지 않는다. 근친상간의 금기(근친상간의 병리적 위험을 피하기 위한 자연선택)와 상승혼(여성이 부와 지위가 동등하거나 더 우월한 남성과 결혼하는 행위)도 인간에게만 보편적인 사회적 행위가 아니라 모든 사회적 동물에게 해당되는 전형적인 것이다. 호모 사피엔스도 그 행동에 영향을 주는 유전적 다양성과 질과 규모 면에서 평범한 동물들과 다를 바 없다.

윌슨은 천성nature과 교육nurture의 오랜 논쟁을 낡은 구분이라고 비판하고, 인간의 정신적 발달도 어디까지나 "준비된 학습"이라고 주장한다.[28] 각 종의 학습 능력은 뇌의 구조, 호르몬의 방출 순서 등 궁극적으로 유전자에 의해 철저하게 프로그램되어 있으며, 각각의 동물 종은 어떤 자극은 배우고, 어떤 학습은 배제하며, 어떤 자극에는 중립을 지키도록 준비되어 있다. 예컨대, 북미 동부의 산란 지역과 남미의 겨울 도래지 사이를 매년 밤에 이동하는 멧새는 둥지를 떠나자마자 신속하게 북극성과 주위의 별자리들을 배울 준비를 갖춘다. 그러나 다른 별자리들을 학습하는 것은 금지되어 있다. 인간의 정신도 백지에 그려지는 것이 아니다. 인간도 결국 여러 대안 중에서 본능적으로 어떤 특정한 대안을 선택하고,

27) 같은 책, 52.
28) 같은 책, 87-109.

유아에서 어른으로 자동적이고 점진적으로 변화하도록, 신축적이긴 하지만, 정해진 계획표에 따라 주변 환경을 탐색해가며 의사 결정을 하도록 설계된 기구이다.

인간 행동은 유전자에 구속되어 있으며, 유전자가 인간의 행동을 결정한다. 윌슨은 그리스도교 인간론의 핵심 사상인 영혼과 자유 의지를 철저한 기계론적 입장에서 비판한다. "우리 유전자들이 유전되고, 우리의 환경이 우리가 태어나기 전부터 작동하고 있었던 물리적 사건들의 인과 사슬이라고 한다면, 어떻게 뇌 속에 진정한 독립행위자가 있단 말인가? 행위자 자체는 유전자와 환경의 상호작용을 통해 창조된다. 그러므로 자유란 단지 자기기만이 아닐까?"[29] 그 자유라는 것은 꿀벌이 비행하는 것과 같아서 비행경로의 선택이 무지한 관찰자에게는 임의적인 자유 행위로 보이지만, 곤충학자들은 최신 컴퓨터 기술에 의하여 정확히 예측할 수 있다. 벌의 비행경로와 같이 인간의 미래도 이미 결정되어 있으나, 인간의 정신은 그것을 자유 의지에 의한 선택이라고 인식할 수 있는 것이다.

문화적 진화가 생물학적 진화보다 속도가 훨씬 빠르기는 하나, 문화적 진화로 창조된 사회 환경도 결국에는 생물학적 자연선택의 길이 된다. 자연선택에 의한 유전적 진화는 문화 능력을 증진시켰고, 문화는 그것을 최대한 이용하는 사람들의 유전자 적합성을 강화시켰다(이중적 자가촉매 작용). 이러한 사회생물학의 전제들 위에서 윌슨은 인간의 본성을 고찰한다.

(2) 성Sex: 성은 변화무쌍한 현상이며, 인간생물학의 핵심이다. 그러나 성은 본래 번식용으로 설계된 것이 아니다. 진화는 본래 짝짓기와 수정이

---

29) 같은 책, 111-2.

라는 복잡한 유성생식의 절차보다 훨씬 더 효율적인 무성생식의 번식 방법들을 고안해냈다. 박테리아는 마냥 둘로 분열하고, 곰팡이는 헤아릴 수 없이 많은 수의 포자를 퍼뜨리며, 히드라는 몸통에서 직접 자손을 싹틔운다. 증식이 번식 행동의 유일한 목적이라면, 포유동물의 조상들은 성 없이도 진화할 수 있었다. 또한 쾌락을 주고받는 것도 성의 주된 기능은 아니다. 쾌락은 단지 동물들을 교미하게 만드는 장치이며, 다용도의 신경계를 지닌 생물들로 하여금 시간과 에너지를 구혼, 성교, 양육에 대규모로 투자하도록 유인하는 수단일 뿐이다. 성행위는 해부학적으로 볼 때, 자궁 외 임신이나 성병 같은 치명적인 기능 장애나 불필요한 낭비를 유발하는 위험한 활동이다. 구혼 활동은 에너지의 측면에서 볼 때 비경제적이고, 포식자에게 살해될 위험을 증대시킨다. 성 자체가 주는 직접적인 다윈주의적 이익도 크지 않다. 오히려 유성생식은 성 없이 복제 분열을 하였을 때의 절반밖에 유전자 증식을 할 수 없다는 유전적 결함이 있다. 더욱이 무성생식은 사적이고, 직접적이고, 안전하고, 에너지 면에서 효율적이고, 이기적일 수 있다. 그런데 왜 성이 진화하게 된 것일까? 그 이유는 성이 다양성을 창조한다는 점에 있다. 다양성은 환경의 변화에 대한 적응성을 증가시켜 장기적으로 보면 직접적이고 간단한 성별이 없는 번식 방법에 의존하는 것보다 수적 증대에 있어서 훨씬 효과적이다. 두 가지의 성이 되어야 하는 이유는 양성 체제가 가장 효율적이기 때문이다.

여기서 윌슨은 과감하게도 양성의 본성적 차이를 주장한다. 암컷은 난자를 만들도록 특수하게 제조된 개체요, 수컷은 작은 배우자인 정자의 제조업자로 정의된다. 인간의 난자는 정자보다 85,000배나 크며, 이것이 성의 생물학과 심리학에 끼치는 영향은 지대하다. 남성보다 여성이 성세포 하나하나에 엄청나게 더 많은 투자를 하게 된다. 여성은 평생 겨우 400개 정도의 난자를 생산할 수 있고, 이 중에서 최대 20개 정도만을 건강한 아기로 태어나게 할 수 있다. 반면 남성은 한 번 사정할 때마다 약 1억 마리의 정자를 방출하며, 일단 수정을 완수하면 육체적인 임무를 종료한다.

그러므로 수컷은 공격적이고, 성급하며, 변덕스럽고, 무차별적인 전략이 더 유리하다. 이에 비해 암컷은 최고의 유전자를 가진 수컷들을 식별해 낼 수 있을 때까지 수줍어하고 주저하는 전략이 더 유리하다. 인간은 "이 생물학적 원리에 충실히 복종한다."[30] 인간은 "성적 상대의 교체가 대부분 수컷 주도로 이루어지는 온건한 일부다처형"이다.[31] 생물학적 증거들은 철저한 환경 결정론의 가설을 부정한다. 그리고 그는 급진적 평등주의 운동에서 가부장적인 전통으로 환원한 키부츠 운동을 예로 들어 절대적 남녀 평등주의의 폐단을 지적한다.

윌슨은 가족의 붕괴가 예상되는 미국 사회에서 사회 결합의 단위로서 가족의 중요성을 진화론적으로 옹호한다. 성적 결합이 성행위를 초월하며, 성적 쾌락의 궁극적 기능은 결합을 촉진하는 강화제이다. 성적 활동은 일차적으로 이 결합 장치이고, 생식수단은 이차적인 목적이다. 이 명제를 근거로 하여 윌슨은 성의 목적을 생식으로 보는 가톨릭의 교리를 생물학에 무지한 신학자들의 오류라고 혹평한다. 윌슨의 더욱 놀라운 급진적 주장은 동성애에 대한 적극적 지지이다. 그는 "동성애가 생물학적으로 정상일 뿐 아니라, 초기 인류 사회 조직의 중요한 요소로서 진화해온 독특한 자선 행위일 가능성"이 크다고 주장하며, 나아가서 "동성애자들은 인류의 진귀한 이타적 충동 중 일부를 운반하는 유전자 담체"라고 추정한다.[32]

동성애 행동은 곤충에서 포유동물에 이르기까지 생물 전반에 걸쳐 일

---

30) 같은 책, 178.
31) 같은 책, 179.
32) 같은 책, 201.

반적으로 나타나는 보편적인 현상이며, 뇌 속에 잠재된 진정한 양성성의 표출이다. 동성애는 이성애와 마찬가지로 결합의 한 유형이고, 더욱이 동생애자들이 존재함으로써 그들의 가까운 친족들이 더 많은 아이들을 가질 수 있었다. 집단 내에는 동생애 성향을 가진 소수가 항상 존재하며, 그들은 대부분 매우 우수하며 많은 경우 집단의 생존을 위한 주도적인 역할을 감당한다. 따라서 윌슨은 동성애에 대한 유대-그리스도교의 전통적인 편견이 불충분한 지식을 근거로 하는 오류라고 비판한다.

(3) 이타주의Altruism: 윌슨은 "순교자들의 피는 교회의 씨앗이다"라는 터툴리안의 격언이 이타주의적 희생의 진정한 목적이 한 인간 집단을 다른 집단 위에 놓는 것임을 암시하고 있다고 주장한다. 보답을 원하지 않는 관용의 이타주의가 최고의 덕목으로 신성시되고 있으나, 그러나 사실 그 것은 사회를 결속시키는 극단적인 현상일 뿐이다. 비록 종류는 다르지만 이타주의는 곤충과 동물들에게 흔히 나타나는 현상이다. 작은 새들은 매와 같은 포식자가 접근하면 다른 새들에게 경고음을 내며, 침팬지는 고아가 된 아기를 떠맡으며, 일벌은 침입자에게 가미가제와 같이 자신에게 치명적인 침을 박으며, 아프리카의 흰개미는 자신과 적 모두를 옭아매 죽음에 이르게 하는 분비액을 뿜어내며 적을 공격한다.

이미 도킨스의 이기적 유전자론에서 살펴본 바와 같이, 개체 수준에서는 이타주의적 행동이 유전자 수준에서 분석해보면 사실상 이기적인 행동에 지나지 않는다. 윌슨 역시 강력한 유전자 환원주의를 주장한다: "닭은 달걀이 더 많은 달걀을 생산하기 위해 잠시 만들어낸 매개체이 불과하다."[33] 번식이란 결국 유전자들이 자신들의 복사체들을 퍼뜨리기 위한

---

33) 같은 책, 11.

수단이고, 특정한 유전자를 지니고 있는 개체가 직접 번식하는 것이 이 목적을 달성하는 가장 확실한 길이나, 일벌들과 같이 자기와 유전적으로 가까운 개체들을 도와 그들로 하여금 보다 더 많은 자손을 낳게 하는 것이 간접적이긴 하나 더욱 효과적인 방법일 수 있다.

인간의 이타주의도 분석하기가 복잡하나 궁극적으로 이기적 속성을 갖고 있다. 고귀한 영웅의 삶은 개인의 불멸성이라는 커다란 보상을 기대하여 이루어지고, 종교의 자비심도 선택적이며 이기적이다. 힌두교의 자비는 가까운 친척에만 해당되며, 불교의 목표는 이타주의를 통해 개인을 보존하는 것이다. "불교 및 기독교 국가들은 보편적 자비 개념을 포용하면서도 한편으로 침략 전쟁을 방편으로 삼아 왔고, 그 많은 전쟁들은 종교의 이름으로 정당화되어 왔다."34) 모든 종교는 다른 종교 위에 군림하기 위해 투쟁해왔다. 마더 테레사는 성인이지만, 그녀 역시 교회의 불명성이라는 인식과 그리스도의 임무 안에서 보호를 받고 있다. 숭고한 도덕 가치들의 문화적 진화도 유전적 진화를 대체할 수 없고 불가피하게 유전자에 의해 조정되고 있으며, 도덕은 다른 어떤 궁극적 기능을 갖고 있지 않다고까지 주장하며, 윌슨은 유전자 결정론을 확대한다.

(4) 종교Religion: 윌슨은 인간의 종교적 본성을 인정한다. 그는 과학과 학습이 종교를 폐지시킬 수 있다는 무신론자들의 신념을 환상에 불과하다고 묵살한다. 그러나 그는 종교 행위들도 어디까지나 유전적 이득과 진화적 변화라는 차원에서 측량되어야 한다고 주장한다. 종교는 인간 사회생물학의 가장 커다란 도전 대상이자, 사회생물학이 독창적인 분야로 발전할 수 있는 가정 흥미로운 기회라고 그는 주장한다. 종교가 인간 종

---

34) 같은 책, 216.

고유의 주요 행동 범주이라는 사실을 부인할 수 없다. 그러나 종교는 무엇보다도 개인이 자신의 직접적인 사리사욕을 집단의 이익에 종속시키도록 설득당하는 과정이다. 종교의 자연선택은 성직자적이고, 생태적이며, 유전자적이다. 종교의 지고한 행위는 결국 생물학적 이익을 제공한다. 그것들은 대상화, 의탁 그리고 신화화의 과정을 거쳐 정체성을 응고시키고 신성화한다.

종교와 신앙이 현대 생활에서 신화의 역할을 한다고 사회생물학적으로 설명할 수 있다. 윌슨은 마르크스주의, 전통 종교, 과학적 유물론이 현대인의 세 거대 신화라고 말한다. 그에 의하면 마르크스주의는 "생물학이 없는 사회생물학"이고, "과학적 유물론의 부정확한 산물", 즉 "실패한 폭군"이다.[35] 전통 종교의 고대 신화들은 과학에 의해 하나씩 붕괴되고 있으며, 신학은 더 이상 생존하기가 어려울 것이다. 사회의 생명력으로서 종교는 오래 버텨내겠지만, 과학적 유물론이 결국 전통 종교들을 철저하게 물질적인 현상으로 설명할 수 있게 될 것이다.

> 과학정신은 종교보다 우월하다. … 그것은 물리적 세계를 설명하고 제어하는 데 성공을 거듭해 왔다. 그것의 자기교정적 특성은 실험을 설계하고 수행할 수 있는 모든 능력을 갖추고 있다. 그것은 신성하거나 세속적이거나 간에 모든 주제들을 조사할 준비가 되어 있다. 그리고 이제 그것은 전통 종교를 진화생물학의 기계론적 모델로 설명할 수 있는 가능성을 갖게 되었다. 이 중에서 마지막 성취가 핵심일 것이다. 교조화한 세속적 이데올로기들을 포함하여 종교가 뇌의 진화적 산물로서 체계적으로 분석되고 설명될 수 있게 된다면, 종교가 지닌 도덕성의 외부 근원으로서의 힘은 영원히

---

35) 같은 책, 263.

사라질 것이다.36)

그러므로 과학적 유물론이 가장 강력한 대안적 신화이며, 종교보다 우월하다. 과학적 유물론의 정수는 진화 서사시이고, 진화 서사시가 결국 인류가 가져야 할 최상의 신화이다. 최종적으로 윌슨은 종교 신앙의 정신적 과정들이 수천 세대의 유전적 진화를 거쳐 뇌신경 기구 속으로 통합된 프로그램들을 기계론적으로 풀어 헤치고, 전통 종교를 대신해서 과학적 유물론을 강력한 신화로 구축하여 사회의 에너지원으로 활용하자는 프로메테우스적 과학정신을 주창한다.

6. 사회생물학에 대한 종교적 대응

1) 그리스도교 신학적 대응

(1) 이기적 유전자: 물론 도킨스의 이기적 유전자론은 많은 문제점이 있다. 첫째, 이 주장들은 과학적으로 증명하기 어려운 가설들을 포함하고 있다. 진화론적 단위는 천문학적인 것이어서 그것을 과학적으로 증명할 수 있는 수단은 현실적으로 존재하지 않는다. 더욱이 이기적 유전자라는 전제를 먼저 결정해놓고, 생물학적인 자료들을 그 결론에다가 끼워 맞추기 식의 순환적인 논법이 분명히 사용되고 있다. 둘째, 인간의 본성에 대한 그들의 주장은 지나친 것이다. 어떤 동물이 어떤 행동을 한다고 해서 그것이 꼭 인간에게 적용되리라는 법은 없다. 또한 "A는 B이다(is)"라는 전제에서 "A는 B가 꼭 되어야 한다(ought to)"는 명제를 논리적으로 도출

---

36) 같은 책, 275.

할 수 없다. 한 동물의 행위적 사실이 곧 인간의 본성적 규범이 된다는 것은 논리적 비약인 것이다. 셋째, 범주적 착오를 범하고 있다. 한 존재가 이기적이기 위해서는 주체에 대한 인식이 선행해야 한다.[37] 그러나 유전자, DNA, 곤충 및 하등 동물 들에게 주체에 대한 인식이 있다는 명확한 증거는 아직 없다. 넷째, 도킨스의 문화적 유전자(밈)에 대한 제안은 흥미로운 것이나, 어디까지나 가설 단계에서 벗어나지 못한 것으로써 생물학자 중에서도 이 제안을 받아들이는 수가 그리 많지 않다. 이것 또한 바버가 언급한 과학 환원주의자들이 보통 범하고 있는 과학적 현상에서 발견하는 사실에서 철학적 명제를 추론하는 오류의 한 예인 것이다. 더욱이 앞 절 마지막 부분에서 지적한 바와 같이 인간에 대한 소망을 거는 도킨스는 이미 스스로 자가당착에 빠져 있는 것이다.

그러나 이러한 문제점에도 불구하고 신학은 도킨스의 이기적 유전자에 관한 치밀한 분석에 귀를 기울어야 할 필요가 있다. 어떤 면에서 이기적 유전자론은 그리스도교가 오랫동안 주장해온 인간에게 뿌리 깊게 박혀 있는 죄성에 대한 과학적 진술이라고 볼 수도 있다. 우리는 가정과 교회와 사회 안에서 이기적 유전자와 같은 이타주의의 가면을 쓴 악랄한 이기주의를 얼마든지 찾아볼 수 있는 것이다. 한국 사회에서 만연하고 있고 심지어 교회에서도 출현하고 있는 극렬한 집단이기주의들(혈연주의, 학연주의, 지역감정, 개교회 중심주의, 교단 중심주의 등)은 이기적 유전자의 연장선상에 있다고 볼 수 있는 것들이다. 그리고 종교적 밈, 특히 맹신에 관한 그의 혹독한 비판을 반성하는 자세로 들어야 할 것이다.

맹신은 어떤 것도 정당화할 수 있다. 만약 사람이 다른 신을 믿고 있으면

---

37) Homes Rolston III, *Genes, Genesis, and God: Beyond Selfishness to Shared Value* (New York: Columbia University Press, 1997) 참조.

아니, 만약 사람이 같은 신을 믿는데 다른 의식을 쓴다면 다만 그것만으로도 맹신은 그에게 사형을 선고할 수 있다. 십자가에 매단다, 화형을 한다, 십자군의 검으로 찌른다, 베이루트 노상에서 사살한다, 벨파스트의 술집에 있는 것을 폭탄으로 날린다. 무엇이든 닥치는 대로이다. 맹신이라는 믿음은 몸에 밴 잔인한 방법으로 번식해 가고 있다. 애국적, 정치적 맹신이든, 종교적 맹신이든 상기의 성질은 똑같은 것이다.[38]

(2) 사회생물학: 윌슨의 사회생물학은 몇 가지 큰 오류를 범하고 있다. 첫째, 자연주의적 오류가 있다. 유전자 결정론을 근거로 하는 사회철학은 죄책감과 책임감을 무효화하고, 자유방임적 숙명론을 수용하게 된다. 사회생물학이 대중적으로 인기 있지만, 이데올로기화되는 것은 매우 위험하다. 왜냐하면 그들의 주장 속에는 사회적이고 문화적인 배경을 무시하고 성차별, 인종차별, 우생학 등 기득권층의 이데올로기를 옹호하는 우익적 성향이 있기 때문이다.[39] 둘째, 언어 유비의 오류를 범하고 있다. 사회생물학자들은 인간의 자유라는 개념을 그 개념이 성립하는 인간 정신의 영역에서 차용한 후, 그 유비를 자연 과정의 기계적 해석에 문자적으로 적용한다.[40] 인간의 자유는 더욱 근본적인 기계적 과정에 의해 조정됨으로, 존재하지 않는다는 그릇된 결론을 내린다. 셋째, 종교적 근본주의와 마찬가지로 과학적 환원주의의 일반적 모순을 범하고 있다. 넷째, 과학이 아닌 또 다른 하나의 신화를 창설한다. 윌슨은 과학적 유물론으로 전통

---

38) 도킨스, 『이기적 유전자』, 297.
39) Richard C. Lewantin, Steven Rose, and Leon J. Kamin, *Not In Our Genes: Biology, Ideology, and Human Nature* (New York: Pantheon, 1984), 특별히, 237, 264 참조.
40) Langdon Gilkey, "Biology and Theology on Human Nature," in *Biology, Ethics, and the Origins of Life*, ed. by Homes Rolston III (Boston and London: Jones and Bartlett Publishers, 1995), 186 참조.

종교 및 사상을 탈신화화하고 해체하는 시도를 하지만, 그러나 결과적으로는 생물학적이기는 하지만 또 하나의 다른 신화(또는 유사 종교)를 창설하는 비과학적이고 자가당착적인 결과를 초래한다: "내가 주장하는 것은 결국 진화 서사시가 아마도 우리가 갖게 될 최상의 신화가 되리라는 것이다."41)

더욱이 성차별의 합리화, 신과 자유 의지와 영혼에 대한 부정, 신학 폐지론 등 윌슨의 주장은 신학이 결코 받아들일 수 없는 내용들을 담고 있다.42) 그러나 이러한 사회생물학의 오류들과 문제점들에도 불구하고, 신학은 사회생물학이 파헤쳐준 인간 본성에 대한 새로운 발견들에 귀를 기울일 필요가 있다. 첫째, 사회생물학은 그리스도교를 탈신화화하려는 모던 프로젝트의 연장이라고 볼 수 있다. 니체가 철학으로, 프로이트가 심리학으로, 마르크스가 사회학으로 그리스도교 신앙을 비판하고 탈신화화하려 했다면, 윌슨은 생물학으로 그 시도를 하고 있는 것이다. 둘째, 그것은 종교사상사적으로 중요성다. 그동안 심리적, 사회학적 구성so-cial construct이론, 곧 환경론과 학습론이 담론으로서 군림해왔지만, 사회생물학은 이를 거부하고 다시 본성론으로 회귀할 것을 주창하고 있는 것이다. 셋째, 사회생물학은 새로운 의심의 해석학hermeneutics of suspicion을 제공하고 있고, 이는 신학의 발전에 중요한 공헌을 할 수 있다. 사회생물학은 숭고한 희생과 이타주의의 탈을 쓴 종교적 이기주의와 허구성을

---

41) 윌슨, 『인간 본성』, 276.
42) 윌슨은 과학적 유물론자로서 그리스도교 신학의 초석인 자유 의지와 영혼의 존재를 부정한다. 이 점은 분명히 그리스도교 신학으로서는 수용할 수 없고, 사회생물학과 대화가 불가능한 부분이다. 매우 중요한 사항이기는 하나 대화에 역점을 두고 있기 때문에 자세한 논의는 생략한다. 사회생물학과 자유 의지에 관한 논의는, Ted Peters, *Playing God? Genetic Determinism and Human Freedom* (New York and London: Routledge, 1997), 특히 27-62 참조.

철저히 파헤쳐줌으로써, 또 하나의 신학적 용광로로서, 교회와 신학을 순화시키고 성장하게 하는 역할을 할 수 있다. 넷째, 그것은 신학에게 인간과 생명에 대한 새로운 메타포들과 해석학적 지평을 제공하고 있으며, 더욱 성숙한 그리스도교 인간학의 구성을 위한 중요한 자료들을 제공하고 있다.[43] DNA, 이기적 유전자, 공격성, 텃세, 성, 이타주의, 자연선택 등 사회생물학의 개념들과 발견들은 인간과 생명 이해에 있어서 새로운 메타포들과 비전을 제시하고 있다.

사회생물학이 분노와 혐오를 자아내는 내용들을 포함하고 있다고 해서, 감정적으로 대하거나 무조건 비판하는 것은 바람직한 태도가 아니다. 오히려 신학은 사회생물학의 발전을 냉철하게 주시하면서, 그 결과를 비판적으로 받아들여 인간과 생명에 대한 명확하게 잘못된 견해들이 있으면 다시 살펴보고, 필요하면 교정하여 그리스도교 인간학이 더욱 완전하게 발전하는 데 도움이 되도록 해야 할 것이다.

2) 동양 종교의 대응

(1) **현대 과학과 동양 종교**: 현대 과학과 동양 종교 간의 유사성과 동양 종교의 과학적 중요성에 관해서는 카프라Fritjof Capra 등 몇몇 학자들에 의하여 주장되어왔다.[44] 그러나 우리가 주목해야 할 사항은 도교와 유교, 그리고 이들을 통합한 한국 성리학이 지닌 종교와 과학 간의 대화를 위한 높은 잠재력이다. 지난 1월 18일부터 22일까지 서울에서 거행된 국제학

---

43) Arthur Peacocke, *God and the New Biology* (San Francisco: Harper, 1986), 110-1. 그러나 유전자에 대한 대중적인 인식은 과학적인 사실에 근거한 것이라기보다는 하나의 상징적 메타포로 과대포장, 신화화, 신성화되어 있다는 유전자 신화(gene myth)에 대한 비판 또한 중요하다; Dorothy Nelkin and M. Susan Indee, *The DNA Mystique: The Gene as a Cultural Icon* (New York: W. H. Freeman and Co., 1995) 참조.

44) Fritjof Capra, *The Tao of Physics*, 2nd ed. (Boulder, CO.: Shambhala, 1983).

술대회, "종교와 과학 한국 워크숍"에서, 워싱턴 대학의 칼턴Michael Kalton 교수가 매우 흥미로운 주장을 했다.[45] 한국 성리학이 종교와 과학 간의 대화에서 서구 신학보다 더욱 바람직하고 적합한 모형을 제시하고 있다는 것이다.

서양 사상의 특징이 뉴턴의 물리학과 데카르트의 철학에서 현저하게 나타났던 기계론적 분석적 패러다임이면, 동양 종교의 사상적 특징은 유기적 전체주의organismic holism라고 할 수 있다. 더욱이 동양 종교 전통은 의식의 문제에 집중하는 인도 종교 전통들과도 구별된다. 도교나 유교는 만물일체의 유기적 관계에 초점을 맞추고, 통일성을 다양성의 근원이라고 보고, 유기적 통일성, 즉 전체에 대한 적절하고 조화로운 어울림을 우선적으로 추구한다. 이러한 특징은 컴퓨터, 사이버네틱스, 카오스 이론, 복잡계, 자기구성self-organization, 정보시스템, 상호의존적 생명의 웹과 같은 신과학이 제시하는 새로운 패러다임에 근접하며, 이 유사성이 앞으로 과학과의 대화의 큰 잠재력을 암시한다고 칼턴은 주장한다.

특히 성리학은 우주의 생물을 포함한 모든 만물은 한 근원으로부터 발생되었으며(太極圖說), 모두가 서로 가족적 관계를 가지고 있으며, 서로 밀접하게 연관되어 있다고 관망한다(장재張載의『서명西銘』). 존재의 연속성을 신봉하는 성리학은 신학과 달리 진화생물학을 받아들이기가 그리 어렵지 않다.[46] 인간과 동물은 동일하며, 전체 시스템을 파악하는 데 있

45) Michael C. Kalton, "Asian Religious Traditions and Natural Sciences: Present, Potentials, and Future," in the CTNS Science and Religion Seoul Workshop: "Science, Theology, and Asian Religions," Seoul Education and Culture Center, January 18-22, 2002.

46) Tu Weiming, "The Continuity of Being: Chinese Visions," in *Confucianism and Ecology*, ed. by Mary Everlyn Tucker and John Berthrong (Cambridge, MA.: 1998), 105-122.

어서 인간이 뛰어난 능력을 지니고 있고, 그 적응에 대한 책임의식이 분명하다는 것이 다를 뿐이다. 더욱이 인간이 합리적 통제와 예측을 통하여 주어진 상황을 자율적으로 조정할 수 있는 초월적 능력을 지니고 있다고 믿었던 서양의 근대적 사고는 문제가 많다. 우리가 이 세상에 한 경기자a player로서 온 것이지, 결코 한 관리자a manager로서 온 것이 아니다. 시스템은 제각기 스스로 자기구성적 역동성이 있으며, 그러므로 어떻게 그러한 질서에 조화롭게 적응하느냐 하는 것이 유학에게 주어진 화두이다. 동양 전통은 이 점에 있어서도 월등하다. 도道라는 것이 바로 우주의 법칙, 즉 자기구성적 역동성을 말하며, 자연自然은 본래 '있는 그대로'를 의미한다. 생태계의 복잡한 역동성은 그곳에 참여한 모든 경기자들이 있는 그대로의 자연스러운 행위를 수행할 것을 요구한다.

이 경기자와 관리자 간의 구분은 인간이 과학기술을 사용하는 데 있어서 매우 중요한 윤리적 함의가 있다. 예컨대 필요한 목적을 위해 유전자 코드를 기계적으로 조작하고자 하는 유전공학은 서양적 사고로는 가능한 것이나 동양적 사고로는 잘못된 것이다. 자연과학은 문자 그대로 '자연'의 과학, 즉 인위적 조작이 아닌 만물의 있는 그대로를 연구하는 과학이어야 한다.[47] 주어진 한 유기체를 결정하는 것은 유전자 코드라기보다는 자기구성적으로 이루어지는 선택적 진화의 역동적 과정이라고 보는 것이 더 적합하다. 더욱이 인위적 조작은 항상 인간 욕망이라는 사슬에 엉킬 수밖에 없고, 이 욕망은 욕심이라는 자기중심적 오류에 빠지게 되고, 이 자기중심적 오류를 성리학에서는 악의 근원이라고 본다.

특히 한국 성리학에서 독특하게 발전된 마음(心)이란 개념에 대해서

---

47) 이 입장은 서구적 자연주의(naturalism)와는 구분된다. 자연주의는 자연, 초자연의 서구적 이원론을 전제한다. 그러나 동양에서는 그러한 이원론은 존재하지 않고, 자연은 수동적인 객체가 아닌 능동적인 주체이다.

주의해볼 필요가 있다. 한국 성리학에서 마음은 본성과 감정의 통일을 추구하며 육체(몸)와 정신(몸)을 구분하는 희랍의 이원론을 극복한다. 인간은 하늘의 품성을 부여받은 천인합일적 존재이다. 성리학은 인간 중심적 사상이라고 하기보다는 하늘-땅-사람(天地人) 삼재가 통일을 이룬 인간 우주적 지평의 전체론적 맥락에서 인간의 윤리적 책임을 집중적으로 추궁한다. 그리고 태극사상은 어떻게 하나의 통일적 근원에서 다양하지만 서로 상호 관련적인 만물이 발생하게 되었는지를 설명해준다. 이기理氣이론은 질서와 역동성, 시스템과 에너지, 관계성과 개별성의 관계를 설정해준다. "신은 우주를 가지고 주사위 놀이를 하지 않는다!"라는 아인슈타인의 말로 유명해진 양자역학적 혼란quantum entanglement은 오히려 한국 성리학에서 뜻이 통한다. 이기이론이 질서(理)와 혼돈(氣)을 동시에 인정하며, 양자택일적 배타적 획일성이 아니고 개방적 통일성에 그 핵심이 있다는 것을 밝혀준다. 무극(无)에서 한 점이 나왔고, 그 한 점에서 머물러 있음(靜)과 움직임(動)이, 음(마이너스)과 양(플러스)이 서로 아울러지는 태극太極이, 그 태극에서 만물이 소생하였다는 태극도설과 현대 과학의 우주기원설(빅뱅, 진화론 등) 사이에 유사성을 찾아내기는 그리 어렵지 않다.

더욱이 카프만Stuart Kauffman은 우주의 질서가 우연적인 것이 아니며, "자발적인 질서의 광활한 암맥"이 놓여 있다고 복잡성 이론을 통하여 주장한다.[48] 또한 바테슨Gregory Bateson은 인간의 의식과는 전혀 다른 우주의 마음이 있다고 사이버네틱스와 정보이론을 통하여 주장한다.[49] 카프만의 "자발적 질서"는 도 및 자연사상과 공명하며, 바테슨의 우주의 마음은 그야말로 천지지심天地之心을 현대 과학으로 풀이한 듯하다.

---

48) Stuart Kauffman, *At Home in the Universe* (Oxford: Oxford University Press, 1995), 8.
49) Gregory Bateson, *Steps to an Ecology of Mind* (New York: Ballantine Books, 1972).

현대 과학과 동양 종교는 서로 유사한 점이 많다. 동양 종교는 분석적 환원주의를 방법론적 기조로 근대 과학의 한계를 신과학과 함께 유기적 전체론으로 극복할 수 있는 가능성을 열어주고 있다. 또한 자연을 인간의 연구와 정복의 대상으로 간주했던 서양 사상과 달리 동양 종교는 인간과 자연 간의 합일을 이루는 인간 우주적 지평에서 정복자가 아닌 참여자로서, 자연에 대한 인간 행위의 도덕성을 강조한다. 그리고 과학이 그 본연의 자세, 곧 '인위'과학이 아닌 '자연'과학으로 돌아갈 것을 촉구한다. 이것은 지구촌 전 생태계가 파멸의 위기에 봉착한 오늘날 자연과학이 갖추어야 할 윤리적 책임에 관한 분명한 지표를 제시한다. 특히 한국 성리학은 현대 과학과 크게 공명한다. 그러므로 한국 성리학이 현대 과학에 의하여 재해석되었을 때 한국 사상의 발전에 기여하는 것은 물론 현대 과학의 발전에도 매우 유익한 기여를 할 수 있을 것이다.

(3) 사회생물학과 한국 성리학: 그렇다면 한국 성리학이 구체적으로 사회생물학에 어떻게 대응할 수 있을 것인가? 사회생물학과 희랍 철학에 영향을 받은 그리스도교 신학 사이의 핵심적 차이는 사실상 인간의 초월성에 있다. 희랍 철학의 영향을 받은 서구의 전통적 그리스도교 신학은 인간은 초월적 존재로서 인간과 동물 사이에는 존재론적 불연속성이 있다고 전제한다. 다시 말하면 인간에게만 이성과 자유 의지가 있다는 것이다. 그러나 사회생물학은 이 불연속성을 과학적 데이터를 제시하며 부정한다. 인간은 호모 사피엔스라는 동물의 한 종에 지나지 않으며, 인간의 본성도 "수많은 것들 중에서 나온 단지 하나의 잡동사니"에 불과하다. 한국 성리학은 이 생명의 연속성을 수용하는 데 별 문제가 없을 것이다. 퇴계가 검토 수정한 천명도天命圖에 나타난 것처럼 초목과 금수와 인간 그리고 사물까지도 서로 같은 천명으로 부여받은 성(性 곧 理)이 있으나, 기질(正과

偏)이 서로 달라서 차이가 나는 것이다.

> ㉮ 人과 物의 차이는 氣의 偏과 正에서 유래한다는 것, 즉 正하고 通한
> 氣를 탄 것이 인간이요, 偏하고 塞한 氣를 탄 것이 물이라는 것 ㉯ 같은
> 편한 氣 중에도 금수는 偏 중의 正(陰中陽)을 얻었으므로 한 줄기의 통함이
> 있고, 초목은 偏 중의 偏한 것(陰中陰)을 얻었으므로 전혀 막혀 통치 못한
> 다(全塞不通) 것 ㉰ 이와 반대로 인간은 正한 氣를 얻었으므로 통하고 밝다
> 는 것 ㉱ 人ㆍ物의 형태의 平正[인간]ㆍ橫[금수]ㆍ逆[초목]의 차이도 氣의
> 順ㆍ逆이 다른 까닭이라는 것이다.50)

  그러므로 칼튼이 지적한 것처럼 한국 유학은 진화생물학이나 사회생
물학과 대화하는 데에서 그리스도교 신학보다 우월한 고지를 점령하고
있다. 더욱이 자연과 인간을 구별하는 희랍적 이원론과 모더니티에 의해
심화된 자연과학과 인문ㆍ사회과학 간의 학문적 분리를 극복하고자 하는
윌슨의 사회생물학적 노력(생물학 + 사회학)에 동정적일 것이다.51) 유학에
서는 자연과 인간이 분리되지 않으며, 자연 그 자체가 객관적 연구대상으로
환원될 수 없고, 윤리도덕적 주체이다. 자연과학은 문자 그대로 자연의
과학이 되어야 하며, 자연은 인간을 포함한 하늘ㆍ자연ㆍ인간(天地人) 삼재
三才의 관계론적 맥락에서 재해석되어야 한다.
  그러나 동시에 유학은 사회생물학의 기조인 과학주의, 과학적 유물론,
유전자 결정론, 기계적 세계관을 받아들이기는 어려울 것이다. 인간과
자연은 수평적 연속성을 가지고 있지만 그것은 어디까지나 초월적 존재
인 하늘(天)과의 관계성 안에서 이루어진다. 본성과 학습 간의 논쟁은 유

---

50) 이상은, "退溪의 生涯와 學問,"『李相殷先生全集』(서울: 예문서원, 1998), 138.
51) Edward O. Wilson, *Consilience: The Unity of Knowledge* (New York: Vintage, 1999).

학에 있어서도 맹자孟子와 순자荀子로부터 시작된 오래고 중요한 주제의 하나이다. 결론적으로 양자가 모두 필요하지만, 하늘의 품성으로 부여받은 인간의 본성은 본래 선한 것이다(맹자). 체용體用의 관계로 말하면, 기능적 측면에 있어서 인간은 이기적이나(성악설), 본성적 측면에 있어서는 이타적(仁)인 존재이다(성선설). 인간은 결코 이기적 유전자에 의하여 조정되는 로봇 생존 기계만이 아니고, 자연과 하늘의 뜻을 가장 명료하게 이해할 수 있는 역동적 생명 주체이다. 이기적 유전자론 및 생물학적으로 분석된 생명의 본성은 일종의 기질지성氣質之性의 환원적 서사시일 뿐, 인간의 본연지성本然之性에 관한 서사시는 결코 아니다. 그러므로 인간에게 중요한 덕목은 기질지성의 끊임없는 영향력(vector)을 극복하여 인의예지仁義禮智의 본연지성을 회복하려는 극기克己와 자기수양의 훈련, 즉 수신修身이다. 더욱이 한국 성리학의 경敬사상은 하늘과 모든 이웃 생명들을 경외할 것을 요구한다. 경사상은 초월적 하늘만 숭배하고 자연을 경시하는(서구 신학) 또는 자연의 기계적 속성만을 중시하고 하늘을 거부하는 (사회생물학) 두 극단적 입장을 지향하고, 중도의 입장, 곧 하늘과 자연 모두를 포괄하는 통합적이고 관계론적인 입장을 견지한다. 그러므로 한국 성리학은 자연과학과 신학 간의 관계에서 중계 역할을 할 수 있는 가능성을 지니고 있다.

7. 맺는 말

사회생물학은 인간에 대한 신학과 종교의 독점을 거부하며, 생물을 과학적으로 연구하는 생물학이 그 몫을 주도적으로 담당하여야 한다고 주장한다. 이러한 태도는 과학과 종교의 관계에 대한 바버의 유형론에 따르면 충돌유형의 대표적인 사례이며, 과학적 유물주의를 표방하는 입장이다. 피터스의 유형론에 따르면 사회생물학은 과학주의라기보다는 과학제국주의에 해당한다. 과학주의는 종교를 무용지물로 간주하지만, 과학제국주의는 과학이 종교의 역할을 대신해줄 수 있다고 주장한다. 사회생물학과 신학의 논쟁은 희랍적 이원론의 연장선상에 있으며, 그 문제의 핵심은 정신과 육체, 인간과 자연을 구분하는 이원론이다. 그동안 정신이 육체를 지배하고, 인간이 자연을 통치하여야 한다고 주장해온 서구 사상에 대한 정면 도전인 것이다. 사회생물학은 과학적 증거를 제시하면서 인간은 자연의 일부에 지나지 않으며, 정신은 몸의 한 부수적 현상에 불과하다고 주장한다. 그동안 독점해온 신학적, 철학적, 형이상학적 인간론에 대한 과학적 유물론의 도전인 것이다.

사회생물학의 다른 중요한 측면은 사회학과의 관계이다. 사회학의 거대한 도전은 20세기를 휩쓸고, 신학, 종교학, 인문학을 성숙하게 하였다. 나아가서 사회학은 본성이냐, 환경이냐? 하는 논쟁에서 사회 환경이 인간 행위의 특징을 결정한다는 환경 결정론에 이르게 되었고, 신학도 이에 큰 영향을 받게 된다. 사회생물학은 이 큰 흐름을 거부하며 문화 결정론과 반대로 유전자 결정론으로 본성이 모든 것을 결정한다는 반론을 펼치고 있는 것이다.52) 오히려 형이상학적인 배경을 갖고 있는 사회학보다는 유물론적 명확한 증거가 있는 생물학적인 입장에서 학문적 통합을 시도하고 있다.53) 그러므로 이러한 서구 사상의 물줄기를 바꾸어놓겠다고 나서는 사회생물학에 서구 사상의 영향을 많이 받은 그리스도교 신학이

---

52) 유전자 결정론과 문화 결정론 간의 논쟁에 관해서는, Franz Wuketis, *Gene, Kultur und Moral: Soziobiologie--Pro und Contra* (Darmastadt: Wissenschaftliche, 1990), 김영철 역, 『사회생물학논쟁』(서울: 사이언스북스, 1999) 참조.
53) 마이클 루스, "사회생물학: 철학적 분석,"『과학사상』11 (1994), 87-106 참조.

함께 대화하기가 거의 불가능한 것이다.

　그러나 기계적 이원론 대신 유기적 전체주의를 주창하는 유학은 사회생물학과 신학의 중도적 입장을 견지하고 있다. 형이상학적 인간론과 문화·환경 결정론에 대한 사회생물학의 비판을 수용하면서도, 동시에 그것의 과학적 유물론과 유전자 결정론의 오류를 지적할 수 있다. 유전자적 시각은 필요하나 그것은 어디까지나 기질지성에 관한 부분적 고찰일 뿐, 본연지성인 인간의 참 본성에 대한 인식과 그것을 회복하는 노력, 곧 수신이 필요한 것이다. 사회생물학은 신학과 유학에게 원죄와 기질지성의 치밀한 구조를 명쾌하게 보여준다. 그러나 도덕 주체로서 인간이 해야 할 책무는 오히려 그 유전자적 이기성을 극복하여 공동적 주체성을 회복하는 일이다. 이를 신학에서는 성화sanctification, 유학에서는 수신修身이라고 부른다.54) 그러므로 성화와 수신, 곧 "어떻게 참된 인간이 되느냐?" 하는 질문이 다시 한번 이 시대에도 큰 화두가 되는 것이다.

　자연과학과 신학 간의 대화에는 한국 유학과 같은 동양 종교의 도움이 필요하다. 그리스도교 신학, 과학 그리고 동양 종교의 세 이야기가 서로 조우할 때 참된 종교와 과학 간의 대화가 이루어질 수 있다. 종교는 과학에서 새로운 우주관, 세계관, 인간관을 배울 수 있고, 과학은 종교에서 수신과 성화의 필요성을 배워야 하는 것이다. 과학도 자기수양과 성화가 필요한 것이다. 자기수양을 통한 절제와 공동적 선을 위한 성화의 노력이 없는 과학 그것은 위험한 것이고, 아마도 불필요한 것일 터이다.

----

54) 성화와 수신에 관해서는, Heup Young Kim, *Wang Yang-ming and Karl Barth: A Confucian-Christian Dialogue* (Durham: University Press of America, 1996) 참조.

제10장

사이버 공간의 본질과 영성,
그 종교적 대안[1]

1. 사이버 공간cyberspace의 출현

새 천년에 들면서부터 인터넷, 디지털, 사이버라는 말들이 주변에서 봇물이 터지듯이 쏟아져 나오더니, 이 말들은 더 이상 낯설지 않은 우리의 일상용어들이 되어버렸다. 우리 사회는 그야말로 인터넷 열풍에 휩싸여 있다. 한국은 사용자가 매월 90만 명씩 증가하는 인터넷 접촉 증가 속도가 세계에서 가장 빠른 나라들 중 하나이다.[2] 이미 2000년 5월 1일에 시카

---

1) 이 글은「과학과 신학의 대화」라는 제목으로『한국조직신학논총』9 (2003), 197-223에 수록되었다.

2) 김형태, "[인터넷 이용실태 조사] 국내 사용자 月90만 명씩 증가,"「연합뉴스」(2000. 4. 20): "우리나라 인터넷 이용자는 10-20대를 중심으로 매월 90만 명씩 늘어나고 있으며 평균 인터넷 사용시간은 주당 6.7시간에 달하는 것으로 드러났다. 한국인터넷정보센터(사무총장 송관호)가 지난 2월 29일부터 4월 2일까지 전문조사기관인 리서치앤리서치사에

고에 소재한 인터넷 시장조사업체 eTForcasts는 2000년 말 한국의 인터넷 인구가 1천 480만에 도달해서, 세계의 인터넷 사용자들이 대부분 포함된 51개국 가운데 7위에 오르고, 총 세계 인터넷 인구(3억 7천 490만 명)의 4%에 이를 것으로 전망했다.[3]

한국은 퍼스널 컴퓨터의 국제경쟁력을 보유하고 있으며, 정보통신산업의 인프라가 확보되어 있는 국가로 평가되고 있다. 더욱이 한국 경제는 IMF 위기를 극복했을 뿐 아니라 미국과 같은 '신경제' 체제하에 이미 진입하였다는 성급한 예측마저 나오고 있다.[4] "과연 한국 경제가 디지털 경제 패러다임에 진입하였는가?" 하는 질문에 대한 판단은 경제전문가들의 몫이지만, 중요한 점은 '라이브 아날로그'식에서부터 '사이버 디지털'식으로의 패러다임 전환이 청소년들 사이에만 유행병처럼 번지고 있는 소문화적 현상이 아니라, 경제를 포함한 한국 사회 전반에 걸쳐 발생하고 있는 총체적 현상이라는 점이다.[5] 디지털 격차Digital divide라고 불리는 극심

의뢰해 전국 8천500명(2천623가구)을 대상으로 인터넷 이용실태를 조사한 결과 10-20대를 중심으로 매월 90만 명씩 인터넷 이용자가 급증해 지난 3월말 현재 7세 이상 인구 중 한 달에 한 번 이상 인터넷을 이용하는 사용자는 1천393만 명에 달했다.

"성별로는 남성이 873만 명(62.7%)인 반면 여성은 521만 명(37.3%)으로 여전히 남성 이용자가 많아 남녀 간 차이가 여전함을 보여줬으나 작년 10월에 비해 여성 비중은 4.2% 포인트 증가했다. 연령별로는 20대가 508만 명(36.4%)으로 가장 많고 이어 7-19세가 478만 명(34.3%), 30대가 259만 명(18.6%) 순으로 30대 이하가 89.3%에 달해 연령별로 격차가 큰 것으로 나타났다. … 즉 성별과 연령별 학력별 지역별로 인터넷 이용이 적지 않은 차이점을 보여 정보화 이용에 따라 소외계층이 생기고 빈부격차가 심화되는 이른바 '정보격차'(Digital Divide)가 앞으로 해소해야 할 과제로 지적됐다."

3) 이도선, "한국 인터넷 인구 세계 7위," 「연합뉴스」(2000. 5. 3).
4) '디지털 경제'라고도 하는 '신경제'란 생산력의 성장이 자연적으로 인플레이션을 수반하는 전통 경제와는 다르다. 이것은 정보통신산업과 전자상거래의 폭발적인 성장에 따른 생산력의 고성장에도 불구하고 저물가를 유지하고 있는, 미국 역사상 최장기의 경제호황을 누리고 있는, 지금의 미국 경제에서 나타나고 있는 새로운 현상을 말한다.
5) 보통 '사이버 문화'와 '라이브 문화'는 다음과 같이 대조된다.

한 소득 불균형, 곧 디지털화에 따른 역기능이 벌써부터 우리 사회의 문제점으로 대두되기 시작했다.

특별히 중요한 것은 컴퓨터 없이는 죽고 못 사는 C-세대 또는 N-세대로 불리는 한국 청소년들의 등장이다.[6] 초등학교 아이들도 하루 평균 4-5시간 동안 컴퓨터에 매달려 저녁식사도 건너뛰고 인터넷 놀이에 푹 빠져 있다고 한다.[7] 그야말로 컴퓨터마니아 또는 인포마니아인 "디지털 키드의 새로운 문명" 또는 "사이버 키드"의 "카오스의 아이들"이 한국에 출현한 것이다.[8] 한국 게임산업은 세계 최고 수준이라고 알려져 있다. 최근 서울 게임 엑스포 2000에 참석한 외국 바이어들과 CNN방송, USA Today지 등 외국 유력 언론사 기자들이 서울 신촌에 있는 PC방, DDR방들을 순례한 후 혀를 내둘렀다고 한다. 그중 CNN방송 마크 살츠만 기자는 "세계 유명 게임엑스포를 취재했지만 한국처럼 게임산업이 발전하기에 좋은 조건을 가진 곳이 없는 것 같다"라고 말했다고 한다.[9] 세계 청소년들에게 선풍적인 인기를 끌고 있는 〈스타크래프트Starcraft〉라는 게임의 세

사이버 문화	디지털	비트	상호작용적	탈중심적	유목민적	C-세대
라이브 문화	아날로그	아톰	선형적	중심적	농경민적	기성세대

6) C는 computer-chip-card-cable-cyber-communication-change를 총칭하는 약어이고, N은 Network 또는 New의 약어이다.
7) 한창완, "[게임월드] '리니지' 리뷰/ 사이버세상 현실 닮아간다,"「동아일보」(2000. 4. 9) 참조. 한국 청소년이 애호하는 인터넷 게임의 하나인 '리니지' 게임의 총회원은 2000년 3월 현재 157만 명이고, 하루 평균 접속자 수가 14만 3000명이어서 이미 하나의 거대한 '가상사회'를 구축하고 있다고 한다.
8) 이지현, "인터넷, 디지털 키드의 새로운 문명,"『기독교사상』497 (2000. 5), 14-9; 또한 "[디지털 키드] 인터넷이 학교… 컴퓨터가 교과서,"「동아일보」(2000. 4. 9) 참조. '카오스의 아이들'에 대해서는, Douglas Rushkoff, *Cyberia in the Trenches of Hyperspace* (Flamingo, 1994); *Playing the Future: How Kid's Culture Can Teach Us to Thrive in an Age of Chaos* (Harper Collins, 1996), 김성기 · 김수정 역,『카오스의 아이들』(서울: 민음사, 1997); 또한 김성기, "사이버 현상을 어떻게 볼 것인가?," 10-1 참조.
9) 안석배, "한국 PC방 세계 최고,"「조선일보」(2000. 5. 2).

계 챔피언은 물론 한국의 청년(쌈장 이기석)이고, 한국 청년들이 세계 100위 랭킹 중에 상위 50위를 대부분 석권하고 있다고 한다.

왜 한국 청소년들이 이렇게 사이버 공간cyberspace[10])에 몰입되고 있는가? 이것은 우선 한국 정부가 정보산업을 중점 전략 산업으로 잡고 적극적으로 추진하고 있는 인터넷 대중화의 노력과 무관하지 않을 것이다. 한국인들이 선천적으로 갖고 있던 사이버 문화에 대한 탁월한 적응력도 한 요인일 것이다. 그리고 교통 혼잡 등 지리적 공간 이용의 불편성이 이동전화 사용자의 폭발적인 증가를 초래하였듯이, 사이버 공간이 그러한 불편에 시달리지 않고 쉽게 원하는 것을 성취하게 하는 편리성을 제공한다는 점이 빼놓을 수 없는 한 요인이 될 것이다.[11]) 그러나 무엇보다도

----

10) 사이버스페이스는 아직 계속 발전 중인 개념이기 때문에 정의내리기가 쉽지 않다. 대략 이것은 물리적인 현실 세계와는 대조적으로 컴퓨터 등의 디지털 정보와 가상현실(virtual reality)에 의해 생성되는 공간을 의미한다. 보통 인터넷에 접근할 때 존재하는 상징적 공간을 그 한 예라고 볼 수 있다. 깁슨이 그의 과학공상소설『뉴로만서』에서 이 용어를 처음 사용하였다(William Gibson, *Neuromancer* [Ace Books, 1984]). 애당초 깁슨이 이 용어를 사용했을 때는 "매일매일 수억의 사람들을 합의된 환각에 빠지게 하는 세계적인 컴퓨터통신 네트워크를 지칭"하였다(Randal Walser, "사이버스페이스 극장의 구성요소," *Virtual Reality: Theory, Practice and Promise*, ed. by Sandra K. Helsel & Judith Paris Roth [Meckler, 1991], 노영덕 역,『가상현실과 사이버스페이스』[서울: 세종대학교 출판부, 1994], 97).

   접두사 사이버(cyber)의 어원은 그리스어 *kubernetes*(조타하다)에서 비롯되며, 후에 라틴어로 전이되면서 *gubernetes*(전이하다)라는 의미를 갖게 되었다고 한다. 위너가 cybernetics(인공두뇌학)라는 새로운 학문 분야를 창설하므로 그 사용이 본격화되었다(Nobert Wiener, *Cybernetics:: Control and Communication in the Animal and Machine* [MIT, 1948]). 위틀은 사이버스페이스의 세 가지 포괄적 특징을 다음과 같이 규정한다: "첫째, 교감이 가능한 환상 상태에서 정신들이 연결되는 가상적 공간(virtual space)이며, 둘째 개개인이 산출한 지적 창조물들이 컴퓨터 연결망의 상호작용을 통하여 연결된 상호작용의 개념적 세계이고, 셋째, 시·공간적으로는 분리되어 있으나 물리적 접근 기재망을 통하여 연결된 이들이 디지털 언어와 감각적 경험을 이용하여 의사소통을 나누는 공유된 정신의 상태이다."(David B. Whittle, *Cyberspace: The Human Dimension* (W. H. Freeman & Co., 1996), 9; 박충구, "가상현실에 대한 윤리신학적 해석," 3에서 재인용.)

11) 한국의 이동전화 사용자 수가 2천 7백만을 초과하고 있고, 시장 점유율이 60% 이상이라는

한국의 청소년들에게 있어서 가장 중요한 이유는 이들의 개성과 세계를 무자비하게 탄압하는 대학 입시지옥이라는 제도에 있을 것이다. 가상현실virtual reality의 목적은 완벽한 현실감과 '일인칭'적인 느낌을 충분히 가질 수 있게 하는 데 있다.12) 그렇다면 입시지옥 아래에서 감수성이 예민한 나이에 자기상실을 경험하고 있는 한국 청소년들에게 사이버 공간은 바로 복음인 것이다. 사이버 공간은 그들 자신의 일인칭적 공간을 실현할 수 있는 가상적 또는 대리적 공간을 제공할 수 있기 때문이다.

물론 종교계도 이러한 인터넷의 열풍과 사이버 문화에 대하여 민감하게 반응하고 있다.13) 개신교의 발 빠른 목회자들이 디지털 문화의 출현을 복음으로 받아들이고 있다. 그들은 루터 이후 '인쇄된 종이책'이 그리스도교의 보이지 않는 '견인차'였던 것처럼 이제 종이 대신 디지털이 정보화 사회의 그리스도교의 견인차 역할을 할 것이라 주장하며 야단들이다.14) 그리고 사이버 공간을 '새로운 선교지, 새로운 종족'에 대한 선교의 탁월한 도구라고 간주하고 이를 활용하여, 여러 효과적인 새로운 선교의 패러다임을 개발하고 있다.15) 이제 많은 교회가 홈페이지를 갖고 있으며, 인터

통계가 나왔다(KBS News, 2000. 5. 5. 12시 뉴스).

12) David C. Traub, "교육도구로서의 가상현실: 가상환경에 있어서의 학습설계," *Virtual Reality*, 191; 또한 김종래, "[가상현실기술] KIST 리얼리티스튜디오 등 꿈같은 현실 창조," 「동아일보」(2000. 4. 2) 참조.

13) 개신교의 한 학술 월간지인 『기독교사상』은 금년(2000) 들어 "넷마인드, 넷목회, 넷선교의 문을 여십시오"(2월) 및 "인터넷, 디지털과 오늘의 아이들"(5월)라는 제목 아래 계속해서 특집으로 이 문제를 다루고 있다.

14) 김진년, "새로운 시대에 필요한 목회 패러다임," 『기독교사상』 494 (2000. 2), 14-24.

15) 개신교에서는 네트-미션(net-mission) 또는 사이버 미션(cyber-mission)의 움직임이 활발하다. 많은 교회들이 선교 홈페이지를 개설했다(예컨데, http://onnuri.or.kr, http://www.sarang.or.kr, http://www.yfgc.org 참조). 특별히 세계인터넷선교학회 (Society of World Internet Mission, http://www.swim.org)와 한국컴퓨터선교회 (Korea Computer Mission, http:/kcm.co.kr)는 이 분야에 전문적으로 나선 한국 선교 단체들이다.

넷에 들어가면 많은 유명한 목사들의 설교를 동영상을 통하여 시청할 수 있다.16) 사이버 공간은 신앙 상담pastoral care에 엄청나게 효과적인 자리를 제공할 것이다. 가상현실과 사이버 공간을 사용하여 예배를 보는 본격적인 사이버 교회가 곧 출현할 것이다.17) 그 사이버 교회에서는 설교는 물론 성만찬과 같은 성례전도 행할 수 있게 될 것이다. 이러한 것들이 사이버 공간에서 개신교가 한 종교단체로서 수행해야 할 중요한 활동사항들임에 틀림이 없다.

그러나 만약 개신교가 사이버 공간이 주는 근본적인 신학적 또는 종교적 의의를 파악하지 못한 채, '제4의 영역'으로 간주하고 전도와 선교를 활성화하는 도구로만 사용한다면 그것은 문제이다.18) 왜냐하면 그것은 사이버 시대에 어떻게 보면 오직 종교에게만 부여된 고유한 사명, 사이버 공간의 본질과 도덕성에 대한 래디컬한 평가를 유기하고, 오히려 종교의 이름으로——19세기에 개신교의 제국주의적 선교가 이미 범했던 것처럼——기업들과 같이 자기 이익의 극대화를 위하여 '이 시대의 성배'인 그것을 상업화하고 사유화하는 죄를 저지를 수 있게 되기 때문이다. 그러므로 이 글에서 나는 오히려 이미 우리 삶의 '하부구조'가 되어가는 사이버 공간이 지닌 좀 더 본질적인 존재론의 문제, 사이버 공간과 종교적 영성 간의 관계, 또는 '사이버 공간에서 종교적 삶의 근원적 지평'에 대해 고찰해보고자 한다.19) 그리고 이와 함께 요청되는 종교의 역할에 대하여 가능한 한

---

16) 그리스도교 전체 홈페이지는 1996년 10개에서, 1997년 250, 1998년 800, 1999년 1756개(11월 2일 현재)로 급속히 증가하고 있다(자료: "한국기독교 인터넷 사용현황," 한국컴퓨터선교회). 인터넷 설교방송에 대해서는 기독교 인터넷방송의 홈페이지(http://www.c3tv.co.kr) 참조.

17) 예컨데 http://www.cyber-church.com 또는 http://www.cyber-church.net 참조.

18) 정치적으로 사이버스페이스는 영토, 영공, 영해에 이어 '제4의 영역'으로 간주된다.

19) 동아일보의 한 기사는 그 '하부구조'의 변화에 대하여 다음과 같은 것들을 열거했다(김상현, "인터넷이 바꿔놓은 우리 일상의 '혁명'들," 「동아일보」[2000. 2. 3]): (1) 원하는 만큼 빠르

개신교적 편견을 벗어나서 범종교적으로 제안해보고자 한다. 그러나 나는 이 분야에 전문가가 아니고, 어디까지나 한 개신교 신학자에 불과하다. 또한 사이버 공간 자체도 아직 발전과 상상의 단계에 있다. 그러므로 이 글에서 나도 상상의 날개를 펴고, 아직 충분히 정리되지 못했지만, 종교친화적 개신교 신학자로서 '사이버 공간'이라는 이 시대의 화두에 대해 지금 현재 느껴지는 대로 나의 직관의 소리를 과감히 외쳐보고자 한다.

2. 사이버 공간과 장자의 꿈: 이 시대의 화두

1) 장자의 나비 꿈

얼마 전에 세상을 떠난 비드 그리피스Bede Griffith라는 영국계 가톨릭 수도사가 있었다. 그는 오랫동안 인도에 머물면서 그리스도교 아쉬람 운동을 일으켰고, 20세기 후반 그리스도교 영성운동에 많은 영향을 끼쳤다. 그가 인도인들과 서양인들의 근본적인 사유의 차이점을 이렇게 말한 적이 있다: "네가 잘 아는 서양인들은 이 세상을 실재real라고 인식하고 신神을 비실재로 인식하는 반면, 인도인들은 신을 실재로 받아들이고 이 세상을 비실재적인 것으로 인식한다."[20] 이 예리한 통찰은 인도를 방문한 외국인들이 받게 되는 충격에 대한 가장 적절한 대답의 하나일 것이다. 인도를 방문한 사람들은 인도인들이 그들의 엄청난 종교문화적 유산에도 불

게 뉴스를 접할 수 있다, (2) 쌍방향, 혹은 대화형 데이터의 물결, (3) 마우스 클릭으로 끝내는 쇼핑, (4) 온라인 진료 시대, (5) 일주일 24시간, 따로 근무시간이 없다, (6) 엔터테인먼트의 중심, (7) 어디로든 여행갈 수 있다, (8) '주문형 음악' 시대, (9) 직장이 내 손 안에! 그리고 후반부 따옴표 안의 구절은 김성기의 글(14)에서 도움을 받았음을 밝혀둔다.
20) 그의 강연 테이프에서 인용. Bede Griffiths, *The Marriage of East & West: A Sequel to the Golden String* (Templegate, 1982) 참조.

구하고 지금 현재 처해 있는 비근대적인 삶의 형태에 놀라움을 금치 못한다. 더욱 놀라게 하는 것은 그러한 가난과 공해와 소음의 사회적 악조건 속에서도 그들이 보여주는 평안한 얼굴과 그야말로 살아 있는 공동체적 생동감이다.

이러한 실재성의 문제에 대하여서는 또한 『장자莊子』의 제물편에 나오는 유명한 나비 꿈(蝴蝶夢)의 비유가 있다.

> 전에 장주는 꿈에 나비가 되었다. 훨훨 나는 것이 분명히 나비였다. 스스로 즐겁고 뜻대로라 장주인 줄을 알지 못했다. 그러다가 조금 뒤에 문득 깨어보니 분명히 장주였다. 장주가 꿈에 나비가 된 것인지, 나비가 꿈에 장주가 된 것인지를 알지 못하였다. 장주와 나비는 반드시 무슨 구분이 있을 것이니, 이를 물화(物化)라고 한다.21)

그리피스의 인도에 대한 통찰은 매우 중요한 신학적 문제이다. 보통 유신론적 종교에서는 현 세상을 실재라고 보지 않고, 현 세상의 시공간적 유한성을 초월한 궁극적인 세계를 추구하고 있다. 그리고 장자의 나비 꿈 비유는 인식론과 해석학적으로 심오한 함의를 담고 있다. 꿈과 깨어 있음, 실재와 상상의 구분도 사실상 인위적인 관습적 제도의 한 부분에 불과하다는 것이다. 더욱이 장자의 물화는 "헤라클레투스식의 현상계에 나타나는 변화의 형이상학적인 [서구적] 이론이 아니라 우리의 구분하고 구별하는 양식의 변화가 한없이 일어날 수 있다는 사회언어적 이론"을 지칭하는 것이다.22)

---

21) 『노자 · 장자』, 장기근 · 이석호 역 (삼성출판사, 1976), 208.
22) Chad Hansen, "A Tao of Tao in Chuang-tzu," *Experimental Essays on Chuang-tzu*, ed. Victor H. Mair (University of Hawaii Press, 1983), 50.

이와 유사하게 "사이버 공간과 우리가 거하고 있는 사방세계 중 어느 것이 실재인가?" 하는 문제는 가상현실이 인간의 일상적 삶의 한 부분으로 정착될 때 발생하는 가장 중요한 존재론적인, 동시에 신학적이고 종교적인 문제가 될 것이다. 이미 오늘의 젊은이들이 대부분의 시간을 컴퓨터와 함께 보내듯이 앞으로의 인간은 사이버 공간과 더불어 살게 될 것이기 때문이다. 어떻게 보면 인터넷 게임에 파묻혀 사는 오늘의 청소년들에게는 이미 게임 안의 세계가 실재이고 일상의 세계는 비실재로 둔감해버렸는지도 모른다. 다시 말하면 흥미를 자아내고 삶의 의미도 제공하는 사이버 공간이 실재이고, 관습적이고 억압적인 일상 삶의 라이브 공간은 사실상 비실재가 되어버린 것이다(적어도 실존적 의미에 있어서). 1999년에 한국에서도 상영되어 2백만 이상의 관객을 동원했다는 〈매트릭스Matrix〉라는 공상과학영화가 이에 관하여, 특별히 장자가 언급한 물화에 관하여, 매우 흥미로운 암시를 하고 있다.23)

2) 〈매트릭스〉

이 영화의 주인공(키우누 리브스Keann Reeves)은 이중적 삶을 살아간다. 낮의 그는 앤더슨Thomas Anderson이라고 불리는, 컴퓨터 계통 회사에 근무하는 평범한 소프트웨어 프로그래머이다. 그러나 밤의 그는 네오Neo ("새로움"이라는 뜻)라는 별명을 가지고 지하 시장에서 돈을 버는 최고 수준의 해커이다. 그는 최근 들어 뭔가 세상이 잘못되어 있다는 생각이 절실하게 들기 시작한다. 가끔 굉장한 두 힘 사이에 중간에 끼어 몹시 애를 먹는 악몽들에 시달린다. 그리고 깨어난 후에도 그는 그 악몽들이 꿈인지 생시인지를 확실히 구분하지 못한다(그 꿈들은 그에게 일어난 사실이었지만 투약에

---

23) Directed by Joel Silver (A Warner Brothers Picture, 1999).

의해 꿈을 꾼 것처럼 조작된다). 결국 그는 인공지능(AI)이 인류 역사상 가장 위험한 인간으로 낙인찍은 모피어스Morpheus("꿈의 신"이라는 뜻)라는 인물에게 인도된다. 모피어스는 그에게 그가 사는 낮의 생활은 진실이 아니고, AI의 큰 힘에 의하여 조작되는 매트릭스라는 가상현실의 꿈속이라고 설명한다. AI에 의하여 눈이 가려져서 못 보지만, 그것은 노예 생활이라고 설명한다. 오히려 그가 온 그곳(앤더슨의 입장에서는 사이버스페이스)이 실재이며, 그는 네오에게 그곳으로 가서 그에게 주어진 진정한 임무(매트릭스에서 인류를 구원하는 일)를 함께 수행하기를 권고한다. 그리고 그는 네오에게 어느 세계를 선택할 것인지 하는 결정을 그 자리에서 내릴 것을 요구한다.

결국 네오는 앤더슨의 길을 포기하고 그 새로운 길을 선택한다. 매트릭스를 탈출한 그는 그곳 안에서 그가 전에 태어나서 머물고 있었던 세상 매트릭스와 인터페이스할 수 있는 사이버 인간cyborg으로 전환된다. 네오의 동지들은 전화를 통하여 매트릭스와 사이버 공간의 두 세계를 넘나든다(전화벨 소리가 상징적이다). 네오는 가상현실 속에서 각종 교육 프로그램들을 통하여 강력한 전사가 되는 훈련을 받게 되고, 매트릭스를 지키는 막강한 힘을 지닌 AI 통제요원들과 대결하게 된다. 그리하여 최종적으로 네오는 매트릭스의 올무로부터 인간을 구원하는 사명을 담당하기에 충분한 능력을 지니게 된다. 비록 공상과학영화에 불과하지만, 〈매트릭스〉는 사이버 공간의 여러 가지 특성들을 재미있게 영상화하여 보여준다.

가상현실 속에서는 물리적 법칙과 신체적 한계가 더 이상 제약으로 존재하지 않는다. 무술 프로그램의 입력을 마친 네오가 가상현실 속에서 모피어스와 대련하는 장면이 나온다. 이렇게 완전히 마음으로 통제되는 사이버 세상("잉여 자기 이미지의 디지털화")에 진입했음에도 불구하고 아직도 이 세상에서 익숙했던 신체적·물리적 법칙의 타성에서 벗어나지 못한 네오에게 모피어스는 두 가지 중요한 사실을 일깨워준다. 사이버 세계에서는 힘이 근육의 물리적인 능력에 달려 있지 않고, 숨을 쉬지 않고 있다는 사실이다. 네오는 마음이 곧 사실이 되는 세계 속에 존재하게 된 것이다. 그야말로 숟가락이 마음대로 구부러지는 "공즉시색空卽是色 · 색즉시공色卽是空"의 가상세계를 갖게 된 것이다. (그러나 사이버 공간이 과연 바로 불교가 말하는 참 무無의 경지일까?)[24]

실재란 과연 무엇인가? 만약 실재의 여부가 인간이 느끼는 촉각, 후각, 미각 등 오관적 자극에 달려 있다면 미래의 기술은 그것들은 충분히 조작해낼 수 있을 것이다. 왜냐하면 그 감각적 자극들은 뇌에게 전달되는 전자적 신호들 또는 정보들에 불과하고, 그것들은 조작이 가능하기 때문이다. 어느 것이 실재인가? 이 영화는 계속해서 앤더슨Anderson과 네오Neo, 꿈의 세계dream world와 실재 세계real world, 이 세상과 사이버 세상, 사이버 공간과 가상현실Matrix을 서로 대비해가면서도 어느 것이 실재인지 분간하기 어렵게 만든다(이것이 바로 장자가 말하는 물화인가? 실재가 뇌에게 주는 전자적 정보들의 결합체로 환원될 수 없다 하더라도 결국 어떤 사회언어적 시각에 의하여 결정되는 것이 아닌가?). 이 영화는 실재라고 생각했던 이 세상은 컴퓨터로 조작되는 꿈의 세상, 곧 가상현실의 매트릭스이고, 오히려 전화로 연결되는 그 사이버 공간이 실재라고 주장한다. 어느 것이 꿈이고 실재인가? 장자가 나비를 꿈꾸는 것인가, 나비가 장자를 꿈꾸는 것인가? 이 세상과 사이버 세상 중 어느 것이 꿈이고 실재인가?

종교는 이미 오랫동안 "이 세상이 과연 실재인가?"라는 화두를 가지고 명상하여왔다. 그리고 대부분의 종교들은 "이 세상이 궁극적인 실재가 아니다"라고 가르쳐왔다(심지어 꿈이라 말하기도 한다). 영화 〈매트릭스〉가

---

24) 윤원철, "사이버문화와 종교인식론: 가상과 실재의 상호침투와 불교의 이제설," 『종교와 과학』, 정진홍 외 (서울: 아카넷, 2000), 183-213.

보여주는 것처럼, 이제 사이버 공간이 이와 유사한 질문을 던진다. 이것은 사이버 공간이 가공할 기계적 능력을 가지고 종교적 영역을 침범하게 될 뿐만 아니라, 나아가서 종교적 정보의 기계화와 종교적 상상력의 디지털화를 시도하게 될 것을 암시하고 있는 것이 아닌가? 이렇게 종교의 고유한 영역이 디지털화되는 것이 사이버 공간이 존재론적으로 내포한 가장 중요한 신학적 또는 종교적 문제이다.

사이버 공간은 현대 기계 문명이라는 꽉 차 있는 컨테이너 속에서 질식하고 있는 인간에게 가상적 '틈space'을 제공한다. 현대는 인간이 자기를 실현하기에는 너무나도 복잡하고 골치 아픈 세상이 되었다. 그런 맥락에서 사이버 공간은 자기를 실현하기 위해 가상적이지만 비교적 안락한 공간을 제공한다. 그것을 하나의 정신적 구원이라 볼 수 있을 것인가? 과연 사이버 공간이 영화 〈매트릭스〉가 제시하는 것처럼 현재와 미래의 인류에게 주는 '구원의 방주'인가? (아니면 인류가 쌓기 시작한 또 하나의 바벨탑인가?)

사이버 공간은 거대한 시멘트 덩어리와 같은 시스템에 숨이 막혀 질식해가는 현대인들에게 숨을 쉴 '틈'을 제공해준다(붕괴된 삼풍백화점의 시멘트 덩어리를 상기하라). 다시 말하면 '숨의 디지털화'를 이룩한 것이다. 그러나 디지털화된 이미지가 과연 숨이라고 할 수 있을 까? 숨(pnuema, 氣)은 모든 영성의 기초가 된다. 숨은 죽음과 직결된다. 숨을 쉬지 않는 상태, 그것은 죽음을 말한다. 인간은 죽음을 음미함으로써 궁극적 실재와 만나게 되고 종교적인 존재가 된다. 그런 의미에서 "종교의 핵심은 죽음이다."[25] 영화 〈매트릭스〉는 이제 "인간은 태어나는 것이 아니라 길러지는 것이다"라고 선언한다. 새로운 인간(Adam이 아닌 Neo)은 "법도 통제도 국경도 경계

---

25) 류영모,『씨올의 메아리, 多夕語錄: 죽음에 생명을·절망에 희망을』(서울: 홍익재, 1993), 148; 또한 305 참조.

선도 없는 세상"에 살 것이라고 가정한다. 또한 새로운 인간들에게는 "시작은 있지만 미래도 종말도 없다"고 말한다. 이 구절들은 여러 중요한 질문들을 야기한다. 그렇다면 사이버 인간(Neo)이 라이브 인간(Adam)의 부활한 모습인가? 숨을 쉴 필요가 없고 죽음과 종말이 없는 사이버 공간이 곧 천국이요, 영생이요, 열반인가?

물론 〈매트릭스〉는 하나의 공상과학영화에 불과하다. 그러나 많은 경우 미래는 공상과학물 작가들의 천재적 상상력에 의해 결정된다. NASA나 미 국방성 관계자에게 인기 텔레비전 시리즈인 〈스타트렉Star Treck〉이 주는 영향은 지대하다고 한다. 심지어 미국 우주 탐사 프로그램에 깔려 있는 기조를 〈스타트렉〉에서 찾아볼 수 있다고 한다.26) 사이버스페이스라는 용어도 윌리암 깁슨이 그의 소설『뉴로망서』에서 처음 사용함으로써 유명해진 것이다. 또한 호동왕자의 시대에뿐만 아니고 동네 아이들의 춤과 노래는 때때로 미래를 예언한다. 오늘날 청소년에게 유행하고 있는 테크노댄스는 앞으로 도래할 사이버 공간 안의 인간, 곧 사이보그의 움직임을 몸짓으로 이미 드러내고 있는 것이 아닌가?

3. 사이버 공간의 본질: "탐구의 성배"

여기서 먼저 "사이버 공간의 철학자"라고 불리는 마이클 하임Michael Heim이 발표한 사이버 공간의 존재론에 대하여 살펴보기로 하자.27) 하임은 기술(컴퓨터)과 인간 간의 관계가 발전해온 모형을 (1) 결합, (2) 인터

---

26) Michael Heim, *The Metaphysics of Virtual Reality* (Oxford University Press, 1993), 여명숙 역,『가상현실의 철학적 의미』(서울: 책세상, 1997), 197-8.
27) 다음 제3절은 Heim, 같은 책을 중심으로 살펴본 것이다.

페이스, 그리고 (3) 사이버스페이스의 세 단계로 규정한다.

3) 컴퓨터와 인간의 관계

(1) **인간과 기계의 결합**: 드레퓌스Herbert Dreyfus는 하이데거Martin Heidegger가 그의 유명한 저서 『존재와 시간』에서 구상한 현존재Dasein의 개념과 존재론적ontological인 것과 존재적ontic인 것의 구별을 통하여 인공지능의 한계를 밝힌다.28) 드레퓌스는 인간의 사유 능력을 복제하는 기계를 만들어낼 수 있다고 믿는 것은 망상이라고 주장하면서 컴퓨터를 인간의 형이상학적 대립자로 간주한다. 이 드레퓌스의 논쟁은 인공지능의 신화를 깨뜨리는 데 결정적인 공헌을 하였지만, 이미 우리는 컴퓨터를 대립적인 인공지능 기계만으로는 볼 수 없는 시대에 살게 되었다.

컴퓨터는 이미 우리의 인식을 이끄는 하나의 '구성요소'가 되어가고 있다. 컴퓨터는 우리의 일상적 삶의 일부가 되었으며, 우리는 컴퓨터와 인터페이스가 불가피한 사이버 시대에 살고 있다. 인간과 컴퓨터가 어느덧 공생하는 관계에 이르게 된 것이다. 하이데거는 기술(언어 기계)이 인간적 실존의 한 본질적인 양태이지만, 결국 인간 실존의 가장 깊숙한 곳에 들어와 인간의 본질을 지배하게 되는 것을 염려하였다.29) 이 예언은 적중하고 있다. 컴퓨터가 이미 자연과학의 인식적 태도를 변형해버린 것처럼 '인문주의자의 계산기'인 워드프로세서는 인쇄기보다 훨씬 더 강력하게

---

28) Herbert Dreyfus, *What Computer Cant Do: The Limits of Artificial Intelligence* (Harper Collins, 1979); 또한 *Mind over Machine: The Power of Human Intuition and Expertise in the Era of the Computer* (Free Press, 1985). Heim, 106-9 참조. 드레퓌스는 인공지능은 '존재적'이지만, '존재론적'일 수는 없다고 보고, 해석학적 능력이 없다고 주장한다.

29) Martin Heidegger, "Hebel: Friend of the House," tr. B. Foltz & M. Heim, *Contemporary German Philosophy*, vol. 3 (Pennsylvania University Press, 1983), 89-101. Heim, 앞의 책, 111 참조.

언어와 인간 간의 관계를, 나아가서 인간성 자체를 변화시키고 있다.[30]

(2) 인터페이스: 우리는 기술불안증을 넘어서 기계와 결합했다. 각종의 인공지능화된 전자제품들이 우리의 일상생활 용품이 되었고, 우리는 그 편리함을 즐기며 살아가고 있다. 우리의 일상적 삶 속에서 입력하는 인간과 다시 정보를 제공하는 기계 사이에 피드백의 고리가 연결된 것이다. 이 기술과 인간의 두 번째 결합 모형이 바로 인터페이스interface이다.[31] 사용자인 인간과 시스템이 컴퓨터의 상호작용을 통하여 호혜적으로 접촉된다. 인터페이스는 단순한 컴퓨터 스크린 이상을 넘어서, 전자신호들이 정보가 되어가는 신비적이고 비물질적인 지점을 지칭한다. 흥미롭게도 하임은 그리스도교의 삼위일체론으로 이 개념을 설명한다. 고대 그리스인들이 사용한 프로소폰prosopon이라는 말은 서로 마주보는 얼굴들을 뜻하는 것이고, 인터페이스가 이 얼굴들 사이에 맺어지는 상호관계를 말한다는 것이다. 그렇다면 삼위일체는 세 프로소폰(성부, 성자, 성령)이 서로 상호작용하는 인터페이스라고 볼 수 있다는 것이다.[32]

(3) 사이버스페이스: 하임은 인간과 기계 간 관계의 궁극적 유형을 사이

---

30) 하임은 말한다(같은 책, 115): "컴퓨터 기술은 우리의 사고 처리에 너무나 유연하고 융통성 있게 들어맞기 때문에 우리는 곧 그것이 외부적인 도구라는 생각을 덜 하게 될 것이고, 제2의 피부나 심적인 인공보철물처럼 여기게 될 것이다."
31) 하임은 인터페이스를 다음과 같이 정의한다(같은 책, 252-3): "두 시스템 간의 소통장소 하드웨어나 소프트웨어, 혹은 둘의 결합물에 적용된다. 예를 들어 그래픽적 인터페이스는 휴지통, 그림붓 혹은 야드자를 가지고 데스크톱 은유나 집 은유를 이용할 것이다. IBM 스타일의 퍼스널 컴퓨터에서 볼 수 있듯이, 문자와 숫자를 통합한 인터페이스는 모니터, 키보드, 입·출력에 필요한 적절한 소프트웨어로 구성된다. 인터페이스는 인간과 디지털 기계 간의 연결점을 지시하므로 기술의 철학에서 가장 핵심적인 용어이다."
32) 같은 책, 133 참조.

버스페이스라고 규정한다. 인터페이스는 사이버스페이스로 들어가는 '문'이 된다. 인간은 이제 기계와 연결되어 인터페이스하고 있을 뿐만 아니라 자기 몰입적인 사이버 공간 속으로 진입할 수 있게 된 것이다. 이제 우리는 아무 제약도 받지 않는 사이버 공간 내에서 끝없이 여행을 할 수 있다. 왜냐하면 "사이버 공간은 전자적이며, 우리는 현실적인 물리적 우주뿐만 아니라 가능의 세계와 상상의 세계까지도 전자적으로 표상할 수 있기 때문이다."[33]

2) 사이버 공간, "이 시대의 성배"

하임은 "사이버 공간은 플라톤주의의 산물이다"라고 주장한다. "사이버 공간 속의 정보(inFORMation: 형상화하기)가 플라톤이 말한 형상FORM들의 아름다움을 계승하고 있다. 컴퓨터는 관념적 인지 내용에 경험적 구체성을 불어넣음으로써 고대의 플라톤주의를 재활용하고 있다."[34] 비록 도가적 입장에서 비판도 하지만, 하임에게서는 사이버 공간을 서구 철학이 갈망해왔던 형이상학의 이상향으로 보고자 하는 욕망이 강하게 비친다. 그는 사이버 공간을 컴퓨토피아computophia보다는 메타토피아meta-topia(형이상학의 유토피아)로 간주하는 것처럼 보인다.

더욱이 하임은 사이버 공간에서 에로스적 존재론을 발견한다.[35] 사이버 공간이 분출하는 흡인력은 마치 캄캄한 밤에 5천 피트 상공에서 로스앤젤레스 시가지를 내려다볼 때 느끼는 강렬한 욕망과 같다고 한다. 우리는 겁을 먹으면서도 '불나방'처럼 불꽃에 뛰어 들어가고 싶은 열정에 사로잡

---

33) William Gibson, *Mona Lisa Overdrive* (Bantam Books, 1988), 49. Heim, 135에서 재인용.
34) Heim, 앞의 책, 150.
35) 같은 책, 141-177 참조.

힌다. 심지어 하임은 깁슨의 표현을 근거로 해서 사이버 공간에서 경험하는 에로스적 황홀감과 자기복종의 절정감을 16세기 가톨릭 신비주의자 십자가의 요한이 영성의 절정에서 체험한 '생동하는 사랑의 불꽃'과 '어두운 영혼의 밤'에 견주어 말한다. 이 하임의 비교는 과장적인 것이기는 하지만 사이버 공간 속에 내포된 영성적 측면을 표출해준다는 점에서 중요하다. 플라톤적이고 신비적인 사이버 공간은 결국 기계적 영지주의gnosti-cism에 이르게 된다. 그리고 이 영지주의는 깁슨의 소설에서 표현되는 것과 같이 몸을 고깃덩어리로 보는 극단적인 육체경멸주의를 유발한다.

　하임은 가상현실이 '기술의 세기를 총결산하는 꼬리표'이며 이 시대의 '탐구의 성배'이라고 주장한다.36) 맬러리의 소설 『아서왕과 원탁의 기사』에서 보이는 것처럼 성배는 신의 은총과 구원을 향한 모험과 탐구를 상징한다. 그러나 성배는 구원을 약속하나 항상 치명적으로 위험한 과정들을 수반한다. 성배를 탐구함에 있어서 신의 은총을 받지 못할 경우에는 오직 죽음과 파멸만이 있을 뿐이다(해럴드 포드Harold Ford의 영화 〈잃어버린 법궤〉 참조). 항상 그 멸망의 원인은 탐욕에 있다. 성배는 결국 탐구자들의 탐욕을 시험하는 것이다.

　과연 사이버 공간은 이 시대의 성배인가? 이것은 중요한 신학적이고 종교적인 문제이다. 결국 성배는 종교적 상징이기 때문이다. 기사들이 성배를 성직자들보다 먼저 발견했듯이 이번에도 오늘날의 기사들인 과학자들이 사이버 공간을 종교인들보다 먼저 발견한 것이다. 사이버 공간이 이 시대의 성배라면 이에 수반하는 중요한 종교적 문제는 "어떻게 탐구자들의 탐욕을 제어할 것인가?" 하는 것이다. 탐구자들의 탐욕이 제어되지 않을 때 그 탐구의 결과는 멸망일 수밖에 없는 것이다.

---

36) 같은 책, 199; 201.

4. 사이버 공간: 또 하나의 바벨탑?

콘크리트 정글과 같은 도시와 시멘트화되고 컨테이너화되어버린 현대 문명 속에서 황폐한 삶을 살아가는, 자기의 주체성을 상실하고 있는 현대인들에게 사이버 공간은 자기실현의 안락한 공간을 제공하는 '신의 선물'이라고 할 수 있다. 입시지옥이라는 시스템에 갇혀 있는 우리 청소년들과 마찬가지로 기계문명이라는 거대한 시스템의 홍수 속에 빠져 질식해가는 현대인에게 사이버 공간은 숨통을 뚫어주고 쉼터를 제공하는 하나의 '구원의 방주'로 간주될 수 있다.

그러나 벌써 미래의 사이버 공간 호가 뿜어내는 색깔은 장밋빛인 것 같지 않다. 하임도 사이버 공간이 가져다줄 문제점들을 나열한다: (1) 인간 공동체의 파괴, (2) 육체적 실존의 상실과 육체에 대한 경멸감, (3) 도덕감의 상실과 컴퓨터 범죄의 만연, (4) 순진함의 상실과 야만성의 증폭 그에 따른 개인성의 상실, (7) 정보 분별력의 저하와 사이버 공간의 정보 쓰레기 공간화.[37] 이 중에서도 육체적 실존의 상실과 육체에 대한 경멸감은 매우 중요한 종교적 문제이다.

> 사이버 공간의 대체 생명은 육체를 감옥처럼 느끼게 만든다. 성스러운 곳으로부터 어둡고 혼란에 가득한 세계로 추락한 듯 느끼게 한다. 육체 속의 생명 구덩이에서 볼 때, 가상 생명은 고결한 생명인 듯 보인다. 깁슨은 땅의 것, 세속적인 것들에 대한 신[영]지주의적이고 플라톤적이고 마니교적인 경멸을 불러일으켰다.[38]

---

37) 같은 책, 164-77.
38) 같은 책, 168. 또한 하임은 말한다(166-7): "어두운 면은 인간과 기계의 불길한 융합을 숨기고 있다. … 우리가 우리 앞에 끼어든 대리 육체를 통해 살아간다면 우리는 한 번이라도

깁슨은『뉴로멘서』에서 '자이온 사람들Zionites'이라는 종교적인 부락 집단을 언급한다. 자이온 사람들은 컴퓨터 매트릭스에서 벗어나서 황폐한 환경 속이지만 인간적인 자취를 유지하고 있다. 다음은 소설의 주인공 데이터 마법사 케이스와 자이온 사람 에어롤과의 만나는 장면이다.

> 케이스는 자이온 사람들을 이해할 수 없었다. … 자이온 사람들은 말을 할 때 반드시 상대방의 손을 만지거나 어깨에 손을 얹었다. 케이스는 그것이 싫었다. …
>
> "해봐." (사이버스페이스 데크의 전극들을 뽑으면서) 케이스가 말했다.
>
> 자이온 사람 에어롤은 밴드를 받아서 머리에 감았다. 케이스가 전극을 조정해주었다. 에어롤은 눈을 감는다. 케이스는 작동 스위치를 두드렸다, 에어롤이 몸을 떨었다. 케이스는 즉시 원래대로 되돌려주었다. "뭐가 보였어, 친구?"
>
> "바빌론." 에어롤은 슬픈 듯이 답하고 나서 전극을 케이스에게 건네자 맹렬한 기세로 복도를 달려 나갔다.[39]

인간에게는 육체와 정신을 쉬게 할 공간이 필요하다. 구약성경은 바벨탑 이야기를 전해준다(창 11:1-9). 신은 인간에게 육체를 쉬게 할 공간을 마련해주기 위하여 집을 지을 수 있는 기술을 주었다. 그러나 인간은 이 기술을 사용하여 흩어지지 않고 모두가 다 같이 거할 바벨탑을 높이 쌓고 신에게 대적하고자 했다. 그때까지 모든 인간은 한 동일한 언어를 공유하

완전하게 현존할 수 있기나 한 것인가? … 우리가 우리 자신과 사이버 육체를 혼동하는 오류를 많이 범하면 범할수록, 기계는 더욱 심하게 우리가 염려하는 인공 보철물 속으로 우리를 비틀어 넣을 것이다."

39) Gibson, *Neuromancer*, 106. Heim, 176에서 재인용.

고 있었는데, 신이 이 공통의 언어를 분할시켜 서로 간의 의사소통을 방해
함으로써 바벨탑의 건축을 막았다고 한다. 그동안 인간은 정신을 쉬게
할 공간을 만들 기술을 발전시켜왔다. 더욱이 이제 또다시 인간은 전자언
어로 언어를 통일시키고 의사소통을 재개하며 세계 전체가 연결되는 사
이버스페이스를 짓고자 한다.[40) 그렇다면 자이온 사람 에어롤이 직관적
으로 알아 차렸듯이 사이버 공간은 바빌론, 곧 또 하나의 바벨탑인가?

하임은 사이버 공간이 주는 이중적 양가성을 인정한다. 하임은 라이프
니치의 단자론에서 사이버 공간의 원리를 발견한다. 소우주로서 단자들
은 중앙 시스템 운영자라고 칭할 수 있는 중앙의 무한단자의 감독과 조절
에 의하여 하나의 조화된 세계를 구축한다. 중앙 시스템 운영자를 거치지
않고는 어느 단자도 실재가 될 수 없으며, 그리하여 중앙의 무한단자는
신과 같은 절대적 존재자로 군림하게 된다. 이른바 컴퓨터 신Computer
God의 출현이다.[41)

또 다른 하나의 공상과학영화 〈론머맨the Lawnmower Man〉은 마지막
장면에서 이 기계 신의 가공스러운 모습을 영상화하여 보여준다.[42) 안젤
로라는 가상현실을 연구하는 과학자가 정신연령이 6살밖에 안 된 잔디
깎이 조브를 대상으로 지능을 발달시키는 실험에 성공을 한다(라틴어를

---

40) 정은령, 「[미리보는 새천년] 인터넷시대의 영어제국주의」, 「동아일보」(2000. 2. 23) 중
    "바벨탑 이전 시대로: 21세기 인류는 다시 한번 '바벨탑 이전의 단일 언어시대'를 꿈꾸고
    있다"이후 참조.
41) 하임은 말한다(173): "결과적으로 말하면, 온라인상의 자유란 역설적인 것 같다. 사이버
    존재자들을 구성하려는 욕망이 플라톤적인 의미의 에로스로부터 기원하는 것이라면 그리
    고 사이버스페이스의 구조가 라이프니츠의 컴퓨터 신(Computer God)을 모델로 한 것이
    라면, 사이버스페이스는 위험천만하게도 역설적인 오류 위에 놓이게 되는 것이다. … 컴퓨
    터 신의 관점은 당신에게서 완전히 인간으로 남아 있으려 하는 자유를 빼앗아버린다. 컴퓨
    터 신처럼 모든 것에 대해 시시콜콜하게 알 수 있다면 당신은 탐색과 발견의 자유를 잃어버
    릴 것이다."
42) 스테판 킹 원작, 브렛 레드너 감독, 뉴라인시네마프로덕션 (1992).

두 시간 만에 마스터한다). 컴퓨터 체계에 완전히 투사된 조브, 이제는 물리적 신체의 한계를 벗어나서 가상세계에 대한 통제력을 획득하게 된다. 그러한 조브는 지금의 그를 만들어낸 안젤로를 사이버 공간 안에 데리고 들어가 십자가에 매달아놓고, "내가 바로 신이다!"라고 외친다. 바벨탑을 만든 조상들처럼, 조브을 만든 안젤라처럼, 인간은 사이버 공간을 통하여 또 한번 신에게 대적하고자 하고 있는 것일까?

5. 사이버 공간에서의 종교의 역할: 틈의 성화론

그렇다면 사이버 공간에서 종교가 해야 할 역할은 무엇인가? 기업들처럼 사이버 공간을 종교적 마케팅(선교와 포교)의 극대화를 위한 최고의 병기로 사용하는 것인가? 효과적인 사이버 종교 벤처기업들을 최대한 창출하는 것인가? 물론 종교가 인터넷 세상의 왕따, 곧 '따티즌TTatizen'이 되어서는 안 된다. 그러나 사이버 공간에서 종교가 행해야 할 역할은 더욱 본질적인 것이어야 한다. 종교는 사이버 공간의 본질과 영성에 대하여 신학적, 교학적, 종교학적으로 철저히 파헤쳐야 한다. 이 시대의 화두이자 성배인 사이버 공간의 보편적 중요성을 고려해볼 때 이것은 모든 종교들의 공통된 문제라고 할 수 있다. 따라서 이 문제를 해결하기 위해서는 적극적인 종교 간의 대화를 통한 범종교적인 대화와 협동이 요청된다.

이런 의미에서 모든 종단들이 참여하는 한국종교인평화회의KCRP가 금년 모임의 주제를 사이버 시대와 사이버 공간으로 책정한 것은 매우 적절한 것이다. 이 모임이 이 문제에 대하여 종교 간의 협력을 도모하는 계기가 되기를 바란다. 앞으로 사이버 공간이 각 종파들이 서로 영토를 더 많이 차지하려고 다투는 반목과 분쟁의 공간이 아니고, 그 공간에서 비인간화되고 반생명화되어가는 인류와 생명을 더불어 살리는 평화와 협동의 공간이 되기를 바란다. 다시 말하면, 사이버 공간이 종교들 간의 상극의 심연이 아닌 상생의 가교가 되기를 바란다. 아직 충분히 정리가 되지 않았고 내 분수에도 넘치지만, 이 자리에서 나는 사이버 공간에서 종교들이 다 함께 공동으로 취하여야 할 역할에 대하여 네 가지를 제안하고자 한다.

첫째, 종교는 인간이 사이버 공간에서 또다시 사이버 바벨탑을 짓지 않도록 막아야 한다. 무엇보다도 서로 협력해서 조브와 같은 사이버 기계신의 출현을 막아야 한다. 이 시대의 성배인 사이버 공간이 은총이 아닌 저주로 바뀌는 일을 막아야 한다. 그러므로 사이버 공간에서 종교가 해야할 역할은, 물론 각 종교의 특성을 충분히 고려해야 하지만, 사이버 공간을 탐구의 성배로서 '인류의 미래'라는 성전에 함께 봉헌하는 일이다. 그런 의미에서 일부 급진적 신학자들이 제시하는 '사이버 은총cybergrace론'과 '껴안음의 신학'은 참작해볼 필요가 있다.[43] 그러나 포스트모던적 시대에 거하고 있는 종교의 사이버 공간에 대한 태도는 결코 신기한 장난감을 보는 어린아이의 호기심에 가득 찬 눈처럼 천진난만해서는 안 될 것이다. 성배가 구원과 은총의 도구가 되느냐 또는 파멸과 저주의 도구가 되느냐 하는 것은 결국 인간에게 달려 있다. 그 갈림길의 열쇠는 인간의 탐욕과 교만이다. 그러므로 종교는 계속해서 인간에게 탐욕을 제어하고 겸손하도록 가르쳐야 한다.

이런 맥락에서 얼마 전 세상을 떠들썩하게 했던 사이비 종교집단 '천국의 문Heavens Gate'는 매우 의미심장한 암시를 하고 있다. 이 테크노 종교

---

43) Jennifer J. Cobb, *Cybergrace: The Search for God in the Digital World* (Crown Pub. Inc., 1998); 또한 최인식, "사이버공간의 문화에 대한 신학적 접근" 참고.

집단은 컴퓨터 전문가들로 구성되었고, 컴퓨터 네트워크, 곧 사이버 공간이 그들 종교 활동의 주된 매개체였다. 그들은 마치 〈매트릭스〉의 네오와도 같이 사이버 공간 안에 안식처를 발견하고 그곳에 들어가려고 하였는지도 모른다. 모든 종교들은 다 함께 '사이버' 공간이 이와 같이 '사이비' 공간이 되는 것을 막아야 한다.

둘째, 종교는 서로 협력하여 사이버 공간을 성화시켜나가야 한다. 벌써부터 한국의 사이버 공간은 선전물 쓰레기로 가득차고 인간의 이글거리는 욕망들에 의해 썩어가고 있다.44) 한국의 이중적 문화와 이중적 도덕성의 어두운 골목에서 도사리고 있던 흑암의 세력들이 깨끗하게 비어 있는 사이버 공간에 다른 친구들과 함께 들어가 우글거리며 요동하기 시작한 것이다. 그러므로 사이버 공간에서의 종교의 역할은 각자 서로의 영토 확장을 위한 전투에 있는 것이 아니라, 서로 협력하여 공동전선을 구축하여 이 어두움의 세력들을 물리치는 '틈의 엑소시즘'을 행하는 일이다. 그리고 생태계처럼 오염되고 파괴되어가는 사이버 공간을 성화하는 일이다.

이런 의미에서 김지하가 제시한 적이 있는 '틈'의 성화론을 심각하게 고려해볼 필요가 있다.45) 시장market은 세계화를 통하여 그물망과 같이 서로 얽혀서 거대한 시스템, 곧 억압적이고 모순적인 세계 시장이 되어버렸다. 이 비도덕적인 거대한 그물망(세계 시장)을 그것의 그물코(네트워크)들 사이에 있는 틈(지역 시장)을 하나하나씩 성화시킴으로써 전체를 구해보자는 것이다. 시장이 우리 삶의 어찌할 수 없는 일부가 되어버린 것처럼

---

44) "[IT클럽] 인터넷 통신 대란(大亂)," 「조선일보」(2000. 4. 19): "사이버 성폭력 방지대책 강력 추진,"(2000. 5. 2) 참조. 정보통신윤리위원회의 실무 책임자의 말에 의하면, 한국 인터넷 사이버스페이스상에 나타난 부도덕성은 심각한 수준에 이르렀고, 그 증가 속도 또한 폭발적이라고 한다. 특히 몰래 카메라를 통한 음란 장면 촬영과 유포, 원조교제와 같은 미성년자의 성상품화는 큰 문제들이라고 한다.

45) 김지하, 『틈』(서울: 솔출판사, 1995) 참조.

기계도 우리의 일부가 되어버렸다. 이 틈의 성화론은 그야말로 지구촌적 그물망인 사이버 공간에서 더욱 적절하게 적용될 수 있을 것이다. 크게는 모든 종파의 그물코(네트워크와 서버들)에서부터, 작게는 모든 종교인들의 틈(PC)에부터 성화 운동이 일어나야 한다.

셋째, 종교는 인간의 육체성과 자연의 생명성을 보호해야 한다. 인간이 2차 세계인 사이버 공간에 몰입되면 그 본래 1차 세계에 대한 근본적인 감각을 상실하게 된다는 것은 사실이다. 그야말로 비의 감각을 상기시키기 위하여 '날씨 극장'을 모든 곳에 세우고, 교육시켜야 할 때가 벌써 다가오고 있는 것이다. 하임은 『뉴로멘서』의 암시적인 종교집단 '자이온 사람들'에게 희망을 건다.

> 우리가 사이버스페이스의 흥미진진한 미래를 향해 나아갈 때 반드시 지켜야 할 것은 자이온 사람들, 즉 땅의 정기에 뿌리내린 채 살아남은 육체인간들과 계속해서 접촉하는 일이다. 그들은 우리를 슬쩍 찌르면서 실재의 새로운 층 속에서 겪고 있는 엄청나게 무거운 환각에서 벗어나게 해줄 것이다. 그들은 사이버스페이스의 살아 있는 기원에 대해서, 독으로 가득한 은빛 하늘 아래 있는 석유 정제소의 잿더미와 녹슨 헛간에서 아직도 피어나는 사랑에 대해서 우리가 한때 가졌던 기억을 되살려 줄 것이다.46)

지구촌적으로 종교는 이 '자이온 사람들'의 역할을 감당하여야 할 것이다. 이 육체성, 즉 인간의 개체성과 끈끈한 인간미——한마디로 인정人情——의 보전이 사이버 시대의 한국 종교에게 주는 특별히 중요한 역할일 것이다. 이미 사이버 공간의 전자 제국주의적 경향에 대한 논쟁이 치열하

---

46) Heim, 앞의 책, 176-7.

다. 사이버 공간상에 개인적 프라이버시는 사실상 존재하지 않으며, 벌써 부터 '영어제국주의'에 의하여 다른 민족의 언어들이 타격을 받고 있다는 소식이 들려오고 있다.[47] 한국 종교는 한글과 우리의 고유한 문화를 보존 하는 문화언어적 담지자(틀)가 되어 사이버 전자제국주의에 의한 민족성 의 말살을 막아야 할 것이다.

넷째, 종교는 힘을 합쳐 사이버 시대에 알맞은 새로운 '몸과 숨의 영성' 을 개발하여야 한다. 흥미롭게도 하이데거를 전공한 서양 형이상학자인 하임이, 자신의 입장을 '기술-도교주의Techno-Taoism'로 밝히면서, 사이 버 공간에서 결여된 것이 인간 육체의 근원인 내적 생체에너지라는 것을 자각하고 이를 극복하기 위한 대안으로서 도교의 지혜를 제시한다.[48] 동양 종교인이 아닌 서양 철학자인 하임이 인간이 어쩔 수 없이 공생해야 할 사이버 공간에서 인간을 구원할 영성을 동양 종교에서 찾고자 하는 것이다. 이것은 사이버 시대에 한국 종교들이 행해야 할 세계적 역할을 은근히 제시한다.

하임은 탈육체성을 방지하기 위한 대안을 생체에너지, 즉 기氣에서 발

---

47) Deborah C. Johnson, *Computer Ethics* (Prentice -Hall); 『컴퓨터윤리학』, 추영완 외 (서울: 한울아카데미, 1997), 특히 제4장 "컴퓨터와 프라이버시" 및 제6장 "컴퓨터와 권력" 참조. 또한 제프리 로즌, "[뉴욕타임스/Specials] 당신의 私생활이 무너지고 있다," 「동아 일보」(2000. 5. 2); 또한 정은령, "인터넷시대의 영어제국주의" 참조. 후자에서는 "과연 인터넷은 '언어와 문화의 차이를 보호하는 다원주의 네트워크'인가, 아니면 '언어와 문화의 다양성을 말살하는 새로운 형태의 제국주의 침탈'인가"를 묻는다.

48) Heim, 앞의 책, 24. 또한 하임은 다음과 같이 말한다(Heim, 136): "우리가 우리의 마음과 사이버 시스템 속에 갇혀 있을 때 우리는 자신이 그런 상태에 있다는 것을 깨닫지 못한다. 우리가 점차로 구체화시켜가는 기본적 세계는 인지적이고 상상으로 만들어진 세계들에 대해 우리가 주목하고 있는 동안 사라져버렸다. 그 상실을 상쇄하기 위해서 우리는 극동의 철학적 지혜, 특히 내적 신체 지각이라는 심오한 시스템을 가지고 있는 도교의 지혜를 보존 할 필요가 있다. 도교주의자들은 육체에 대해 마음이 내부적으로 기울이는 주의력에 초점 을 맞춤으로써 인간의 생기를 증가시키는 방법을 발견했다. 침술, 태극권, 요가적 치료는 도교 전통에 기초하고 있다."

견한다. 즉 숨의 중요성을 말하는 것이다. 숨은 나와 우주의 교감이요, 교제요, 인터페이스인 것이다. 숨은 내 몸에 있을 때는 숨이요, 내 몸 밖에 있을 때는 바람인 것이다. 그러므로 한자 기氣나 그리스어 프뉴마pneuma (보통 靈으로 번역)는 숨과 바람이라는 뜻을 동시에 내포하고 있다. 숨은 또한 삶과 죽음의 문턱(인터페이스)이다. 그리고 기는 숨 자체이며, 매개체이며, 에너지인 것이다. 기는 나와 우주의 생체에너지이며 그 사이를 연결하는 네트워크인 것이다. 사이버 시대에 필요한 영성이, 숨의 영성, 곧 기의 영성임을 하임은 비록 희미하지만 정확히 본 것이다.

그렇다면 다시 영화 〈매트릭스〉의 무술 대련 장면으로 돌아가 보자. 몸과 숨이 없는 디지털화된 기, 그것도 기인가? 육체와 호흡이 결여된 순수한 힘 자체로서의 기, 그러한 기는 영지주의자의 것은 될 수 있어도 인간의 것은 될 수 없다. 인간이란 결국 시간과 공간의 인터페이스, 한 마디로 간間의 존재이기 때문이다. 인人이 아닌 인간人間(또는 仁)은 유한 과 무한, 있음(有)과 없음(無), 삶과 죽음 사이에 불연속적 연속의 숨을 쉬고 살아가는 중간적 존재이다. 그러므로 숨은 인간 영성의 핵심이다. 인간은 완전한 아날로그적 존재도 아니고 완전한 디지털적 존재도 아닌, 그 중간에 끼어 있는 존재이다. 따라서 완전히 디지털화된 기, 그것은 인간의 참된 영성이 아니다. 인간은 몸도 필요하고, 숨도 필요하다. 땅도 필요하고, 하늘도 필요하다. 인간은 하늘과 땅의 중간에 위치한 그야말로 간間의 존재인 것이다. 나아가서 사이버 시대의 인간은 사이버 공간과 동시에 우주 공간의 중간적 존재가 되어야 하는 것이다. 인간에게 실재란 결국 무엇인가? 그것은 하늘과 땅의 중간적 존재로서 인간("삶틈")이 시간 ("때틈")과 공간("곳틈")과 함께 아우러져 하나로 관통하는 삼위일체적 묘합 에 도달하는 것을 뜻하지 않는가? 이 세 틈의 합일 그것을 다석 류영모는

바로 '가온찍기'라고 하였다.[49]

사이버 시대에 필요한 영성을 우리는 땅과 우주 공간(虛空), 곧 '빈탕한데'와 친밀하여지므로서 개발할 수 있다.[50] 우리는 사이버 공간에 몰입하여 정보를 검색하듯이, 이제 우리의 몸과 마음(육체와 영혼)의 깊은 내부 속에 몰입하여 우주 공간과 교감하여야 한다. 우리 몸속에서 울려나오는 우주의 소리(音)를 듣고 그 율동에 따라 함께 춤을 추어야 한다. 이것을 '율려'라고도 한다.[51] 우리들은, 모든 한국의 종교인들은, 이제 서로서로 손에 손을 마주잡고 깊게 숨을 내쉬면서 신명나게 덩실 더덩실 이 우주의 춤, 강강술래를 함께 추어야 한다. 그리하여 사이버 공간의 '무한한 감옥'에서 질식하는 우리의 영혼에 끈끈한 인정을 불어넣고, '고깃덩어리'로 전락되는 우리의 몸과 이웃 생명들을 살려야 한다.[52]

부활한 예수는 제자들에게 못 자국이 있는 손과 창 자국이 있는 옆구리를 친히 보여주면서 숨을 깊게 내쉬며 말한다: "성령을 받으라"(요 20:20, 22).

49) 류영모, 앞의 책, 30, 31, 35 등 참조.
50) 같은 책, 117, 157, 253 참조.
51) 김지하, 『율려란 무엇인가?』(서울: 한문화멀티미디어, 1999) 참조.
52) William Gibson, *Mona Lisa Overdrive* (Bantam Books, 1988), 49; 『가상현실』, 135에서 재인용. 또한 다음 인용 참조: "사이버 세대의 청년의 외형적 특징으로서 무표정한 얼굴과 울림이 없는 몸을 들 수 있다. 컴퓨터 앞에서는 단지 고깃덩어리로서의 몸일 뿐이다. 그것도 아무도 아껴주지 않는 욕망덩어리의 몸이다. 몸의 요구를 정신이 의식 작용을 통해서 다 처리해 주기 때문에 몸의 수고가 따로 필요가 없게 된다. 이것을 '발전인가?' 하고 묻기도 한다"(이주향, "사이버로의 길: 발전인가? 몰락인가?", 『철학과 현실』 32 [1997, 봄], 15-21, 17).

생명의 존엄성1)

– 인간 배아줄기세포 논쟁과 敬의 신학 –

인간의 생존은 정의하는 행위와 그 정의로부터 파생하는 책임적 행위 모두를 요청한다. 그것이 바로 인간이 피조된 공동창조자created co-creator임을 의미한다. 이러한 자기정의성self-definition은 그 자체가 성격상 성찰적이고 정치적이며, 우리의 삶에서 초월성과의 만남을 형성한다.2)

1. 생명의 정치해석학: 오늘날의 화두

오늘날 위에 인용한 필립 헤프너Philip Hefner의 도발적 발언은 국제정

---

1) 이 글은 「생명의 존엄성: 인간배아줄기세포연구 논쟁에 관한 신학적 고찰」라는 제목으로 『신학논단』 43 (2006. 2), 439-58에 수록되었다.
2) Philip Hefner, "Biocultural Evolution and the Created Co-Creator," in *Science and Theology: The New Consonance*, edited by Ted Peters (Boulder: Westview, 1998), 180.

치 영역에서 이미 하나의 성취된 예언이 된 것처럼 보인다. 2005년 3월 8일 유엔총회는 "전 회원국들은 인간 존엄성과 인간 생명 보호에 반하는 모든 형태의 인간 복제를 금지하는 데에 필요한 모든 방침들을 채택해야 한다"는 선언문을 채택했다.3) 이 완전한 합의에 이르지 못한 선언문은 생명의 정의에 관한 새로운 논쟁을 유발시켰다. 말하자면 생명의 정치해석학이 국제 지형정치학의 중심 문제로 떠오른 것이다.

이러한 유엔선언문에 반대표를 행사한 한국 대표는 "생명이라는 용어는 나라, 문화, 종교에 따라 제각기 다른 의미를 지니고 있다. 이 모호한 용어는 불가피하게 해석의 과정을 거쳐 그 의미를 규명해야 한다"고 천명했다.4) 중국, 일본 그리고 싱가포르의 대표단들 역시 유사한 반응을 보였다. 이것은 유교적 전통을 지닌 동아시아 국가들이 미국에 의해 제기된 인권 문제들에 직면하여, 아시아적 가치관Asian value을 주장하며 대응하던 모습을 상기시킨다. 그러나 후자는 주로 사회윤리에 관련된 보다 거시적macro 사례였고, 전자는 생명윤리에 관련된 미시적micro인 것이라는 차이가 있다.

여하튼 생명은 더 이상 학술적, 형이상학적 주제에 불과한 것이 아니라 힘의 지형정치학적 사실에 직결된 매우 구체적인 개념으로 대두되고 있다. 그리하여 생명의 존엄성dignity, sanctity은 소위 '바이오테크 센추리bi-otech century'라고 불리는 이 세기에 중요한 화두로 등장했다. 그런데 여기에 대한 가장 중심적인 논제는 인간 배아줄기세포Human Embryonic Stem Cell(이하 줄기세포) 연구이다. 유엔선언문에서 나타난 것처럼 최근 줄기세포 논쟁은 생명life, 존엄성dignity, 존중respect 그리고 여성women의 4가지 키워드를 내포하고 있다.5)

---

3) United Nations, "Declaration on Human Cloning," 8 March 2005.
4) United Nations, Press Release GA/L/3271, 18 Feb. 2005.

줄기세포 논쟁은 인간의 건강을 위한 공공정책 및 정부지원 문제와 직결되기 때문에 시작부터 매우 수사학적으로 흘러왔다. 최근 한국의 황우석 사태가 폭로해주었듯이 '유전자적 허풍gene-hype'이라고 불리는 이 연구에 대한 수사학적 성격은 과장되고 부풀린 약속으로 구성되어 있다.6) 사실상 여기에 "(과학적) 발견과 (실질적인 환자) 치료 사이에 엄청난 실질적 간격이 존재한다." 이 고도의 기술과 오랜 시간이 요구되는 노동 집약적인 연구는 "그 (값비싼) 소요 경비를 지불할 수 있는 사회 부유층"에게나 실질적인 소용가치가 있다. 이것은 그 사회·환경적 요인들을 간과하고 모든 질병의 원인들이 유전자 코드와 관련된 개인적 문제로 환원시키는 입장을 지지하고 있다. "누가 줄기세포 연구의 수혜자가 될 것인가?"라는 문제가 매우 중대하지만, 적절하게 언급되지 않고 있다. "그 수사학은 모두가 다 수혜자가 될 것이라고 하지만… 만약 줄기세포 치료가 성공한다 하더라도 그 혜택을 받을 수 있는 사람의 수는 전체 인구의 아주 소수 그리고 유전자 질병을 가진 이들 중에서도 소수에게만 해당될 뿐이다."7) 사실 이러한 거시적 논제가 협소한 미시적 논제보다 더 중요하다. 이에 대해 새넌Thomas Shannon은 다음과 같이 말한다.

초기 인간 배아의 사용에 대한 미시적 윤리 논쟁은 거시적인 줄기세포 논쟁을 해결하는 데 있어서 핵심적인 요소가 아니다. 비록 줄기세포를 활용

---

5) 난자공여 등 여성 인권의 문제가 가장 중요한 주제의 하나임에도 불구하고 여기에서는 생략한다. 이것은 결코 그 중요성을 간과하는 것이 아니고, 필자가 여성을 대변하여 주장할 수 있는 처지에 있지 않기 때문이다.

6) Thomas A. Shannon, "From the Micro to the Macro," in *The Human Embryonic Stem Cell Debate: Science Ethics, and Public Policy*, S. Holland, Lebacqz, L. Zoloth, (Cambridge, Mass., London: MIT Press, 2001), 181.

7) 같은 책, 182.

하는 사례가 있을 수 있지만, 그것보다 더 결정적인 변수는 이런 방식은 결과적으로 인간성의 사물화를 초래한다는 것이다. 원칙적으로 줄기세포 사용을 긍정적으로 보는 주장이 가능하지만, 그 사용의 결과는 우리가 인지하는 것보다 더욱 큰 문제들을 유발할 수 있다. 그러나 그보다 더욱 중요한 점은 줄기세포가 사용되는 사회적 맥락에 대한 거시적인 논제이다.[8]

더욱이 문제는 줄기세포는 '전문적 담론'을 필요로 하는 '전문가들의 생명윤리'의 주제로 간주되고 있다고 점이다.[9] '공적 논쟁은 최소화'되는 반면, 그 수사학은 생명의료 산업기관의 엘리트들과 전문가들에 의해 독점되고 말았다. 이러한 수사학적 정치학의 맥락에서는 "누구든지 인간 배아줄기세포 연구에 대한 정의를 내릴 수 있는 사람이 이 전투의 절반을 승리한 것이다."[10] 그리고 과학적 전문성이 "정의를 통제하기 위한 일종의 무기"로 이용되고 있다.[11] 더구나 줄기세포 연구를 인간 복제의 문제와 구별하는데, 이것은 복제 문제가 내포하고 있는 격렬한 반감을 회피하려는 하나의 수사학적 전략이다.

전문가들은 인간 복제 논쟁으로부터 다음과 같은 교훈을 배운 것으로 여겨진다. "현대의 생명기술 논쟁들에서, 공적 논쟁은 반드시 수사학적 수위권을 붙잡도록 준비된 전문가들에 의해 지도되고 양육되도록 해야 한다. 그리고 그 목적을 위해 현존하는 기관을 변형하거나 새로운 기관을 신설해야 한다."[12] 그래서 올페Wolpe와 맥기McGee와 같은 윤리학자들

---

8) 같은 책, 183.
9) Paul R. Wolpe and Glenn McGee, "'Expert Bioethics' as Professional Discourse: The Case of Stem Cells," 같은 책, 185.
10) 같은 책, 182.
11) 같은 책, 183.
12) 같은 책, 195.

은 줄기세포에 대한 담론을 전문가들에 의한 독점된 수사학으로부터 해방시키려고 노력한다. "누가 줄기세포의 정의를 다듬고, 고치고, 구체화할 것인가를 결정하는 과정은 하나의 사회윤리적인 실천인데, 그것은 인간 배아줄기세포 연구를 찬성하거나 혹은 반대하는 보다 큰 전투에 대한 함의를 내포하고 있다."[13]

2. 배아는 생명인가?

인간 배아줄기세포 연구와 관련된 최초의 논쟁은 배아가 인격체(Person)냐 혹은 물체(Property)냐 하는 것이었다. 대부분의 과학자들과 줄기세포 연구를 지지하는 사람들은 배아는 아직 자궁벽에 착상되지 않았고 원시선이 형성되기 이전에 있기 때문에 인격체가 아니라 물질이나 세포덩어리로 보아야 한다고 주장한다(14일 원칙). 그러나 가톨릭교회와 보수적인 개신교회들은 이 견해에 대해 강하게 반발한다. 특히 바티칸의 주장은 매우 단호하다. 인간 배아는 수정이 이루어지는 순간부터 완전한 인격성과 존엄성과 도덕적 지위를 획득한다. 그러므로 내부 세포덩어리 Inner Cell Mass로부터 줄기세포를 추출하기 위해 배반포blastocyst의 영양막 trophectoderm을 파괴하는 행위는 용납될 수 없다. 이러한 양측의 입장은 너무 극단적이고, 그 문제점이 적지 않다.

이에 비하여 좀 더 조심성 있고 발전적인 논의가 1998년 클린턴 미국 대통령의 요청에 의해 설립된 미국 정부의 국가생명윤리위원회NBAC에 의하여 제시된다. NBAC는 아직 모호한 점이 없지 않지만, 이 두 극단

---

13) 같은 책, 189.

사이에 온건한 입장을 지지한다. 인간의 배아는 인간 생명의 한 형태이지만, 아직 하나의 인격체는 아니다. 즉 아직 완전한 인간 주체로 볼 수 없다. 그렇지만 그것은 단순한 하나의 물체가 아니라는 점에서, 비록 인격체와 동일한 수준은 아닐지라도, 소중하게 취급되어야 한다. 더욱이 이 입장(예컨대, 미국 보건부)은 전형성능totipotency과 다형성능pluripotence이라는 미묘한 구분을 발전시켰다. 단순하게 말해서, 배아는 전형성능적인 반면, 줄기세포는 다형성능적이다. 전형성능적인 배아는 잠재적 인간임으로 그것에 상처를 입히고 파괴를 가져오는 연구의 대상이 될 수 없다. 그러나 다형성능적인 줄기세포는 배아가 아니고 잠재적 인간이 아니기 때문에 연구대상이 될 수 있다. 그러나 이러한 NBAC의 입장 역시 모호하다. 왜냐하면 전혀 개별화되지 않은 배아를 개별화(개성)되어야만 가능한 인간 개체로 간주할 수 없기 때문이다.

이와 관련된 또 다른 중요한 논쟁은 유익성beneficence과 비유해성nonmalificence의 원칙들 간의 대립이다. 이것은 태아의 낙태 문제에 관한 공리주의적 윤리와 평등보호 원칙 간의 논쟁과 유사하다. 유익성 원칙은 난치병 환자들에게 치료의 기회 제공과 인류 건강과 복지를 위한 공리적 유익성을 내세우며 배아줄기세포 연구를 옹호한다. 그런가 하면 비유해성 원칙은 인간 생명의 가장 취약한 형태인 배아의 존엄성을 보호해야 한다며 이것을 반대한다(do not harm!). 후자는 배반포를 파괴하는 것은 인간 생명의 가치를 저하시키는 일종의 유아 살해 혹은 심지어 새로운 형태의 안락사라는 극단적인 표현까지 사용하며 비판한다. 인간 배아는 인간 존재의 가장 작은 형태이며 따라서 존엄성을 갖는다고 전제한다. 그러므로 이것은 자연적으로 인간 및 그 존엄성의 정의에 관한 논의에 귀착된다.

3. 인간의 존엄성이란?

줄기세포 논쟁에서 자주 이용되는 인간의 존엄성에 대한 정의는 칸트I. Kant의 철학에서 파생되었다. 칸트 철학은 각 인간을 단순히 목적 이상이 아니라, 하나의 목적 자체로 다루고 있다.14) 이것은 또한 그리스도교의 주된 관점이기도 하다. 캐나다 연합교회는 "비신학적인 용어로서 그것은 모든 인간 존재는 궁극적 가치를 지닌 인간이며, 언제나 다른 사람의 목적을 위해서가 아니라, 그 자신이 목적이 되는 것을 의미한다"라고 설명한다.15) 보수적인 미국 남침례교 총회에서는 명확하게 인간 배아를 "인간 공동체의 가장 취약한 구성원들"로 규정한다.16)

심지어 진보적인 연합감리교회까지도 이와 유사한 입장에서 줄기세포 연구에 반대한다. "이와 같은 행위는 인간의 존엄성을 파괴하며 인간성과 생명의 신성한 차원들을 무시하는 길로 우리를 서둘러 나아가게 한다. 그리고 생명이 조종되고, 통제되며, 특허를 취득하게 되고, 매매되는 상품으로 전락하는 길에 빠지게 한다."17) 바티칸의 입장 역시 분명하다: "배반포의 내부 세포덩어리를 제거하는 것은 인간 배아를 치명적이고 회복될 수 없도록 파괴하고 그 발달을 막는 것임으로 매우 비도덕적이고

---

14) T. Peters, *Genetics* (Cleveland: Pilgrim Press, 1998), 33.
15) The Division of Mission in Canada, "A Brief of the Royal Commission on New Reproductive Technologies on Behalf of the United Church of Canada," 17 January 1991, 14, 위의 책에서 재인용.
16) Southern Baptist Convention, "On Human Embryonic and Stem Cell Research," cited from Ted Peters, "Embryonic Persons in the Cloning and Stem Cell Debates," *Theology and Science* 1/1, 58.
17) The General Board of Church and Society, "Letter to Extend Moratorium on Human Embryonic Stem Cell Research," from Jom Winker to President George W. Bush, 17 July 2001, http://www.ume-gbes.org/gbprl118a.htm 참조. Peters, "Embryonic Persons in the Cloning and Stem Cell Debates," 21.

결과적으로 심각한 불법 행위이다."18)

이 분야에 저명한 미국 신학자 테드 피터스Ted Peters는 이러한 바티칸의 주장의 배후에는 '영혼주입설'(물질인 몸 안에 영혼을 주입)과 '유전자적 유일성'(새로운 지놈의 탄생) 논리 사이의 '암묵적인 결합'이 깔려 있다고 주장한다.19) 최근 작고한 교황 요한 바오로 2세는 "만일 인간의 육체가 선재하는 살아 있는 물질(진화)에서 기인한 것이라면, 영적인 영혼은 하느님에 의해 순간적으로 창조된 것"이라고 주장했다.20) 교황 교서「생명의 복음 Evangelium Vitae」에서 그는 다음과 같이 선언했다: "교회는 언제나 인간 생식의 결과는 그것이 존재케 되는 처음 순간부터, 육체와 영혼의 결합체와 인간의 총체로서 도덕적으로 무조건 존중될 것을 보장해야 한다고 가르쳐왔고 계속해서 가르치고 있다. 인간은 수정되는 그 순간부터 하나의 인격체로서 간주되어야 하고 존중되어야 한다. 그 동일한 순간부터 하나의 인격체로서 그 권리가 반드시 인정되어야 하고, 생명에 관련된 모든 순수한 인간 존재에 대한 불가침적인 권리가 최우선적인 것이다."21) 따라서 로마 가톨릭교회에서는 줄기세포 연구의 길 자체가 완전히 차단되어 있다: "어떠한 단계에서든 순수한 인간 생명에 대한 의도적인 파괴는 본래적인 악이며, 어떤 좋은 결과라도 그것을 경감시킬 수 없다."22)

그러나 이러한 영혼주입설과 유전자적 유일성 논리의 암묵적 결합은 심각한 도전을 받고 있다. 우선 배아학은 '착상 순간'의 실제성을 부인하

18) Peters, "Embryonic Person," 59.

19) 같은 책, 60.

20) Pope John Paul II, "evolution and the Living God," in Ted Peters, ed., *Science and Theology: The New Consonance* (Boulder: Westview, 1998), 151에서 재인용.

21) Pope John Paul, *Evangelium Viate* (25 March 1995). Peters, "embryonic Persons," 59에서 재인용.

22) R. Doerflinger, "The Policy and Politics of Embryonic Stem Cell Research," *The National Catholic Bioethics Quarterly*, 1/2: 43 (2001), 143.

고, 자궁 내의 착상은 약 2주간에 걸친 하나의 과정임을 증명한다.[23] 더욱이 아직 "배반포는 개별적 인격체an individual person가 아니고 잠재적 인격체a potential person이다." 마치 도토리가 실제적인 참나무가 아니듯이 잠재적 인격체는 실제적 인격체로 간주될 수 없다. 또한 유전자적 유일성을 인간 존엄성의 근거로 믿는 바티칸의 견해는 성립되기 어렵다. 왜냐하면 쌍둥이 복제는 수정 후 14일 동안에 발생하는 자연스러운 현상이기 때문이다. 그러므로 로마 가톨릭교회의 견해를 따른다면, 일란성 쌍둥이를 유전자적 오류로 볼 수밖에 없으며, 따라서 그들을 정당한 인간 존재로서의 존엄성을 부인하는 결정적인 자기모순을 가져오게 된다. 또한 그런 일이 발생하지 않게 되기를 바라지만, 만약 복제인간이 출현하게 될 경우, 그들을 인간으로 인정할 수 없게 된다는 결정적 단점이 있다.

인간 존엄성에 대한 서구적 개념은 인간 존재의 신성함을 인정하는 그리스도교적 견해와 인간 존재의 본질적인 가치에 대한 계몽주의적 사유라는 두 기둥에 뿌리를 두고 있다. 그리스도교 신학은 '하나님의 사랑에 대한 하나의 영원한 대상으로서의 인간의 인격성'을 주장하는 반면, 칸트는 '인간됨의 중심적 가치로서 자기결단성 혹은 자율성'에 눈을 돌렸다.[24] 하지만 이 두 견해 모두 근본적으로 인간의 존엄성을 본질적인 것으로 인식하는 서구 인간론의 단점들, 곧 실체론, 개인주의, 인간 중심주의를 벗어나지 못하고, 도덕성이 발생 원인에 대한 적절한 해석에 근거해야 한다는 원인론적 사유에 머물고 있다. 그러므로 오늘 우리에게는 성서적이면서도 탈서구적인 측면에서의 인간 존엄성에 대한 새로운 지평이 요구된다.

---

23) Peters, "Embryonic Persons," 64.
24) 같은 책, 68.

4. 인간이란?

이와 관련하여 테드 피터스는 세 가지 유형의 신학적 인간론을 제시한다. 곧 선천적 인간론person as innate, 관계적 인간론person in communion, 예시적 인간론person as proleptic이다.[25] 가장 많이 사용되지만 첫째 유형은 앞에서 언급한 것처럼 인간의 존엄성을 선천적이고 내재적인 것으로서 인식하는 단점이 있다. 신학적으로 인간의 존엄성은 선천적이기보다는 주어진 것이다. 인간은 자신의 존엄성을 궁극적으로 하나님으로부터 부여받은 것이다. "존엄성은 하나님으로부터 먼저 주어진 것이고, 그런 다음에야 주장될 수 있는 것이다."[26] 그러나 계몽주의에 영향을 받은 서구 사상은 인간 존엄성이 선천적이며, 따라서 출생과 더불어 주어진다고 주장했다. 유전자 시대에 이러한 원인론적 사고방식은 바티칸의 견해처럼 인간 존엄성은 난자가 수정되고 접합체가 만들어지는 순간에 확립되는 유전자의 유일성에 의존한다는 지나치게 단순한 입장을 유발시켰다.

둘째 유형은 인간의 존엄성이란 단지 선천적인 것이 아니고 '관계의 열매'라고 인식한다.[27] 유전자적 유일성의 논리는 일란성 쌍둥이가 존재한다는 현실성과 장차 복제인간이 출현할 가능성 때문에 "인간성, 존엄성 그리고 도덕성의 기조로 받아들이기가 어렵다." 여기에는 분명히 '개인주의적 잔재'가 남아 있고 개인적 자율성이라는 엘리트주의적이고 비현실적인 전재를 근거로 하고 있다. "자연은 보다 관계적이고, 한 인격은 유전자(DNA)만 가지고 형성되지 못한다. … 배아가 약 14일 정도 지나서 일단 어머니의 자궁벽에 착상하게 되면, 배아는 어머니로부터 아기로서 성장

---

25) 같은 책, 68-72.
26) 같은 책, 68.
27) 같은 책, 69.

과 발육에 필요한 유전자의 발현을 촉진시키는 호르몬 신호를 받게 된다."[28] 그러므로 인간 개체의 형성에 있어서 관계성이 존재론적으로 선천성에 우선한다. "존엄성은 먼저 관계성에서 주어진다. 그리고 그것은 독립적으로 요구되어진다." 이런 점에서 존엄성은 궁극적으로 하느님의 은총에 의해 부여되는 선물이며, 따라서 신학적 논의에 속한다.

더욱이 그리스도교의 인간성은 삼위일체 교리의 맥락에서 볼 때 공동체적 개념이다. 다시 말하면, 그리스도교적 인간은 '사귐 안에 있는 인간' 또는 '관계 안에 있는 인간'이다. 왜냐하면 삼위일체 하느님의 내재적 관계성이 하느님의 형상을 닮은 인간 존재의 관계성을 확립하기 때문이다. "하나님의 자기 관계성은 인간 존재의 자기 관계성을 가능하게 한다. 하느님의 타자와의 관계성은 인간 존재의 타자와의 관계성을 가능하게 한다."[29] 이 관계성은 개인적이고 생물학적인 기원을 초월한 '존재의 개방성'을 제시한다. "한 개인은 자기 자신의 경계선을 초월하는 과정 안에 있는 자기이다. 이 자기초월성은 자유의 근거이다. 참된 인간성은 물리적인 세계와 우리의 관계를 변화시키는 하느님과의 초생물학적인 사귐을 통해 구현된다."[30]

그리스도교 종말론을 배경으로 하는 셋째 유형은 인간의 존엄성을 '예시적' 또는 '미래지향적'인 것으로 인식한다.[31] "존엄성은 기원origin보다는 결과destiny에서, 우리의 과거보다는 우리의 미래로부터 파생된다." "오늘날 우리가 알고 사랑하는 사람들은 말하자면 도상의 존재들이다. 그들은 신적인 생명 안에서 그리스도와 하나됨과 부활을 예견함으로써

28) 같은 책, 70.
29) 같은 책, 70-71.
30) 같은 책, 71.
31) 같은 책.

인간 존재로서의 충만한 본질을 선취하게 된다. 즉 우리의 현재적 존엄성은 이 선취에 따른 일부분이며, 영원하신 하느님에 의해 부여된 우리의 영원한 가치의 예시이다. 존엄성은 본래 선천적인 것이 아니다. 그것은 종말론적이요 소급적으로 선천적이다." 그러므로 피터스는 다음과 같이 결론을 내린다.

> 기독교 신앙이라는 측면에서 볼 때, 우리의 최종적인 존엄성은 종말론적이다. 그것은 우리의 하나님의 형상에 대한 성취를 동반한다. 우리의 유전자 코드에 분여된 어떤 것이나, 우리가 태어날 때 우리와 동반하는 어떤 것을 넘어서, 존엄성은 아직 그것을 요구하지 않는 사람들에게 우리가 존엄성을 부여할 때를 사회적으로 앞당기는 하나님의 구원의 은총에 대한 미래적인 완성 작품이다. 우리의 시대적 맥락에서 하나님 나라의 윤리는 존엄성을 부여하는 것과 하나님의 형상에 대한 미래적 성취에 대한 선취로서의 존엄성을 요구하도록 사람들을 초대하는 것으로 구성되어 있다.32)

피터스가 제시한 것처럼, 그리스도교의 신학적 인간론은 관계성 안에 있는 인간과 종말론적인 선취로서의 인간을 옹호한다. 이것은 예수 그리스도의 인격에서 드러난 하느님의 형상(Imago Dei)론에 대한 해석과 관계 있다. 다시 말해서 참된 인간의 존엄성은 유전학상의 어떤 것이 아니라, 예수 그리스도 안에 나타난 하느님의 형상으로서의 인간성 안에서 정립되어야 하며, 거기로부터 인간 존재의 가치와 그 의미를 도출해내야 할 것이다. 인간 배아 복제 시대를 맞이하여 이 유형론은 신학적 인간론에 중요한 진전을 이룩해주고 있다. 또한 이 유형론은 유전자가 모든 것을

---

32) 같은 책, 72.

결정한다는 유전자 결정론 내지 유전자 신화에서 이탈할 것을 제안한다. 다시 말하면 인간 배아는 성장한 인간 그 자체처럼 관계적이고 예시적이지 아직 완성된 인격체가 아닌 것이다. 동시에 그것은 함부로 다룰 수 있는 물체가 아니다. 그것은 잠재적, 예시적 생명으로서 마땅히 존경되어야 한다.

5. 존경이란?

지금까지 살펴본 인간의 존엄성에 대한 정의들은 인간 중심적이며, 완전한 인간성을 강조하는 엘리트적 발상이라고 할 수 있다. 이러한 정의들을 배아의 수준에 적용하기에는 적절하지 않다. 그래서 논쟁에 사용되는 또 다른 주요 언어는 '존경respect'이다. 미국 인간배아연구위원회(1994), 미국 국가생명윤리자문위원회(1999) 그리고 제론사Geron Corp.의 윤리자문위원회 등의 윤리기관들은 인간 배아(또는 배반포)는 마땅한 존경을 받는 가운데 적절하게 취급되어야 한다고 주장한다. 비록 인간 배아가 아직까지 하나의 개별적 인격체로 인정될 수는 없어도, 그것의 존경받을 권리는 분명히 인정되어야 한다. 그런데 이 '존경'이라는 말의 의미가 모호하다. 줄기세포 연구의 상황에서 존경의 참된 의미는 무엇인가? 다시 말해서 인간 배아가 추출되고 조작되는 시점에서 존경이란 무엇을 의미하는가? 이에 관해 미국이 그리스도교 윤리학자 카렌 레바크Karen Lebacqz는 인격체, 비인격체, 지각적 존재, 식물 그리고 생태계와 관계되는 존경의 다섯 가지 유형을 제시하였다[33]

---

33) Karen Lebacqz, "On the Elusive Nature of Respect," in *The Human Embryonic Stem*

첫째, 인간성에 대한 존경respect for person은 또 다시 인간성에 대한 칸트주의적 기준에 기초를 두고 있다. 이 기준은 논리적 사고 능력과 이성적인 의지 그리고 규칙에 의해 행동을 다스릴 수 있는 자율성autonomy과 자기결정능력self-determination을 인격체의 특징으로 간주한다. 이러한 맥락에서 존경은 "다른 사람의 이성적 판단에 귀를 기울일 수 있고, 그들의 규범도 유효할 수 있다고 생각할 수 있는 능동적인 공감과 대처"를 말한다.34) 그렇지만 배아는, 비록 이성적이고 자아규범적인 존재로 발달할 잠재력이 있다고 할지라도, 자율성과 자아결정능력을 결여하고 있다. 그러므로 칸트주의적 인간은 배아 수준의 논의에서는 부적절하다.

둘째, 유대-그리스도교적 전통은 가난한 사람들과 이방인, 나그네, 고아와 과부 들 같은 민중들, 곧 사회적 억압에 가장 취약한 구성원들에게 우선적 선택권을 부여하고 있다(respect for nonperson). 이러한 관점에서 보면, 비록 배아가 칸트주의적인 인격체는 아닐지라도, "존경에 대한 요구는 취소되지 않는다."35) 그렇지만 이 두 번째 모델 역시 인간 중심적이다. 민중과 사회적 약자들의 생명과 인권에 대한 존경 사상은 생명 존중 사상의 일보 전진이기는 하지만 줄기세포는 아직까지 이 개념들과는 다소 거리감이 있다.

셋째, 여기에서 지각적 존재respect for sentient beings에 대한 존경의 필요성이 동물의 권리animal rights와 관련되어 나온다. 아픔과 고통을 느낄 수 있는 능력인 지각은 인간성의 특징이기 때문에, 아직 완전한 인간이 아닌 것들에 대한 존경의 기초가 될 수 있다. 그렇지만 이것이 육식주의를

Cell Debate: Science, Ethics, and Public Policy, ed. by S. Holland, K. Lebacqz, L, Zoloth (Cambridge, Mass., London: MIT Press 2001), 149-62

34) 같은 책, 151.
35) 같은 책, 153.

거부하고 채식주의를 주장하는 것은 아니다. 예를 들면, 인간에게는 영양 섭취를 위해 동물을 도살하는 것이 허용되는데, 이러한 맥락에서 존경은 고통과 공포 그리고 스트레스가 최소화되어야 할 것을 요구한다. 동물의 피를 섭취하는 것을 금하는 성경의 율법과 아메리카 원주민들이 식용을 위해 도살한 동물에게 용서를 비는 행위는 이러한 통찰을 예증한다. 이 세 번째 유형은 배아에 대한 파괴와 조작은 반드시 불경스러운 것은 아니지만, 고통을 최소화하고, 공포와 스트레스를 줄이는 데 관심을 두는 존경의 태도를 요구한다.

그러나 초기 배아는 느낌과 감정에 대한 신체적인 능력이 없다는 점에서 아직까지 자각적인 존재는 아니다. 그러므로 고통을 최소화하고 공포를 줄이는 것은 이러한 상황에서는 직접적인 연관성이 없다. 따라서 레바크의 넷째와 다섯째 유형은 식물들이나 생태계와 같은 비지각적인 것들에 관련된다. 이 유형들에 있어서 존경은 다른 것들과 생태계가 존재한다는 분명한 사실을 인정하고 그들의 '독립적 가치'에 주목하는 것을 의미한다.36) 이러한 맥락에서 존경은 우리에게 '타자를 있는 그대로 인식하는 것'과 자연을 우리에게 가치 있는 것으로(for us) 보기보다는 '그 자체 안에서 있는 그대로의 가치'로서(in and of itself) 인정할 것을 요구한다. 그것은 겸손하게 인간 중심적 시각을 버리고 자연의 모든 것들, 곧 지각적 피조물들뿐만 아니라, 대지, 바위들, 나무들 그리고 나뭇잎들을 존경심과 경이로움을 가지고 바라볼 것을 요구한다. 레바크는 인간 배아줄기세포 연구와 관련하여 이 유형론이 함축하는 것을 다음과 같이 요약한다.

연구자들은 그들이 동의해준 사양 안에서 주의 깊게 실험을 실행함으로써

---

36) 같은 책, 156-7.

자율적 인간들에 대한 존경을 표해야 한다. 고통과 공포를 격감시켜줌으로써 지각적 존재들에 대한 존경을 표해야 한다. [나아가서] 다음과 같은 연구윤리를 주의 깊게 실천함으로써 초기 배아세포에 대한 존경을 표해야 할 것이다. 그 윤리에는 배아세포 사용의 필요성을 엄격히 통제하고, 그것이 조작되고 심지어 언급되는 방법까지도 제한하며, 가능한 대로 죽음보다는 생명을 선택함으로써 하나의 인간 존재가 될 수 있는 그것의 잠재성을 존경하는 것이 포함되어야 한다.37)

6. 나가는 말: 경敬의 신학을 향하여

생명의 존엄성은 배아학과 유전학의 진보에 의해 그 의미가 모호해지고 있다. 오늘날 그것은 탈신화화와 과학화를 수반하는 새로운 해석을 요구하고 있다. 이것이 우리가 직면하고 있는 하나의 가장 중요한 실천해석학적 의무이다. 우리는 지금까지 북미주에서 논의되어온 신학적, 윤리적 주제들을 살펴보았다. 대체적으로 그들은 아직 존엄성, 인격성, 존경을 개별적 물체로 보는 경향이 있고, 그래서 그들의 서구적 유산인 실체론, 개인주의, 인간 중심주의를 극복하지 못하고 있다. 그럼에도 불구하고 동양 신학자의 눈에 띄는 괄목할 만한 발전을 보여주고 있다. 결론을 대신하여 그것에 대해 몇 가지 언급하고자 한다.

1) 우선 존경(敬)이라는 언어는 특별히 매혹적이다. 왜냐하면 경敬은 퇴계 이황(1501-70)에 의해 절정을 이룬 한국 신유학의 중심적 개념이기

---

37) 같은 책, 160.

때문이다. 퇴계에게 있어서 경은 인식론적인 겸손뿐만 아니라 깊은 생태학적 민감성을 수반한다(개미집을 밟지 말라!). 경은 인간이 자연과 존재론적으로 정신과 육체의 결합을 실현하는 마음(心) 상태를 뜻한다. 그것은 하늘-땅-사람(天地人)의 합일을 이루는 유교의 신-인간-우주적 비전을 완성하기 위한 것이다. 이 마음 상태에 도달함으로써, 인간은 자연의 고통과 고난을 함께 느끼고 그 소리를 들을 수 있는 능력(惻隱之心)을 소유할 수 있게 된다. 그리고 또한 그런 사람은 유교에서 사단四端이라 부르는 인의예지仁義禮智의 덕성을 갖춘 인仁을 실천할 수 있다.[38] 레바크와 같은 서구 생명윤리학자들이 열심히 찾고 있는 것이 바로 유교의 성현들이 제자들에게 깨우침을 주려 하는 수신의 출발점이다. 왕양명王陽明은 그의 만물일체설을 다음과 같이 주장했다.

> 군자는 하늘, 땅, 만물을 한 몸으로 여긴다. 그런 사람은 세계를 한 가족으로, 나라를 한 개인으로 간주한다. 사물을 차별하고 나와 남을 나누는 자는 소인배이다. 군자가 우주 만물을 한 지체로 보는 것은 일부러 그렇게 하려 하여 된 것이 아니고 그렇게 하는 것이 사람 마음의 본성이기 때문이다.[39]

2) 피터스가 소개한 인간성의 정의 또한 신유학적 인간관과 공명한다. 유교에서 인간성은 "근대적 의미에서 자기성취를 이룬 개별적 자아가 아니라, 관계의 중심에 서 있는 공동체적이고 동반적인 자기"를 의미한

---

38) Michael C. Kalton, *To Become a Sage: The Ten Diagrams on Sage Learning by Yi T'oegye* (New York: Colombia University Press, 1988), 119-141.

39) 왕양명, 『大學問』; Chan Wing-tsit, *Instructions for Practical Living and Other Neo-Confucian Writing* (New York: Colombia University Press, 1963), 272; Kim Heup Young, *Wang Yang-ming and Karl Barth: A Confucian-Christian Dialogue* (Lanham: University of America Press, 1996), 43.

다.[40] 피터스의 둘째 유형인 관계적 인간론은 사실상 전체적인 유교 구도를 위한 기본적인 전제이다. 유교의 핵심 개념인 인仁은 관계성 안에 있는 존재 혹은 동반자로서의 인간 존재를 천명한다. 장재는 그의 유명한『서명西銘』에서 이렇게 기록하였다.

> 하늘을 나의 아버지라 일컫고, 땅을 나의 어머니라 일컫는다.
> 그 가운데 혼연히 작은 피조물로 존재하는 나를 발견한다.
> 그러므로 나는 이 우주에 가득 충만한 것이 나의 몸이라 간주하며,
> 이 우주가 주장하는 것이 나의 본성이라 여긴다.
> 만인이 나의 형제자매(동포)요, 만물이 나와 더불어 공존한다.[41]

더욱이 그리스도교 신학이 인간성을 하느님의 형상으로 이해하듯이, 유교 역시 인간성을 하늘의 품성으로 간주한다(天命之謂性). 필자가 전개한 칼뱅과 퇴계 사이의 대화는 이 관계론적이고, 초월적인 인간학의 성격을 명백히 보여준다.[42] 그리스도교의 하느님의 형상론과 신유학의 천명론은 관계론적이고, 초월적인 인간학의 이러한 성격을 두드러지게 나타낸다. 칼뱅과 퇴계는 초월적 존재의 근원의 미덕과 영광을 반영하는 거울 또는 소우주로서 인간성을 정의한다는 점에서 동일하다.

3) 피터스의 마지막 유형인 예시적 존재로서 인간은 가장 흥미롭다. 존엄성은 기원보다는 목적(결과)을 반영한다. 피터스는 그리스도교 인간

---

40) Kim Heup Young, *Christ and the Tao* (Hong Kong: Christian Conference of Asia, 2003), 12.
41) 장재,『西銘』; Chan Wing-tsit, *A Source Book in Chinese Philosophy* (Princeton: Princeton University Press, 1963), 497-498.
42) 김흡영,『도의신학』(서울: 다산글방, 2000), 231-91.

론의 발전적이고 종말론적인 차원을 줄기세포 논쟁에 끌어들였다. 유학적 의미에서 생명의 존엄성이 미래적 성인을 지향하고 있는 것처럼, 신학적 의미에서 생명의 존엄성은 궁극적으로 예수 그리스도의 종말론적 인간성을 지향한다. 사실 이것을 바로 신학에서는 성화聖化, 유학에서는 수신修身으로 지칭한다. 생명의 신성함은 내재적(실체적)인 것보다는 모든 단계에서 존재론적이고 종말론적으로 부여된 것(관계)이다. 말하자면 그것은 천명天命과 하느님의 형상(Imago Dei)처럼 선천적인 실체이기보다는 관계론적인 것이다. 그러나 이 초월적인 잠재성(내재적 초월성)은 실존적으로 양면성을 수반한다. 그래서 그것은 성화와 수신과 같은 엄격한 자기실현 과정을 요구한다.

인간 배아는 존경과 경외로 다루어져야 하지만, 그것은 아직도 완전한 자기실현을 필요로 하는 잠재적이고 예시적인 생명의 신성함이다. 줄기세포 연구는 우주적인 관계 안에서 생명(배아)의 자기실현에 대한 하나의 방편이 될 수 있다. 그러나 생명과학은 그 자체가 생명체계의 어떤 단계나 형태를 다루기 위한 목적은 될 수 없다. 과학은 피할 수 없는 것만도 아니고 제지가 불가능한 것만도 아니다.

4) 그러므로 동양신학적 관점에서 생명의 존엄성은 오히려 한 생명이 가진 당위성, 곧 자신의 궁극적 목적을 위한 자기실현의 의무를 암시한다. 이것은 곧 수신과 성화를 위해 온 정성을 다하는 경敬의 자세와 그에 따른 근면한 실천을 내포한다. 연구실의 연구원 역시 이 경敬의 엄격한 훈련에 종사할 필요가 있는 한 인간이다. 또한 이것이 우리로 하여금 생명의 다른 형태들이 자기실현의 의무를 달성하는 것을 돕는 자유, 그 자유를 실행할 수 있게 하는 선행조건일 것이다. 그러나 이것은 스스로를 '피조된 공동창조자created co-creator'로 정의하며, 테크노 사피엔스techno-sapiens 또는

초인 사이보그cyborg를 만들어내는 등 의식적인 자기확장을 꿈꾸는 것이
아니다.43) 그것은 신-인간-우주적 궤적, 곧 도道의 거대한 변화운동에
겸허하게humble 참여하는 우주적 순례의 길벗 또는 동반자co-sojourner
가 됨을 의미한다. 끝으로 동양 신학적 관점에서 생명의 존엄성은 생명
자체의 자유(무위無爲) 안에서 예시적인 도道가 성취되고 구현되는 것을
의미한다. 궁극적으로 과학과 종교 모두는 생명을 위한 길(道)이요, 곧
우주적 생명력을 위한 위대한 개방을 찾는 길인 것이다.

<hr/>

43) Hefner, "Biocultural Evolution," 174.

도의 신학과 자연과학[1)]

– 자연과학, 동양 종교,
그리스도교 신학 간의 삼중적 대화 –

1. 상황Context: 아시아 그리스도교Asian Christianity

아시아 그리스도교라는 용어는 상당히 까다로운 말이다. 지정학적으
로 볼 때, 아시아는 매우 광대한 땅, 이 지구상에서 가장 큰 대륙을 가리킨
다. 문화적으로나 종교적으로 볼 때, 아시아는 세계 모든 종교들의 고향이
라고 할 수 있을 정도로 종교 자원이 엄청나게 다양하고 풍부하다. 싯다르
타나 공자, 노자, 최제우뿐만 아니라, 아브라함과 모세, 예수, 바울 그리고

1) 이 글은『신학사상』135 (2006. 12), 125-150에 게재되었다. 영어 원본은 Heup Young
   Kim, "Asian Christianity: Toward a Trilogue of Humility: Sciences, Theologies, and
   Asian Religions," in Fraser Watts & Kevin Dutton, *Why the Science and Religion Dialogue
   Matters: Voices from the International Society for Science and Religion*, 121-133에 수록되었다.

모하메드 역시 유럽이나 미주인들이 아닌 바로 아시아인들이다. 따라서 그리스도교가 서구의 종교로 이해되고 아시아에서는 오히려 그것이 '아시아 그리스도교Asian Christianity'라고 불리는 것이야말로 참으로 아이러니한 일이다.

필립 젠킨스Philip Jenkins는 "'서구 그리스도교'라는 개념 전체는 여러 세대에 걸쳐 발전해온 종교의 참된 양태를 왜곡하고 있다"고 선언했다.[2] 역사는 이러한 심각한 오류들이 발생하게 된 책임은 그리스도교가 '유럽의 신앙'이나 '유럽적 신국'에 속한다는 가정하에 이루어진 서구의 선교 활동에 있다고 증언하고 있다. 한 아프리카의 그리스도교 지도자는 이 점을 다음과 같이 은유적으로 표현했다. "(유럽) 선교사들이 아프리카에 도착했을 때, 그들은 성경책을 가지고 있었고, 우리는 땅을 가지고 있었습니다. 그들은 '함께 기도합시다'라고 말했고, 우리는 눈을 감았습니다. 눈을 떴을 때, 우리는 성경책을 가지고 있었지만, 땅을 가지고 있는 것은 그들이었습니다."[3] 그렇지만 지난 세기 동안 그리스도교의 종교 지형은 매우 극적인 변화를 가져왔다. 유럽과 미국 중심의 서구 그리스도교는 더 이상 다수를 점하지 못하고 전 세계 그리스도교 중에 한 소수로 전락했으며, 유럽으로부터 아프리카와 남아메리카, 그리고 아시아로 그리스도교의 중심축이 이동했다. 이렇게 '새로운 그리스도교의 출현'과 함께 '서구 그리스도교의 신화'는 이제 완전히 사라지고 있다.[4]

이러한 종교 지형의 큰 변화의 흐름에도 불구하고 종교와 과학 간의 대화는 그 변화를 거역하는 듯 여전히 서구 그리스도교 신학의 주도하에

---

2) Philip Jenkins, *The Next Christendom: The Coming of Global Christianity* (Oxford: Oxford University Press, 2002), 16, 39-42.
3) Adrian Hastings, *The Church in Africa, 1450-1950* (Oxford: Clarendon, 1996), 485.
4) Jenkins, 앞의 책, 79-105.

매우 서구적 현상으로 존속하고 있다. 그러므로 여기에서 필자는 아시아 그리스도교적 시각으로부터 그러한 입장과는 상이한 몇 가지 관점들을 살펴볼 것이다. 그러나 이 글이 그 문제에 대한 아시아 그리스도교의 복잡한 측면들을 모두 다루는 연구가 아니라는 점을 먼저 언급해놓고자 한다. 그보다는 한국 혹은 동아시아에 있는 그리스도인의 한 사람으로서의 제한된 경험들에 기초한 필자 자신의 처지에서 지금까지의 종교와 과학 간의 대화를 평가하며 몇 가지 제안들을 첨가하고자 한다.

1) '다리 놓기(架橋, bridge building)'라는 신화

서구 신학자들은 종교와 과학 사이의 대화를 설명하기 위해 '가교(다리 놓기)'라는 은유metaphor를 즐겨 사용하고 있다.[5] 그러나 아시아 그리스도인들이 보기에 이 은유는 지나치게 낭만적이고 또한 오해를 일으킬 소지가 많다. 첫째, 신학과 과학은 깊은 골에 의해 철저히 분리되어서 다리를 놓아야만 건너갈 수 있는 두 개의 서로 다른 세계가 아니다. 그리스도교가 그 종교적 기원이라고 간주하는 것은 무리라고 할지라도 근대 과학의 출현에 결정적인 역할을 했다는 것은 부정할 수 없는 사실이다.[6] 존 브룩 John Brooke은 과학과 종교 사이의 관계를 가리키기 위해 전통적으로 사용되어온 '갈등conflict'이나 '분리separation'와 같은 용어들은 역사적으로 부적절한 것이라고 주장했다.[7] 무신론자인 마이클 루스Michael Ruse조차도 다윈주의는 유대-그리스도교 전통과의 관계 안에서 바르게 이해될

---

5) W. Mark Richardson and Wesley J. Wildman, *Religion and Science: History, Method, Dialogue* (New York & London: Routledge, 1996), xi-xiii 참조.

6) Eugene M. Klaaren, *Religious Origin of Modern Science: Belief in Creation in Seventeenth-Century Thought* (Grand Rapids: Eerdmans, 1977).

7) John Hedley Brooke, *Science and Religion: Some Historical Perspectives* (Cambridge: Cambridge University Press, 1991), 52-81.

수 있다고 주장했다.8)

둘째, '다리'라는 메타포는 다양하고 심오한 아시아 종교의 존재를 인정하지 않으려는 유럽 중심적인 근시안적 편견을 노출시키고 있다. 세계과학종교학회International Society for Science and Religion의 초대회장을 역임한 종교와 과학 분야의 대표적 과학신학자 폴킹혼John Polkinghorne은 아시아 종교들과의 만남을 '당황perplex'함이라는 표현했다.9) 세계적 과학자이며 동시에 신학자인 그를 당황하게 만들 만큼 그 간격은 신학과 과학보다는 오히려 과학과 비그리스도교적 종교들 사이에 존재한다. 오래전 윌프레드 스미스Wilfred C. Smith가 이미 의미심장한 예언을 한 적이 있다: "불가지론적 과학이 가져다주는 충격은 타자들의 신앙[타종교]이 그리스도교 신학에 던지는 도전에 비하면 고작 아이들의 놀이 수준에 불과하다는 것이 곧 판명될 것이다."10)

셋째, '다리 놓기'의 메타포는 아시아인들에게는 거북하고 혼란스러운 것이다. 사실 서구 선교사들이 아시아에 왔을 때, 아시아인들의 관심을 끌었던 것은 무엇보다도 자연과학이었다. 처음 그리스도교가 환영받게 된 것도 선교사들이 함께 가져온 근대 과학이 가지고 있던 탁월성과 유용성 때문이었다. 이 비그리스도교적인 세계에서 과학과 그리스도교는 분리될 수 없는 것으로 과학의 그리스도교의 필수적인 부분처럼 생각되었다. 선교사들 역시 공공연하게 그들의 선교와 복음전도를 위해서 과학을 사용했다. 예컨대, 마테오 리치Matteo Ricci(1552-1610)는 '신흥 물리학'을

---

8) 마이클 루스, 『진화론의 철학』(서울: 아카넷, 2004) 참조.

9) John Polkinghorne, *Belief in God in an Age of Science* (New Haven, C.T.: Yale University Press, 1998), 112-13.

10) Wilfred Cantwell Smith, "The Christian in a Religiously Plural World," in *Christianity and Other Religions*, ed. John Hick and Brian Hebblethwaite (Philadelphia: Fortress Press, 1980), 91.

"그리스도교 신앙과 예수 그리스도 계시의 토대"라고 소개했다.[11] 또한 가톨릭 선교 프로그램의 하나로써 유클리드의『기하학 원론』같은 과학 분야의 고전들이 번역되었다.

이제 자연과학도 객관적이고 공평한 역할을 한 것만은 아니었다는 것이 의심할 수 없는 사실로 받아들여지고 있다. 서구 그리스도교 세계는 식민주의, 오리엔탈리즘 그리고 문화적 제국주의를 퍼뜨리고 정당화하기 위한 수단으로 자연과학을 활용했다. 자연과학 그 자체도 중립적이 아니고 문화의존적culturally dependent이라는 것도 분명한 사실이다. 따라서 '다리 놓기'라는 메타포는 부정확할 뿐만 아니라 그것이 서구의 과학적 사고의 헤게모니라는 개념에 부합하고 있다는 점에서 오해의 여지도 함께 가지고 있다. 그러므로 종교와 과학의 서구식 대화는 아시아 그리스도교적 관점에서 '의심의 해석학hermeneutics of suspicion'을 가지고 재평가되어야 한다.

2) 그리스도교의 제3시대

개신교와 가톨릭교회를 총망라하여 에큐메니칼하게 아시아에 퍼져 있는 그리스도교 신학자들이 1997년 수원에 모여 아시아신학자협의회 Congress of Asian Theologians(CATS)를 구성했다. 그 CATS의 창립총회에서 아시아 신학자들은 세계 그리스도교의 제3시대가 도래하였음을 천명했다. 그리고 "에큐메니칼 운동과 제2차 바티칸 공의회가 우리에게 물려준 선교 패러다임을 넘어선 제3세대의 선교학"의 필요성을 주창했다.[12]

---

11) Scott W. Sunquist, ed., *A Dictionary of Asian Christianity* (Grand Rapids: Eerdmans, 2001), 703, 703-5. 또한 Jacques Gernet, *China and the Christian Impact: A Conflict of Culture*, trans. Janet Lloyd (Cambridge: Cambridge University Press, 1985), 20-22, 57-63 참조.

12) *Proceedings of the Congress of Asian Theologians* (CATS), 25 May-1 June 1997, Suwon,

나아가 CATS는 제3차 총회에서 다음과 같은 협의회 성명을 발표했다.

이 협의회는 아시아의 풍부한 종교적 전통의 다양성 가운데 새로운 기독교
적 삶의 패러다임을 굳건히 하고 발전시키는 것을 그 목표로 하였다. 우리
는 아시아에서의 기독교 선교는 그 본래의 목표에 따라 평가해본다면 많은
부분에서 실패했음을 인정한다. 그 실패의 원인은 그에 적용된 무익한 종
교신학과 선교학에 있다[고 평가한다]. … 그러나 하느님에 대한 경험은
외부로부터 도입되어야 하는 것이 아니며, 이미 거기에 존재하고 있다.
하느님은 아시아의 위대한 종교들과 민속 종교들 가운데 살아 계시고 역사
하신다. 그리고 그와 같은 종교들은 제도적 기독교에 자주 직접적인 도전
을 주기도 한다. 이제 기독교인들은 하느님께서 이러한 많은 방식으로 이
대륙 안에 구속적으로 현존해 오셨음을 겸허하게 인정해야 한다. 이러한
사실들을 인정하지 못했기 때문에, 아시아에서의 기독교 선교는 거만했고
또한 식민주의적이었다. 그들은 종교다원주의의 가능성을 거부했다.[13]

이에 따라 아시아 신학자들은 신학과 선교학의 새로운 패러다임을 요
청했다. 그리스도교의 제3시대에 유신론theism을 변호하는 변증적이고
교의학적인 모형은 부적절하고, 시대착오적이며, 퇴행적인 것이다. 그러
나 불행히도 이러한 모형들이 종교와 과학의 대화에 여전히 만연하고 있
다. 이언 바버Ian Barbour나 존 폴킹혼과 같은 종교와 과학 대화의 주도적
인물들의 신학 안에서도 찾아볼 수 있다. 바버의 선구적인 저서들에서

Korea, ed. Dhyanchand Carr and Philip Wickeri (Hong Kong: Continuation
Committee of the Congress of Asian Theologians, 1997-1998) 참조.
13) Daniel S. Thiagarajah and A. Wati Longchar, eds., *Visioning New Life Together among
Asian Resources: The Third Congress of Asian Theologians* (Hong Kong: CCA, 2002), 294-95.

다음과 같은 유신론을 변호하기 위한 변증학이 아직 핵심적인 주장으로 남아 있다: "간단히 말해, 유신론은 본질적으로 과학과 충돌하는 것이 아니라, 유물론적 형이상학과 충돌하는 것이다."14) 이론물리학자의 견지에서 과학시대에 이를 테면 니케아 신조Nicene Creed 같은 정통적인 그리스도교 신앙을 과감하게 재공식화한 폴킹혼의 작업은 세속화된 유럽의 정황에서는 정당성이 있다고 볼 수 있다. 그러나 식민주의적인 선교사들이 포함砲艦의 끔찍한 위협을 동원해가며 그리스도교 정통주의를 포교했던 아시아적 정황에서는 이러한 태도는 의문의 여지가 있는 것이다.15) 그것은 CATS의 다음과 같은 선언에서도 표출된다.

> 아시아에서 근대적 선교의 시대는… 대부분 다른 신앙들에 대해 적대적이고, 공격적이고 심지어는 교만하기까지 한 태도들을 동반한 음울한 시기였다. 아시아의 지역 문화들과 종교 전통들은 자주 열등한 것으로 간주되었고 따라서 기독교와 서구 문화 전통들에 의해서 대체되어야 할 것처럼 여겨졌다. 일반적으로 선교적 실천이란 타 종교에 속한 사람들을 개종하고 세례를 주는 일과 아시아인들의 존엄성과 정체성에 대한 고유한 관념을 구성하는 사회적, 문화적 그리고 종교적 가치들을 희생해서라도 교회를 확장하는 일과 같은 것들을 말하는 것이었다.16)

아시아 그리스도인들의 눈으로 볼 때, 과학과 종교 사이의 대화에서도 그와 같은 변증적이고 교의학적인 패러다임들이 여전히 위세를 떨치고

---

14) Ian G. Barbour, *Religion and Science: Historical and Contemporary Issues* (San Francisco: HarperSanFrancisco, 1997), 80.
15) John Polkinghorne, *The Faith of a Physicist: Reflection of a Bottom-Up Thinker* (Minneapolis: Fortress Press, 1966) 참조.
16) Thiagarajah, *op. cit.*, 294.

있다는 것은 상당히 의심스러워 보인다. 무엇보다도 그러한 패러다임들은 서구 그리스도교의 헤게모니를 영속화하려는 시도하에서 복음 전도와 문화제국주의를 전파하기 위한 선교 정치적 첨단 책략으로 또다시 악용될 수 있다는 약점이 있다. 그와 같은 선교학적 오류들이 '종교와 과학의 대화'라는 미명하에 다시금 반복될 가능성도 있다는 점에 대해 아시아 그리스도인들은 민감한 반응을 보일 수밖에 없으며, 따라서 대안적 대화 패러다임을 추구한다.

3) 종교 간의 대화의 필요성(The Interreligious Imperative)

아시아의 가장 큰 특징의 하나는 종교의 다양성이다. 따라서 종교 간의 대화와 실천은 매일매일의 삶 속에서 일어나는 일상적인 일이다. 아시아 그리스도인들에게 '종교 간의 관계'라는 개념은 단지 어떤 가설적 구성물이 아니라 생생하게 살아 있는 실재이다. 알로이시우스 피에리스Aloysius Pieris는 그 점에 대해 다음과 같이 말했다.

> 서양은 세계의 모든 종교를 연구하는 반면에 동양은 단순하게 그것들을 실천한다고 보통 알려져 있다. 서양의 많은 대학에서 종교가 '분과'인 것처럼 서양 사람들의 삶에서 종교는 하나의 '분과department'에 불과하다. 그러나 동양에 살고 있는 우리에게 종교란 곧 삶이다. 이러한 차이점은 종교 간의 대화에서도 마찬가지이다: 서양에서는 그것이 학문적인 사치의 하나이겠지만, 동양에서는 삶의 방식(modus vivendi)이다. 다종교적 동양 사회에서 종교들 간의 마주침은 총체적 심리-사회학적인 긴장과 함께 매일매일의 삶 속에서 경험된다.[17]

17) Aloysius Pieris, *Love Meets Wisdom: A Christian Experience of Buddhism* (Maryknoll, N.Y.: Orbis Books, 1988), 3.

더욱이 다원적 종교 현상은 더 이상 아시아에만 국한되는 것이 아니라, 사실상 전 세계 차원의 현상이다. 런던이나 파리, 암스테르담, 뉴욕, 로스앤젤레스, 시카고나 샌프란시스코와 같은 전통적인 그리스도교 도시들에서 불교의 선禪 수행 센터를 발견하거나 혹은 태극권과 도교, 그리고 유교의 가르침을 실천하는 사람들을 발견하는 것은 결코 어려운 일이 아니다.18) 종교 간의 대화는 오늘날의 신학에서 이미 중요한 부분을 이루고 있다. 이에 따라 트레이시David Tracy는 "종교들 간의 대화는 더 이상 사치가 아니라 신학적 필연이다"라고 주장했다.19) 이것을 좀 더 직접적으로 말한다면, '대화 아니면 죽음dialogue or die'의 양자선택의 문제이다.20)

3. 방법론: 겸허의 삼중적 대화Trilogue of Humility

1) 겸허의 방법론A Humble Approach

종교 간의 대화를 통해 얻는 경험과 통찰은 종교와 과학 간의 대화를 훨씬 효과적인 패러다임으로 발전시킬 수 있는 유익한 단초를 제공할 수 있다. 필자는 효과적인 종교 간 대화를 하기 위해서는 두 개의 방법론적 단계를 구성해야 한다고 주장해왔다. 즉 '서술-비교적descriptive-comparative 단계'와 '규범-구성적normative-constructive 단계'가 그것이다.21)

---

18) Roberts Cummings Neville, *Boston Confucianism: Portable Tradition in the Late Modern World* (Albany: State University of New York Press, 2000); Diana L. Eck, *A New Religious America: How a "Christian Country" Has Now Become the World's Most Religiously Diverse Nation* (San Francisco: HarperSanFrancisco, 2001) 참조.

19) David Tracy, *Dialogue with the Other: the Inter-Religious Dialogue* (Louvain: Peeters Press, 1990), 95.

20) Diana L. Eck, *Encountering God: A Spiritual Journey from Bozeman to Banras* (Boston: Beacon Press, 1993), x.

여기서 서술-비교적 단계는 종교 간의 대화, 규범-규성적 단계는 종교신
학에 해당한다고 할 수 있다. 또한 이들은 이안 바버가 제시한 과학과
종교의 네 가지 관계 유형 중에서 '대화'와 '통합'의 유형과 유사하다. 그러
나 이 단계들을 연속적으로 구분하여 등치한 것이 바버의 유형론의 문제
점이다. 왜냐하면 사실상 이 두 단계는 서술성과 규범성descriptive vs. nor-
mative이라는 두 가지 서로 다른 해석학적 견해가 있기 때문이다.

첫째, 서술-비교적 단계에서는 '경敬(reverence)'의 태도, 곧 타자인 상
대방의 견해와 기본적 전제를 존중해주는 인식론적 겸허가 필요하다.[22]
자신의 범주적 도식 안에 타인의 사상을 부당하게 끌어넣으려는 아전인
수적 비교는 화이트헤드Whitehead가 지적한 바와 같이 '오도된 구체성의
오류the fallacy of misplaced concreteness' 또는 범주적 착오이다. 온전한
종교 간의 대화를 위해서는 이러한 범주적 착오를 범하지 않기 위해 주의
를 기울여야 한다.[23] 대화의 당사자들은 자신의 입장을 설명하는 서술적
descriptive인 입장에서 접근해야지, 상대방에게 처방을 내려주는 듯한 지
시적prescriptive 입장을 취해서는 안 된다. 유익한 대화를 위해서는 심지
어 자신의 선험적 공리를 유보할 겸허와 아량, 말하자면 '신앙적 불가지론
faithful agnosticism'이나 판단중지epoche를 시행할 각오가 필요하다.[24]
이러한 단계에서 바버처럼 유신론의 당위성을 설득하려 하거나, 폴킹혼
처럼 교리적 선포를 하는 것은 부적절하며 오히려 위험한 태도이다. 더욱

---

21) Heup Young Kim, *Wang Yang-ming and Karl Barth: A Confucian-Christian Dialogue*
(Lanham, M.D.: University Press of America, 1996), 특히 139-41 참조.
22) 한국의 신유교, 특히 퇴계학은 경(敬)의 태도를 중시한다. Heup Young Kim, *Christ and
the Tao* (Hong Kong: Christian Conference of Asia, 2003), 111-16 참조.
23) Alfred N. Whitehead, *Science and Modern World* (New York: Macmillan, 1967), 특히
2장 참조.
24) David Lochheed, *The Dialogical Imperative: A Christian Reflection on Interfaith Encounter*
(Maryknoll, N.Y.: Orbis, 1988), 40-45 참조.

이 신학자들은 서구 그리스도교가 최상이라는 전제하에 무례한 인식론과 윤리적 교만을 가지고 19세기에 그들의 조상이 저질렀던 선교학적 덫에 빠지지 않도록 주의해야 한다. 진심어린 겸손의 태도로, 필요하다면 때로는 자신들의 신학적 의제까지도 제쳐둘 수 있는 용기를 가지고, 종교 간의 대화에서처럼 마음의 문을 열고 타자의 이야기를 경청해야 할 것이다.

그러나 둘째, 규범-구성적 단계에서는 그리스도교 신학자들은 그들 자신과 그들이 속한 그리스도교 공동체를 위한 신학을 구성하는 데 있어서 필요한 자유를 마음껏 누릴 수 있다. '자연의 신학theology of nature'이나 '과학적 신학theology of science'은 이 신학적 단계에서 적합성을 갖게 되며, 이 단계에서 훨씬 큰 설득력이 부여된다. 그러나 어떠한 신학도 완전할 수 없으며, 신학도 결코 '무로부터 창조(creatio ex nihilo)'가 아니라는 점을 유념해야 한다. 신학이란 필연적으로 신학자들의 특정한 사회학적인 위치에서 제한된 종교·문화적 경험들에 의거해서 구성될 수밖에 없다, 그러므로 신학은 어쩔 수 없이 그것을 구성한 신학자의 편견과 한계를 포함할 수밖에 없다. 이러한 측면에서 존 템플턴John Templeton이 제안한 '겸허의 방법론'은 적절하다.

> 겸허의 신학은 편견 없이 개방된 사고를 지지하며, '아마도'라고 하는 임시적인 단어에 의해 제한되는 결론을 지지한다. 그것은 변화와 진보를 지지하며, 하느님에 대한 또는 자연에 대한 어떠한 지식의 진보에도 반대하지 않으며, 오히려 언제든지 지금까지 알려진 것을 재고하고 우리의 지식 배후에 담겨 있는 가정과 전제들을 재고할 준비가 되어 있다.25)

----

25) John Marks Templeton, *The Humble Approach: Scientists Discover God* (Philadelphia and London: Templeton Foundation Press, 1995), 167.

더군다나, 아시아의 다종교적 상황에서 종교와 과학 간의 대화는 필연적으로 다양한 동양 종교들과의 만남, 곧 종교 간의 대화를 수반한다. 다시 말해 그리스도교 신학, 아시아 종교 그리고 자연과학 사이의 '삼중적 대화Trilogue'가 필요하다. 이러한 삼중적 대화 속에서 아시아 그리스도교는 종교와 과학의 대화를 진일보시키고 세계화할 수 있는 매우 큰 잠재력이 있다. 즉 힌두교, 불교, 유교, 또는 도교와 같은 다양한 아시아 종교들과의 대화를 통하여 종교와 과학의 대화가 서구 그리스도교와 유신론의 독점적 지배를 넘어서 진정한 의미의 대화의 가치를 발휘할 수 있기 때문이다. 그러므로 필자는 겸허의 삼중적 대화, 다시 말해 간종교적 및 간학문적 대화를 겸허의 방법론을 통해 통합하고 종교와 과학의 미래적 대화의 실행 가능한 패러다임을 구성해야 한다고 제안한다.

2) 삼중적 대화의 자리(locus): 인간화의 지혜(道)

　　개념이나 방법론 혹은 형이상학을 가지고 서로 다른 전통들을 비교하는 것은 다른 전통의 텍스트에서 자신들의 교리나 의제와 현상학적으로 유사한 것들을 찾아내어 자신의 주장을 정당화하고 미화하려는 지적 놀이를 넘어서지 못할 때 가 많다. 오리엔탈리즘과 탈식민주의 비평은 십자군식의 승리주의로 위장한 채 서구 그리스도인들에 의해 자행된 매우 아픈 역사적 과오들을 들춰내 왔다.26) 그렇기 때문에 우리는 종교와 과학 간에 겉만 그럴 듯한 형이상학적 관념성으로 가득 찬 대화 대신 대안이 될 만한 지점을 찾아낼 필요가 있다.

　　필자는 과학과 종교 간의 만남을 '해석학적 지평들의 융합the fusion

---

26) Edward W. Said, *Orientalism* (New York: Vintage Books, 1979); Bill Aschcroft, Gareth Griffiths, and Helen Tiffin, eds., *The Post-Colonial Studies Reader* (London and New York: Routledge, 1995) 참조.

of hermeneutical horizon'으로 보는 것이 좀 더 적절하다고 주장한다.27) 종교와 과학 양자 모두가 지닌 목적은 무엇보다 완전한 인간성humanity이 지닌 잠재력을 실현하는 것이다. 그러므로 우리는 과학과 종교 사이의 진정한 접촉점을 추상적 형이상학abstract metaphysics, 비교 방법론meth-odology of parallelism, 또는 지식의 인식론epistemology of knowledge이 아니라, 오히려 인간의 인격이나 삶의 방식에 대한 해석학, 인간화human-ization의 정행正行(ortho-praxis), 좀 더 구체적으로 말해서 참된 인간이 될 수 있는 길(道)에서 찾아야 한다.28) 여기에 동아시아의 지혜 전통이 지닌 중요성이 있다. 이 지혜의 중요성은 증명할 수 없는 초자연적 지식을 사변적으로 추정해보는 것보다는 참된 인간화를 위한 실천적 지혜를 구체적으로 구현하는 길을 찾으려는 데 있다.

이러한 관점에서 세계 종교에 대해 서구인들이 일반적으로 알고 있는 지식의 오류를 교정한 한스 큉Hans Küng의 주장은 중요하다. 그동안 세계 종교의 유형을 중근동과 인도에서 기원한 종교들로 환원하는 양극적 유형론이 특히 신학자들 사이에 널리 통용되고 있었다. 큉은 이 견해의 환원적 오류를 지적하면서 대신 동북아시아의 종교를 추가한 삼중적 유형론을 주창했다. 중근동에서 기원한 유대교와 그리스도교, 이슬람교는 "가장 큰 하계河系(river system)를 갖고 있고, 셈족 기원과 예언자적 특징"이라는 공통점이 있다.29) 힌두교와 불교 그리고 인도의 다른 종교들은 "두 번째

27) Hans-Georg Gadamer, *Truth and Method*, 2nd ed., trans. Joel Weinsheimer and Donald G. Marshall (New York: Crossroad, 1989) 참조.
28) 도(道)는 동아시아 종교들 안에서 다양한 함축된 의미로 널리 사용되는 포괄적인 용어이다. 예를 들어, "도(道)란 하나의 길, 즉 하나의 통로이며 진로이다. 그리하여 도는 공통의 은유적인 확장에 의해 고대 중국에서 올바른 삶의 방식, 통치의 방법, 인간 존재의 이상적인 방향, 우주의 법칙, 존재의 생성적-규범적 양식(양태, 진로, 과정)이 된다"(Herbert Fingarette, *Confucius-The Secular as Sacred* [New York: Harper & Row, 1972], 19).
29) Hans Küng and Julia Ching, *Christianity and Chinese Religions*, trans. Peter Beyer (New

로 큰 하계를 갖고 있으며 인도에 기원을 두고 있고, 신비적 특징"이 있다. 그리고 비록 오랫동안 무시되어오긴 했지만, 동북아시아에 기원을 둔 유교와 도교는 지혜적 특징을 지닌 "세 번째로 독자적인 종교적 하계"이다. 이 종교 전통들은 첫째와 둘째 유형들과 모든 '가치의 면에서 동등'한 엄연한 독립적 유형이다.

동북아시아의 종교-문화적 모체religio-cultural matrix는 신유교Neo-Confucianism라고 할 수 있다. 신유교는 11세기에 도교와 불교에 대한 유교적 응답으로서 발생한 후 동북아시아의 가장 특징적이고 공통적인 종교-문화적 속성들을 형성해왔다. 신유교는 하늘·땅과의 조화를 통해 완전한 인간성을 실현하는 인간-우주적anthropocosmic(天人合一) 전망을 그 기조로 한다. 이 전망을 실현하기 위해서 이론과 실천이 일치(知行合一)하는 지혜, 곧 도道를 체득할 것을 강조하고 있다. 그러므로 신유교의 탐구의 주된 목적은 형이상학이나 사변적인 이론을 형성하는 것보다는 도道, 즉 인간 삶의 정행正行을 구현하는 데 있다. 신유교는 관계성들의 '구체-보편적' 연결망을 통해 개별적 그리고 집단적인 자기수양(修身, self-culti-vation)을 실천함으로써 도의 구체화를 실현할 수 있다고 주장한다.[30]

성화sanctification는 이러한 신유교의 수신 사상과 대비할 수 있는 그리스도교 신학의 교의이다. 동북아시아에서 그리스도교가 종교 간 대화를 하기 위한 가장 이상적 자리는 바로 철저한 인간화에 대한 믿음에 있다. 형이상학, 심리학, 혹은 종교철학과 같은 관념론보다는 정행正行(ortho-praxis)의 실천, 곧 수신과 성화가 그러한 자리이다. 이와 유사하게 과학과

York: Doubleday, 1989), xii-xiii. 그리스도교가 단순히 팔레스타인의 종교만이 아닌 것처럼, 유교와 도교 역시 단순히 중국의 종교들이 아니라 동아시아의 종교들이라는 점은 주목할 만하다.

30) Kim, *Wang Yang-ming and Karl Barth*, 33-36, 171-74 참조.

종교 간의 대화를 위한 이상적인 자리도 도에 대한 인간의 공통적 탐구, 즉 상호적인 자기-비판self-criticism과 자기-변혁self-transfor- mation을 통해 과학적 그리고 종교적 지식을 실천적인 지혜가 될 수 있도록 수양하고 성화시키는 일에 있다. 이것은 형이상학적 이론이나 현상학적 비교 혹은 기술적 지식을 넘어서는 구체적 실천의 문제인 것이다.31) 어떻게 새롭게 습득한 과학적 지식과 기술을 사회-생태학적 관계성들의 '사회- 우주적socio-cosmic' 그물망을 통해 삶의 지혜로 바꿀 것인가? 이것이 이제 과학과 종교 사이의 간종교적이고 간학문적인 대화, 즉 과학과 신학 그리고 아시아 종교들 사이의 삼중적 대화에 있어서 핵심적인 문제로 대두되는 것이다.32) 다시 말해서 삼중적 대화의 화두는 자연과학으로부터 새롭게 습득한 지식을 신新 우주적 인간성을 실현하기 위해 유익한 지혜로 계발시키는 자기수양의 길을 찾는 것이다. 이렇게 과학적 지식이 자기수양을 통해 정화된 지혜는 우리로 하여금 통제할 수 없는 상업주의의 탐욕과 끝없이 편리를 추구하는 이기적 욕망들을 극복할 수 있게 하고, 사회우주적인 그물망 속으로 삶의 도를 충만하게 구체화할 수 있는 능력을 부여해줄 것이다. 그러므로 이 화두는 바로 종교적 영성을 가리킨다.

---

31) 지식과 행위의 일치를 추구하는 신유교의 교리(특히 왕양명)는 지식과 실천의 이분법을 배격하고 그 둘 사이의 존재론적 일치를 역설한다(같은 책, 29-32 참조). 또한 Daniel Hardy, "The God Who Is with the World," in *Science Meets Faith*, ed. F. Watts (London: SPCK, 1998), 136-37 참조.

32) Kim, *Christ and the Tao*, 142-48. 필자는 신학에 있어 도의 패러다임(theo-tao)이 정언(正言)의 패러다임(theo-logos; 예컨대 과학과 신학의 대화에 있어서 형이상학적 신학)과 정행(正行)의 패러다임(theo-praxis; 생태학적 윤리학) 사이에서 동시대의 그리스도교 신학 안에 존재하는 이분법을 극복할 수 있다고 제안했다; 같은 책, 135-54, 155-82 참조.

4. 내용Contents: 몇 가지 예비적인 제안들

종교 간의 대화에서 얻은 교훈들과 아시아 종교들의 통찰을 더함으로써, 겸허의 삼중적 대화는 과학과 종교 간의 대화가 서구 그리스도교의 틀 안에 머물고 있는 지금까지의 한계들을 넘어서 발전해가고, 다종교적 세계의 현실을 포용할 수 있는 국제화를 가능하게 할 것이다.[33] 필자는 이러한 미래의 과제들에 대해 다음과 같이 예비적으로 제안한다.

1) 과학과 종교 간의 대화를 위한 우선적 자리는 이론적 형이상학, 곧 지식에 관한 것이라기보다는 상호적인 자기혁신, 다시 말해 수신과 성화를 통해서 이룩할 신 우주적 인간성에 대한 공통적 탐구 안에 있는 삶의 도(길), 곧 지혜에 관한 것이어야 한다. 또한 종교 간의 대화inter-religious dialogue와 종교간 내적 대화intra-religious dialogue 사이의 차이점이 과학과 종교의 대화를 위해 도움이 될 수 있다(R. Panikkar).[34] 대화의 우선적인 목적은 한 종교의 전제나 이론 혹은 사고체계를 변증하기 위한 것이나, 대화 상대자를 개종시키기 위한 것이어서는 안 된다. 대화의 목적은 무엇보다 자기비판self-criticism, 교차-검증cross-examination, 그리고 자기혁신self-transformation을 통해 서로 배우고 성장하기 위한 것이어야 한다. 이러한 접근방식을 '겸허의 방법론'이라고 한다.

2) 비존재Non-Being의 실재가 신과학과 그리스도교 신학 모두에게 신빙성이 커지고 있다. 이와 더불어 무無(nothingness)나 공空(emptiness),

----

33) Christopher Southgate et al., *God, Humanity and the Cosmos: A Textbook in Science and Religion* (Edinburgh: T. & T. Clark, 1999), 230-31 참조.
34) R. Panikkar, *The Intrareligious Dialogue* (New York and Ramsey: Paulist Press, 1978) 참조.

허虛(vacuity)와 같은 동양적 개념들을 과학과 종교 간의 대화의 발전을 위해 진지하게 성찰해볼 가치가 있다.35) 신정론의 문제를 설명하는 데 있어서 '절대적 무Absolute Nothing'로서의 신론이 겸비kenosis론보다 더 가능성 있는 신학적 전략을 구성할 수 있다. 왜냐하면, 겸비론은 인격적 하느님과 신적 전능성이라는 보수적인 교리를 옹호하고 신정론적 오류를 회피하기 위해 고안된 논리적 귀결이라고 볼 수 있기 때문이다. 이것은 '비존재로부터 존재로'인가? 아니면 '존재로부터 비존재로'인가 하는 하나의 논리적 대립이라고 할 수 있다. 과학적 물질주의scientific materialism를 이구동성으로 비판하지만, 과학과 종교의 대화에 참여하는 신학자들의 대부분이 아직도 그 물질주의의 기초가 되는 본질주의essentialism와 실체론substantialism이라는 옛 습관을 버리지 못하고 있는 것 같다. '존재 being'보다는 '과정becoming'에 초점을 맞추는 과정신학의 대안적 전략 역시 만족스럽지 못하다. 왜냐하면, 그 핵심 역시 실체로서 존재의 '양극적 하느님the bipolar God'이라고 하는 형이상학적 이원론과 연관되어 있기 때문이다. 그렇기 때문에 무無에 대한 숙고는 근대 서구의 신학적 사유방식이 가지고 있는 이러한 근본적인 딜레마를 극복하는 데 좋은 대안이 될 수 있다. (그리스도교 영성 전통에서 이러한 것들의 단초를 찾아낼 수 있다. 문자의 한계와 개념적 표현의 속박을 넘어서고자 했던 반표현주의적apophatic 전통과 실증주의적 오류를 극복하기 위하여 차라리 부정의 길(*via negativa*)을 택했던 부정신학이 그러한 것들이다).36)

---

35) Fritzof Capra, *The Tao of Physics: An Exploration of the Parables Between Modern Physics and Eastern Mysticism*, 2nd ed. (Boston: Shambhala, 1983), 특히 208-23 참조.
36) Heup Young Kim, "The Word Made Flesh: A Korean Perspective on Ryu Young-mo's Christotao," *One Gospel—Many Cultures: Case Studies and Reflection on Cross-Cultural Theology*, ed. Mercy Amba Oduyoye and Hendrik M. Vroom (Amsterdam: Rudopi, 2003), 143-44; idem, *Christ and the Tao*, 167-72 참조.

3) 『과학이 종교를 만났을 때When Science Meets Religion』라는 바버의 저명한 저서에서 제목으로 표출된 것처럼, 직선적인 시간관과 공간에 대한 시간의 우월성이라고 하는 그리스도교의 전통적 전제는 신학과 과학의 대화에서 여전히 두드러지게 나타나고 있다.[37] 이러한 시간 중심적 사유는 공간의 중요성을 인식하고 강조하는 신과학과 동양 종교의 사유들의 견지에서 철저히 재고되어야 한다. 뿐만 아니라 서구 사상에서, 그리고 종교와 과학 간의 대화에서도 여전히 만연하고 있는 인과율의 논리 역시 동양사상의 개념적 근본이 되고 『역경易經』 사상의 기조인 동시성synchronicity의 입장에서 재평가되어야 한다. 예컨대, 동시성의 가능을 위해 칼 융Karl Jung이 역경 번역서 서문에서 언급한 다음과 같은 말을 깊이 음미해볼 필요가 있다: "동시성은 시공간에서 사건이 동시에 발생하는 것을 단순한 우연성으로 간주하기보다는 그것을 넘어선 어떤 무엇이라고 본다. 즉 관찰자나 관찰자들의 주관적(심리적) 상태뿐만 아니라 그들 사이에서 발생한 객관적인 사건들 사이의 특별한 상호의존성을 말한다."[38]

4) 과학과 종교의 대화에서 관용적으로 쓰이는 '자연自然'이라는 용어에 대한 희랍사사에 영향을 받은 서구 그리스도교 신학의 전통적 이해에는 문제의 소지가 있다. 왜냐하면, 그것으로는 초자연인 것과 자연적인 것 사이의 계층적 이원론에 의해 계승되어온 자연적인 것에 대한 경멸적인 함축을 피할 수 없기 때문이다. 겸비 또는 자기비움kenosis이라는 개념이 도움이 될 수도 있지만 그것 역시 여전히 이원론의 흔적이 남아 있고 그 정의 자체가 모호하기 때문에 만족스러운 대안은 아니다. 그와 같은

---

37) Ian Barbour, *When Science Meets Religion: Enemies, Strangers, or Partners?* (San Francisco: HarperSanFrancisco, 2002) 참조.
38) C. G. Jung, "Foreword," in *The I Ching or Book of Changes*, 3rd ed., trans. Richard Wilhelm (Princeton, N.J.: Princeton University Press, 1967), xxiv, xxi-xxix 참조.

점들을 고려해볼 때, 자연과 무위無爲에 대한 심오한 도가적 통찰은 고려해볼 만한 것이다.39) 자연이라는 한자는 '스스로 그러함self-so,' '자발성spontaneity,' '자연스러움naturalness' 같은 함의를 포함하고 있다. 다시 말해서, 자연은 "그 구성요소들의 활동에 대해 정보를 제공하는 체계가 갖고 있는 효과적인 양식"이라 할 수 있다.40) 다른 말로 하면 동양 사상에서 '자연'이란 무엇보다 도의 '스스로 그러한', 자연스런 원초적 나타남이다. 그러므로 한자로 자연과학이란 스스로 그러함의 과학을 말한다. 그것은 단순한 지식이 아닌 지혜를 지칭한다. 성경에 의하면 하느님의 피조물로서의 자연은 선한 것이며, 그 스스로 그러함으로서의 선함을 부정한 것이 사실상 영지주의가 지닌 오류였다. '자연의 신학'이 좀 더 설득력이 있는 개념이 되기 위해서는 이와 같이 동양적 이해를 가미해서 자연을 가리키는 영어 단어 '네이처nature'의 모호성과 한계를 넘어서야 할 것이다.

5) 이러한 스스로 그러함(無爲)에 관한 전망은 자연에 대한 태도를 근본적으로 변화시킬 것을 요청한다. 지배와 통제의 패러다임에서 참여participation와 적절appropriateness의 패러다임으로 변해야 한다는 것이다. 신유교의 참여와 적절(禮)의 패러다임은 모든 만물이 삶의 그물망 안에서 서로 연결되어 있는 유기체적 우주(organic+cosmic) 전체를 생각하고 있다. 이러한 유기우주적인 세계 안에서, 인간 존재는 자연을 지배하고, 조종하고, 통제하기 위한 자기 결정권을 위해 투쟁하는 자율적인 자아ego로서 이해되지 않는다. 그보다는 인간을 신-인간-우주적(theo+an-

---

39) Barbour, *When Science Meets Religion*, 113. 또한, Southgate et al., *op. cit.*, 233-35; Jürgen Moltmann, *God in Creation*, trans. M. Kohl (London: SCM, 1985), 87-88; idem, *Science and Wisdom*, trans. M. Kohl (London: SCM, 2003), 12장 참조.

40) Michael C. Kalton, "Asian Religious Tradition and Natural Science: Potentials, Present and Future," unpublished paper, the CTNS Korea Religion & Science Workshop, Seoul, Janunary 18-22, 2002.

thropos+cosmos) 궤적과 조화를 이루며 서로 연결된 전체에 적절하게 반응하는 책임적인 존재로 보고 있다.41) 이러한 틀 안에서 문제가 되는 것은 인간의 최대한의 유익을 위해 어떻게 자연을 통제하고 감독할 것인가가 아니라 자연이라는 역동적 전체의 흐름을 바르게 분별하고 존경(敬)하는 것이다.42) 따라서 자연과학과 그리스도교 신학, 그리고 아시아 종교들 간의 겸허의 삼중적 대화는 변증법적 이원론이라고 하는 갈등strife과 경쟁의 서양적 모형에 기반을 둔 것이 아니라, 삼위일체적인 태극太極의 상징 속에서 은유적으로 표현되는 것처럼 통전적인 (삼중적) 대화라는 조화로운 동양적 모형에 기반을 둔 것이다.43) 우주적 다양성의 기초로서의 하늘과 땅, 인간의 삼인三因(triad)의 공동체를 품고 있는 통전적 유기우주론이 오늘날 생태학적 전망과 많이 공명한다. 더욱이, 이러한 신유교적 비전이 양자역학quantum physics, 카오스 이론chaos theory, 복잡계complex system, 자기조직화self-organization, 정보체계information system 등과 같은 오늘날의 과학적 탐구의 영역에서 발견한 것들과 보다 잘 어울린다는 주장들이 나오고 있다.44) 앞으로 이것들은 종교와 과학의 토론에서 매우 흥미로운 주제가 될 것이 틀림없다.

41) Kim, *Wang Yang-ming and Karl Barth*, 175-88; idem, *Christ and the Tao*, 155-76 참조.
42) Heup Young Kim, "A Tao of Interreligious dialogue in an Age of Globalization: An East Asian Christian Perspective," *Political Theology* 6/4 (2005), 503-16 참조.
43) Heup Young Kim, "Life, Ecology, and Theo-tao: Towards an Ecumenism of the Theanthropocosmic Tao," *Windows into Ecumenism: Essays in Honor of Ahn Jae Woong* (Hong Kong: Christian Conference of Asia, 2005), 143-46; 또한, Shu-hsien Liu and Robert E. Allinson, *Harmony and Strife: Contemporary Perspectives, East and West* (Hong Kong: Chinese University Press, 1988) 참조.
44) Fritzof Capra, *The Tao of Physics; idem, The Web of Life: A New Scientific Understanding of Living System* (London: Flamingo/Harper Collins, 1996) 참조.

부록

1. 나는 왜 신학자가 되었는가?[1]
- 신학자가 된 우주항공학도의 고백 -

이 글을 시작하면서 제일 먼저 생각나는 것은, 내가 신학교를 가기로 마음먹고 프린스턴 신학원에 원서를 접수해야 할 때 일어났던 에피소드이다. 지원서류 중에 대학 교수들로부터 추천서 두 장을 받아야 했는데, 그것이 어려웠다. 서울공대 재학 시절 사랑해주시던 두 분의 은사께 추천용지를 보내드렸다. 그리스도교 신앙을 모르는 그분들이 신학교 가는 것을 이해하고 추천해주실까 걱정하였는데, 예상한 대로 두 분 모두에게서 전혀 소식이 없었다. 들려오는 소문에 따르면 한 분은 "김흡영이 미쳤군" 하며 화를 내셨다 하고, 다른 한 분은 놀라서 우리 집에 연락해 어떻게 된 일인지 그 연유를 물어왔다고 한다. 그러나 아버님도 아들이 신학교 가는 것에 충격을 받고 있는 차라 대답을 해주지 못했다고 한다. 두 분은 추천서를 쓰지 않는 것이 도와주는 것이라고 생각한 듯 끝내 그것을 보내주지 않았다. 그래서 할 수 없이 나는 그 당시 문리대 교수로 재직 중이던 한 친구와 미국에 있는 벨연구소에서 연구원으로 있던 다른 한 친구에게 거의 강제로 떠맡기다시피 해서 겨우 추천서를 구할 수 있었다. 나중에 우연한 기회로 그중 한 친구의 추천서를 볼 기회가 있었는데, 그것 또한 걸작이었다. 개인적으로는 나를 잘 알지만 신학에 대해서는 그리스도교

1) 이 글은 서울대학교 자연과학대학 소식지 『자연과학』 14 (2003), 111-116에 게재되었다.

신자가 아닌 자기는 잘 모르겠다는 정말 솔직한(?) 내용의 매우 짤막한 추천서였다. 이와 같이 나의 신학에의 길은 시작부터 순탄하지 않았다.

서울공대 조선항공학과가 분리되기 바로 직전 입학한 내가 선택의 여지가 있었음에도 불구하고, 조선과를 택하지 않고 항공과를 택한 것은 하늘을 향한 소망이 있었기 때문이다. 나는 사실 공군사관학교에 지원하고자 했다. 전투기 파일럿이 되어 창공을 마음껏 날고 싶었고, 달에 착륙한 우주탐사선과 우주인들을 TV를 통해 보면서 한국 최초의 우주인이 되겠다는 꿈을 키워왔었다. 그러나 공사 지원은 당시 현역 육군 장성이셨던 아버님의 강력한 반대로 무산되었고, 대신 서울공대 항공과를 선택하게 된 것이다. 그러나 내 눈 앞에 펼쳐진 1960년대 서울공대의 현실을 보고 크게 실망하였다. 우주인이 되겠다는 꿈을 이루기는 거의 불가능한 상황이었다. 그리고 그토록 좋아하던 수학, 물리학 그리고 각종 공학에도 싫증이 나기 시작했다. 특히 모든 것을 기계적으로 환원하고, 정량화하려는 미분방정식에 숨이 막히고 질리기 시작했다. 차가운 기계가 아닌 살아 있는 생명의 숨길이, 숫자와 공식이 아닌 뜨거운 피가 흐르고 심장의 박동이 느껴지는 인간의 손길이 삭막하기만 한 서울공대 공릉동 캠퍼스에서 마냥 그리워졌다. 편중된 과학적 사고에 짓눌려 있던 다른 한 쪽 뇌의 반란이라고 할까, 나의 정신적 방황이 시작된 것이다.

지금부터 말하려는 이야기에는 전도 또는 호교적 의도가 없다는 것을 미리 말해둔다. 오히려 그런 오해의 여지가 있어 지금까지 이 일에 대한 언급을 회피해왔다. 그러나 실제로 있었던 사실을 말하지 않는 것도 또한 진실한 태도가 아니다. 그래서 이번 기회에 그 일에 대해 조금 털어놓고자 한다. 내가 신학을 하게 된 것은 내게는 엄청난 혁명이었다. 내가 그리스도인이 된다는 것조차도 이전에는 매우 어려운 일이었다. 나는 한국의 있는 그대로를 사랑하는 '자랑스러운 한국인'이었다. 한국 종교에도 꽤 관심이 있었다. 유교는 선비 가문의 후손으로서 태어나면서부터 생활의 일부로 젖어 있었고, 한때·도교 특히 노장사상에 심취했었으며, 불교에도 제법 익숙해 있었다. 그리스도교만은 서구의 정신적 침략의 교활한 앞잡이 역할을 한다고 싫어했다. 그러나 그리스도교 신자인 한 여인과 결혼하게 됨에 따라 문제가 발생했다. 유교를 비롯한 한국 전통 문화를 지키려는 나의 성향과 그리스도교 신앙과 현대 교육에 의해 계몽된 처의 가치관에는 큰 차이가 있었다. 그래서 가끔 말다툼이 벌어졌으며, 그때마다 그녀가 던지는 말 중에 항상 마음에 걸리는 한 단어가 있었다. 급하게 되면 그녀는 '하나님'이라는 호칭을 스스럼없이 확신에 찬 표정으로 부르는 것이다. 논쟁이 끝나면 그 하느님이라는 말이 뇌리에서 떠나지 않고 맴도는 것이었다. 그래서 나는 그 하느님을 알기 위해 성경을 읽기 시작했다. 그러나 구약성경에 나오는 난폭한 하느님은 나를 설득하지 못했으며, 신약성경에서 산상수훈을 읽고 원수까지도 사랑하며 살신성인한 예수라는 인물을 만나면서 내 마음에 동요가 일어나기 시작했다.

하지만 예수가 주는 인간적 매력과 감동도 나를 완전히 변화시켜주지는 못했으며, 나를 회심케 한 것은 바로 그 일이 발생하였기 때문이었다. 내가 소위 말하는 종교 체험을 한 것이다. 하느님의 존재를 믿지 않고 버티고 있는 나에게 하느님이 직접 나타나셔서 그가 살아 있다는 사실을 확인시켜준 사건이 일어난 것이다. 그 체험은 자연과학과 공학을 공부했던 내게도 부정할 수 없는 엄연한 사실이었다. 하느님의 존재 사실을 확인한 이상 이것은 나에게 다른 어떤 것과도 비교가 될 수 없는 가장 중요한 실존적 문제로 부각되었으며, 이 궁극적 사실을 더욱 자세히 알기 위해서 신학을 공부할 수밖에 없었다. 다시 말하지만 이 일을 언급하는 것이 매우 조심스럽다. 독자들은 그저 담담하게 들어주기 바란다.

1979년 11월 3일 새벽 4시경 나는 침상에서 몸을 뒤척이며 성경을 읽고 있었다. 그때 갑자기 방문으로부터 한 기운이 짙은 연기를 뭉클뭉클 일으키며 나를 향해 다가오는 것을 느꼈다. 이윽고 그 기운은 내게 다가와 나를 둘러쌌고, 나는 환상을 보게 되었다. 나는 까마득하게 밑이 보이지 않는 한 가파른 절벽 끝 낭떠러지 앞에 서 있었다. 그리고 나는 영원한 나라로 이끌어갈 구세주가 기다리고 계시니 믿고 뛰어내리라는 주문을 받고 있었고, 일단 뛰어내리면 죽게 될 수밖에 없어 보이는 그 심연을 내려다보며 망설이고 있었다. 그래서 문득 뒤를 돌아다보았다. 저 아주 먼 곳에서부터 꼬불꼬불한 길 하나가 원근법을 이루며 바로 내 등 뒤에까지 이어져 있었다. 순간적으로 그 길로 돌아갈까 생각해봤다. 그러나 그렇게 하기가 싫었다. 그 길은 내가 지금까지 걸어온 길임을 직관적으로 알 수 있었기 때문이었다. 그 길은 나에게 진정한 평화와 기쁨보다는 방황과 고뇌를 주었다. 다시 돌아가고 싶지 않았다. 그런데 또 다른 소리가 내게 들렸다. "믿음은 들음에서 나니, 들은 자는 믿고 행할지니라." 나의 마음은 어느덧 작정하고 있었다. "내가 말씀을 믿고 행하오니 뜻대로 하시옵소서!" 이러한 고백을 하며, 나는 낭떠러지 아래로 뛰어내렸다. 그 순간 심연 아래로 떨어져 땅에 몸이 부딪쳐 가루가 될 줄 알았던 나는 반대로 몸이 공중으로 둥실 떠오르는 것을 느꼈다. 그리고 나는 내가 어머님의 품보다도 훨씬 더 포근한 품 안에 안겨서 지금까지는 전혀 알지 못했던 그윽하고 감미롭고 무어라고 표현하기조차 어려운 극치의 평안한 경지 속에 놓인 것을 발견했다. 드디어 성 어거스틴이 그의 유명한 저서 『참회록』에서 고백했던, 하느님의 품 안에 들어가서야 가질 수 있는 진정한 기쁨을 경험하게 된 것이다. 그리고 내게 매우 부드러운 소리가 들려왔다. "흡영아, 내가 너를 얼마나 오랫동안 기다렸는지 아느냐? 이제 기다리고 기다리던 네가 왔으니 나와 같이 영생의 나라로 함께 가자꾸나?" 잠시 후 나는 무릎을 꿇고 온몸을 위로 솟구쳐 오르면서, 부르짖으며 회개하고 기도하고 있는 나를 발견했다. 그리고 나에게 들려오는 소리가 있었다. "고린도전서 4장 1절을 읽으라!" 그 성경구절을 찾아 펼쳐보니 이렇게 기록되어 있었다. "사람이 마땅히 우리를 그리스도의 일꾼이요 하느님의 비밀을 맡은 자로 여길지어다. 그리고 맡은 자들에게 구할 것은 충성이니라." 미워하던 그리스도교로 귀의하게 되고 한층 더 나아가서 목회자와 신학자의 소명을 받게 되는 기상천외한 일이 내게 벌어진 것이었다.

혹자는 이 일을 한 개인의 특정한 심리상태에서 나타난 자기최면이나 환각과 같은 일시적인 심리현상이라고 볼 수 있을 것이다. 그러나 내게 있어서 이 일은 모든 것을 다 바꿔버리고, 오던 길을 바꾸어 전혀 다른 길로 가게 만들었던 엄청난 대사건이었다. 그 후 나는 10년 동안 미국에서 여러 신학교들을 섭렵하며 신학을 공부하였으며, 드디어 조직신학자가 되어 귀국하게 되었다. 우주인이 되고자 하늘을 나는 방법을 연구하려 했던 우주항공학도가 그 대신 하늘나라에 가는 방법을 연구하는 신학자로 변신하여 다시 모습을 나타낸 것이다.

한국인이며 과학의 배경을 가진 신학자로서 나에게 주어진 두 가지의 중요한 주제가 있다. 첫째는 아직도 서구적 모습을 벗어나지 못하는 한국 그리스도교를 한국화하는 것이다. 한국 그리스도인들도 더 이상 서양 그리스도인들의 흉내만 낼 것이 아니라, 우리 있는 그대로의 모습에서 자유롭게 그리스도교 신앙을 가질 수 있어야 한다. 하루빨리 한국 그리스도교가 외래 종교가 아닌 한국 종교의 하나로 정착되어야 한다. 그리스도교의 한국화와 동양화는 이러한 토착화라는 과제로서만 중요한 것이 아니고, 세계 그리스도교의 미래를 위하여서도 매우 중요하다. 그리스도교는 희랍 철학을 중심으로 하는 서구 사상의 옷을 입고 이천 년을 버텨왔으나, 그 옷은 이미 낡아졌고, 이제 새 옷으로 갈아입어야 할 때에 이르렀다. 나의 지론은 그 새 옷의 소재를 한국과 동양 사상에서 찾아내야 한다는 것이다. 이것을 위하여 지금까지 나는 주로 세계 학계를 대상으로 한국 신학과 아시아 신학의 중요성을 주장하며, 종교 간의 대화를 통하여 그 체계화를 추진하여왔다

둘째는 신학과 과학 간의 막힌 담을 여는 것이다. 그동안 신학과 과학은 서로 간의 오해 때문에 충돌한 적이 많으나, 이제 그 태도를 바꾸고 서로 대화해야 할 것이다. 먼저 신학자들과 종교인들은 과학에 대한 무관심과 무지로부터 벗어나 과학이 현대인의 삶을 이루는 구성요소라는 사실을 인식하고, 과학에 대해 올바른 태도를 가지고 열심히 공부하여야 할 것이다. 마찬가지로 과학자들도 과학적 방법론이 절대나 진리 그 자체가 아닌 세상을 보는 한 방법이며, 과학의 발전도 잘못 되면 인간성을 상실하고 생태계를 파괴하는 등 역기능을 초래할 수 있다는 사실을 인정해야 할 것이다. 아인슈타인이 "종교가 없는 과학은 절름발이이고, 과학이 없는 종교는 장님"이라고 말한 것처럼, 과학과 종교는 서로 필요한 동반자이다. 특히 과학 시대인 21세기에 있어서 과학과 종교 간의 대화는 인류의 미래를 위해 매우 중요한 학술적 주제이기도 하다. 이것을 인식한 과학자, 신학자 그리고 종교학자 들이 캠브리지 대학의 수리 물리학자이며 신학자인 폴킹혼John Polkinghorne 교수를 중심으로 모여 2001년 여름 세계과학종교학회International Society for Science and Religion를 창설하였다. 나도 창립회원의 한 사람으로 초빙되어 참석하였으나, 이 모임에는 아직 한국 과학자가 회원으로 포함되어 있지 않아서 유감이었다. 앞으로 많은 한국의 자연과학자들이 과학과 종교 간의 대화에 관심을 갖고, 적극적으로 참여할 수 있게 되기 바란다.

'신학과 동양 종교' 그리고 '신학과 과학'이라는 두 주제는 결국 '신학, 동양 종교, 자연과학 간의 삼중적 대화'라는 명제에 이르게 되었고, 이 삼중적 대화가 현재 내가 현재 추구하는 길이다. 동양 사상의 핵심인 천지

인天地人 삼재三才의 틀에서 말하자면, 신학(그리스도교)은 하늘(天)을, 동양 종교(유교)는 사람(人)을, 자연과학은 우주와 사물(地)을 탐구하는 것이다. 삼라만상을 인간 중심의 분석적, 이원론적 입장에서 보는 것이 아니라, 존재의 근원, 인간, 우주가 연합된 천지인의 시각에서 종합적이고 통전적으로 이해하고자 하는 것이다. 이러한 시도는 새로운 패러다임의 신학을 말하는 것이요, 나는 이것을 종래의 신학theo-logy과 구별하여 도道의 신학theo-tao이라고 지칭한다.2) 우주인의 꿈을 키우며 우주선이라는 기계를 가지고 하늘에 날아오르려 했던 한 우주항공학도는 결국 천지인의 궁극적 자리(太極)에서 하늘나라를 탐구하고 실현하고자 하는 도의 신학자가 된 것이다.

최근 고인이 된 하버드 대학의 생물학자 스티븐 굴드가 과학과 신학을 이렇게 구별한 적이 있다. "우리[과학자]는 어떻게 하늘이 움직이는가를 연구한다면, 그들[신학자]은 어떻게 하늘에 가는가를 결정한다." 그러나 나는 종교들 사이에 그리고 나아가서 종교와 과학 간에 막힌 담을 헐고 서로 대화하며 힘을 합쳐 다 같이 하늘나라에 가는 길을 탐구해보자고 하는 것이다.

---

2) 김흡영, 『도의 신학』(서울: 다산글방, 2000) 참조.

2. 통섭을 반대한다[1]

- 한국 윌스니언의 오류들 -

1. 들어가는 글

이미 기고문을 통해 밝힌 바와 같이, 나는 최근 일부 대학의 스타 교수들이 중심이 되어 구성한 '미래학문콜로키움'에서 학문 융합의 대안으로 제시한 적이 있는 통섭론을 반대한다(「중앙일보」, 2007. 4. 17). 그러나 모두에서 분명히 밝혀둘 것은 내가 학문 간에 쌓인 담을 헐고 미래의 학문 패러다임을 모색하는 근본 취지를 반대하는 것은 결코 아니라는 점이다. 오히려 나는 세계과학종교학회International Society for Science and Religion의 창립정회원으로서 이미 수년 전부터 과학과 종교 간의 대화를 통하여 학제 간의 대화와 통합을 추진해왔다. 통섭의 원어인 'consilience'(어원 'consilere')를 처음 사용한 19세기 자연철학자 윌리엄 휴얼William Wheel이 "jumping together"(더불어 도약함)라는 본래의 뜻대로 정의한 쌍방형 컨실리언스라면 굳이 반대하지 않는다.

내가 반대하는 통섭은 하버드 대학의 사회생물학자 에드워드 윌슨이 그 정의를 축소시켜 주장한 일방형의 환원적 통섭이다. 특히 한국의 통섭

---

1) 이 글은 전상인 · 정범모 · 김형국 공편, 『배움과 한국인의 삶』(서울: 나남, 2008), 318-346에 수록되었다.

376 부록

론자들에 의해 고안된 한자 번역어 '統攝'은 더욱 반대한다.[2] 윌슨의 제국주의적 통섭론도 오류가 많지만, 한국의 윌스니언들은 이보다 한 단계 더 나아가 기존의 '두루 통한다'는 '通涉'이라는 말을 쓰지 않고 일부러 '포섭하여 통제한다'는 의미의 한자를 일부러 찾아내어 사용했다. 이 번역어는 윌슨의 제국주의적 성향을 더욱 심화하였을 뿐만 아니라 과장되어 학계와 일반 대중을 오도하고 있다. 황우석 사태가 우리에게 분명히 보여 준 것은 한국 사회 속에 과학파시즘의 요소가 내재하고 있다는 사실이다. 통섭론은 이러한 과학파시즘을 재발시킬 위험성이 있다.

한 예로 그 콜로키엄이 열린 직후 나는 「교수신문」에서 반대하는 글의 원고 청탁을 받았다. 학계에서 통섭론에 대한 논쟁이 필요하다는 생각이 들어 좀 강하게 비판하는 글을 써서 보내주었더니 「교수신문」은 당초의 약속을 깨고 아예 글을 실어주지 않았다. 그리고 아직까지도 그 이유를 분명히 밝히지 않고 있다. 통섭론이 이미 그 언론사를 그야말로 통섭統攝했기 때문일까? 이것은 황우석의 줄기세포 연구가 한참 기세를 떨칠 때를 기억나게 했다. 그 당시에는 인간 배아줄기세포 연구에 대한 어떤 비판도 용납되지 않았다. 조금이라도 비판하면 그 비판자는 공공의 적이요, 국익에 반하는 배신자로 취급했다. 이런 상황에서 미래학회장 전상인 교수가 반대하는 이유를 좀 더 자세히 개진할 기회를 주어 매우 감사하다.

이 글에서 나는 한국적 상황에서 통섭론이 지닌 오류들을 다음 두 부분으로 나누어 지적하고자 한다. 첫째, 한국 통섭론자들의 근간이 되는 윌슨의 통섭론에 내재한 오류들을 살펴본다. 둘째, 한국 윌스니언들의 확장된, 반맥락적 오류들을 검토한다. 특히 포스트-황우석 상황에서 과연 일부

---

2) 에드워드 윌슨/최재천 · 장대익 역, 『통섭』(서울: 사이언스북스, 2005), 이하 약어 통섭.
  Edward O. Wilson, *Consilience: The Unity of Knowledge* (New York: Alfred A. Knopf, 1998), 이하 약어 WC.

한국 과학자들이 이러한 통섭론을 미래 학문의 패러다임으로 제안할 당위성을 가지고 있는가를 묻고자 한다.

2. 윌슨의 오류들

한국에서는 열렬한 환영을 받고 있는 것과 달리 윌슨의 통섭론에 대한 서구 학자들의 반응은 매우 냉담하다. 신학자, 인문학자, 사회과학자 들은 물론 일반 자연과학자들, 그리고 그의 동료 생물학자들까지도 윌슨을 맹렬하게 비판했다. 한국 독자들에게 이 점이 적절하게 소개되지 않고 있다. 리아 세카렐리Leah Ceccarelli의 저서『수사학으로 과학 만들기Shaping Science with Rhetoric』가 이러한 윌슨의 통섭론에 대한 서구 학자들의 평가를 잘 정리해주고 있다.3) 이 흥미로운 저서에서 그녀는 윌슨을 도브잔스키 Dobzhansky와 슈뢰딩거Schrödinger와 수사학적으로 비교하면서, 윌슨을 독자들을 설득하기에 가장 실패한 과학자로 평가했다.

많은 학자들은 통섭론의 마그나카르타Magna Carta인 윌슨의 저서『통섭』이 지적 오만과 편견으로 가득 차 있다고 분개했다. 그 책은 방어불가능한 치명적인 단점으로 가득 차 있으며, 심지어 자기 과대망상 속에 스스로 순교한 것이라고 혹평했다. 윌슨은 그 본래 의도(consilere)대로 학문 영역 간의 관계를 성취한 것이 아니라, 오히려 그 분리를 더욱 조장하는 결과를 초래했다. 세카렐리는 그 실패의 원인이 윌슨의 타 학문에 대한 그릇된 태도와 그에 따른 수사학적 오류에 있다고 지적했다. 나는 이 지적

---

3) Leah Ceccarelli, *Shaping Science with Rhetoric: The Cases of Dobzhansky, Schrödinger, and Wilson* (Chicago: University of Chicago Press, 2001), 이하 약어 SR. 이하 많은 부분이 이 저서에 의존하고 있음을 미리 밝혀둔다.

에 전적으로 동의한다. 윌슨의 결정적인 오류는 크게 두 가지로 볼 수 있다. 첫째는 그의 타 학문에 대한 정복적 수사학rhetoric of conquest과 계층적 태도, 곧 과학제국주의imperialism이고, 둘째는 그의 근본주의적 환원주의fundamental reductionism이다.

1) 윌슨의 과학제국주의Scientific Imperialism

윌슨이 타 학문에 대해 사용한 수사학은 '협상적'이라기보다는 '정복적'인 것이었다. 그는 지형학적 메타포를 사용해서 인문학과 사회과학은 자연과학이 침범해서 계몽해야 할 영역territory으로 묘사했다. 적의적인 제국주의적 정복과 팽창주의적 전쟁이 필요한 대상 영역으로 서슴없이 규정했다(WC, 204, 321). 물론 인문학 및 사회과학과의 가교bridge 만들기를 언급하기는 했지만, 결코 그들을 동등한 자격으로 간주한 것이 아니다. 그들은 자연과학자(사회생물학자)들이 "마젤란식 항해"를 통한 탐험을 해서 통섭해야 할 변경, 곧 "프론티어frontier"를 말하는 것이었다(WC 267-8, 298). 이 마젤란 항해에서 과학자들은 성배를 찾는 원탁의 기사들처럼 영웅적 탐험가들이고, 인문학자와 사회과학자들은 그들의 정복을 기다리는 게으르고 미개한 원주민들일 뿐이었다(WC, 21, 24, 28).

자기 영역을 넘어서 여행하는 자연과학자들에게는 탐험가, 개척자, 정복자라는 영웅 칭호가 붙여지는 반면, 본토에 남아 있는 원주민(인문학자, 사회과학자)들은 복고적이고 완고하기만 한 골 때리는 오랑캐들로 간주된다. 미국 정치인들, 저명 지식인들, 언론인들이 문제가 많은 것은 그들이 사회과학과 인문학으로만 교육을 받았기 때문이라고 윌슨은 비판한다(WC, 11, 13). 철학은 "가능한 한 많이 과학으로 대체"되어야 할 영역이고(WC, 12), 사회과학은 아직 자기 영역에서 벗어나지 못한 채 "종족적 충성"의 족쇄에 스스로 함몰되어 있다(WC, 191). 인문학은 이미 그 열등성과 과학에 의한 통치를 받아야 할 필요성이 증명되었다. 신학과 서양 철학에 대해서는 더욱 신랄하게 무용론마저 주장한다. 윌슨은 말한다. "이런 주제에 대해 스스로 오랫동안 무언가를 주장해온 신학은 오히려 문제를 망쳐놓았다. 아직도 석기시대의 상식에 기반을 둔 규칙들에 저당 잡혀 있는 신학은 이제 탐구의 문이 활짝 열린 실제세계에 대한 위대한 노력들을 흡수할 수 없다. 그렇다고 서양의 철학이 그런 기능을 해줄 것 같지도 않다. 철학은 꼬여 있는 토론과 전문가적인 소심함 때문에 현대 문화의 의미를 파산시켰다"(『통섭』, 464). 통섭론자들은 신학자들과 철학자들이 이런 오만방자한 말을 듣고도 아무렇지 않게 그들과 대화하리라고 기대하는가?

윌슨은 포스트모더니즘을 격렬하게 거부한다. 그에게 있어서 포스트모더니스트들은 자연과학자들의 위대한 정복을 방해하는 "무정부 상태의 해적 깃발 아래에서 우왕좌왕하는 반역자 선원들"이다(『통섭』, 91). 그러나 그들은 무식하고 게으른 선원들일 뿐이다. 그들의 대장격이 되는 "현란한 몽매주의자" 데리다는 "췌장의 위치도 모르는 심령치료사처럼 무지하다"(『통섭』, 93). 열렬하게 계몽주의를 고수할 것을 주장하며 윌슨은 이처럼 대놓고 포스트모더니즘의 비평이론들을 맹공격한다. 나아가서 그런 자신을 서양-남성 중심적 제국주의자라고 규정해도 좋다고, 자신만만하게 말한다. "원한다면 이 충동을 서양적인 것이라고, 또는 남성 중심적인 것이라고 불러도 좋다. 그리고 꼭 그렇게 해야 한다고 느낀다면 이 충동을 제국주인적인 것이라고 퇴짜를 놓아도 무방하다. 하지만 나는 이 충동이 인간 본성에 있어 기본적인 것이라고 생각한다"(WC, 100, cf.『통섭』, 189).

이러한 윌슨의 제국주의와 팽창주의에 대한 반응 또한 격렬했다. 과학 철학자 그레이엄 버넷Graham Burnett은 윌슨의 통섭론을 "비극"이라고 평했고, 이것은 "우리 같이 다리를 만들고, 우리가 너희 땅을 차지하게 해달라고 효과적으로 제안"한 격이라고 했다.[4] 또 다른 이는 두 문화 간의 "정전"을 제안하고, 바로 그 다음 문장에서 돌변하여 발포함으로 그 짧은 정전을 파기한 것과 같다고 하였다. 과학자들의 반응 또한 비호의적이었다. 프리드먼 다이슨Freedman Dyson은 다음과 같은 이유로 윌슨의 제안을 거부한다고 말했다. "나는 과학의 통일성보다는 문화의 다양성, 생각들의 통섭보다는 민중의 반역성에 더욱 가치를 두고 있기 때문이다. 내게 과학은 인간이란 풍경화를 탐구하는 여러 길 중에 오직 하나일 뿐이다. 그 길이라고 해서 다른 길들을 짓밟는 권한이 있을 수 없다." 동료 생물학자 스티븐 로즈Steven Rose는 타 학문에 대한 윌슨의 경멸적 자세는 용납할 수 없고, 그것은 생물학 자체를 부끄럽게 만들었다고 했다. 다른 과학자들은 윌슨을 "생물학의 이름으로 인문학을 포획"하려고 "습격"한 "캠퍼스 제국주의자"로 표현했다.

사회생물학 프로젝트 자체가 이미 인문학과 사회과학을 생물학의 하위 분야들로 쪼그라들게 하려는 것이었으나, 그것은 『통섭』에서 사용된 제국주의적 정복 메타포에 비하면 약과였다. 윌슨의 "사회과학과 인문학을 향한 철저하게 모욕적인 태도는 그들을 제거 또는 거세해야 한다는 강박관념을 보여주었으며, 그들을 공격해야 할 적으로 취급"했다. 이와 같이 그의 '학제적 제국주의'는 사회과학과 인문학을 완전히 종속시키고 파산시키고자 했다. 심지어 윌슨은 합리적 이성보다 이러한 영역 확장을 위한 식민주의적 충동이 인간의 욕망 속에 깊이 뿌리박혀 있는 기본적 인간 본성이라고 후성법칙epigenetic rule을 내세우며 주장했다(WC, 100, 171-3, 208, 262). 구석기 시대 조상들이 이웃 종족들을 "아직 인간이 아닌

---

4) 이하 윌슨에 대한 비판, SR, 134-7에서 재인용, 필자의 번역.

독살자, 식인종들"(WC, 232)로 상대했던 것처럼 과학자들도 이웃 학자들을 오랑캐로 보고 포획해야 한다는 것이다. 이 얼마나 얼토당토 않는 위험한 주장인가?

2) 윌슨의 근본주의적 환원주의Fundamental Reductionism

많은 과학자들은 이러한 정복적 제국주의뿐만 아니라 이 제국주의의 배경이 되는 윌슨의 이론에도 결함이 있다고 지적한다. 무엇보다도 그의 근본주의적 환원주의가 가장 큰 문제이다. 윌슨은 말한다. "그렇다면 통섭 세계관의 핵심은 무엇일까? 그것은 모든 현상들——예컨대, 별의 탄생에서 사회 조직의 작동에 이르기까지——이 비록 길게 비비 꼬인 연쇄이기는 하지만 궁극적으로 물리 법칙들로 환원될 수 있다는 생각이다"(『통섭』, 460). 환원주의가 과학에 큰 발전을 가져온 것은 사실이지만, 그러나 학계에서는 아직 완전히 결론이 나지 않은 논쟁 중인 원리일 뿐이다(예컨대, 불확정논리). 양자세계, 복잡계 같은 현상들을 단순한 결정론적 법칙들로 환원한다는 것은 불가능하고, 현재는 상향성bottom-up 환원주의가 오히려 밀리고 있는 상황이다.

이러한 상황에서 윌슨은 윤리·사회·정치적 현상마저도 분자 수준으로 환원해야 한다고 고집스럽게 주장한다. 이 환원주의적 주장 역시『통섭』에서 더욱 집요하게 나타난다. 이 환원주의가 바로 인문학과 사회과학이 자연과학, 특히 생물학에 우선권을 내줘야 하는 근거를 제공하기 때문이다. 윌슨은 말한다. "하지만 통섭 세계관의 요점은 인간 종의 고유한 특성인 문화가 자연과학과 인과적인 설명으로 연결될 때만 온전한 의미를 갖는다는 점이다. 여러 과학 분과들 중에서 특히 생물학은 이런 연결의 최전선에 있다"(『통섭』, 460). 환원주의에 형이상학적 측면이 있다는 것을 알고 있으면서도, 그는 끝까지 그것을 옹호하며 완전 통섭론total consilience을 주장한다. "이 입장에 따르면 자연은 물리학의 단순한 보편 법칙에 따라 조직되어 있고 모든 다른 법칙과 원리가 결국에는 이 법칙으로 환원된다"(『통섭』, 115). 그러나 학제 간의 컨실리언스를 처음 제안한 휠러는 환원주의나 계층주의를 주장하지 않았다. 윌슨이 컨실리언스에다 환원주의를 연결하여 통섭을 "고안"해냈다(SR, 140).

더욱이 그는 조셉 니담Josephy Needham을 인용하며 중국 과학이 뒤지게 된 것도 바로 환원주의를 바로 인식하지 못한 것에 기인한다고 단언한다(WC, 30). 환원주의가 과학의 본질적 행위이며, 자연과학의 위대한 성공은 사실 이 환원주의에 의해 성취되었다고 윌슨은 주장한다(WC, 54, 134). 심리학은 인간을 물리법칙에 종속되는 기계로 볼 때, 경제학은 직관에 의한 하향식 추론(사회과학)이 아닌 상향식 환원(자연과학)에 의해 이루어질 때, 성숙한 과학으로 자리매김할 수 있다고 말한다(WC, 42, 118, 206). 윌슨에 따르며 환원주의 방법론을 채택하지 않는 것은 아직 과학이 아니다. 환원주의에 의하여 과학은 승리했고, 사회과학과 인문학은 바로 반환원주의적 태도 때문에 실패했다. 그러므로 윌슨의 통섭론은 한마디로 사회과학과 인문학을 환원주의 방법론으로 재편하자는 것이라 볼 수 있다. 그러나 그의 의도와 달리 이 '토탈 컨실리언스' 기획은 실패했다(SR, 142). 왜냐하면 환원주의는 철학적으로, 실용적으로, 경험적으로 부적절하다고 이미 판명 났기 때문이다. 그러나 이와 같이 이미 본토에서 잘못됐다고 판명 났고 실패한 기획이 한국에 늦게 전파되어 유능한 통섭 전도사들의 화려한 수사학에 의해 성공적으로 부흥하고 있다.

컴퓨터 과학자 로버트 버윅Robert Berwick은 "환원주의가 결코 승리한 적이 없다"라고 했고, 생물학자 스티븐 로즈Steven Rose는 "시대에 뒤떨어진" 것이라 했다. 이외에도 "이해불능한 어리석음"이라 하는 등 과학자들은 거의 이구동성으로 윌슨의 고집스러운 환원주의를 비판했다.[5] 사회

과학자들과 인문학자들도 윌슨의 통섭론에서 초-계몽주의적 환원주의
가 가장 큰 결함이라고 보았다. 리처드 로티Richard Rorty는 환원주의가
항상 최고였다는 윌슨의 주장은 허구이고, 통섭은 "비버(海狸)의 꼬리를
그것의 이빨과 통합하려 하는 것과 같다고" 일축했다. 윌슨 지지자들 중에
서도, 사회생물학의 발전을 위해서라도 물리학이 부적절하다고 판정된
환원주의를 넘어서 종합적 방법론을 수용해야 한다고 역설하는 이들이
있었다(Paul Kurtz, Robert May, Charles Gillispie). 물론 윌슨이 유전자와 문
화, 본성과 학습과 같은 이원성에 대하여 언급하지 않는 것은 아니지만,
유전자가 상위이고 문화는 하위라는 계층적 구조를 벗어나지 못했고, 그
역시 결국 인문학자와 사회학자는 자연과학자의 지도를 받아야 한다는
결론에 이른다.

3. 한국 윌스니언들의 확장된, 반맥락적 오류들

윌슨의 이러한 제국주의적 정복 통섭론이 한국에 열렬한 지지 세력과
함께 상륙한 것을 보는 신학자의 마음은 매우 착잡하다. 그리스도교 신학
은 이미 이와 같이 맹렬한 공격을 많이 받아왔다. 칼 마르크스, 니체, 프로
이트가 그 대표적인 예이다. 이 유명한 19세기 그리스도교 비평가들과
유사하게 어렸을 때 윌슨도 성직자가 되는 꿈을 꿨던 열렬한 남침례교
신자였다. 그러나 근본주의적 남침례교 교회는 과학도가 된 그를 실망시
켰고, 결국 그는 교회를 떠나 진화생물학에 귀의했다. 그러나 통섭론에
사용된 윌슨의 수사학와 환원주의 도그마를 보면 그가 어렸을 때 참석했

---

5) 윌슨의 환원주의에 의한 비판은 *SR*, 142-145 참조.

던 부흥회에서 카리스마적인 부흥사들에게서 들은 꼴통 보수 그리스도교의 교리적 호교론과 전투적 엑소시즘을 연상케 한다. 더욱이 윌슨의 수사학은 19세기 서구 국가들이 제3세계에 식민지 확장을 위해 빌미로 사용했던 제국주의적 선교 전략을 그대로 빼닮고 있다. 지금은 서구 교회와 지식인들이 그 식민지 정복과 수탈을 큰 역사적 실수로 인정하고 회개하고 반성하고 있는 탈식민지적 상황이다. 그러나 한국의 윌스니언들은 과학의 이름으로 한국에 또다시 19세기 서구식 제국주의의 부활을 조장하는 시대착오적이고 자가당착적인 오류를 범하고 있다.

그나마 윌슨의 통섭론에는 맥락적 당위성이 없지 않다. 서구 문화의 뿌리인 유대-그리스도교 전통이 가끔 과학의 발목을 잡을 때가 있기 때문이다. 사실 한국 통섭론자가 만든 번역어 '통섭'은 서구에서 '학문의 여왕'의 자리를 차지했던 신학이 그동안 누렸던 자리를 표현하는 데 안성맞춤이다. 윌슨은 아직까지 그의 영혼 깊은 곳에 박혀 있는 신학적(교리적) 통섭에 대한 반항적 안티테제로서 과학적 통섭을 주창하고 있다고 볼 수 있다. 그러나 한국적 맥락에서는 이러한 전투적 통섭론을 합리화해줄 어떤 기존의 통섭적 지배 담론이 존재하지 않는다. 유교는 사실상 와해되었고 그리스도교가 한국 문화 속에 제대로 뿌리를 내리기는 아직 시기상조이다. 오히려 그 공백 상태에서 과학이 이미 절대 지존의 자리를 차지하고 있다. 특히 동북아 국가들에게 과학은 모든 이념과 사상을 초월하여 구원의 절대방주로 간주되어왔다. 쉽게 말해서 윌슨이 아무리 통섭론을 떠들어봤자, 유대-그리스도교라는 오랜 전통이 떡 버티고 있어서 서구 사회에게는 큰 변화를 주지 못하지만, 과학이 이미 왕관을 쓰고 지존의 자리에 있는 동북아의 현실에서 통섭론은 과학의 절대군주체제를 가속화할 큰 위험성을 내포하고 있다. 그러므로 한국의 통섭론은 윌슨의 본질적 오류를 훨씬 더 확장시키는 반맥락적 오류를 포함하고 있다.

더욱이 신학 역사 1500년이 준 교훈은 그러한 학문의 통섭은 신, 절대, 궁극의 이름을 붙인다 하더라도 불가하다는 결론이다. 그럼에도 불구하고 통섭론은 과학의 이름으로 그 자리를 탐내고 있다. 아무리 멋지고 강한 원탁의 기사의 갑옷을 입고 덤빈다 할지라도 포스트-모던 시대에 그것은 할리우드 영화로는 대박을 칠지 모르지만 현실에서는 받아들일 수 없고 받아들여져서도 안 된다. 탈식민지적 정황에서, 특히 제국empire의 문제가 다시 부각되는 지금, 과학의 이름으로 오도된 제국주의의 부활을 용납해서는 안 된다. 윌슨의 통섭론은 이미 "종교화된 과학" 또는 심지어 "현대의 미신"이라는 비판을 받고 있다(웬델 베리).6) 일부 한국 통섭론자들이 리처드 도킨스의 아직 가설에 불과한 밈이론마저 들춰내며 통섭론을 미화하고 부추기는 경향이 눈에 띈다. 더구나 한국의 통섭론은 윌슨의 것보다도 더욱 강성이다. 먼저 모든 것을 포섭하여 통제하겠다는 통섭이라는 신조어에 가까운 번역어가 그 속내를 여실하게 노출한다. 창발성을 내놓고 "매우 비겁한 개념"이라고 일축하고, 통섭과 환원주의가 서로 모순인 줄 알면서도 윌슨의 근본주의적 환원주의를 지지하는 것을 자랑스럽게 선언한다(『통섭』, 12-3, 16-7). 한국의 윌스니언들은 통섭 유토피아의 시대착오적이고 자가당착적인 헛된 꿈을 한국에 심고 있다. 그렇다면, 그들이 바라는 것은 과연 무엇인가? 복제인간과 포스트-휴먼을 만들어내어 '세계 최초로' '멋진 신세계'(올더스 헉슬리)를 한국 땅에 실현하는 또 하나의 황우석식 기획인가?

무엇보다도 한국 통섭론자들의 오류는 황우석 사건이 주는 교훈을 망각했다는 것이다. 통섭론의 비상을 목격하며, 한국 과학자들에게 황우석 사건이 저지른 잘못에 대하여 정말 반성하고 그 사건이 갖는 역사적 의미

---

6) 웬델 베리/박경미 역, 『삶은 기적이다』(서울: 녹색평론사, 2006).

를 제대로 인식하고 있는지를 묻고 싶다. 그것은 그야말로 만천하에 한국 과학의 비윤리성을 폭로한(해외 언론에 의하면, "과학 선진국, 윤리 후진국"), 한국 과학자들에 의해 저질러진 국치에 가까운 엄청난 사건이다. 이제 더 이상, 과학 또는 국익의 이름으로, 한국 과학자들이 장밋빛 미래를 제시하며 국민을 선동할 수 없게 되었다. 또한 그 사건은 한국 사회에 과학파시즘적 요소가 존재하다는 것을 여실히 보여주었다. 통섭과 같은 문제가 많은 가설이 이벤트성을 가지고 홍보되고 있는 것을 보면, 아직도 사태의 심각성을 모르고 정신을 못 차리고 있는 과학자들이 있는 것 같다. 이러한 포스트-황우석 상황에서 어떻게 한국 과학자들이 오류투성이인 윌슨의 제국주의적 통섭론을 미래 학문의 패러다임으로 제안할 수 있겠는가?

4. 나가는 글

윌슨의 통섭론은 과학제국주의와 근본주의적 환원주의 등 본질적인 결함이 있다. 그 발생지인 서구와 다른 한국적 상황에서 통섭론은 반맥락적이고, 시대착오적이고 자가당착적인 학문 제국주의를 초래할 위험성이 크다. 더욱이 포스트-황우석 상황에서 통섭론은 미래 학문의 통합 패러다임으로 적절한 대안이 될 수 없다. 컨실리언스의 본래 의미(jumping together)나 두루 통한다는 '通涉'이라면 몰라도 한국 통섭론자들이 채택한 모두를 포섭하여 통제하겠다는 '統攝'은 거부해야 한다.

계몽주의에 대한 모더니티의 실험은 이미 결론이 나고 있다. 분석적, 상향식 환원주의 방법론과 기계론적, 결정론적 세계관은 한계가 있다는 것이 확실해지고 있다. 이것을 오히려 상대성이론, 불확정이론, 양자론과 같은 현대 물리학이 확증해주고 있다. 현대 지성과 현대 과학이 그 계몽주의의 한계를 넘어서 전체, 통전, 종합을 성취하는 포스트모던적 돌파구를 모색하고 있다. 그러므로 학문 간의 융합과 통합을 추구하는 것도 이러한 포스트모던적 작업의 일환이라고 볼 수 있다. 그런데 이런 포스트모던, 탈식민주의적 맥락에서 오히려 거꾸로 계몽주의적 환원주의와 기계론적 세계관을 고수하겠다는 윌슨의 시대착오적이고 제국주의적인 발상을 채택한다는 것은 도무지 어불성설이다.

사실 자세히 살펴보면 윌슨의 철저한 기계론적 환원주의 통섭론도 도덕적 인간에 의존하는 자가당착적 결론에 도달한다(윌슨은 당초 윤리를 "우리를 협력하게 만드는 유전자가 우리를 기만하는 환상"이라고 주장했다). 생물의 한 종으로서 인간도 DNA를 만들기 위한 생산수단에 불과하고, 물리법칙에 의존한 세포덩어리 기계라고 주장했던 그가 갑자기 태도를 바꿔 인간의 도덕적 창발성을 인정하며 인격성에 간곡히 부탁한다.

> 그리고 잔머리를 굴려 우리의 유전적 본성을 포기하고 만다면 그리고 마치 신이나 된 것처럼 착각하고 오래된 유산을 방기하며 진보라는 이름 아래 도덕, 예술, 가치를 내동댕이친다면 우리는 아무것도 아닌 존재가 될 것이다(『통섭』, 508).

과연 지금 누가 잔머리를 굴리며 도덕, 예술, 가치의 근본이 되는 인간의 위대한 유산을 방기하려고 하는가? 사실 이율배반적 모순 속에서 갈등하고 있는 자신을 향해 윌슨이 설교하고 있는 것이 아닌가? 한국의 열광적 윌스니언들과 그들이 전도하는 통섭론에 큰 기대를 걸고 있는 학자들에게 윌슨의 이러한 자가당착적 모순을 알고 있는지 묻고 싶다.

이와 같이 말썽 많은 통섭이라는 단어보다는 '통융(通融)'(원효-이어령) 또는 '통도중(通道中)'(최한기-정대현)이라는 표현이 낫겠고, 차라리 통합 또는 융합을 그대로 사용해도 좋을 듯하다. 그러나 융합이든 통합이든 어떤 표현을 쓰건 간에 그것을 위해서는 먼저 마음을 터놓고 진술하게 의견을 나누는 대화의 단계가 선행되어야 한다. 그리스도교 신학은 그동안 교파와 종단의 담을 뛰어넘어 타 교파, 타 종교, 타 학문과 대화하고자 많은 노력을 경주해왔다. 그 대표적인 것이 '에큐메니칼 대화', '종교 간의 대화', '종교와 과학 간의 대화'이다. 이러한 경험에서 얻은 교훈은, 윌슨의 통섭론과 같은 근본주의적 태도를 가지고는 충돌conflict하게 될 뿐이지, 결코 진정한 대화dialogue를 할 수 없다는 것이다. 특히 윌슨과 같이 자신만이 모든 대답을 이미 알고 있는 듯한 태도는 금물이다. 상대방의 차별성과 다양성을 인정하고, 다른 입장에서는 자신이 알고 있는 것과 다른 대답이 나올 수도 있다는 것을 인정할 수 있어야, 비로소 대화는 시작될 수 있다. 대화를 위해서는 심지어 자기 생각의 대전제와 판단을 유보epoche해야 할 때도 있다. 먼저 전제 없이 상대방의 이야기를 듣는 서술적인descriptive 의사소통의 단계가 필요하다. 그래야 상호 간에 신뢰가 구축되고, 그 신뢰 위에서 대화가 시작될 수 있다. 그런 후 대화를 통해 건설적인 융합integration을 추구할 수 있는 것이다.[7]

끝으로 2006년 11월, 워싱턴 시에서 개최된 미국종교학회에서 세계휴먼지놈프로젝트의 연구책임자였던 프란시스 콜린스Francis Collins가 행한 강연이 생각난다. 그는 "태초에 관계가 있었다(In the beginning, there is a relationship)"라는 명제로부터 강연을 시작했다. DNA의 정체를 밝힌 그가 유전자의 한계를 인정하며, 유전자 결정론 및 환원주의를 배격하고,

---

7) 과학과 종교 간의 관계에 관한 대표적인 유형론은 이언 바버(Ian Barbour)의 충돌 (conflict), 독립(independence), 대화(dialogue), 통합(integration)이다. 더 자세한 것은, 김흡영, 『현대과학과 그리스도교』(서울: 대한기독교서회, 2006)의 서론, 또한 테드 피터스/김흡영 역, 『과학과 종교』(서울: 동연, 2002)의 제1장 참조.

유전자-문화의 공존 관계가 존재론적이라고 천명하는 것을 보고, 깊은 감명을 받았다. 자연과학자들이 이와 같이 균형 잡힌 태도로, 신학자들, 인문학자들, 사회과학자들에게 마음의 문을 열고 존재론적 공존관계를 인정할 때 대화는 시작될 수 있고, 그 대화가 선행되어야만 미래 학문을 위한 적절한 통합 시나리오가 잉태될 수 있을 것이다.

3. 도올 김용옥의
   그리스도교 비판에 대한 소고[1]

2004년 5월 3일 MBC TV에서 방영된 김용옥의 인기 강연 프로그램 "우리는 누구인가?"를 자의반 타의반으로 시청하게 되었다. 19세기에 활동했던 탁월한 한국 유학자 최한기의 사상을 재조명함으로써 지적 사대주의의 병폐를 극복하고 우리 민족의 자긍심을 고취하겠다는 도올의 의도는 한국 사상과의 접목을 통하여 한국 그리스도교의 새로운 패러다임을 구성하려는 신학자의 한 사람으로서 동감하는 바가 크다. 그러나 이 인기 프로그램의 사회적 영향력을 고려할 때 일반인들의 그리스도교에 대한 바른 이해를 위해 신학자로서 몇 가지를 지적하고자 한다.

첫째, 적절한 그리스도교 비판을 하기 위해서는 현대 그리스도교 신학에 대한 좀 더 충분한 연구와 이해가 필요하다. 도올이 오래전에 한 신학교에서 석사과정을 수료한 적이 있는 것으로 알고 있으나, 현대 신학은 그후에도 많은 발전을 해왔다. 도올은 그리스도교를 일방적으로 유일신 종교라고 단정했다. 그러나 그리스도교는 매우 다양한 해석 전통을 가진 종교로서, 특히 현대 신학은 그리스도교가 유일신주의라기보다는 삼위

---

1) 이 글은 2004년 5월 4일자 「국민일보」 "[김흡영 교수 특별기고] 독선으로 기독교를 폄하 말라"라는 제목으로 제목과 내용이 편집되어 게재되었다. 이것이 본래의 원고이다.

일체적 종교라고 주장한다. 그래서 그리스도교는 유대교와 이슬람교와 구별된다. 삼위일체론의 핵심은 성부, 성자, 성령의 다양한 세 인격이 하나로 통일됨에 있다. 이것은 신학적으로 다양성과 통일성, 구체성과 보편성의 조화, 그리고 정치적으로 획일적 왕정체제보다 다원적 민주주의를 추구한다는 것을 의미한다. 현대 신학은 주기도문에 있는 것과 같이 이 땅에 하느님 나라의 정의를 실현하는 데 그 주안점을 두고 있고, 교회와 천국이 개인주의적 기복신앙에 의하여 사유화되는 것을 비판하면서 적극적 사회참여를 주장하고 있다. 이 점은 한국의 민주화 과정에 한국 그리스도교가 끼친 영향을 보면 알 수 있다.

둘째, 여러 종교들이 상존하는 상황에서 어떠한 이유에서든지 다른 종교 전통에 대해서 독선적인 태도를 갖는 것은 잘못이다. 유일신적 배타성보다는 삼위일체적 다양성과 포괄성을 추구하는 현대 신학은 종교 간의 대화를 적극적으로 추진하고 있다. 진정한 대화는 상대방의 존재와 신앙체계를 인정하고 각자의 독특한 선험적 전제들에 대해서 서로 간의 비판을 자제할 때 가능하다. 그러나 한국 교회가 일반적으로 배타적 태도를 갖고 있는 것은 사실이다. 여기에는 나름대로의 납득할 만한 역사적 이유가 있다. 한국 그리스도교는 한국 종교들 중에서 가장 역사가 짧다. 자리매김을 하는 과정에서 한국 교회는 뿌리 깊은 역사를 지닌 다른 종교들로부터 정체성의 위협을 느껴 자기방어적인 태도를 취하게 된다. 그러나 한국 교회는 이제 배타주의를 지양하고 그리스도교도 한국 종교 중의 하나라는 겸손한 태도를 지녀야 한다. 마찬가지로 다른 종교들도 이것을 인정하고, 텃세를 부리기보다는 존중을 해주어야 한다. 한국 교회의 배타적 태도도 잘못이지만, 비그리스도인들이 그리스도교에 대해서 배타적 태도를 갖는 것도 잘못된 행동이다. 더욱이 한국 교회의 과도한 배타성은 따지고 보면 한국 유교의 족벌지역주의와 무관하지 않다. 모든 종교에는 장단점이 있다. 아무리 내용이 훌륭하더라도 그 역사적 전개에는 많은 문제점들이 따르기 마련이다. 한국 유교에는 문제가 없었던가? 족벌주의, 학벌주의, 지역주의, 성차별 등 오늘날 한국 사회의 가장 큰 문제들은 한국 유교에서 비롯된 것이 아닌가? 한국 그리스도교가 오히려 이러한 한국 유교의 문제점을 바로 잡아주는 역할을 하지 않았던가?

셋째, 한국적/비한국적, 동양적/서양적, 또는 '우리'/'남' 하는 이분법적 단순 구도의 수사학은 부적절하고 자기모순적이다. 왜 19세기의 최한기의 사상만이 우리의 것인가? 세계의 유래가 드문 자생적 한국 천주교를 발생시킨 이벽, 권철신, 정약용 등의 천주학적 실학사상은 우리의 것이 아닌가? 그들이 서학을 받아들였기 때문에? 그렇다면 최한기의 기학은 중국의 유교사상과 서학의 영향을 전혀 받지 않았던가? 더욱이 도올은 최한기를 인용하며 술어는 운화하는 세계를 진술할 수 있을 뿐, 하느님과 같은 관념적 주어는 필요 없다고 주장한다. 그렇다면 "우리는 누구인가?"라는 이 프로그램의 질문도 잘못 설정된 것이 아닌가? 민족적 자긍심을 담지하는 '우리'라는 주어는 예외적으로 필요하다는 말인가? 이것은 자기모순이다. 설혹 그 주어를 인정한다 하더라도, 왜 최한기의 사상과 그에 대한 김용옥의 해석만이 받아들여져야 하는가? 19세기 독일의 신학자 아돌프 폰 하르낙은 『그리스도교의 본질이란 무엇인가?』라는 유명한 저서를 남겼다. 그러나 그리스도교 사상의 본질을 규명하고자 했던 그의 프로젝트는 실패했다. 그리스도교는 시대와 상황에 따라 운화되고 기화되는 역동적 전통이지, 정체적 본질론으로 규명하기는 불가능한 것이다. 마찬가지로 '우리' 또한 끊임없이 변화되는 주체일 뿐, 그 어느 누구도 그것을 독점할 수 없는 것이다. 한국 그리스도교도 이제 '남'이 아닌 엄연한 '우리'의 일부인 것이다.

도올의 강연은 옛날 한 부흥회를 보는 것 같았다. 아마도 어렸을 적에 어머니의 손을 잡고 따라갔던 부흥집회에서 흥미롭게 보았던 부흥사들의 몸짓들이 본능적으로 그를 통하여 나타나고 있는 것은 아닌지? 느브갓네살이라는 막대기를 사용하여 이스라엘을 바로 잡으시고, 칼 마르크스, 니체, 프로이트를 사용하여 현대 그리스도교를 양육하신 하느님께서 이제는 한국 그리스도교의 발전을 위해 김용옥이라는 막대기를 사용하고 계신 것은 아닐까?

4. 김용준의 『과학과 종교 사이에서』 서평[1]

김용준 지음 | 돌베개 | 400쪽 | 2005년

   과학과 종교 사이의 가교를 놓은 '한국 최초의 사상가'로 존경받는 원로
학자 김용준 교수가 그 개념적 지도를 그린 기념비적 작품을 내놓았다.
그가 지난 40년 동안 자연과학과 신학과 철학의 경계를 넘나들며 천착한
연구들을 정리한 4백 쪽에 이르는 방대한 역작이다. 그동안 과학과 종교
사이에서 이루어진 담론들을 자상하게 해설한 귀중한 정보들과 자료들로
꽉 차 있어서 취약한 이 분야를 위한 친절한 안내서가 되기에 충분하다.
이 책은 4부로 구성되어 있다.

1) 이 글은 2005년 4월 25일자 「교수신문」에 〈본격 서평〉으로 게재되었다.

제1부 '인간과 과학'에서 저자는 실존적 인간을 사색한다. 젊은 날 그의 휴머니즘과 로맨티시즘이 물씬 풍기는 대목이다. '사색하는 과학자로서 인간의 실존', 그것이 지금까지 그를 사로잡아왔고, 또한 고뇌케 한 화두였으며, 이 책이 나오게 된 동인이었을 것이다. 그는 고전적 문헌을 들추며 집요하게 그 해답을 추적한다. 이를 위해 인류고고학, 동물행동학, 베르너 하이젠베르크, 닐스 보어, 노엄 촘스키, 자크 모노 그리고 특히 루돌프 불트만, 마르틴 하이데거, 한스-게오르그 가다머에 주목한다. 과학자이면서도 과학은 하나의 방법론에 불과하다는 해석학적 비판을 겸손하게 수용한다. 그러면서도 결코 두 세계를 연결시키는 '실존적 해후'의 가능성을 포기하지 않는다. 그리고 "인간, 종교, 철학 그리고 과학 등의 모든 개념이 인간 문화의 한줄기에서" 나왔다는 잠정적 결론에 도달한다. 그리하여 과학과 종교의 두 영역을 함께 이해할 수 있는 공통 언어의 발견, 나아가서 그 둘을 통합하는 새로운 언어의 탐구에 목표를 둔다.

제2부 '과학과 기독교'에서 저자는 자신의 종교인 기독교를 분석한다. 그는 두 가지의 모태신앙을 가지고 있는 셈이다. 첫째는 어머니로부터 이어받은 기독교요, 둘째는 그의 천직인 과학이다. 그는 이 두 모태신앙 사이에 연결고리를 찾아 나선다. 종교개혁 전통(청교도 정신)이 과학혁명의 모태였다는 막스 베버-유진 클라렌의 이론에 고무된다. 그것을 신학적으로 가능케 한 것은 케플러와 보일이 보여준 것처럼 기독교가 '구원의 종교'에서 '창조의 종교'로 패러다임 변환을 이행했기 때문이라고 조심스럽게 설명해본다. 찰스 다윈, 모노, 리처드 도킨스, 에드워드 윌슨, 나일즈 엘드리지, 대니얼 데닛, 마이클 비히 등이 주도했던 진화론 논쟁을 섭렵하면서, 스티븐 호킹, 빌렘 드레스, 폴 데이비스 등이 제시한 인간 원리를 살펴본다. 특히 종교를 '진화의 잃어버린 고리'라고 주장한 랠프 버후의

과학신학은 주목해야 할 부분이다. 그런데 '고뇌하는 인간 루터'와 종교개혁 사상에 대해 큰 관심을 가지면서도 칼뱅을 언급하지 않는 점이 흥미롭다. 청교도 정신과 창조신학을 선호하는 그의 입장에서는 당연히 루터보다는 칼뱅이 중요할 터인데도 말이다. 칼뱅적 로고스보다는 루터적 파토스를 좋아하는 내면적 성향이 여기에 나타나고 있는 것이 아닐까.

제3부 '몸과 마음'에서 저자는 종교와 과학에 대한 실마리를 급속도로 발전하고 있는 인지과학과 뇌과학에서 찾고자 한다. 몸과 마음의 문제는 바로 과학과 종교의 문제로 연결되기 때문이다. 심신이원론보다는 김재권의 심신수반론과 환원적 물리주의에 관심을 쏟는다. 그러면서도 마크 존슨과 조지 레이코프의 체험주의(신체화)와 제널드 에델만과 안토니오 다마지오의 의식과 자아 형성 과정에 대한 이론에 심취한다. '나'라는 느낌의 신비, 하느님 모듈의 가능성을 기뻐하면서도 지나친 신비주의는 함석헌과 함께 윤리적 이유로 배격한다. "과학은 사고를 위한 언어"라는 견해를 옹호하면서 언어가 생물학적 능력이라는 데 동의한다. 문법유전자, 스티븐 핑커의 멘탈리스(정신어), 최초의 언어(바벨탑 사건)와 사투리에 대한 비교는 흥미롭다. 몸과 마음의 문제는 이성과 감성, 결국 의식과 감각질의 문제로 귀착된다. "자아란 반복적으로 재구성되는 생물학적 상태"이고 이 자아는 개체들 사이에 "설명적 간극"을 유발한다. 그것의 원인인 "외부세계에 대한 주관적 느낌"을 감각질이라고 정의한다. 그러나 여기서 저자의 인간론은 흔들린다. 그동안 간직했던 하이데거, 가다머, 촘스키류의 초월적, 초과학적 인간론이 한계에 부딪친다. 오히려 인간은 물리주의로 설명이 가능한 생물체, 곧 감각질이라는 독특성을 가진 영장류의 한 종이라는 사실이 중요해진다.

제4부에서 저자는 마침내 과학과 종교의 융합 모형으로서 진화신학을 제시한다. 볼프하르트 판넨베르크, 홈즈 롤스턴 3세, 존 호트, 한스 요나스의 신학에서 그 패러다임을 모색한다. 특히 롤스턴의 '고난과 창조'론에 대한 해설은 감동적이고 신학적 심오성이 엿보인다. 또한 그는 마이클 루스의 다윈주의적 기독교 변증에 매료된다. 그러나 자신 속에 여전히 남아 있는 "과학과 종교 사이"가 노출된다. 루스의 논리와 이성의 신과 롤스턴과 호트의 고난과 케노시스의 신 사이에는 간극이 놓여 있기 때문이다. 고난의 하느님, 종말론적 소망을 위해 무한한 개방성을 가진 신론이 대미를 장식한다.

이 책은 난해한 과학과 신학 분야를 비교적 쉽게 이해할 수 있도록 '개념적 지도'를 그려주고 있어, 이 분야에 관심이 있는 후학들에게 좋은 길잡이가 될 수 있을 것이다. 그러나 옥의 티라 할까 아쉬운 점이 있다면, 이 개념적 지도에서 그의 실존을 구성하는 가장 중요한 요소라고 할 수 있는 동양 종교문화가 빠져 있다는 것이다. 자아와 사투리 간의 긴밀한 관계를 이론적으로 옹호하면서도 막상 그 자신은 자기의 사유적 사투리(존재의 제소리)를 무시하는 자기모순에 빠져 있다. 그렇기 때문에 종교와 과학 담론의 자기 신체화를 실천하기보다는 서구의 철학·신학적 언어에서 보편문법을 찾으려는 형이상학에 머물고 있다는 비판을 받을 수 있다.

이 점은 앞으로 이 분야의 2세대 학자들의 학문 방향과 관련된 중요한 문제이다. 탈식민주의 비평, 오리엔탈리즘 등에 의해 서구 학문 속에 포장되어 있는 문화 제국주의가 명확히 폭로되어왔다. 더욱이 종교와 과학의 담론이 유럽 우월주의의 낭만적 환상을 버리지 못한 학자들에 의해 농락당할 가능성이 크다. 이 책에서 높이 평가받고 있는 판넨베르크와 루스는 솔직히 말해서 유럽식 영광과 지배를 포기하지 못한 서구적 사고방식의 소유자들로 보인다. 유럽 신학의 마지막 자존심으로 칭해지는 전자는 이제는 낡은 유럽식 패러다임의 신학을 고집하고 있고, 후자에게서는 서구 기독교 문화 외에는 무지한 세계화가 덜 된 백인 남성의 한계를 발견한다.

앞으로 한국에서 종교와 과학의 담론은 비록 부족하더라도 주체성을 갖고서 전개해 나가야 할 것이다. 단지 서구 담론의 번역 또는 번안 정도의 학문으로서 끝낸다면 한국의 종교와 과학은 여전히 서구 담론의 아류로서 종속적 경지를 벗어나지 못할 것이다. 과학과 종교의 딜레마는 결국 서구 기독교 신학과 현대 과학 사이에 가로놓인 이원론적 간극에 기인하며, 따라서 오히려 한국 학자들이 동양 종교사상적 대안을 가지고 이 분리를 극복할 수 있다. 앞으로 "틀려도 좋으니 맘껏 한번 해보라"는 원로의 말이 듣고 싶다.

| 참고문헌 |

길희성.『포스트모던 사회와 열린 종교』. 서울: 민음사, 1994.

김광식.『토착화와 해석학』. 서울: 대한기독교출판사, 1987.

김균진.『기독교조직신학』 총5권. 연세대학교출판부, 1999.

김경재.『폴 틸리히의 생애와 사상』. 서울: 대한기독교출판사, 1979.

_____.『한국문화신학』. 서울: 한국신학연구소, 1983.

_____.『폴 틸리히 신학연구』. 서울: 대한기독교출판사, 1987.

_____.『해석학과 종교신학: 복음과 한국종교의 만남』. 천안: 한국신학연구소, 1994.

김명룡.『현대의 도전과 오늘의 조직신학』. 서울: 장로회신학대학, 1997.

김병호, 김진규 구성.『아산의 주역강의』 상. 서울: 도서출판 소강, 1999

김석진.『대산주역강해』 상경. 수정판 . 서울: 대유학당, 2001

김양선.『한국기독교해방십년사』. 서울, 대한예수교장로회총회, 1956.

김영한.『21세기와 개혁신학』 총2권. 서울: 한국장로교출판사, 1998.

김용복.『민중과 한국신학』. 서울: 한국신학연구소, 1982.

김지하.『생명』. 서울: 솔, 1992.

_____.『틈』. 서울: 솔출판사, 1995.

_____.『율려란 무엇인가?』. 서울: 한문화멀티미디아, 1999.

김흡영.『도의 신학』. 서울: 다산글방, 2000.

_____.『현대과학과 그리스도교』. 서울: 대한기독교서회, 2006.

김흥호.『다석 류영모 명상록』 총3권. 서울: 성천문화재단, 1998.

_____.『다석일지공부』 총7권. 서울: 솔출판사, 2001.

_____.『제소리』. 서울: 풍만, 1985

_____.『동방의 성인 다석 유영모』. 서울: 도서출판 무애, 1993

니터, 폴 F. 저. 변선환 역.『오직 예수 이름으로만?』. 서울: 한국신학연구소, 1986.

(Knitter, Paul F. *No Other Name?* Maryknoll: Orbis, 1985.)

루스, 마이클.『진화론의 철학』. 서울: 아카넷, 2004.

몰트만. J. 이신건 역.『생명의 샘』. 서울: 대한기독교서회, 2000.

박봉랑.『기독교의 비종교화』. 서울: 법문사, 1976.

_____.『신의 세속화』. 서울: 대한기독교출판사, 1983.

_____.『교의학방법론』 총2권. 서울: 대한기독교출판사, 1986-7.

_____.『신학의 해방』. 서울: 대한기독교출판사, 1991.

박순경.『하나님나라와 민족의 미래』. 서울: 대한기독교출판사, 1984.

_____.『통일신학의 여정』. 서울: 한울, 1992.

박희병.『한국의 생태사상』. 서울: 돌베개, 1999

박영호.『다석 유영모』. 서울: 무애, 1993.

박영호 편.『다석어록(씨올의 메아리): 죽음에 생명을 절망에 희망을』. 서울: 홍익제,
    1993.

박재순.『한국생명신학의 모색』. 서울: 한국신학연구소, 2000.

박종천.『상생의 신학』. 서울: 한국신학연구소, 1991

_____.『하느님과 함께 기어라, 성령 안에 춤추라』. 서울: 대한기독교서회, 1998.

변선환 박사회갑기념논문집 간행위원회 편.『종교다원주의와 신학의 미래』. 서울: 종로서
    적, 1989.

변선환 은퇴기념논문집 간행위원회 편.『종교다원주의와 아시아 신학』. 천안: 한국신학연
    구소, 1992.

변선환.『변선환 전집 3: 한국적 신학의 모색』. 천안: 한국신학연구소, 1992.

변선환 아키브 편.『변선환 전집』 총7권. 한국신학연구소, 1996-9.

서남동.『전환시대의 신학』. 서울: 한국신학연구소, 1976.

_____.『민중신학의 탐구』. 서울: 한길사, 1983.

_____.『한 — 신학, 문학, 미술의 만남』. 서울: 분도출판사, 1984.

송길섭.『한국신학사상사』. 서울: 대한기독교출판사, 1987.

왕양명.『전습록』 총2권. 정인재・한정길 역주. 서울: 청계, 2001.

유동식.『한국종교와 기독교』. 서울: 대한기독교서회, 1965.

_____.『도와 로고스』. 서울: 대한기독교출판사, 1978.

_____.『한국신학의 광맥: 한국신학사상사 서설』. 서울: 전망사, 1982.

_____.『풍류도와 한국신학』. 서울: 전망사, 1992.

유동식 고희기념논문집 간행위원회 편.『한국종교와 한국신학』. 천안: 한국신학연구소, 1993.

윤성범.『기독교와 한국신학』. 서울: 대한기독교서회, 1964.

_____.『孝: 서양윤리, 기독교윤리, 유교윤리의 비교연구』. 서울: 서울문화사, 1973.

_____.『한국적 신학: 성(誠)의 해석학』. 서울: 선명문화사.

윤성범 출판위원회 편.『윤성범 전집』총7권. 서울: 도서출판 감신, 1998.

윤철호.『예수 그리스도』총2권. 서울: 한국장로교출판사, 1998.

윤사순.『퇴계선집』. 서울: 현암사, 1982.

이경숙·박재순·차옥숭.『한국 생명사상의 뿌리』. 서울: 이화여자대학교 출판부, 2001.

이덕주.「신학연구의 다양성 ― 성공하는 토착화 신학」. 한국종교학회편.『해방후 50년 한국종교연구사』. 서울: 도서출판 창, 1997.

이덕주·조이제 편.『한국 그리스도인의 신앙고백』. 서울: 한들출판사, 1997.

이상은.『이상은 선생 전집: 한국철학 2』. 서울: 예문서원, 1998.

이성배.『유교와 그리스도교: 이벽의 한국적신학원리』. 왜관: 분도출판사, 1979.

이정배.『토착화와 생명문화』. 서울: 종로서적, 1991.

_____.『(조직신학으로서) 한국적생명신학』. 서울: 감신, 1996.

이정용·이세형 역.『역의 신학: 동양의 관점에서 본 하느님에 대한 기독교적 개념』. 서울: 대한기독교서회, 1998(Lee Jung Young, *The Theology of Change: A Christian Concept of God in an Eastern Perspective*. New York: Orbis, 1979).

이종성.『조직신학 대계』총12권. 서울: 대한기독교출판사, 1993.

_____.『이야기로 푸는 조직신학』. 서울: 대한기독교서회, 1995.

이화대학교한국문화연구원 편.『신학연구 50년』서울: 혜안, 2003.

장동민.『박형룡의 신학연구』. 서울: 한국기독교역사연구소, 1998.

장기근, 이석호 역.『노자·장자』. 서울: 삼성출판사, 1976.

정경옥.『기독교의 원리』. 서울: 감리교회신학교, 1934.

_____.『기독교신학개론』. 서울: 감리교회신학교, 1939.

최진석.『노자의 목소리로 듣는 도덕경』. 서울: 소나무, 2001.

큉, 한스. 『그리스도교: 본질과 역사』. 서울: 분도출판사, 2002.

한국개혁신학회 편. 『열린 보수주의』. 서울: 이레서원, 2001.

한국기독교학회 편. 『한국기독교학회 30년사』. 서울: 대한기독교서회, 2001.

한국여성신학회 엮음. 『다문화와 여성신학』. 서울: 대한기독교서회, 2008.

한신대학신학부교수단 편. 『김재준전집』 총18권. 서울: 한신대학출판부, 1992.

현요한. 『성령 그 다양한 얼굴: 하나의 통전적 패러다임을 향하여』. 서울: 장로교신학대학, 1998.

홍정수. 『베짜는 하나님』. 서울: 조명문화사, 1991.

_____. 『포스트모던 예수 — 감리교회 종교재판의 실상』. 서울: 조명문화사, 1992.

황승룡. 『성령론: 신학의 새 패러다임』. 서울: 한국장로교출판사, 1999.

NCC 신학연구위원회 편. 『민중과 한국신학』. 천안: 한국신학연구소, 1982.

Aschcroft, Bill, Griffiths, Gareth, and Tiffin, Helen. Eds. *The Post-Colonial Studies Reader*. London and New York: Routledge, 1995.

Bonaventure, *The Mind's Journey to God*, tr. Lawrence S. Cummningham. Chicago: Franciscan Heral Press, 1979.

Barth, Karl. *The Church Dogmatics*. 4 vols. G. W. Bromiley and T. F. Torrance (ed. & tr.). Edinburgh: T. & T. Clark, 1932-81.

Barbour, Ian G. *Religion and Science: Historical and Contemporary Issues*. San Francisco: HarperSanFrancisco, 1997.

_____. *When Science Meets Religion: Enemies, Strangers, or Partners?*. San Francisco: HarperSanFrancisco, 2002.

Berkeley, Robert F. and Sarah A. Edwards. *Christology in Dialogue*. Cleveland: Pilgrim Press, 1993.

Berthrong, John. *All Under Heaven: Transforming Paradigms in Confucian-Christian dialogue*. Albany: State University of New York Press, 1994.

Bering, Judith A. *A Pilgrim in Chinese Culture: Negotiating Religious Diversity*. Maryknoll: Orbis Books, 1997.

Boff, Leonard. *Trinity and Society*. Trans. Paul Burns. Maryknoll, N.Y.: Orbis, 1988.

Brooke, John Hedley. *Science and Religion: Some Historical Perspectives*. Cambridge: Cambridge University Press, 1991.

Bateson, Gregory. *Steps to an Ecology of Mind*. New York: Ballantine Books, 1972.

Calvin, John. *Institutes of The Christian Religion*, 2 vols. John T. McNeill (ed.), Ford Lewis Battles (tr.). Philadelphia: Westminster Press, 1960.

Capra, Fritzof. *The Tao of Physics: An Exploration of the Parables Between Modern Physics and Eastern Mysticism*. 2nd ed. Boston: Shambhala, 1983.

_____. *The Tao of Physics: An Exploration of the Parallels Between Modern Physics and Eastern Mysticism*, 3rd ed. Boston: Shambhala, 1991.

Carr, Dhyanchand and Wickeri, Philip. Eds. *Proceedings of the Congress of Asian Theologians (CATS)*, 25 May-1 June 1997, Suwon, Korea. Hong Kong: Continuation Committee of the Congress of Asian Theologians, 1997-1998.

Chan Wing-tsit. *A Source Book in Chinese Philosophy*. Princeton, N.J.: Princeton University Press, 1963.

Cheng, Chung-ying. "The Trinity of Cosmology, Ecology, and Ethics in the Confucian Personhood", in *Confucianism and Ecology: The Interrelation of Heaven, Earth, and Humans*, eds. Mary Evelyn Tucker and John Berthrong. Cambridge, M.A.: Harvard University Press, 1998.

_____. *New Dimension of Confucian and Neo-Confucian Philosophy*. Albany, N.Y.: State University of New York Press, 1991.

Ching, Julia. *To Acquire Wisdom: The Way of Wang Yang-ming*. New York: Columbia University Press, 1976.

_____. *Confucianism and Christianity: A Comparative Study*. Tokyo: Kodansha International, 1977.

Clooney, Francis X. *Theology After Vedanta: An Experiment in Comparative Theology*. Albany: State University of New York Press, 1993.

Cobb, J. B. Jr. *Beyond Dialogue: Towards a Mutual Transformation and Buddhism*. Philadelphia: Fortress Press, 1982.

Cobb, Jennifer J. *Cybergrace: The Search for God in the Digital World*. Crown Pub. Inc., 1998.

Crossan, John Dominic. *Jesus : A Revolutionary Biography*. San Francisco: Harper San Francisco, 1989.

Dawkins, Richard. *The Selfish Gene*, 2nd ed. Oxford, New York: Oxford University Press, 1989.

De Bary, Wm. Theodore. *East Asian Civilizations: A Dialogue in Five Stages*. Cambridge: Harvard University Press, 1988.

Eck, Diana L. *Encountering God: A Spiritual Journey from Bozeman to Banras*. Boston: Beacon Press, 1993.

_____. *A New Religious America: How a "Christian Country" Has Now Become the World's Most Religiously Diverse Nation*. San Francisco: HarperSanFrancisco, 2001.

Fingarette, Herbert *Confucius-The Secular as Sacred*. New York: Harper & Row, 1972.

Gadamer, Hans-Georg. *Truth and Method*, 2nd ed., Trans. Joel Weinsheimer and Donald G. Marshall. New York: Crossroad, 1989.

Gernet, Jacques. *China and the Christian Impact: A Conflict of Culture*. Trans. Janet Lloyd. Cambridge: Cambridge University Press, 1985.

Gilkey, Langdon. *Creationism on Trial*. San Francisco: Harper, 1985.

_____. "Biology and Theology on Human Nature," in *Biology, Ethics, and the Origins of Life*, ed. by Homes Rolston III. Boston and London: Jones and Bartlett Publishers, 1995.

Gort, Jerald. Ed. *Dialogue and Syncretism : An Interdisciplinary Approach*. Grand Rapids: Eerdmans, 1989.

Gould, Stephen Jay, *Hens' Teeth and Horses' Toes: Reflection on Natural History*. New York: Norton, 1983.

Graham, A. C. *Disputers of the Tao: Philosophical Argument in Ancient China*. La Salle, IL: Open Court, 1989.

Grayson, James H. *Korea: the Religious History*. Oxford: Clarendon Press, 1989.

Grenz, Stanley J. *Rediscovering the Trinity in Contemporary Theology: The Triune God*. Minneapolis: Fortress Press, 2004.

Griffiths, Bede. Selected and introduced, *Universal Wisdom: A Journey Through the Sacred Wisdom of the World*. San Francisco: HarperSanFrancisco, 1994.

Hansen, Chad. "A Tao of Tao in Chuang-tzu," *Experimental Essays on Chuang-tzu*, ed. Victor H. Mair .University of Hawaii Press, 1983.

Hastings, Adrian, *The Church in Africa, 1450-1950*. Oxford: Clarendon, 1996.

Hawking, Stephen W. *A Brief History of Time*. New York: Bantam Books, 1988.

Heidegger, Martin. *Hebel: Friend of the House*. Tr. B. Foltz & M. Heim, *Contemporary German Philosophy*, vol. 3. Pennsylvania: Pennsylvania University Press, 1983.

Heim, Michael. *The Metaphysics of Virtual Reality*. Oxford University Press, 1993.

Heyward, Carter. *The Redemption of God: A Theology of Mutual Relation*. Washington, D.C.: University Press of America, 1980.

Hick, John. *An Interpretation of Religion: Human Responses to the Transcendent*. New Haven: Yale University Press, 1989.

Hodgson, Peter C. *Winds of the Spirit: A Constructive Christian Theology*. Louisville, K.Y.: Westminster/John Knox Press, 1994.

_____. *Winds of Spirit: A Constructive Christian Theology*. Louisville: Westminster/John Knox Press, 1980.

Jenkins, Philip. *The Next Christendom: The Coming of Global Christianity*. Oxford: Oxford University Press, 2002.

Kalton, Michael C. *To Become a Sage: The Ten Diagrams on Sage Learning by Yi T'oegye*. New York: Colombia University Press, 1988.

Kant, I. *Religion within the Limits of Reason Alone*. New York: Harper, 1960.

Kaufman, Gordon D. *The Theological Imagination: Constructing the Concept of God*. Philadelphia: Westminster Press, 1981.

_____. *In Face of Mystery: A Constructive Theology*. Cambridge, MA: Harvard University Press, 1993.

Kauffman, Stuart. *At Home in the Universe*. Oxford: Oxford University Press, 1995.

Kim Heup Young. *Wang Yang-ming and Karl Barl Barth: A Confucian-Christian Dialogue*. Durham: University Press of America, 1996.

_____. *Christ and the Tao*. Hong Kong: Christian Conference of Asia, 2003.

_____. "*Imago Dei* and *T'ien-ming*: John Calvin and Yi T'oegye on Humanity." *Ching Feng*, 41:3-4, 1998.

_____. "Toward a Christotao: Christ as the Theanthropocosmic Tao." *Studies in Interreligious Dialogue*, 10:1, 2000.

_____. "The Word Made Flesh: Ryo Young-mo's Christotao, A Korean Perspective." in *One Gospel and Many Cultures*. Mercy Amba Oduyoye and Hendrik M. Vroom, ed. Forthcoming.

_____. "A Tao of Asian Theology in the 21st Century." *The Asia Journal of Theology*, 13:2, 1999.

_____. "Toward a Christotao: Christ as the Theanthropocosmic Tao." *Studies in Interreligious Dialogue*, 10:1, 2000.

_____. "Owning Up to One's Own Metaphors: A Christian Journey in the Neo-Confucian Wilderness." *Third Millennium*, 4:1, 2001.

Kim Kyong Je. *Christianity and the encounter of Asian Religions: Method of correlation, fusion of horizons, and paradigm shifts in the Korean grafting process*. Zoetermeer: Uitgeverij Boekencentrum, 1994.

Kim Yong-Bock. Ed. *Minjung Theology: People as the Subjects of History*. Singapore, Commission on Theological Concerns, Christian Conference of Asia, 1981.

_____. *Messiah and Minjung: Christ's Solidarity with the People for New Life*. Hong Kong, Christian Conference of Asia, 1992.

Klaaren, Eugene M. *Religious Origin of Modern Science: Belief in Creation in Seventeenth-Century Thought*. Grand Rapids: Eerdmans, 1977.

Knitter, Paul. *No Other Name? A Critical Survey of Christian Attitudes Toward the World Religions*. Maryknoll, N.Y.: Orbis Books, 1985.

Kuhn, Thomas. *The Structure of Scientific Revolutions*. Chicago: University of Chicago Press, 1962.

Küng, Hans. *Theology for the Third Millennium: An Ecumenical View*. New York: Doubleday, 1988.

_____. *Christianity: Essence, History, and Future*. New York: Continuum, 1995.

Küng, Hans and Ching, Julia. *Christianity and Chinese Religions*. Trans. Peter Beyer. New York: Doubleday, 1989.

Kwok Pui-lan, *Discovering the Bible in the Non-Biblical World*. Maryknoll: Orbis, 1995.

Lau, D. C. Trans. *Lao Tzu: Tao Te Ching*. Harmondsworth: Penguin Books, 1963.

Lee Jung Young. *God suffers for us: a systematic inquiry into a concept of divine passibility*. The Hague: Martinus Nijhoff, 1974.

_____. *The Theology of Change: A Christian Concept of God in an Eastern Perspective*. Maryknoll: Orbis, 1979.

_____. *Marginality: the Key to Multicultural Theology*. Minneapolis: Fortress Press, 1995.

_____. *Trinity in Asian Perspective*. Nashville: Abingdon Press, 1996.

Lee, Peter K. H. Eds. *Confucian-Christian Encounters in Historical and Contemporary Perspective*. Lewiston: The Edwin Mellen Press, 1992.

Lewantin Richard C. Steven Rose, and Leon J. Kamin. *Not In Our Genes: Biology, Ideology, and Human Nature*. New York: Pantheon, 1984.

Lochheed, David. *The Dialogical Imperative: A Christian Reflection on Interfaith Encounter*. Maryknoll, NY: Orbis, 1988.

Neville, Roberts Cummings. *The Tao and the Daimon: Segments of a Religious Inquiry*. Albany: State University of New York Press, 1982.

_____. *Behind the Masks of God: An Essay Toward Comparative Theology*. Albany: State University of New York Press, 1991.

_____. *Boston Confucianism: Portable Tradition in the Late Modern World*. Albany: State University of New York Press, 2000.

Niebuhr, Richard. *Christ and Culture*. New York: Harper & Row, 1951.

_____. *The Meaning of Revelation*. New York: Macmillan, 1962.

Maguire Daniel. *The Moral Core of Judaism and Christianity: Reclaiming the Revolution*. Philadelphia: Fortress Press, 1993.

Martinson, Paul Varo. *A Theology of World Religions: Interpreting God, Self, and World in Semitic, Indian, and Chinese Thought*. Minneapolis: Augsburg, 1987.

McFague, Sallie. *Metaphorical Theology: Models of God in Religious Language*. Philadelphia: Fortress Press, 1982.

Moltmann, Jürgen. *The Trinity and the Kingdom of God: Doctrine of God*. Trans. Margaret Kohl. San Francisco: Harper & Row, 1981.

_____. *Humanity in God*. New York: Pilgrim Press, 1983.

_____. *God in Creation*. Trans. M. Kohl. London: SCM, 1985.

_____. *The Way of Jesus Christ: Christology in Messianic Dimensions*. Trans. Margaret Kohl. San Francisco: Harper San Francisco, 1990.

_____. *Science and Wisdom*. Trans. M. Kohl. London: SCM, 2003.

Panikkar, R. *The Unknown Christ of Hinduism*. Maryknoll: Orbis, 1964.

_____. *The Trinity and the Religious Experience of Man: Icon, Person, Mystery*. New York and London: Orbis Books & Darton, 1973.

_____. *The Intrareligious Dialogue*. New York and Ramsey: Paulist Press, 1978.

_____. *The Cosmothenandric Experience: Emerging Religious Consciousness*. Maryknoll, N.Y.: Orbis Books, 1993.

Pannenberg, Wolfhart. *Theology and the Kingdom of Go*. Philadelphia: Westminster Press, 1969.

Park Jong Chun. *Crawl with God, dance in the Spirit: a creative formulation of Korean theology of the spirit*. Nashville: Abingdon Press, 1998.

Peacock, Arthur. *Theology for a Scientific Age*. Minneapolis: Fortress Press, 1993.

Pelikan, Jaroslav. *Jesus Through the Centuries: His Place in the History of Culture*. New York: Harper & Row, 1985.

Peters, Ted. *Genetics*. Cleveland: Pilgrim Press, 1998.

Pieris, Aloysius. *Asian Theology of Liberation*. Maryknoll: Orbis, 1988.

_____. *Love Meets Wisdom: A Christian Experience of Buddhism*. Maryknoll, N.Y.: Orbis Books, 1988.

Polkinghorne, John. *Belief in God in an Age of Science*. New Haven, C.T.: Yale University Press, 1998.

_____. *The Faith of a Physicist: Reflection of a Bottom-Up Thinker*. Minneapolis: Fortress Press, 1966.

Rahner, Karl. *Theological Investigations* I. Trans. C. Ernst. Baltimore: Helicon Press; London: Darton, Longman & Todd, 1961.

_____. *The Trinity*. Trans. Jospeh Donceel. New York: Crossroad, 1997.

Richardson, W. Mark and Wildman, Wesley J. *Religion and Science: History, Method, Dialogue*. New York & London: Routledge, 1996.

Said, Edward W. *Orientalism*, New York: Vintage Books, 1979.

Smith, Wilfred Cantwell. "The Christian in a Religiously Plural World," in *Christianity and Other Religions*. John Hick and Brian Hebblethwaite. Ed. Philadelphia: Fortress Press, 1980.

Southgate, Christopher et al. *God, Humanity and the Cosmos: A Textbook in Science and Religion*. Edinburgh: T. & T. Clark, 1999.

Sunquist, Scott W. Ed. *A Dictionary of Asian Christianity*. Grand Rapids: Eerdmans, 2001.

Shannon Thomas A. "From the Micro to the Macro," in *The Human Embryonic Stem Cell Debate: Science Ethics, and Public Policy*, S. Holland, Lebacqz, L. Zoloth. Cambridge, Mass., London: MIT Press, 2001.

Song, C. S. *Jesus, The Crucified People*. New York: Crossroad, 1990.

Smith, Wilfred Cantwell. *The Faith of Other Men*. New York: New American Library, 1963.

Tillich, Paul. *Systematic Theology*, Vol. I. Chicago: Chicago University Press, 1951.

Templeton, John Marks. *The Humble Approach: Scientists Discover God*. Philadelphia and London: Templeton Foundation Press, 1995.

Thiagarajah, Daniel S. and Longchar, A. Watti. Eds. *Visioning New Life Together among Asian Resources: The Third Congress of Asian Theologians*. Hong Kong: CCA, 2002.

Thomas, M. M. *The Acknowledged Christ for the Indian Renaissance*. London: SCM, 1969.

_____. *Risking Christ For Christ's Sake: Towards an Ecumenical Theology of Pluralism*. Geneva: WCC Publications, 1987.

Torrance, T. F. *Calvin's Doctrine of Man*. London: Lutterworth Press, 1949.

Tracy, David. *Dialogue with the Other: the Inter-Religious Dialogue*. Louvain: Peeters Press, 1990.

Tu Wei-ming. *Neo-Confucian Thought in Action: Wang Yang-ming's Youth (1472-1509)*. Berkeley: University of California Press, 1976.

_____. *Humanity and Self-Cultivation: Essays in Confucian Thought*. Berkeley: Asian Humanities Press, 1979.

_____. *Confucian Thought: Selfhood As Creative Transformation*. Albany: State University of New York Press, 1985.

_____. *Centrality and Commonality: An Essay on Confucian Religiousness*. Albany: State University of New York Press, 1989.

_____. *Confucianism in a Historical Perspective*. Singapore: The Institute of East Asian Philosophies, 1989.

Wang Yang-ming. Chan Wing-tsit. Tr. *Instructions for Practical Living and Other Neo-Confucian Writing*. New York: Colombia University Press, 1963.

Watts, Fraser. Ed. *Science Meets Faith*. London: SPCK, 1998.

Whitehead, Alfred N. *Science and Modern World*. New York: Macmillan, 1967.

Wilhelm, Richard. Trans. *The I Ching or Book of Changes*. 3rd ed. Princeton, N.J.: Princeton University Press, 1967.

Wilson, Edward O. *Sociobiology: The New Synthesis*. Cambridge, M.A.: Harvard University Press, 1975.

_____. *On Human Nature*. Cambridge, M.A.: Harvard University Press, 1978.

_____. *Consilience: The Unity of Knowledge*. New York: Vintage, 1999.

Yearly, Lee H. *Mencius and Aquinas: Theories of Virtue and Conceptions of Courage*. Albany:

State University of New York Press, 1990.

Yi T'oegye. *To Become a Sage: The Ten Diagrams on Sage Learning by Yi T'oegye*. Michael C. Kalton. Trans. New York: Columbia University Press, 1988.

Zizioulas, John D. *Being as Communion: Studies in Personhood and the Church*. Crestwood, N.Y.: St. Vladimir's Seminary Press, 1985.

| 찾아보기 |

(ㄱ)

가다머, 한스(Hans-Georg Gadamer) 369, 396

가상현실(virtual reality) 251, 304, 305, 308, 309, 312, 316, 319

가설적 공명(hypothetical consonance) 268

가온찍기 362

가이아 가설 270

간경전적 해석(intertextual interpretation) 108

감수분열 273

겸비/겸허(*kenosis*) 87, 217, 346, 355-358, 362, 364, 366

경(敬)/경건(敬虔) 80, 233, 327, 342

경계적 상황(boundary condition) 96

경륜적 삼위일체(Economic Trinity) 197, 208, 215

경천(敬天) 42, 46, 234

계몽주의 97, 101, 150, 230, 335, 336, 380, 387, 388

계시(revelation) 67, 122, 264, 265, 270, 271, 351

고백교회 116

고백적 방법(a confessional method) 77

공(空, emptiness) 362

공명(consonance) 268

공자(孔子) 64, 347

공존적 존재(being-in-togetherness) 43, 70, 77, 82, 87

공즉시색(空卽是色) 186, 310

관계적 존재론 204, 207, 214

교차대칭적 방법론 36

과정신학/과정철학 118, 135, 187, 230, 363

과학신학/과학적 신학 115, 150, 357, 397

과학제국주의 298, 379, 387

과학창조주의(scientific creationism) 262, 263

구성신학(constructive theology) 72, 97, 98, 108, 109, 120-124, 131, 132, 134, 136, 141-143, 153, 224

구체-보편적 방법(concrete-universal approach) 70, 80

군자(君子) 68, 125, 343

규범-구성적 단계(normative-constructive stage) 76, 77, 335, 357
그리스도의 인성(*humanitas Christi*) 67, 69, 75, 79, 81, 82
그리스도적 프락시스(christopraxis) 79
그리스도교의 제3시대 351, 352
근본 은유(root-metaphor) 174, 176, 177, 180, 181, 184
근본주의 101-104, 108-111, 142, 165, 229, 263, 289, 382, 384, 386, 387, 389
근본주의적 환원주의(fundamental reductionism) 379, 382, 386, 387
기(氣, *pneuma*) 143, 155, 161, 168, 192, 195, 211, 212, 243-246, 248, 249, 324, 325
기술-도교주의(Techno-Taoism) 324
기질지성(氣質之性) 297, 299
기화신령(氣化神靈) 158
김용복 109, 115, 116, 159, 165, 243
김용준 395
김지하 115, 154, 158, 161, 245, 246, 322
김흡영(Kim Heup Young) 369
깨달음(覺) 154, 179, 227, 253
깨틀 253
꽃피 134, 186, 239, 251, 252
꿈틀 253

(ㄴ)
나알 253
내관(內觀) 252
내성외왕(內聖外王) 80
내재적 삼위일체(immanent Trinity) 197, 207, 208, 215
내재적 초월(immanent transcendance) 67, 83, 245
내적 경전성(intratextuality) 72
내적 자기(inner self) 68
노자(老子) 153, 182, 184, 215, 217, 218, 347
녹색영성신학 244
니케아 신조(Nicene Creed) 181, 190, 353
니터, 폴(Paul Knitter) 128, 130

(ㄷ)
다리 놓기 349-351
다석 류영모 7, 98, 100, 106-109, 134, 135, 143, 183, 185, 218, 239, 240, 325
다원주의(pluralism) 150
다종교 해석학(multifaith hermeneutics) 108, 143

다형성능(pluripotence) 322
대성괘(大成卦) 232
덕(德) 64
도(道) 38, 66, 72-75, 78, 79, 84, 85, 88, 89, 124, 136, 153, 166, 167, 176, 188, 200, 209, 216, 225, 293, 340, 346, 360
도-그리스도론(Christo-tao) 83, 85, 177, 179, 186, 191, 193, 194
도덕경(道德經) 108, 153, 164, 181-183, 189, 203, 207-209, 211, 215, 216, 241
도(道)-메타포(the way-metaphor) 79, 241, 247
도심(道心) 120
도올 김용옥 391, 393, 394
도의 신학(theo-tao, theology of the tao) 153, 166-170, 217, 225, 234-238, 375
도킨스, 리처드(Richard Dawkins) 258, 259, 272, 237, 276-279, 284, 287, 288, 386, 389
동반자(co-sojourner) 346, 374
동시성(synchronicity) 364
동양 신학 120, 240, 342, 346
동양 종교 109, 129, 131, 137, 143, 163, 164, 223, 259, 291, 292, 295, 299, 324, 358, 364, 374, 375
두 언어 이론(two language theory) 166
드레퓌스, 허버트(Herbert Dreyfus) 313
뚜웨이밍(Tu Wei-ming) 199, 200

(ㄹ)
라너, 칼(Karl Rahnner) 75, 86, 196
라너의 정식(Rahner's rule) 197, 207, 208, 214
로고스 그리스도론(Christo-logy) 174, 176, 178
로고스 신학(theo-logy) 143, 148-150, 166, 168-170, 235-238
로티, 리처드(Richard Rorty) 384

(ㅁ)
마음닦음(*metania*) 195
만물일체(萬物一體) 162, 292, 343
매트릭스(matrix) 308-312, 322, 325
맹자(孟子) 297
멋의 신학 125
모성적 원리 211
몰트만, 위르겐(Jürgen Moltmann) 78, 79, 85, 88, 94, 117, 135, 178, 196
몸과 숨의 영성 243, 324

몸집 243, 250, 252

무(無, nothingness) 216, 217, 242, 362, 363

무섬 9

무극(無極) 180, 185, 188, 190-192, 202, 216, 240, 294

무성생식(無性生殖) 282

무위자연(無爲自然) 26, 242

문화 결정론 298

문화신학 98, 109, 118, 119, 132, 138, 141, 143

민족신학 133

민중(民衆) 149, 156-161, 164-167, 170, 171, 175, 193, 218, 244, 246, 340, 381

민중신학 37, 99, 100, 105, 114-118, 123, 128, 129, 133, 152, 159-161, 175, 222, 243

밈(meme) 277, 278, 288, 289

(ㅂ)

바르멘 선언 116

바르트, 칼(Karl Barth) 36, 66, 67, 69-79, 90-92, 101, 102, 108, 110, 116-122, 196, 201

바이오테크 센츄리(biotech century) 328

반전의 원리 182, 217

발상 전환 27

발효 모델 118

배반포(blastocyst) 331-333, 335, 339

배아 331-333, 336, 339-342, 345

배타적 인간론(exclusive humanism) 201, 202, 213, 214, 216

배타주의 132, 202, 392

번안신학/번역신학 35, 36, 115, 140, 141

변화의 존재론 205

복고주의 135, 164

복명의 힘(power of radical return) 217

복제인간 335, 336, 386

본연지성(本然之性) 297, 299

본질론(essentialism) 230, 231, 393

본회퍼(Dietrich Bonhoeffer) 94

불트만(Rudolf Bultmann) 94, 101, 115, 120, 122, 124, 127, 229, 396

브룬너, 에밀(Emil Brunner) 101

부부유별(夫婦有別) 44

부자유친(父子有親) 44, 61-63, 134

부정신학 240, 363

부정성의 신학 216, 217
부정적 황금률 82
불가지론 118, 141, 350, 356
불교(佛敎) 34, 41, 108, 119, 125, 129, 136, 139, 185, 199, 259, 285, 310, 355, 358-360, 371
비교신학(comparative theology) 72, 108, 143, 222
비교 연구 37, 71, 72, 90-92
비유신학 120
비존재(Non-Being) 186, 191, 216, 218, 262, 363
빅뱅 우주론 268
빈탕한데 239, 326
빛뿌림 252

(ㅅ)
사단(四端) 343
사마르타, 스탠리(Stanley Samartha) 118
사서오경(四書五經) 27, 107
사이보그 243, 312, 346
사회생물학(Sociobiology) 257-261, 271, 275, 279-291, 295-299, 381, 384
사회우주전기 162, 165, 166, 168, 170, 171, 249
살신성인(殺身成仁) 50, 185, 238, 240, 371
삶의 신학 125
삼극지도(三極之道) 234, 251
삼위일체(三位一體, Trinity) 43, 61-65, 196-198, 201-218, 251, 314, 325, 337, 366, 392
삼위일체론의 동양화(Easternization) 196-198
삼재지도(三才之道) 234
삼중적 대화 137, 355, 358-362, 366, 374
삼태극(三太極) 125, 143, 232-235, 251
상관관계 방법론 102
상극적 조화(*coincidentia oppositorum*) 191
상동관계 72
상동성 78
상보성 180, 203, 204, 236
상생(相生) 143, 170, 249, 321
상승운동 155, 156, 245, 246
상징체계 121
상호주체성 168
색즉시공(色卽是空) 186, 310

생명과학 136, 143, 145

생명생태신학 224-226, 230-235, 240, 242-244, 248-251

생체에너지 324, 325

서구 신학의 탈중심화 214, 215

서명(西銘) 162, 205, 208, 292, 344

서술-비교적 단계(descriptive-comparative stage) 76, 356

선(禪) 355

선험적 그리스도론 175

성(誠)의 신학 122, 216

성령 61-63, 68, 79, 168, 195, 206-209, 211-213, 215, 216, 224, 225, 233, 234, 238, 243, 244, 247, 249, 252, 314, 392

성리학(性理學) 212, 291-295, 297

성선설(性善說) 31, 297

성악설(性惡說) 297

성인(聖人) 78-81, 88, 89, 285, 345

성취설 124

성화(聖化, sanctification) 61, 66-70, 74, 80, 89, 158, 168, 299, 320, 322, 323, 345, 360-362

세속화 신학 105, 117

세카렐리, 리아(Leah Ceccarelli) 378

수신(修身, self-cultivation) 66-70, 74, 80, 89, 297, 299, 343, 345, 360-362

순자(荀子) 297

숨님(*pneuma*) 186, 191, 243-245, 247, 249, 251, 252

시원(始原) 181

식민신학 100, 137

신기(神氣) 155-159, 161-163, 165, 171, 195, 225, 238, 243, 245, 250, 252

신-역사적 비전(theo-historical vision) 68, 88

신유교(新儒敎, Neo-confucianism) 71, 162, 164, 185, 199, 205, 212, 360, 365, 366

신-인간-우주적 비전(theanthropocosmic vision) 84, 87, 88, 143, 151, 159, 192, 343

신정론(神正論) 29, 30, 363

신정통주의(Neo-orthodoxy) 101, 104, 105, 110-113, 127, 229, 264-266

신플라톤주의 228

실존적 그리스도 127

실체론(substantialism) 125, 126, 135, 139, 187, 231, 240, 335, 342, 363

십자가형 영성(the cruciform Spirituality) 244, 251

(ㅇ)

아시아 신학 37, 108, 112, 115, 130, 143, 150-152, 154, 158-161, 165-168, 171, 178,

189, 351, 374

아쉬람 운동 306

아시아적 가치관(Asian value) 328

아우구스티누스(St. Augustinus) 28-30, 227

아퀴나스, 토마스(Thomas Aquinas) 227, 228, 269

아 프리오리(*a priori*) 72, 76

알나 239, 253

양극적 하느님 363

양명학(陽明學) 66, 67, 70, 76, 89, 90

양자이론 268

양지(良知) 66, 69, 78, 83

언어 유비 289

언어 분석(linguistic analysis) 265, 266

얼 253

얼라 239

없음의 존재론 216, 217

없이 계신 님(Being-in-Non Being) 185, 186, 218, 239

에큐메니칼 신학 110, 111, 116

양태론(*Seinweise*) 201, 202

역(易)의 신학 135, 187, 189

역경(易經) 164, 187, 364

역사적 공존성 68

역사 중심주의 161, 173, 176, 194, 231, 244

연결원리 209

영성(氣)-무념적(pneumato-apophatic) 186

영양막(*trophrctoderm*) 331

영지주의 191, 316, 325, 365

예수학(Jesusology) 89

오메가 포인트 83, 240, 271

온생명 236

왕양명(王陽明) 36, 66, 67, 92, 162, 163, 343

우금치 현상 154, 157-159, 161, 165-168, 170, 171, 245, 247-249

원기(元氣) 193, 225

원초적 호흡(Primordial Breathing) 186

야스퍼스, 칼(Karl Jaspers) 127

우주인 11, 370, 373, 375

우주적 가족의 유비 208

윌스니언(Wilsonian) 376, 377, 384-386, 388

윌슨, 에드워드(Edward Wilson) 257, 279-290, 296, 376-389, 396
유교적 그리스도론 75, 83-86, 89
유성생식(有性生殖) 282
유전자 결정주의(genetic determinism) 258
음양적 그리스도론 135
인간론 43, 200, 209, 213, 227, 229, 271, 397
이(理) 123
이기(理氣) 245, 294
이기적 유전자(the selfish gene) 258, 272-278, 284, 287-289, 291, 297
이벽(李蘗) 38, 170, 184, 239, 393
이원론적 일원론 231
이타주의(altruism) 258, 273, 275, 278, 284, 285, 288, 290, 291
인(仁)-모형의 그리스도론 86, 87
인간 배아줄기세포(Human embryonic stem cell) 327, 328, 330-332, 341, 377
인간 복제(Human Cloning) 328, 330
인간-우주적 비전(anthropocosmic vision) 68-69, 80, 87, 151, 154, 164, 166, 175, 193,
        200, 213, 233, 360
인간화(humanization) 69, 70, 358
인격/위격(person) 201, 202
인도(人道) 38, 170, 184, 232, 234, 239
인식론적 환원주의(epistemological reductionism) 258, 261
인의예지(仁義禮智) 297, 343

(ㅈ)
자연(自然) 87, 221, 226-231, 244, 293, 364
자연신학(natural theology) 228, 229, 269, 270
자연의 신학(theology of nature) 269, 271
자연적 자연화(natural naturalization) 164
자유 의지 281, 290, 295
잠재적 인격체(a potential person) 335
장자(莊子) 169, 173, 181, 194, 237, 238, 306-308, 310
전이해 36, 76, 120
전태일 115
전형성능(totipototency) 332
절대적 무(Absolute Nothing) 363
접목 모델 118
정도(正道, orthotao) 38, 168, 237
정론(正論, orthodoxy) 74, 88, 149, 168, 223, 237

정행(正行, orthopraxis) 74, 79, 85, 88, 149, 168, 170, 174, 224, 237, 239, 359, 360,
제3의 대종교 체계 199, 200
제자도 74, 79, 85
젠킨스, 필립(Philip Jenkins) 348
조우적 존재 82, 87
조직신학(systematic theology) 72, 77, 93-99, 102, 105, 105, 107-109
조직유학(confuciology) 72, 77
조화(調和, harmony) 85, 88, 122, 188, 203, 204, 210, 224, 227, 228, 250, 268, 360
존슨, 엘리자베스(Elizabeth Johnson) 196, 226, 228, 230, 231, 244
존재의 개방성 337
종교 간의 대화(inter-religious dialogue) 90, 92, 119, 128, 136, 137, 222, 320, 354-358,
        361, 362, 363, 374, 376, 389, 392
종교 내적 대화(intra-religious dialogue) 77, 222
종교다원주의(religious pluralism) 34, 98, 118, 128-131, 222, 352
종교-문화적 모체(religio-cultural matrix) 119, 360
종교신학(theology of religion) 37, 87, 118, 119, 128, 129, 136, 152, 175, 189, 222,
        352, 356
종교현상학 131
주돈이(周敦頤) 180, 185, 202
주역(周易) 135, 186, 232, 247
주자(朱子) 69
주자학(朱子學) 114
줄기세포(stem cell) 328-334, 339-341, 345, 377
중용(中庸) 43, 200
중화사상(中和思想) 35
지놈(Genome) 334
지지울라스, 존(John Zizioulas) 214
지지울라스의 언명(Zizioulas's dictum) 197
지평융합 36, 91, 92, 118, 233
지행합일(知行合一) 168

(ㅊ)
참 소리(靈音) 250
참 어울림 238, 240
참 인간, 참 하나님(*vere Homo, vere Deus*) 81, 190
참 자기(良知) 67
참회록 28, 372
창발성(emergence) 386, 388

천기(天氣) 252

천도(天道) 38, 170, 184, 232, 234, 239

천리(天理) 83

천명도(天命道) 295

천명지위성(天命之謂性) 43, 344

천인합일(天人合一) 67, 162, 175, 294

천지인(天地人) 143, 162, 205, 208, 226, 231, 232, 375

철저한 인간화(radical humanization) 66-70, 72-78, 83, 85, 89, 360

청쭝잉(Cheng Chung-ying) 206, 232

초-케노시스(super-*kenosis*) 217, 218

측은지심(惻隱之心) 343

치양지(致良知) 68, 79, 83

칭, 줄리아(Julia Ching) 91

(ㅋ)

카오스 이론(chaos theory) 262, 292, 366

카우프만, 고든(Gorden Kaufman) 120

칸트, 임마누엘(Immanuel Kant) 83, 86, 102, 333, 335

칼뱅, 요한(John Calvin) 29, 36, 65, 108, 229, 344, 397

칼케돈 신조 84, 190

캅, 존(John Cobb) 76

컴퓨터 신(Computer God) 319

케리그마(kerygma) 173

콘텍스트(context) 97, 98, 107, 108, 126, 130, 189

큉, 한스(Hans Küng) 120, 199, 359

키에르케고르, 쇠렌(Søren Kierkegaard) 107, 120, 229

(ㅌ)

탈서구적 패러다임 142

태극(太極) 180, 185, 187, 190-192, 194, 202-205, 207, 211-214, 216, 234, 236, 240,
243, 245, 294, 365

태극도설(太極圖說) 180, 185, 202, 294

테크노 사피엔스(techno-sapiens) 345

토종신학 106, 109, 118

토착화신학 100, 118, 123, 128-130, 133, 152, 175, 178

통섭(consilience) 376, 390

통시적(synchronistic) 27, 232

통일신학 49

통전신학 125
통합의 원리 212, 213
퇴계 이황 26, 36, 91, 342
트레이시, 데이비드(David Tracy) 355
틈의 성화론 320-326
틸리히, 폴(Paul Tillich) 91, 94, 101, 102, 115, 118, 120, 231

(ㅍ)
파니카, 레이문도(Raimundo Panikkar) 77, 118, 152, 175, 198, 231
파니카의 기획(Panikkar project) 198
파종 모델 118
판넨베르크, 볼프하르트(Wolfhart Pannenberg) 117, 196, 268, 398
판넨베르크의 원리(Pannenberg's Principle) 197
패러다임 전환(paradigm shift) 32, 69, 97, 122, 180, 187, 194, 226, 269, 301
페리코레시스(Perichoresis, 상호내주) 207, 214, 217
포괄적 인간론(inclusive humanism) 200-202, 213, 214
포괄주의(inclusivism) 128
포스트모더니즘(postmodernism) 259, 380
포스트모던 신학 132, 177
포스트 휴머니즘 84
포월 125, 132
풍류도/풍류신학 125, 126
프락시스 그리스도론(Christo-praxis) 174, 176, 178
프락시스 신학(theo-praxis) 143, 148-152, 166, 168-170, 174, 189, 235-238
피조된 공동창조자(created co-creator) 327, 345

(ㅎ)
하느님 앞에서(*coram Deo*) 7, 8, 60, 229
하느님의 형상(*Imago Dei*) 42, 43, 60, 67, 68, 70, 77, 82, 337, 338, 344, 345
하늘-땅-사람(天地人) 225, 226, 232, 234, 238-240, 249, 251, 252, 294, 343
하늘숨 252
하르낙, 아돌프 폰(Adolf von Harnack) 101, 126, 393
하이데거, 마틴(Martin Heidegger) 86, 120, 122, 313, 324, 396, 397
하지슨, 피터(Peter Hodgson) 222
한국 신학의 광맥 100-109
한울 234, 251
한의 사제론 115, 161
한의 신학 125

합류 모델 118
해방신학 37, 74, 86, 149, 150, 152, 156, 174, 175, 178, 179, 189, 222, 242
해석학적 거리 34, 96
해체주의 149, 159, 248
허(虛, vacuity) 363
혁명신학 162, 165, 249
혁신적 프락시스(transformative praxis) 72, 74, 87, 89
현재적 그리스도론 115
현존재(Dasein) 313
호모 사피엔스 257, 279, 280, 295
호혜성 82, 87
혼합주의(syncretism) 122
화이트헤드, 알프레드 노스(Alfred North Whitehead) 118, 187, 356
화해(和解) 168, 193, 239, 248
환검 121
환웅 121
환원주의 230, 231, 235, 258, 261, 262, 284, 288, 289, 295, 379, 382-384, 386-389
환인 121
활연관통 171, 250
황색 예수 132
효(孝) 42-65, 123, 210
후험적 그리스도론 175
휴머니즘 74, 84, 86, 396
힉, 존(John Hick) 118